MASONERÍA EGIPCIA DEL CONDE DE CAGLIOSTRO

Alessandro de Cagliostro

MASONERÍA EGIPCIA DEL CONDE DE CAGLIOSTRO

Ms. 6666

Edición, estudio introductorio,
traducción anotada y comentada de
Antonio de Diego González

Serie Blanca
[Rituales históricos]

MASONICA
Ediciones del Arte Real

Masonería Egipcia del Conde de Cagliostro (Ms. 6666)
Alessandro de Cagliostro

Diseño y maquetación:
ЕЯА | ALTA RESOLUCIÓN EDITORIAL

Entidad colaboradora
en los trabajos de investigación:

R.L. Séneca 179

Editorial MASONICA®
SERIE AZUL (Textos históricos y clásicos)
www.masonica.es

© 2024 Editorial MASONICA
© 2024 Antonio de Diego González (de la traducción, estudio crítico y notas)

EntreAcacias, S.L.
[Sociedad editora]
c/Covadonga, 8
33002 Oviedo - Asturias (España)
info@masonica.es | pedidos@masonica.es

1ª edición: junio, 2024

ISBN: 978-84-19985-78-1
Depósito Legal: AS 01691-2024

Impreso por Podiprint
Impreso en la UE

A Javier Agudo,
por acompañarme a la maestría
y velar hasta que llegó la hora.

«El ouróboros de la alquimia griega, un símbolo de *Mercurius* bien conocido. El devorador de su propia cola es el símbolo de la unión de los opuestos por excelencia y la ilustración alquímica de la expresión proverbial *extrêmes se touchent*. De este modo, el *ouróboros* simboliza la meta del proceso, pero no el comienzo, la masa confusa o el caos, que no se caracteriza por la unión sino por la disputa de los elementos entre sí».

(C.G. Jung, OC, 14/2, § 375)

ÍNDICE

Alessandro de Cagliostro,
grabado de C. Guérin, 1781

PRÓLOGO

En las últimas décadas del siglo XVIII ocurrió, desde el punto de vista de la historia intelectual, una revolución silenciosa. Esta época ha sido denominada comúnmente el Siglo de las Luces, con algunas más brillantes y cegadoras que otras. Mientras los ilustrados trataban de brindar la luz de la razón, otros intelectuales intentaban alcanzar otra mucho más resplandeciente: una luz desvelada. Aquel tiempo alumbró a una serie de teósofos, masones y alquimistas que se propusieron transformar el mundo a través de sesiones de teúrgia y tenidas masónicas. Para ellos no era solamente un juego estetizante dentro del mundo rococó, sino que se trataba de un camino hacia la gnosis, hacia un conocimiento primigenio perdido y por el que la humanidad pagaba un alto precio. Todos aquellos iluminados veían que el mundo se resquebrajaba y perdía su sentido, manifestando entre sus síntomas una fe ciega en el progreso, en el incipiente y excluyente materialismo científico, en el desprecio a la tradición y, sobre todo, en una *joie de vivre* hedonista que llevaría a alguno de los gobernantes de esos países del trono al cadalso.

Entre el aparente caos de lo oculto y la perfección aparente del progreso pocos se percatan de que, como el uroboros, no hay ruptura, sino eterna continuidad. Todo este clima intelectual, un tanto milenarista, se articuló en torno a la vivencia de las guerras de religión, a las luchas «mesiánicas» entre los jacobitas partidarios de los Estuardo y la casa de Hannover, a las experiencias visionarias como las de Emmanuel Swedenborg (1688-1772) o al peso de la Inquisición romana en los países del Mediterráneo. Fue, sin duda, un momento singular, envuelto de milenarismo, en el que el saber de la tradición comenzó a verse como un punto de fuga ante los excesos de la Ilustración. En este tiempo, por ejemplo, Dom Joachim Martinès de Pasqually (1727-1779) creó la *Orden de los Caballeros Élu Coën del Universo* para combatir, usando la teúrgia como camino y arma, por una trascendencia olvidada en lo mundano y reintegrar al ser humano a su naturaleza adámica, convirtiéndolo en el *Adam-Réaux* (El Adam-Real), el hombre-Dios del que habla Louis Claude de Saint-Martin.

De igual manera, la masonería de los *antients* (los antiguos), especialmente en el Sagrado Arco Real de Jerusalén, se situaba en el momento simbólico de la construcción del segundo Templo buscando el mismo fin que perseguía Pasqually. Mientras tanto, en Francia algunos modernos proponían la reconstrucción de un templo nuevo en torno a los valores de libertad, igualdad y fraternidad bajo las Órdenes de Sabiduría del Rito Francés y el incipiente camino abierto por el caballero jacobita escocés Andrew M. Ramsay (1686-1743) que fructificaría, mucho más tarde, en los 33 grados del Rito Escocés Antiguo y Aceptado. No muy lejos de allí, los últimos alquimistas operativos intentaban caminar hacia la Gran Obra (*Opus Magnum*) y profundizar en la filosofía de la naturaleza frente a la química experimental y materialista de Lavoisier. El secreto que se guardaba bajo la iniciación estaba agonizando para que naciese la divulgación del conocimiento. Lo esotérico se desvanecía en el imaginario intelectual para dar paso a lo exotérico y a lo cuantitativo. Muchos creían saber, pero muy pocos poseían la sabiduría.

La masonería, el ocultismo y la alquimia fueron el último reducto para los sabios herederos de los antiguos, aquellos filósofos de siglos anteriores que creían en la vía iniciática y transmutativa. Sin duda, se trata de opciones minoritarias, pero algunas de estas han quedado fosilizadas, a veces inapreciables, en la memoria colectiva de la cultura occidental. Por ejemplo, *La Flauta Mágica* (*Die Zauberflöte*) estrenada en 1791 podría ser el mejor ejemplo de estos «fósiles intelectuales» que están tan cerca de nuestra comprensión y, a la vez, tan lejos. Aparentemente esta obra es un cuento para niños, pero en realidad oculta una propuesta extremadamente iniciática y simbólicas llena de referencias ocultistas, alquímicas y masónicas que reimaginaban un pasado de misterios e iniciaciones en un escenario lejano como era Egipto. W. A. Mozart y E. Schikaneder conocían bien este mundo contramoderno de la Centroeuropa de finales del siglo XVIII. Ambos estaban iniciados en la orden masónica a través de la *Orden de la Estricta Observancia Templaria* del barón Karl Gottfried von Hund, y entre la nómina de amigos íntimos se encontraba el brillante científico y maestro masón Ignaz von Born. Además, no sería muy extraño pensar que Schikaneder hubiera conocido los trabajos iniciáticos que Cagliostro ejecutaba por toda Europa antes de acometer el libreto de este inmortal *singspiel*. Otra *joie de vivre*, muy diferente a la de la sociedad galante del rococó, una que buscaba la vivencia lo absoluto en lo cotidiano. En un juego con el lenguaje de *La Flauta Mágica* el mundo estaría lleno de Papagenos, pero ellos, los elegidos, serían como Tamino que es *elevado* a maestro por Sarastro al final de la obra.

No es fácil entrar en esta contramodernidad (*gegenaufklärung*) porque a menudo la historiografía oficial considera que son temas marginales o que carecen de interés para la «ciencia». Sin embargo, este periodo ha sido revindicado por investigadores de la talla de Antoine Faivre, Robert Amadou o Joscelyn Godwin quienes desde lo académico en el siglo XX presentaron esta época clave para poder entender la cultura y el arte occidental a partir del siglo XIX. De hecho, el Romanticismo bebió profundamente de estas corrientes, especialmente al restituir la imaginación y el mundo imaginal como elementos clave para el pensamiento y la vivencia del ser humano. Goethe, Krause, von

Baader, Hegel o Schiller son un buen ejemplo, pues fueron herederos de la importancia simbólica de lo ritual de todo este ocultismo, de lo trascendente en el ser humano hacia lo Absoluto. Se trata de un modo de comprender la vivencia intelectual que, tras el advenimiento de Comte y el positivismo, proseguirían desde la contracultura autores como Gerard Encausse, bajo el pseudónimo de *Papus*, y Emmanuel Lalande bajo el de *Marc Haven* en Francia, los miembros de la *Golden Dawn* y la paramasonería (K. Mackenzie, J. Yarker e F. G. Irwin) en el Reino Unido o Arturo Reghini y el *Grupo d' Ur* en Italia. Todos tenían el anhelo de que la tradición de la antigüedad no fuera olvidada y relegada a la vitrina del museo o al legajo del archivo.

En los últimos años, afortunadamente, no han dejado de aparecer estudios serios y ediciones críticas de las principales obras de este periodo, cada vez «más justas y perfectas». Las logias de investigación continentales de la masonería simbólica han desempolvado los ritos matrices de los ritos escoceses y de las logias de los modernos, mientras que desde las logias y capítulos de perfeccionamiento de las logias británicas se ha hecho lo propio con los ritos y desarrollos iniciáticos de los antiguos. La masonería espiritual también ha tenido un desarrollo similar. Dom Joachim Martinès de Pasqually, Jean Baptiste de Willermoz, Louis Claude de Saint-Martin o el barón von Hund han recibido ediciones críticas y anotadas de sus rituales y correspondencias privadas. Los masones norteamericanos, a través del Gran Colegio de Ritos de los Estados Unidos, han reeditado igualmente casi un centenar de ritos minoritarios, perdidos u olvidados. De hecho, los que actualmente trabajamos estos temas no podemos quejarnos, pues tenemos material de sobra para muchos años y, paradójicamente estos autores han pasado de estar malditos y perseguidos por el Santo Oficio a volver a ser de interés de investigadores e historiadores e, incluso, a la ejecución simbólica por parte de algunos grupos de iniciados.

Quizás al autor de este momento histórico al que se le ha prestado menos atención es Alessandro de Cagliostro (1743-1795). Personaje maldito donde los haya, Cagliostro sufrió un proceso inquisitorial que le condujo indirectamente a la muerte y a un escarnio público que lo apartó de cualquier manifestación historiográfica seria. Su obra fue quemada en Roma ante el populacho, y sus proyectos iniciáticos, que había paseado por las principales cortes europeas, fueron olvidados. Los trabajos que le dedicaron Petraccone y Barberi, comisionados por la Inquisición romana, denigraron su memoria y acabaron convirtiéndole en un paria histórico. Le privaron de su rol, más allá del valor simbólico de sus escritos, el de ser un intérprete de la sabiduría del pasado. Sin embargo, en él convergen diversas tradiciones de sabiduría de la antigüedad expuestas para el siglo XVIII en un mensaje de libertad y emancipación del ser humano. Kenneth Mackenzie, uno de los grandes sabios del esoterismo del siglo XIX, veía en él un auténtico iniciado que buscaba la luz en el pasado:

> El mundo siempre ha despreciado a sus mejores educadores, y Cagliostro no era peor que otros. Y tal vez sea digno de mención que Cagliostro mantuvo su dignidad después de este insulto, y no buscó de ninguna manera vengarse de sus mezquinos enemigos. Su sistema de masonería, del que hablaremos más adelante, no se basaba en sombras. Muchas de las doctrinas que enunció pueden encontrarse en el Libro de los Muertos y en otros documentos importantes del antiguo Egipto.[1]

Cagliostro no es un charlatán ni tampoco una bestia negra, sino un personaje de su tiempo interesado por aquella cultura *underground* dieciochesca. Su objetivo, bajo ese manto de ritualidad y de pomposa puesta en escena, es mejorar al ser humano a través de la vivencia de lo espiritual en una sociedad que comenzaba a creer ciegamente en las luces de la razón, una razón que acabaría produciendo monstruos. Cosmopolita y avanzado a su tiempo, su mensaje poliédrico lleno de *imaginalidad* sigue siendo un desafío para mentes contemporáneas

---

[1] Mackenzie, K. *Royal Masonic Cyclopedia*. John Hogg, Londres, 1877, p. 100.

como las nuestras en las que la racionalidad y el materialismo son norma indiscutible.

Sus proyectos iniciáticos desparecieron tras su condena y tan solo su ritual de *Masonería Egipcia* se salvó porque varios iniciados cercanos copiaron el texto original antes de la Revolución francesa. Se trata de un texto muy seminal, acorde a los planteamientos de la época, que contiene algunas descripciones del ritual, catecismos y textos de la patente y reglamentos. Parece diseñado para evocar lo simbólico en la mente del practicante y que sea este en tenida, al ejecutarlo, quien termine de componerlo, aunque paradójicamente sea materialmente imposible de poner en escena por su enorme complejidad. Su proyecto silente de una teúrgia abrahámica, el cual encaja como la pieza clave de un puzle, es una gran aportación cosmopolita en un tiempo en el que, antes de nacionalismos lingüísticos, la religión era el principal vector de identidad. Pero no solo eso, su rito tenía otros detalles como propuesta iniciática, lo cual levantó el interés de Guénon, quien escribió en una reseña en *Études Traditionelles*:

Se trata en suma de un «sistema» de altos grados como hubo tantos en la segunda mitad del siglo XVIII, y su división en tres grados, presentando una especie de paralelismo con los de la Masonería simbólica, procede de una concepción de la que se podrían encontrar otros ejemplos. Apenas es necesario decir que, en realidad, no hay ahí nada de «egipcio» que pudiese justificar su denominación, a menos que se considere como tal la pirámide que figura en ciertos cuadros, sin que por lo demás se dé la menor explicación con respecto a su simbolismo. Incluso no aparecen aquí algunas de esas fantasías pseudo-egipcias que se encuentran en otros Ritos, y que, hacia esta época fueron puestos sobre todo de moda por el *Séthos* del abate Terrasson; en el fondo, las invocaciones contenidas en este Ritual, y especialmente el uso que se hace de los Salmos, así como los nombres hebreos que aparecen, le dan un carácter claramente judeocristiano. Lo que presenta naturalmente de más particular, son las «operaciones», que podría ser interesante comparar con las de los Elegidos Cohen: el fin que encaran es aparentemente semejante, pero los procedimientos empleados son diferentes en muchos aspectos. Hay ahí alguna cosa que parece venir sobre todo de la «magia ceremonial», y que, por el papel que ahí juegan los «sujetos» (los niños designados con el nombre de «Palomas» [or. *colombe*]), se emparenta también con el magnetismo; sin duda, desde el punto de vista propiamente iniciático, todo ello podría dar lugar a bastante graves objeciones. Otro punto además que reclama algunas observaciones es el carácter de los grados femeninos: conservan en gran parte el simbolismo habitual de la Masonería de adopción, pero ésta no representaba a decir verdad más que un simple simulacro de iniciación destinado a dar una apariencia de iniciación a las mujeres que reprochaban a la Masonería el desdeñarlas, y, de manera general, apenas era tomada en serio, estando limitada su función a cosas de orden totalmente exterior, tales como la organización de fiestas «semiprofanas» y la ayuda aportada a las obras de beneficencia. Al contrario, parece que Cagliostro haya tenido la intención de conferir a las mujeres una iniciación real, o al menos lo que él consideraba como tal, puesto que las dejaba participar en «operaciones» totalmente parecidas a las de las Logias masculinas; hay ahí no solamente una excepción, sino también en tanto que se trata de un Rito masónico, una verdadera «irregularidad». Si se quisiera entrar en el detalle, resaltarían aún otras extrañezas, incluso en las Logias masculinas, por ejemplo la singular manera de modificar y explicar la leyenda de Hiram, y todo ello, en su conjunto, llevaría bastante naturalmente a plantearse una cuestión: Cagliostro ha verdaderamente querido, como muchos otros, instituir un sistema particular, cualquiera que sea por otro lado su valor real, basándose sobre la Masonería; pero ¿ha tenido realmente alguna vez un conocimiento de ésta suficientemente profundo para adaptarla correctamente? Los admiradores entusiastas de Cagliostro se indignarían quizás de que se pudiese levantar semejante duda, mientras que sus detractores buscarían probablemente sacar consecuencias excesivas contra él; en ello, en nuestra opinión, los unos no tendrían más razón que los otros, y hay muchas posibilidades para que la verdad sobre este personaje enigmático no se encuentra en ninguna de esas opiniones extremas.[2]

Guénon plantea una serie de preguntas estimulantes y que intentaré responder tanto en el ensayo introductorio como en el comentario simbólico que este trabajo aporta como novedad. Lo que está claro leyéndole es que Cagliostro y su obra no pueden ni deben ser leídas desde un moralismo o una lectura positiva, sino desde su contexto intelectual y hermenéutico. En mi opinión, Cagliostro propone acceder a la verdad no mediante la oficialidad o la ortodoxia, sino buscando los espacios convergentes en la tradición lo cual provoca que su propuesta tenga un valor especial.

De ese modo, su teúrgia se podría denominar abrahámica porque, además de tomar los elementos comunes de las tres religiones, legitima el saber de los antiguos para los tiempos modernos con un componente sacrificial: el yo se sacrifica para trascender ante lo divino. Del mismo modo ocurre con el papel de la mujer, a la que, como dice Guénon, se le invita a trascender lo estético para situarla en un rol operativo, en un nivel paralelo al hombre. Por todo esto, los poseedores de dichos manuscritos los guardaron, tras la condena de la Inquisición, con mucho celo de las miradas indiscretas de los «profanos». Con el interés por la magia ritual y el esoterismo, a principios del siglo XX, la obra de Cagliostro volvió a suscitar interés, pero siempre alejada de la masonería simbólica y de la opinión pública.

De las cuatro versiones que sobreviven del ritual, dos Grandes Logias, la de Escocia (la copia original de C. Morison) y la de Inglaterra (una copia del manuscrito completo de Lyon traducido al inglés por G. F. Irwin), guardan copias de este manuscrito, mientras que las restantes se encuentran en la Biblioteca Municipal de Lyon (Ms. 6666 y 6871). Al contenido y la suerte de los diferentes manuscritos les dedico, más

---

[2] Guénon, R. *Obras completas: Estudios sobre la Masonería*. Vol. XIX. Ed. Javier Alvarado. Ignitus – Sanz y Torres, Madrid, 2003. pp. 295-297

adelante en una nota de edición, una breve disertación en el estudio introductorio.

Yo me encontré con Cagliostro por casualidad. Iba rastreando las fuentes masónicas de *la Flauta Mágica* para el podcast *El Libro Rojo* cuando descubrí la edición de Marc Haven tras leer alguna referencia en algún libro de Robert Ambelain. Si soy sincero, yo solo le conocía por la opereta de Johann Strauss y por las referencias literarias de E.T.A Hoffmann, sin embargo, me cautivó su poder simbólico y ritual desde la primera lectura. Me interesó por su capacidad de reimaginar el legado de la antigüedad desde Hermes Trismegisto hasta la alquimia medieval, un tema que yo ya había trabajado en historia de la filosofía a través del estudio de Henry Corbin. Quizás lo que más sugestionó — muy egoístamente, debido a mi formación como islamólogo — fue leer en los fragmentos que aporta Haven sobre su apertura espiritual de Cagliostro en La Meca. Aún si fuese ficción, se trataba de una brillantísima narración y muy relacionada con otro de mis autores de cabecera: Ibn 'Arabi. Al igual que ocurría con Martinès de Pasqually, Cagliostro me recordaba al narrar y al saber del *Shaykh Al-Akbar*. Autores que hacen que lo *imaginal* sea una realidad y pueda manifestarse para reconciliar al ser humano con la realidad divina. Los tres no se consideraban autores sino transcriptores de un mensaje trascedente.

Si, como otros decían, Cagliostro era un charlatán, sabía muy bien integrar la narración para deslumbrar a su auditorio, y eso en un pensador es algo muy apreciado, porque el uso de los símbolos en cada una de sus narraciones es magistral. Las lecturas posteriores me pusieron sobre aviso de que Cagliostro podía ofrecer mucho más de lo que se esperaba de él, pues era una pieza clave para pensar la función de lo mistérico en una época en la que los rituales estaban en plena decadencia social. Igualmente, él era una pieza fundamental para comprender la masonería espiritual, aquella que engloba a los autores «heterodoxos» del siglo XVIII que apostaron por la antigua teúrgia y la reintegración del ser humano en lo divino. Su interés por la filosofía natural, por la cosmología antigua y la trascendencia del ser humano llamaron mi atención muy rápido. A la vez, su idea de regeneración, más simbólica que operativa, a través del trabajo espiritual, me pareció extremadamente sugerente y la relacioné con el uso que C. G. Jung hacía de la alquimia. Precisamente la alquimia junguiana fue lo que me llevó a explorar el submundo contracultural del que Cagliostro es una referencia clave y, por eso, también soy deudor de aquel camino que el maestro suizo y sus discípulos sugirieron a mediados del siglo pasado. Jung y, posteriormente, von Franz son clave para mi aproximación hermenéutica y filosófica al texto. He tomado sus planteamientos para realizar los análisis y adentrarme en el universo simbólico de Cagliostro.

El estudio de su figura y de su proyecto iniciático me llevó a proponer e iniciar, a finales de 2022, una edición y traducción comentada al castellano del Ms. 6666 *Masonería Egipcia del Conde de Cagliostro,* que es la que ahora tiene entre manos el lector. Resulta increíble que no hubiese nada en español sobre un autor tan clave para el ocultismo y la masonería dieciochesca. Han sido unos años de estudio del tema en el seminario *Scala Hermética* que coordino, en la Logia de Investigación Séneca 179 de la Gran Logia Provincial de Andalucía, además del trabajo con fuentes originales del ritual y bibliografía secundaria. Para elaborar esta edición, además, he disfrutado del apoyo de la Universidad de Sevilla y de la Gran Logia Provincial de Andalucía a través de la Logia de Investigación Séneca 179, así como de la inestimable colaboración de las bibliotecas tanto de la Universidad de Sevilla, como de la Gran Logia Unida de Inglaterra y Municipal de Lyon, que me facilitaron, en diferentes etapas, el material fundamental para elaborar esta traducción comentada.

Debo expresar mi sorpresa cuando, en junio de 2023, encontré un manuscrito inédito y no reseñado en las principales obras sobre Cagliostro y su *Masonería Egipcia* en el *Fond Maçonnique* de la Biblioteca Nacional de Francia. Revisando el catálogo encontré una referencia vaga a *Masonería Egipcia* que, después, se reveló como el Ms. FM4 78, es decir, el documento que contiene una copia de la masonería de adopción egipcia. Una pieza clave para poder trazar la historia del Ms. 6666 y resolver la incógnita de por qué en los otros manuscritos disponibles no aparecía la masonería de adopción egipcia.

He de decir que no es la primera vez que me enfrento a un texto esotérico ni tampoco a un autor simbólico, sin embargo, sí que es la primera vez que juego «en casa», es decir, en mi tradición cultural. Hasta ahora solo lo había hecho en África y en el mundo islámico, en claves simbólicas y culturales un tanto distintas. Por eso espero que el lector perdone mi academicismo y, sobre todo, mi falta de experiencia en este campo. Si hubiere algún error en la edición, traducción o comentario, espero conocerlo y enmendarlo en próximas reediciones.

Además, creo que la elaboración de este trabajo es un ejercicio de memoria histórica hacia Cagliostro, un intento de dignificar su figura y, sobre todo, de devolver a los lectores su proyecto simbólico en este siglo veintiuno tan lleno de descreimiento e individualismo. Cuando vemos agonizar la ritualidad y el símbolo, obras como este ritual nos invitan a volver a creer en el ser humano desde lo iniciático y lo mágico. Si aceptamos jugar su juego simbólico —como ya he explicado en otras ocasiones, a propósito de la obra de Ibn ʻArabi— estoy convencido que no nos decepcionará, pues la auténtica magia, la regeneración, se producirá en nosotros. Tengo que decir que ha sido una experiencia muy satisfactoria y enriquecedora, ya que los símbolos que Cagliostro enuncia en su ritual siempre han resonado en mí desde que abrí el manuscrito y, posteriormente, pude leer los manuscritos. En ese sentido soy un sincero heredero tanto de Papus y Haven como de Irwin y Reghini.

Y aunque en el texto que se presenta, Egipto apenas se manifieste como una escenografía, y su ritual sea, prácticamente, imposible de poner en pie, espero que el lector pueda disfrutar e imaginar lo que Cagliostro ejecutó por media Europa: reimaginar al pasado para permanecer en el eterno presente y así no sentir miedo alguno de lo que ha de venir. Por este motivo, la mayor satisfacción de un historiador intelectual es que el lector, profesional o curioso imagine, viva el tema y descubra que no todo estaba en lo escrito. Mas le pido al amable lector que no sea muy rígido, que se permita aceptar la propuesta de Cagliostro de jugar el juego de la eternidad rompiendo las leyes del espacio y el tiempo. Si este texto se toma como un simpático juego imaginal descubrirá el lector mucho más de lo que las letras le pueden ofrecer. Mi único anhelo es que tras acabar este texto el lector sienta más ganas de conocer la «historia sombría» y que vea en esas aparentes sombras una luz desvelada. Si eso es así, mi trabajo estará hecho y habré cumplido el objetivo que me propuse.

Antonio de Diego González
Heliópolis, Sevilla,
equinoccio de primavera de 2024

AGRADECIMIENTOS

Es imposible acometer un trabajo como este en solitario y soy afortunado por la gente que me ha rodeado para realizar esta compleja edición. En primer lugar, tengo que agradecer al Departamento de Estética e Historia de la Filosofía de la Universidad de Sevilla que brindó los medios materiales para que la investigación y edición de este manuscrito fuese posible, al igual que al Departamento de Filosofía de la Universidad de Málaga donde actualmente desarrollo mi docencia e investigación. A la bibliotecas de la Universidad de Sevilla y su excelente servicio de Préstamo Interbibliotecario; a la Biblioteca Municipal de Lyon que con amabilidad me facilitó los manuscritos originales; a la Biblioteca Nacional de Francia y su excelente *Fond maçonnique*; y a la Biblioteca de la Gran Logia Unida de Inglaterra (UGLE) y en especial Jessica Patterson, quien me ayudó a encontrar el manuscrito de Irwin, una de las piezas claves en esta investigación. Todas estas instituciones me han permitido acceder a sus fondos sin ninguna restricción y aquí quede mi completa admiración y gratitud hacia ellos.

Los apoyos espirituales e intelectuales provienen de la Gran Logia de España (GLE), de la Gran Logia Provincial de Andalucía (GLPA), de la Logia Maimónides 173 y de la Logia de Investigación Séneca 179. En esta, una versión preliminar de este libro se presentó y se discutió en varias tenidas. Imprescindibles han sido los apoyos, consejos y críticas de José Antonio Cabrera, Keith Sheriff, Rafael Mateos y, en especial, de Carlos Roldán con su infinita sabiduría en el centro de los círculos concéntricos. Juan Luis Luengo, con ojo minucioso, ha contribuido a desbastar este trabajo de numerosas impurezas. Mis colegas de Universidad José Antonio Antón Pacheco, Andrés Ortigosa, Virginia Medina y Javier Alvarado han contribuido igualmente para que esta edición sea hoy una realidad y la han mejorado con sus comentarios y apreciaciones. Alicia López Latorre por haber ayudado a depurar y decantar esta edición. Goretti Luis, de la Universidad de Granada, que me ayudó a afinar con los textos hebreos que aparecían en el ritual. Ángeles Ceregido que supo ver esa otra química que el ritual narra. Victoria Braojos siempre es una referencia para mí en estos mundos ocultos, al igual que siempre ha creído en mi potencial y me invitó a transitar nuevas sendas desconocidas en aquel mayo de 2019 en un café de Madrid. Y, sobre todo, me he beneficiado de la maestría y la sabiduría de mi querido Javier Agudo, quien me ha acompañado en todo este largo camino.

Agradezco, igualmente, a mi editor, Ignacio Méndez-Trelles Díaz, quien creyó desde el primer momento en este complejo proyecto. Su consejo y confianza han sido fundamentales para que esta obra vea la luz. Y a David Suarez Dorta que desde *Cultura Masónica* siempre me ha brindado un camino fascinante en estos temas permitiéndome experimentar y ensayar los trabajos para finalmente compartirlos.

Por último, a mi esposa Humera Syeda que estoicamente tuvo que aguantar días robados de escritura, edición y tenidas, y que, aunque estos temas a veces le sean extraños y raros, siempre está ahí con su amor inagotable. Para ella son los otros guantes que, un poco más adelante, se mencionan en el ritual.

A todos, gracias.

ESTUDIO INTRODUCTORIO

La masonería y el Conde de Cagliostro

Réception au grade de Maîtresse Egyptienne. — La colombe, par la fermeture du tabernacle, tend la couronne de roses bénie par les esprits évoqués, tandis que la Maîtresse Agissante trace avec son épée un cercle autour de la récipiendaire.

Grabado de la obra de Leo Taxil
Los misterios de la francmasonería (1885)

La masonería es una orden iniciática europea nacida en la Modernidad europea y que reclama como legitimación para sus fines el pensamiento antiguo y la tradición. Más allá de la imagen que se ha proyectado de ella, su principal herramienta es el trabajo con símbolos por los que el iniciado va transitando hasta «encontrarse a sí mismo». Este lema —atribuido tradicionalmente al oráculo de Delfos, ha constituido el fin antropológico de la orden. Los masones, de todas las obediencias y ritos, han trabajado en esta línea, algunos desde premisas sociopolíticas y otros desde premisas filosófico-herméticas.[3] Ambas recogen una herencia, más o menos visible, que se halla a lo largo de la historia de la filosofía. La categoría que nos interesa en este trabajo son esas fuentes invisibilizadas y marginales para la historiografía filosófica que, sin embargo, enriquecen la tradición europea.

Cuando la orden masónica se reorganizó en Londres en el año 1717 muchos masones retomaron progresiva y simbólicamente todo ese saber de la antigüedad, tanto de los antiguos constructores como de los sabios de otras culturas, que había quedado marginados con la Ilustración y el racionalismo. Comenzaba a dominar por entonces un vertiginoso delirio, un cartesianismo mezclado con el empirismo imperante en ese momento excluía cualquier tipo de experiencia epistemológica

---

[3] Véase a este respecto el comentario que dedica José Antonio Antón Pacheco a la relación entre masonería y hermetismo en su libro *El hermetismo cristiano y las transformaciones del logos*. Antón Pacheco, J. A. *El hermetismo cristiano y las transformaciones del logos*. Almuzara, Córdoba, 2017, pp. 124-125.

de carácter suprasensible, visionaria o simbólica. Las intensas luces de la razón positiva acabaron deslumbrando a Europa y generaron muchos problemas, como la historia mostraría más tarde, derivados de una excesiva confianza en la ciencia tecnificada y el progreso sin límite moral, sin una base metafísica. En este sentido, el hombre moderno comenzó a olvidarse de alimentar el espíritu para dárselo todo al cuerpo, creando un espejismo de progreso y perfección fundado en la técnica.

Para la masonería este problema se tradujo, en la segunda parte del siglo XVIII, en la consolidación de dos formas de comprensión de las enseñanzas y el fin de la orden. Una racionalista y política, la cual exploraba los caminos que propugnarían la Revolución francesa; y otra espiritual y esotérica, la cual cuestionaba esos caminos y volvía a plantearse cuestiones acerca del origen, de la existencia y la restauración. Aunque ambas se preguntaban por el sentido del ser humano, sus respuestas fueron muy diferentes. Mientras la primera miraba a la tradición para construir un «templo nuevo», la segunda tomaba la tradición para restituir «el templo destruido». La primera quería construir al ser humano desde el optimismo y el progreso, la segunda propiciaba una reconstrucción del ser humano tras la caída, volver a antes de aquella caída.

La primera situación podemos apreciarla, por ejemplo, en la construcción simbólica de un rito genuinamente moderno y popular en el ámbito mediterráneo como ocurre en el Rito Escocés Antiguo y Aceptado (REAA), el cual funciona como un auténtico repositorio simbólico. En él el iniciado va tomando y ejecutando esos símbolos a lo largo de un camino iniciático coherente y construido desde una idea de progreso diacrónico. El espíritu del rito se muestra heredero de las tradiciones simbólicas y gnósticas de Occidente y, de hecho, se revindica en el espacio como una legitimación actualizada al presente de la sabiduría y la filosofía de los antiguos. Otros ritos modernos como el Rito Francés, por ejemplo, condensan las lecturas de esos signos tradicionales amalgamándolos con cierto positivismo de la época y una visión ético-política preñada de *laïcité* a costa de reducir o simplificar la vivencia espiritual del sujeto para acabar realzando lo político y lo social.

Sin embargo, la segunda tradición, representada mayoritariamente por los iluministas del XVIII, pretende ahondar en la búsqueda gnóstica que tiene su origen simbólico tras la caída del ser humano y el posterior camino hacia restitución. Ya el barón de Tschoudy (1727-1769) en su libro *La Estrella Flameante*[4] criticó aquella masonería que se articulaba más allá del sentido iniciático profundo, es decir, aquella que estaba arraigada en una historia ficción, que no se enraizaba con el saber de los antiguos. Es, sin duda, la legitimación de una tradición dada al ser humano por lo divino e implementada en la historia a través de símbolos que requieren de una hermenéutica muy profunda. Pero, desafortunadamente, para muchos esta forma de comprender el camino iniciático resulta extraña especialmente si se codifica textualmente como sucede en el caso de *Tratado de la reintegración de los seres* de Martinès de Pasqually[5] o el fascinante trabajo interior de la teosofía de Louis Claude de Saint-Martin. Así, los innumerables ritos y propuestas surgidos en aquellos cincuenta años, inconexos y complejos para un lector contemporáneo, provienen de la experiencia íntima de sus practicantes en otras órdenes y espacios iniciáticos, de un legado recuperado o reimaginado. La propuesta, en todas ellas, de una antropología trascendental frente a las visiones políticas o morales de la antropología de su época puede resultar un tanto incómodas para una mente racional. Estos fueron proyectos diletantes, fantásticos y esotéricos de los que conservamos vestigios ya reelaborados para un iniciado contemporáneo en los grados superiores del Rito de Memphis-Misraim, a través de la senda caballeresca del Régimen Escocés Rectificado o en la culminación de la elevación a la maestría en la exaltación al Santo Arco Real de Jerusalén.

---

[4] Tschoudy, L. *La Estrella Flameante*. Editorial Tritemio, Madrid, 2017.
[5] Martinès de Pasqually, J. *Traité sur la réintegration des êtres*. Ed. Robert Amadou. Difussion Martiniste, Le Tremblay, 2000.

De entre ellas, la propuesta iniciática del Conde de Cagliostro es una de las más interesantes y, a la vez, atrevidas. Personaje denostado y ridiculizado por la historiografía, identificado con Giuseppe Balsamo, Alessandro de Cagliostro (1743-1795) es uno de esos ilusionistas del siglo XVIII que revolucionaron la forma de pensar de su tiempo, e incluso los proyectos filosóficos de autores como J. W. Goethe, a través del retorno simbólico a la antigüedad. La alquimia, la visión, la vigilia, la teúrgia o los misterios antiguos son sus herramientas para intentar llegar «más lejos» de lo que pretende la razón y los sentidos. Efectivamente, Cagliostro no fue ni el primero ni el único que proponía estos métodos y caminos[6], pero su vida novelesca tampoco ayudó a situarlo en una buena posición intelectual cuando la academia se aproxima a su figura.

Precursor del romanticismo, Cagliostro fue capaz de evocar como pocos la ilusión y la imaginación para que el ser humano se reencuentre a sí mismo tras su caída en el mundo material, en un mundo finito. El rito masónico se convierte, de ese modo, en un juego fascinante. En él lo estético debe converger con lo supra-conceptual para que el ser humano sea capaz de trascender de su cuerpo físico, limitado y débil, alcanzando lo que podríamos llamar inmortalidad. Por eso, el sentido iniciático de su propuesta es regenerar al ser humano, el alma y el cuerpo, tal y como Osiris experimenta en los misterios ayudado por su esposa Isis y su hijo Horus tras ser asesinado por su hermano Set o, incluso, más próxima al iniciático viaje de Enoc donde le aguarda un conocimiento y una vida ultraterrena. La antropología trascendental que opera en estas historias trata de que el ser humano viva una transformación completa que explique cómo caímos, cuál es nuestra realidad y cómo volver a ser seres plenos. Cagliostro —de acuerdo con las fuentes de su época— era un ávido lector y un viajero experto, un buscador que en su peregrinaje descubrió que el saber de los antiguos con-

---

6 Para una panorámica general del tema véase Boella, A. y Galli, A. *L'ascessa all' Olimpo. Cagliostro e la tradizione ermetica nella Massoneria*. La Lepre Edizione, Roma, 2015.

tenía claves para comprender el presente. Al trascender ese conocimiento con un proyecto iniciático nuevo y cosmopolita no le era desleal a los antiguos, sino que aportaba la posibilidad de adaptarlo a un mundo totalmente diferente con la pretensión de vivir de otra forma. Y tal que así fue su final, detenido por la Inquisición cuando intentaba levantar las columnas de una logia nueva en la ciudad de Roma.

El legado de Cagliostro es muy importante, pero, a menudo, pasa desapercibido por gran parte de los historiadores de la masonería y, desafortunadamente, para los propios masones. La violencia ejecutada por la Inquisición contra Cagliostro y su proyecto lo sumió en una mezcla de olvido historiográfico e infamia intelectual.[7] Un proyecto, la masonería egipcia, del que se impregnaría, posteriormente, el rito de Misraim. Muy interesante para nosotros es el uso del ritual de Santa Elena dentro de la ceremonia de exaltación en clara conexión con el saber bizantino, la habilitación de una teúrgia abrahámica que usa elementos judeocristianos e incluso islámicas, o la reivindicación silente del neoplatonismo son algunas de sus aportaciones. Trabajos como los de Marc Haven (1912), Arturo Reghini (1925), Henry R. Evans (1919), Alessandro Boella y Antonella Galli (2015) o Philipa Faulks y Robert L. Cooper (2017) han venido a resituar y restituir la figura de Cagliostro como una pieza en la transmisión del hermetismo esotérico del mundo antiguo al contemporáneo. Sus lecturas, aunque heterodoxas y tan alejadas de autores como Isaac Casaubon, exploran símbolos sugerentes que para aquellos interesados en un conocimiento profundo y evocador.

Esa heterodoxia, tan criticada, forma parte de la reimaginación de la tradición, pues Cagliostro no era ni historiador ni filólogo. Es decir, le daba igual el rigor o las fuentes, solo buscaba y transmitía aquello que

---

[7] El texto de Arturo Reghini *Cagliostro. Documents et études* (1987) se hace fundamental para conocer el proceso inquisitorial. Contenido en el Ms. 245 de la Biblioteca Vittorio Emanuele de Roma, las más de 800 páginas del proceso conforma, y divulgado en las biografías de Petraccone y Barberi, un documento interesantísimo para comprender las claves de la doctrina y las acusaciones contra Cagliostro. Reghini elaboró un documento de defensa, refutando algunas de las acusaciones y reseñando las irregularidades del proceso. Reghini, A. *Cagliostro. Documents et études. Notes bèves sur le Cosmopolite*. Milán, Arché, 1987, pp. 9-83.

leía o sentía. A este punto habría que aclarar que es muy difícil hablar de la tradición no cómo un símbolo sino como una evidencia esencial. El riesgo es caer en el dogmatismo, en el esencialismo tan propio de las ideologías modernas y contemporáneas. Los autores como Cagliostro usan la reimaginación —ya sea de forma consciente o inconsciente— como una proyección de las realidades infinitas que el símbolo les da. Una creatividad desmedida que invita a entrar en esos símbolos, sumergiéndonos en ellos, pero también amplificándolos. Esto es algo que supo ver muy bien el siglo pasado C.G. Jung cuando realizó sus magníficos estudios sobre alquimia.[8] Así, en ningún momento ni Cagliostro ni otros pensadores similares pretenden una reconstrucción filológica o historicista de los misterios egipcios o de las teúrgias neoplatónicas, pues ni siquiera aparece Osiris en estos rituales, aunque su presencia simbólica sea más que evidente. Los misterios tan solo son un pretexto, un símbolo, para seguir avanzado en la búsqueda de lo trascendente desde la condición humana. Pero tampoco son simples alegorías morales que, en opinión de muchos esoteristas, son la degeneración de la polisemia del símbolo. La tradición, en autores como Cagliostro, se presenta como un imaginario flexible que parte de símbolos básicos que el ser humano va construyendo progresivamente. La sustitución del tiempo físico —como ocurre en cualquier ritual bien ejecutado— por un *kairós* trascendente es algo evidente en el proceso de reimaginación de la realidad histórica. Y, de hecho, es así como el propio Cagliostro se defendió en uno de los procesos contra él, esgrimiendo el siguiente argumento:

> Yo no soy de ningún tiempo ni de ningún lugar; más allá del tiempo y del espacio mi ser espiritual vive una existencia externa. Vuelvo mis pensamientos sobre las edades y proyecto mi espíritu hacia una existencia mucho más allá de lo que percibes, me con-

---

[8] Véanse los volúmenes 9/2, 12, 13 y 14 de las *Obras Completas* de C.G. Jung. Una introducción muy lúcida al planteamiento de la imaginación alquímica en el sistema jungiano podemos encontrarlo en Raff, J. *Jung y la imaginación alquímica*. Atalanta, Vilaür, 2022.

vierto en lo que yo elijo ser. Participando conscientemente en el Ser Absoluto, dispongo mis acciones en función de lo que está a mi alcance. Mi nombre define mis acciones porque soy libre. Mi país está donde mis pies en este momento se encuentren. Deja atrás el ayer si te atreves, como los ancestros olvidados que te precedieron, no pienses en el mañana y la esperanza ilusoria de la grandeza nunca será tuya, seré lo que soy.[9]

Un texto contundente que nos da una pista del pensamiento profundo de Cagliostro, el cual reimagina al ser humano como un ser de infinitas posibilidades a pesar de su caída y conversión a la materialidad, un ser que debe recordar quien es a través de la práctica del rito y la teúrgia con lo trascendente. Una autognosis muy compleja y delicada, desde la pureza del ser, desde la precisión de las palabras y las acciones que, a menudo, puede ser confundida con un simple ejercicio de ilusionismo. Pero algo que se aprecia en los textos del inmortal conde es que él en ningún momento lo percibe como ilusionismo, sino como la puerta de acceso a un conocimiento trascendente *participando conscientemente* — como mencionaba la cita anterior — *en el Ser Absoluto*.

Antes de otorgar al lector el texto del ritual, se debería reconstruir una serie de *tropos* simbólicos que constituyen la experiencia iniciática de Cagliostro en esta intersección entre masonería y filosofía, entre gnosis y antropología trascendental. Para ello, tras situar al lector de las influencias masónicas que se aprecian en *Masonería Egipcia*, analizaré entre otros el aspecto simbólico del viaje a Oriente y el imaginario simbólico de Cagliostro, para, posteriormente, explorar la concepción filosófica neoplatónica y hermética de la teúrgia. Mi intención es que todas estas claves ayuden a al análisis del rito en clave hermenéutica simbólica y, por supuesto, a la interpretación personal que cada lector quiera hacer del texto del ritual de *Masonería Egipcia* que se presenta en este libro.

---

[9] *Mémorie pour le comte de Cagliostre acussé contre le Procureur général.* Paris, 1786, p. 12. Cit. en Haven, M. *Le Maitre Inconnu Cagliostro. Etude historique et critique sur la Haute Magie.* Dorbon-Aíné, Paris, 1912, p. 282. Todas las traducciones son mías salvo que exprese lo contrario a pie de nota.

Grabado de la obra de Leo Taxil
Los misterios de la francmasonería (1885)

En torno a las fuentes y la edición: el problema de los manuscritos y las ediciones del ritual de *Maçonnerie Egyptienne*.

Del ritual de *Masonería Egipcia* conocemos cuatro manuscritos de los cuales ninguno es el original autógrafo de Cagliostro, sino copias posteriores o paralelas. El autógrafo original presuntamente ardió en Roma en 1791, tras ser analizado como prueba de cargo en el proceso inquisitorial, en la quema que organizó la Inquisición romana tras la condena contra Cagliostro. La Inquisición reseñó la obra tanto en las actas del proceso como en textos posteriores[10], pero no tenemos constancia que en sus archivos se encuentre copia del texto original.

Las copias de las que disponemos son, a su vez, posteriores de las que poseían los miembros de logias del Rito Egipcio de Lyon y, posiblemente, de París. El manuscrito original —según Marc Haven— estaba en cuarto menor y tenía el emblema de Cagliostro, la serpiente con la manzana en la boca atravesada por la flecha, en cera verde. También contenía ilustraciones de los mandiles y otros enseres. De este hubo dos copias más que circularon para los otros dos Venerables: Ms. Romand y Ms. Alexandre III, ambos firmados al Oriente de Lyon y perdidos.[11] Una de las copias acabó, de forma un tanto *underground*, en manos de la logia *Parfait Silence* de Lyon para, tras sucesivos herederos, pertenecer a M. Guillermet.

---

[10] Cf. Reghini, 1987, pp. 71-81. Puede consultarse online el manuscrito completo (Ms.Vitt.Em.245) del proceso inquisitorial: *Raccolta di scritture legali riguardanti il processo di Giuseppe Balsamo detto Alessandro Conte di Cagliostro e di P. Francesco Giuseppe da S. Maurizio Cappuccino innanzi al Tribunale del S. Uffizio in Roma.* Ms.Vitt.Em.245. Biblioteca Nazionale Centrale di Roma, Roma, 1790. Disponible en formato digital en: http://digitale.bnc.roma.sbn.it/tecadigitale/manoscrittoantico/BNCR_V_E_245. Los documentos más interesantes para apreciar los fragmentos y sus críticas son: *Censura e qualifica del Sistema della Massoneria Egiziana e di varie proposizioni che s'incontranno nei suoi Catechismi e Statuti* (ff° 3r-57v) de Tomasso Pani y *Sentimento teologico sopra la Massoneria Egiziana e Censura di Proposizioni estratte dai suoi Statuti e Catechismi* (ff° 59r-88v) de Francesco Contarini.

[11] Cf. Haven, 1912, pp. 148-149.

Pero hay que hacer notar, antes de reseñar estas copias de *Masonería Egipcia*, la naturaleza del ritual que el lector tiene entre manos. En ningún caso este rito, ni otros muchos del siglo XVIII, están pensados para ser escritos, sino que son meras indicaciones para realizar las ceremonias. El centro del ritual no consiste en la ejecución de las ceremonias de recepción, que vienen sucintamente descritas y cualquier persona con bagaje masónico y esotérico sabría realizarlas, sino en la instrucción al grado iniciado. Estos catecismos junto a los reglamentos y las patentes —común a todas las copias que han llegado a nosotros— son la clave de lo que se quería transmitir o salvaguardar con restricciones de lectura y acceso: «depositaréis los catecismos, reglamentos y demás manuscritos instructivos en la cámara del medio» —leemos en los *Estatutos y Reglamentos*— «donde estarán cerrados con triple cerradura».[12]

En 1789 el cirujano y masón escocés Charles Morison consiguió copiar, durante la Revolución francesa, un manuscrito que había sobrevivido a la desintegración de la masonería egipcia de Cagliostro y, posteriormente, al terror revolucionario. A la muerte de Morison, el texto fue donado a la Gran Logia de Escocia, donde actualmente se encuentra. Este manuscrito (Ms. Morison) consta de ochenta y tres páginas en letra caligráfica bastante legible y se firmaba al Oriente de Lyon. Se omiten gran parte de los detalles en el tercer grado, así como todo el rito de adopción.

La Biblioteca Municipal de Lyon alberga dos manuscritos muy importantes para comprender el ritual de *Masonería Egipcia*. El Ms. 6871 titulado *Rituel de la Haute Maçonnerie Égyptienne* (*Ritual de la alta Masonería Egipcia*) está fechado en 1785. A este texto se le conoce como *Saincosart*, por el Venerable de la Logia *la Saggese Triomphante*, su primer propietario. El manuscrito está en formato de octavo y consta de ciento una páginas en caligrafía manuscrita bastante legibles. Está inédito, aunque fue transcrito a máquina por Robert Amadou en el año

---

12 Artículo 29 de los *Estatutos y* Reglamentos en Ms. 6666, [89]; Ms. 6871, f° 11; Ms. Morison, f° 19. En el rito de adopción aparece bajo el artículo 33 del FM4 78, f° 12r.

2000, pero no existe noticia de que haya sido publicado o difundido hasta la fecha.[13] El orden y la disposición coindice con el de Morison, pero el contenido es más completo al igual que las referencias rituales. Contiene, además de la patente (*dogme*), los *Estatutos y Reglamentos*, así como los rituales de *Masonería Egipcia* del 1.º al 3.º y los catecismos de instrucción correspondientes.

El segundo manuscrito de la Biblioteca Municipal de Lyon, el Ms. 6666, es el que se ofrece traducido y comentado en este libro y se titula *Maçonnerie Egyptienne du Comte de Cagliostro* (Masonería Egipcia del Conde de Cagliostro). Es la versión más completa que nos ha llegado y está fechada, aproximadamente, en 1845. A esta versión, proveniente de un original de 1785, se la conoce como *Guillermet* por su copista. En otras fuentes también se le conoce como Ms. Papus, debido a que este, su hijo Philippe y su círculo lo tuvieron en su posesión hasta el siglo XX. En 1985, tras la muerte de Philippe Encause, fue adquirido por la Biblioteca Municipal de Lyon según Robert Amadou.[14] El manuscrito, un cuaderno en tamaño de octavo, consta de noventa y dos páginas manuscritas en caligrafía bastante irregular y cambiante, muy compleja de leer. Sin embargo, la numeración de esos folios no se corresponde con el orden real del texto, pues a menudo hay saltos de secuencia. La numeración del manuscrito original puede leerse al margen. Esto es algo que se pudo deber a la premura del copista en terminar el trabajo o, quizás, al trabajo de composición de las diversas fuentes de la versión que ha llegado a nosotros. Esto implica que el lector del texto tiene que reconstruir la lectura, sin embargo, no se echan en falta omisiones en el texto. Hay fragmentos —véanse las notas al texto— que parecen ser añadidos posteriormente, pero en general el texto es bastante coherente y no faltan elementos como en las otras versiones. Es la versión más completa e interesante de todas las copias

---

[13] Amadou, R. *Rituel de la Haute Maçonnerie Égyptienne : Première version connue publiée par Robert Amadou d'après le ms. 6871 de la B. M. de Lyon.* Lyon, Bibliothèque Municipale de Lyon, 2000.

[14] Cf. Amadou, R. «L'Occulte a la Bibliothèque Municipale de Lyon» en Chomarat, D (ed.). *Lyon, carrefour européen de la franc-maçonnerie.* Memoire Active, 2003. p. 126.

existentes de *Masonería Egipcia* y contiene, además de lo ya mencionado, catecismos ampliados, discursos para la consagración del templo, varias patentes, métodos y el rito de adopción completo del 1.º al 3.º. Añade, además, el contenido ritual de la logia de adopción del Ms. FM4 78 de la Biblioteca Nacional de Francia.

El Ms. FM4 78 titulado *Maçonnerie d'adoption. Statuts et grades de la L∴ Mère d'adoption de la Maçon∴ égypt. de Cagliostro* corresponde a la logia fundada al Oriente de París hacia la década de los ochenta del siglo XVIII. El catálogo indica que este nos encontramos ante un manuscrito de comienzos del XIX, pues parece ser una copia posterior, como en el caso del Ms. Morison y el Ms. 6871. Se trata de un cuaderno de noventa folios en recto y verso, con caligrafía clara y legible. Presenta todo el material disponible para desarrollar el grado de adopción de la *Masonería* Egipcia. El contenido aparece en el Ms. 6666 desde [147] hasta [217] e incluye, además, los *Estatutos y Reglamentos*.

En el siglo XX, se han editado casi todas las versiones de este ritual. De todos estos manuscritos solo permanece inédita la copia que Irwin realizó y que está depositada en la Biblioteca de la Gran Logia de Inglaterra (UGLE) bajo la signatura Ms. A 807 CAG. Este manuscrito, fechado en 1879, es una copia literal y ordenada del Ms. 6666 traducida al inglés por Georg Francis Irwin bajo el título de *Rite of Cagliostro*. Seguramente se produjo en los contactos entre Papus e Irwin a propósito de la Orden de la *Golden Dawn*. Se encuentra en un cuaderno de tamaño de cuarto y contiene 122 hojas numeradas. Irwin hace cambios en el orden de presentación temático, pero el contenido es el mismo. Igualmente mantuvo gran fidelidad al texto original francés siendo prácticamente idénticos cuando se leen en paralelo. El texto contiene ilustraciones de los sellos, pentáculos y cuadros de logia dispuestos por el propio Irwin algunos originales, otros extraídos de otras obras. Esta copia privada, posiblemente, sirvió para que John Yarker y, sobre todo, Kenneth Mackenzie pudieran deleitarse con este ritual e incluyéndolo este último en su *The*

Royal Masonic Cyclopaedia (1877) influyendo profundamente en la paramasonería y el esoterismo británico de esta época.

Emmanuel Lalande, bajo el pseudónimo de Marc Haven, editó la versión del Ms. 6666, el mismo manuscrito que presento en este volumen traducido y comentado. Desafortunadamente Haven falleció antes de poder anotarlo y comentarlo, siendo publicado póstumamente en 1947 por Daniel Nazir en los *Cahiers Astrologiques de Nice*. Previamente había sido editado, de 1906 a 1908, de forma fragmentaria por Papus en su revista *L'Initiation* despertando la curiosidad de autores como A. E. Waite, H. R. Evans o A. Reghini. Posteriormente Guénon le dedicaría un interesante comentario que ya hemos expuesto en esta introducción. Horace P. McIntosh en 1919 y, posteriormente, Herbert Keppicus tradujeron al inglés este texto respectivamente en 1954.[15] Esta última versión, tomada de la de Haven, omitía la parte administrativa y el ritual de adopción empobreciendo el material aparecido en *Collectanea*.

El manuscrito Morison circuló por internet a comienzos de la década de los 2000 en la web de la *Orden Martinista de los Países Bajos*[16] y hay una transcripción publicada digitalmente por *Arbre D'Or* en 2004 que no es difícil de encontrar en la red. Recientemente Faulks y Cooper han vuelto a editar con más cuidado dicho manuscrito.[17]

No tenemos conocimiento sobre la edición o traducción de alguna de las versiones hasta la fecha, siendo esta la primera de la que puede disponer el lector hispanohablante. Con respecto a la edición del Ms. 6666 he intentado ser lo más fiel posible e incluir referencias de la máxima fidelidad y la inclusión de referencias de las otras versiones, no he al-

---

[15] Evans, H. R. *Cagliostro and his Egyptian Rite of Freemasonry*. Southern Jurisdiction of the United States, Washington DC, 1919. Incluye traducción de los fragmentos de *L'Initiation* por H. P. McIntosh.Cagliostro, A. *The Collectanea vol. 5-2. Cagliostro's Egyptian Rite*. Ed. Herbert Keppicus. Grand College of Rites of The United States of America, Cedar Lake, 1954.

[16] <http://kingsgarden.org/French/Organisations.F/OM.F/Cagliostro/RiteEgyptien/1.HTM>. Desde 2015 no está disponible online, según la página: <http://www.archive.org>.

[17] Faulks, P. y Cooper, R. *The Masonic Magician: The Life and Death of Count Cagliostro and His Egyptian Rite*. [Edición Kindle] Watkins Media Limited, Londres, 2017 [consultado el 23/11/2022].

terado la puntuación o las formas antiguas de la redacción en francés, sino que me he limitado a transcribirlo. El texto viene paginado, no desde la numeración que se les ha asignado a los folios del manuscrito, sino desde los números del margen que indican la paginación original, que aparecen en el texto francés editado entre corchetes: []. Las referencias en las notas a las páginas del texto aparecen en negrita. A causa de la ilegibilidad del manuscrito he contrastado con otras versiones la exactitud de distintos términos, incluida la edición de Haven, habiendo podido descifrar el «jeroglífico» —nunca mejor dicho—. Con respecto a la traducción he buscado la mayor fidelidad que me ha permitido la lengua española, pero procurando la adaptación al español del siglo XVIII, por ejemplo, prefiriendo el voseo al tuteo y el uso de algunos arcaísmos. Para otros términos he recurrido al argot masónico, esotérico u ocultista de la época con el fin de adecuarlo al lector; en estos casos a nota a pie he explicado la referencia o he reseñado la fuente.

Los comentarios al ritual son contextuales y actúan, en muchas ocasiones, como glosas y apreciaciones del editor hacia el texto. Siendo esta una edición que busca la comprensión y contextualización para un lector contemporáneo, he intentado relacionar con aspectos masónicos y esotéricos de la época y de la tradición un texto tan críptico como es este, a fin de que tanto iniciados como profanos puedan ver su valor histórico y simbólico. De ese modo, pretendo hacer accesible con bibliografía actual —la cual se puede consultar al final de este libro— los diferentes niveles hermenéuticos que posee este texto como documento privilegiado de la otra masonería del siglo XVIII.

Las relaciones, influencias y divergencias con otros ritos masónicos

El ritual que se presenta en este libro no es un producto totalmente original, pues es fácilmente rastreable las influencias, relaciones y divergencias que la propuesta de Cagliostro presenta con respecto a la masonería de su época. El análisis simbólico e histórico desde las notas a pie que se han incluido en esta edición nos revela esta complejidad, encontrando resonancias, al menos, de la masonería francesa, jacobita, templaria e iluminista de la época. Tampoco se puede olvidar la herencia esotérica abrahámica y la tradición hermético-alquímica. *Masonería Egipcia* del Conde de Cagliostro es un ritual masónico presentado como sistema de altos grados, incardinado en la masonería continental.

Masonería continental en tanto que *Masonería Egipcia* de Cagliostro se construye desde premisas de los grados simbólicos de la Orden de la Estricta Observancia Templaria, unido a una constante y fuerte relación crítica con el Rito Francés. Sin embargo, cabe destacar que *Masonería Egipcia* nunca perdió su condición de heredera del esoterismo y los antiguos, representados aquí por el simbolismo del epíteto «egipcio». Sin embargo, el rito de Cagliostro influyó muy levemente en los sistemas egipcios posteriores que son claramente deudores del modelo ritual del escocismo y de la fascinación de sus creadores, de Marconis de Nègre a John Yarker, por la egiptomanía propia de ambientes esotéricos del siglo XIX. La falta de los materiales originales de Cagliostro —la primera edición fragmentaria de su ritual es de 1912 y completa es de 1947— hacen imposible la influencia directa de *Masonería Egipcia* sobre gran parte de los ritos posteriores.

Desde un análisis masonológico, el Rito Francés es tomado como la experiencia iniciática de referencia que trae el candidato a la *Masonería Egipcia*, ya que era el rito más habitual y extendido entre los masones de la época en Francia. Creado en 1725, es una traducción al francés del ritual que practicaban los modernos tras la reinstauración de la Orden en 1717. El Rito Francés tuvo una revivificación, que supuso una estandarización, con el abatimiento de columnas de la Gran Logia de Francia en 1767 y la creación del Gran Oriente de Francia 1773. Una circunstancia que produjo una fuerte reacción y rechazo en muchos sectores masónicos —piénsese en la ruptura de Martinès de Pasqually con la masonería simbólica y la fundación de la Orden de los *Élus Coën*— que aspiraban a otro camino iniciático.

El Rito Francés, ritualmente, es profundamente «moderno» y secularizado. En él empieza a apreciarse un alejamiento del fundamento divino, de la tradición. Igualmente era democrático, pues ofrecía una sensación horizontalidad frente a la idea de verticalidad del poder emanada en los ritos de matriz antigua, anteponiendo el gobierno de los hermanos sobre el poder de un Gran Maestro o Gran Soberano como la masonería inglesa. El Rito Francés también añadió a los tres grados simbólicos cuatro Órdenes de Sabiduría adicionales: 4.º Maestro Elegido (Primera Orden), 5.º Maestro Escocés (Segunda Orden), 6.º Caballero de Oriente (Tercera Orden) y 7.º Gran Príncipe Rosa Cruz (Cuarta Orden). Estas Órdenes de Sabiduría intentaban sistematizar algunos de los altos grados que se practicaban a final del siglo XVIII y su desarrollo ulterior dará como resultado el Rito Escocés Antiguo y Aceptado.

Simbólicamente en el camino iniciático de este rito se pretendía, sin duda, «construir un templo nuevo», frente a los antiguos que trataban de «reconstruir» el Templo, en especial sistemas colaterales como el Arco Real de Jerusalén de las Grandes Logias de Escocia e Irlanda. Con la mirada puesta en los valores de la Ilustración francesa, se proponía al hermano un pulirse a sí mismo para que alcanzase las virtudes cívicas y morales a través de una serie de símbolos y, casi de inmediato, se rechazaba cualquier traza de esoterismo. El humanismo antropocéntrico, muy en consonancia con los valores, ilustrados constituye el planteamiento moral del rito. Por motivos históricos y geográficos, el Rito Francés se presenta como la principal puerta de entrada a la *Masonería Egipcia* mencionándose de forma bastante explícita en sus *Estatutos y Reglamentos*.

> Quien aspire a conocer los misterios de la alta masonería egipcia habrá sido, previamente, recibido como masón en una logia del rito ordinario, y justificará por los certificados de sus maestros que ha

merecido obtener los grados de aprendiz compañero y maestro y maestro elegido.[18]

Sin embargo, si bien este constituía un requisito de entrada, la crítica de Cagliostro hacía el Rito Francés es constante, pues cuestiona los fundamentos rituales, la disposición de la leyenda y la finalidad para con el iniciado. Se produce una crítica general desde la tradición y la antigüedad, especialmente al punto final del rito: para Cagliostro es un sacerdocio que acaba proporcionando una transmutación para acceder a lo divino, es decir, una antropología trascendental. Cagliostro, como Martinès de Pasqually y otros muchos de sus contemporáneos, no puede entender por qué los masones que practican Rito Francés se contentan con el plano lo social y no traspasan las fronteras de lo espiritual y lo esotérico. Así leemos, de nuevo, en el texto de uno de los catecismos de *Masonería Egipcia*:

> P: Mas no me habéis hablado de Adoniram, que, según la masonería ordinaria, fue asesinado y es el emblema de la banda negra y del puñal en el grado de Elegido. R: La masonería os hace errar sobre este punto.[19] (…) Es esta estrella el emblema de los grandes misterios que encierra la filosofía sobrenatural, nueva prueba de la ceguera y de la ignorancia de los masones modernos; pues ella debe estar rematada por siete puntas o ángulos, y nunca se la ve representada en ninguna logia más que en el 3, 5 o 6. Además, estos pobres hijos de la viuda nunca han descubierto otro mérito que el de contener en el centro la letra G, que han explicado espiritualmente por la palabra geometría. Tal es el fruto de cien años de reflexión y de la interpretación maravillosa que su brillante genio les ha sugerido. Las siete puntas o siete ángulos son la representación de los siete ángeles que rodean el trono de la divinidad, y la letra G es la primera del nombre sagrado del gran Dios llamado *Géhova* o *Jehová*, *Adonai*, etc.[20]

---

[18] Ms. 6666, [83].
[19] Ms. 6666, [19].
[20] Ms. 6666, [21]-[22].

Estos son dos ejemplos de la crítica, extraídos de *Masonería Egipcia*, que Cagliostro lanza contra la masonería moderna y, en especial, contra el Rito Francés. Una crítica que no es extraña a la época, pero que, como se ha dicho, se centra en el carácter exotérico del rito. Por otra parte, era propio de los altos grados aclarar y jugar esotéricamente con el iniciado a fin de presentarle nuevos misterios o, simplemente, nuevas lecturas de elementos simbólicos. Sin embargo, una lectura atenta del texto nos revelará multitud de detalles dependientes del Rito Francés y sus derivados. Por ejemplo, la entrega de los guantes para la pareja del recipiendario o de la recipiendaria —en el rito de adopción—, algunos detalles del catecismos que coinciden sobre todo con rituales franceses como el *Ritual Francés del Marqués de Gages* (1772) y de matriz escocesa tanto moderna como el *Ritual de la Logia Madre Escocesa de Avignon* (1774)[21] como antigua representada por los antecedentes no escritos de la *Guía de los Masones Escoceses* (1804).[22] De forma muy similar, la presencia del futuro REAA es evidente, pudiéndose encontrar diferentes detalles en aspectos simbólicos referidos en el comentario de *Masonería Egipcia*.

Otro sistema masónico que tiene una influencia notoria en *Masonería Egipcia* es la Estricta Observancia Templaria. Esta fue desarrollada en el siglo XVIII por Karl Gotthelf von Hund (1722-1776) que revindica una masonería jacobita y cristiana, la cual apoyaba al pretendiente Carlos Eduardo Estuardo, con el objetivo de que reestructurase los valores y la finalidad que tuvo en su día la Orden del Temple. En ella, por su parte, había una crítica implícita al modelo de masonería británica a la que denominaban «difunta observancia» (*Verstorben Observanz*) frente a la masonería de «estricta observancia» (*Strikte Observanz*) o «rectificada» que protegía la tradición frente a las innovaciones de los modernos andersonianos. La Estricta Observancia Templaria se caracterizó por la reivindicación de la cristiandad germánica y el cuestiona-

---

[21] *Rituales Franceses*, 2016, pp. 110 y 212.
[22] *Le Rituel des anciens*, 2004.

miento de Francia y su influencia político-moral desde la condena de la Orden del Temple y la ejecución de su gran maestre Jacques de Molay en 1314. Desde estas premisas se criticaba que la masonería de los modernos se había secularizado arrancando el sentido cristiano y espiritual, convirtiendo la orden masónica en un espacio político-social. Aunque von Hund fue iniciado en Francia, pronto llevó su orden a Alemania y de allí la orden se expandió a otros países incluido el Imperio Austriaco o el propio Reino Unido, que diferían no solo con las políticas francesas, sino con los ideales de la Ilustración. Las logias de San Juan (*Johannisloge*) o simbólicas eran la base, donde el iniciado recibía iniciación, pase y elevación, para continuar en los altos grados. Los altos grados nunca estuvieron exentos de polémicas, pues el Barón von Hund hablaba de que le habían sido transmitido a través de una iniciación en las montañas de Escocia en 1742 en un misterioso grado templario por el Caballero de la roja pluma[23], uno de los «Superiores Desconocidos» (*Unbekannten Oberen, Superiores Incogniti*), que habría de regir y gobernar la Orden a través de las instrucciones que le facilitaban. Este es uno de los puntos más polémicos de la Estricta Observancia y por el que ha sido denostada historiográficamente. Sin embargo, en la época, entre algunos círculos fue impopular por un cierto afán de eliminar las prácticas ocultistas que se practicaban en gran número de logias continentales.

A nivel ritual, la Estricta Observancia se articulaba en 7 grados[24]: los tres primeros eran simbólicos, un cuarto grado de perfección o completitud del grado de Maestro y los tres siguientes eran altos grados o rituales de la orden interior. Las praxis simbólicas tienen cierto parecido con la masonería continental: el Rito Francés, el futuro REAA y, por supuesto, el RER. Un ejemplo puede ser la ceremonia de recepción frente a la masonería británica, parte de las instrucciones en el cate-

---

²³ Clelland, p. 28.
²⁴ El texto completo puede consultarse en Schröder, F. L. *Ritualsammlung*, vol. 2. Rudolstadt, 1805. Hay una edición contemporánea y traducción al inglés realizada por Alain Bernheim y Arturo de Hoyos en *Collectanea*, 21-1, 2010, pp. 1-106.

cismo o la leyenda de Hiram. Los grados superiores exploraban la progresión templaria del iniciado alejándolo de la metáfora constructiva y retomando, igualmente, elementos que podríamos encontrar en otros ejemplos de masonería antigua como el Arco Real de Jerusalén. De hecho, en el 4.º Maestro Escocés, el iniciado descubre el nombre de Dios y es recibido en Escocia tras haber trabajado para Esdras en la reconstrucción del Segundo Templo. Los grados de la orden interior exploran, por su parte, la leyenda templaria y su rol como sucesores acatando y observando una estricta jerarquía y asumiendo un rol de monjes-guerreros.[25] Los altos grados toman la leyenda templaria y la enriquecen con los planteamientos de continuidad entre órdenes militares católicas y masonería que propone el Caballero Ramsay.[26]

El convento de Wilhemsbad en 1782, aproximadamente diez años después del fallecimiento de von Hund, supuso el final histórico de esta vía masónica siendo subsumida en el Régimen Escocés Rectificado de la mano de J. B. de Willermoz. Principalmente, porque los altos grados de la Estricta Observancia no podían garantizar la progresión iniciática al haber recibido —según ellos— estas enseñanzas de los «Su-

---

[25] Véase, por ejemplo, el juramento de novicio secular: «Yo, N.N., prometo y juro que, como deseo entrar en esta Santa Orden y debo someterme a ella, en este mi Noviciado, me subyugaré a las leyes y usos de la Orden, y no haré nada contrario a ellas. Tendré celo por la Santa Fe y por los mejores intereses de la Orden, obedeceré en todo lo que mis Superiores me ordenen, iré adonde me llamen y adonde ellos vayan les seguiré. Guardaré estricto silencio sobre todo lo que vea, oiga y experimente: Jamás abandonaré voluntariamente mi Noviciado aún la Orden me pareciese demasiado severa, sin primero pedir permiso; y entonces, cuando se me conceda, guardaré secreto sobre todo lo que haya experimentado en la Orden durante mi período de Noviciado. Todo lo cual me comprometo, por la santa fe, a guardar sin perjurio ni engaño. Con la ayuda de Dios y de los Santos Evangelios». *Ritual E.O.T*, p. 63. Y véase igualmente el de caballero: «Yo, N. N., juro por el Santísimo Sacramento y mientras respire mi alma, tomar estos tres votos observándolos continuamente: Obediencia [Se sustituye esta palabra por «Reverencia» en los grados siguientes.] a los Superiores y Primados de la Santísima Orden, y sobre todo al Reverendísimo Señor, Gran Maestro, Provo para Germania hasta el Elba y el Oder. A sus Priores y Sub-priores; y así prometo prestar esta obediencia, sin importar daño o inconveniente, dedicando mi vida y sangre a la Orden, consagrándose a sus usos y protegiendo al clero regular de la Orden. Guardar silencio sin reservas, despreciando el insulto público y la persecución hasta la muerte. Indagar en los misterios de la Orden, sin atreverme aún a sopesarlos, encontrándolos, desenterrándolos. Que así Dios me ayude». *Ritual E.O.T*, pp. 72-73.

[26] Véase los discursos del Caballero Ramsay, especialmente el pronunciado como Orador en 1737. Ramsay, A. M. *Discursos del Caballero Ramsay (1736-1737)*. MASONICA, 2018.

periores Desconocidos». Otra de las declaraciones más importantes de Wilhemsbad fue la renuncia —no sin reticencias— a convertirse en los herederos directos de los templarios, creando la narración simbólica que, años después y bajo la influencia del Rito Escocés Filosófico de Boileu (1776), se convertiría en el núcleo de la ceremonia del 30.º del REAA: el Caballero Kadosh.

Faulks y Cooper nos ofrecen un fragmento del texto de *Lettre au peo-ple anglais* en el que cuenta que en 1776, durante su estancia en Londres, Cagliostro buscó la logia *L'Esperance Excellent Masons* correspondiente al rito de la Estricta Observancia por ser, según él, la más regular, antigua y por querer estudiar el método masónico británico, pero, a la vez, sugieren que pudo haber sido iniciado anteriormente en otra obediencia y otro rito.[27] Fuese como fuere Cagliostro conocía el sistema y el trasfondo mesiánico y espiritualista que —como tantas órdenes de la época— tenía para restaurar a la casa de Estuardo en el trono del Reino Unido y sobre todo que conectaba con la metáfora de la «lucha espiritual» que se desprende de autores como Dom Martinès de Pasqually. Merecería la pena considerar que la opinión que Cagliostro presenta a lo largo de su obra sobre la regularidad y la antigüedad está muy unida con la idea de «tradición» —a través del mito templario que desarrolla el rito— y revelación, a través de esos «Superiores Desconocidos», que se manifiesta en el sistema de von Hund. *Masonería Egipcia* tiene un trasfondo ritual más cercano a lo que se practicaba en las logias simbólicas de la Estricta Observancia y, por ello, es reconocible en ella muchos elementos que hoy pueden ser apreciados en una logia o en una tenida del Régimen Escocés Rectificado. Sin embargo, Cagliostro renunciaba a la premisa de la eliminación de las prácticas ocultistas que proponía la Estricta Observancia y el Régimen Escocés Rectificado en su parte pública. De las lecturas de las obras de Caglios-

---

[27] Cf. Faulks, P. y Cooper, R. *The Masonic Magician: The Life and Death of Count Cagliostro and His Egyptian Rite.* [Edición Kindle] Watkins Media Limited, Londres, 2017 [consultado el 23/11/2022], pp. 8-9.

tro se deduce que el ocultismo —heredado de Agrippa, della Mirandola y Martinès de Pasqually—, bajo la forma de teúrgia y enraizada en una concepción neoplatónica, eran centrales en su rito.

Entre Alemania y Francia hay dos sistemas que, posiblemente, tuvieron cierto peso en la redacción de *Masonería Egipcia*. El primero de ellos es el «Rito Hermético» de Aviñón[28] (1770), muy posiblemente redactado por el Abad Pernetti que, posteriormente y con algunos retoques, se convertirá en el Rito Escocés Filosófico (1776) del hermetista Boileau. Este fue uno de los ritos que construyó, años más tarde, el Rito Escocés Antiguo y Aceptado. Este rito es rico en símbolos herméticos y alquímicos como el Águila Negra que guarda la tumba de Hiram y que significa el estado alquímico de *nigredo*, el grado 4.º y la leyenda de Adán o el grado 5.º, El caballero del Fénix, en donde se propone la cuadratura perfecta de la naturaleza.[29] Los símbolos alquímicos y herméticos están tan presentes en el Rito Hermético como en *Masonería Egipcia*, siendo estos elementos centrales en la praxis ritual y compartiendo el mismo objetivo: la consecución de la inmortalidad tras el *Opus Magnum* (Gran Obra) y vencer, aprendiendo, de Medea en el grado 10.º Caballero del vellocino de oro. No sé si es anecdótico o radical que Cagliostro critique en *Masonería Egipcia* la misma lista que otorga el catecismo para la instrucción del Caballero del Arco Iris, grado 7.º del Rito Hermético, con el objetivo de operar la Gran Obra.[30]

---

[28] Hay una excelente versión con los rituales publicada por William L. Cummings y Herbert Keppicus en el Grand College of Rites of The United States of America en 1957. Cf. *The Hermetic Rite*. Ed. William L. Cummings y Herbert Keppicus. Grand College of Rites of The United States of America, Cedar Lake, 1957.

[29] Cf. *The Hermetic Rite*, pp. 172; 176-185; 189.

[30] La cita, para la posterior crítica, parece casi paralela. Para ello véase primero el texto del Rito Hermético dice: «R: Perdonadme, Sapientísimo, uno es común y trivial y otro místico y secreto. El mundo invisible de nuestra teología es cabalístico, celeste, astrológico y mágico, mientras que el elemental es fisiológico y químico, el cual se revela mediante estos descubrimientos y las separaciones del fuego, los secretos mosaicos secretos y arcanos ocultos de la naturaleza de los tres tipos de composiciones. A esta última ciencia también la llamamos hermética o la operación de la Gran Obra. P: ¿Cuáles son las fuentes donde se puede buscar esta última ciencia? R: Las más puras son Hermes Trismegisto, Arnau de Villanova; Ramon Lull, Jabir, Basilio Valentín, Bernardo Conde de Trevisano, Nicolás Flamel, los Filaleteos, El Cosmopolita, el presidente del Espagnet y Chevalier, las figuras de Abraham el Judío, Michael Mayer, y muchos otros, que reconoceremos

El segundo es un alto grado practicado en Francia (ca. 1770), editado por Otto Schaff en Bayreuth, y que se titula «Ilustre Filósofo de Hermes».[31] Este es un grado que parte de la leyenda del asesinato del Maestro Hiram para contraponerlo con la muerte y resurrección/transmutación de Hermes Trismegisto. Es especialmente interesante ver las ilustraciones que incluye la edición de Schaaf como la icónica resurrección de Hermes o la apoteosis final[32] en la que podríamos reconocer la consecución simbólica de los elementos alquímicos y masónicos y la presentación del hombre completo. El rito está salpicado de elementos esotéricos y masónicos, teniendo la leyenda del asesinato de Osiris y el misterio de Isis, Horus y *Harpokrates* un rol simbólico importante para el iniciado. De la misma forma, la muerte de Hermes asesinado es fundamental para que ocurra «la transmisión de los mis-

---

entre otros. P.- ¿Por qué se dice que la Academia trabaja a todas horas? R.-Porque se debe comenzar la gran obra a todas horas y en todas las estaciones.». Cf. *The Hermetic Rite*, pp. 221-222. Confróntese ahora con el siguiente fragmento de *Masonería Egipcia* de Cagliostro: «P: La confianza que vos me inspiráis no me permite tener la menor duda sobre la veracidad de todas vuestras opiniones; sin embargo, creo que es bueno hacer estas observaciones. Vuestro lenguaje es tan diferente del de todos los autores que han escrito sobre la Piedra Filosofal, que me encuentro en la mayor dificultad para conciliar vuestras palabras con las suyas. Mas yo no he olvidado las recomendaciones que me hicisteis vos de no creer en ninguno los autores, pero me parece que puedo hacer una excepción en favor de aquellos que gozan de una gran reputación y han sido siempre considerados por los modernos más esclarecidos y doctos como verdaderos filósofos, tales como Hermes Trismegisto, Basilio Valentín, el Trevisano, Arnau de Villanova, Ramon Llull, el Cosmopolita, Filaleteos, etc. R: No lo sois vos, pues ni estáis suficientemente instruido en los principios de nuestro maestro, ni tampoco sois lo bastante antiguo en nuestra escuela para que vuestras incertidumbres me sorprendan, mas algunas reflexiones bastarán para desengañaros y fijar para siempre vuestros sentimientos sobre este tema. Nunca ha habido, ni habrá hombre que goce y posea esta preciosa materia, más que aquellos que habrán sido admitidos e iniciados en nuestra sociedad. Y como la primera, la más importante y la más estricta de nuestras obligaciones, como ya debéis saber, consiste en el sagrado compromiso de no escribir ni divulgar jamás nada sobre nuestros misterios, debéis estar convencido de que todos los autores que me habéis citado no eran verdaderos filósofos. Todos los libros que se les atribuyen, manuscritos o impresos, son enteramente falsos y apócrifos, pues tan solo son fruto de la avaricia de quienes los inventaron y de la credulidad de quienes los creen. Además, repetid con la mayor exactitud todas las operaciones enseñadas en estos libros y comprobad si alguna de ellas tiene éxito. Por tanto, como yo, tened piedad y lamentaos por las gentes simples y evitad que crean y operen según estos autores, porque todos ellos acabarán por perder el crédito y su fortuna, arruinarán su salud y puede que, por desgracia, se vuelvan locos» Cf. Ms. 6666 [12]-[13].
[31] Schaaf, O. (ed). «Zwei Hochgrad-Rituale des 18. Jahrhunderts». *Das Freimaurer Museum*, vol. 4, Bernhard Sporn Verlag, Leipzig, 1928, pp. 215-221.
[32] *Zwei Hochgrad-Rituale*, p. 212; 214; y 219.

terios determinados en la naturaleza».[33] Poco más sabemos de este rito, pero, sin duda, es muy interesante para comprender la matriz de *Masonería Egipcia* y las fuentes que inspiraron a Cagliostro.

De una u otra forma, *Masonería Egipcia* guarda una interesante relación, intencional o no, con la Orden de los Caballeros *Élus Coën* del Universo de Martinès de Pasqually. Este era deudor, posiblemente, del Rito Escocés Filosófico y estaba bajo la patente de la Gran Logia de Francia. No fue hasta el fin de esta en 1766, cuando Pasqually funda —abre los círculos en palabras de su discípulo J. B. Willermoz— en 1767 la nueva orden prosiguiendo en su afán de combate espiritual contra la situación contemporánea de la masonería y pro-legitimismo de la casa de Estuardo. El contenido de la orden de Martinès es bastante similar a *Masonería Egipcia*, al igual que sus intenciones escatológicas. En mi opinión tendríamos que reexaminar la producción de Martinès y su círculo para comprender qué peso tuvo, directa o indirectamente, en la masonería del siglo XVIII y sus altos grados. Las metáforas teosóficas y simbólicas serán objeto de interés para órdenes posteriores como la de Caglisotro. Sin embargo, el sistema fundado por Martinès de Pasqually propiamente ha sido muy bien estudiado y descrito por diversos autores desde los primeros trabajos de Le Forestier (1928) y Van Rijnberk (1935) o, más recientemente, los estudios de Jean Marc Vivenza (2010; 2020) y los de Steve Cleelland (2020; 2022). Robert Amadou, por su parte, editó el manuscrito de Saint-Martin de la obra filosófica de Dom Martinès: el *Traité sur la réintegration des êtres* (2000). Y, recientemente, contamos con una edición del manual teúrgico —mal denominado «grimorio»— conocido bajo el nombre de *El cuaderno verde de los Élus Coën* o *Manuscrito de Argel* (Rituel FM4 1282) excelentemente editado por Josef Wages y traducido al inglés por Steve Clelland (2020).

---

[33] *Zwei Hochgrad-Rituale*, p. 217.

El rito de los *Élus Coën*, al igual que ocurre en *Masonería Egipcia*, propone al iniciado, a través de varios altos grados, asumir el sacerdocio (*coën* en hebreo es sacerdote) que negligentemente ha abandonado el hombre moderno al adoptar una secularización radical con la Ilustración. Se trata de comenzar un camino de retorno al culto primitivo (*culte primitif*) antes de la caída del ser humano y la reintegración del *Adam-Réaux* u hombre divino del que habla Saint-Martin. Así, se despierta el poder espiritual del ser humano tanto en la intermediación con los seres del intermundo, los ángeles y demonios, como la canalización con una entidad de una presencia noética: *La Chose*.[34] La cual aportaba la gnosis, en el sentido epistemológico del término, para realizar las operaciones y proporcionaba a un núcleo de elegidos las teofanías para confirmar las operaciones ya realizadas. Las cartas de Dom Martinès revelan un uso bastante usual del conocimiento gnóstico a través de *La Chose*. El núcleo de la doctrina teórica, contenida *Traité sur la réintegration*, está cargado de referencias de la tradición gnóstica, teosófica, hermetismo cristiano y alquimia, mientras que la parte práctica, la teúrgia y las invocaciones, deben a la tradición ocultista renacentista y barroca que traduce las ideas de Jámblico y Proclo, así como las teúrgias abrahámicas judías e islámicas. Como la Estricta Observancia, la Orden de los *Élus Coën* tenía objetivos metapolíticos más allá de la pura teoría y uno de ellos, quizás el más importante, era prepararse para una guerra espiritual ante una Europa que se entregaba al materialismo y al individualismo, recuperando la espiritualidad y el sentido trascedente de la realidad. La muerte de Pasqually en Santo Domingo y la evolución de Saint-Martin —el más lúcido de los discípulos de Pasqually— hacia una teosofía mística sumieron en sueños a la Orden de los *Élus Coën*.

---

[34] *La Chose* actúa de manera similar a como lo hace el *noûs* en el *Corpus Hermeticum* el *noûs*. Véase en *Corpus Hermeticum*, I.4-10; I. 25-26; II. 12; V.2-3. Con respecto a los testimonios de Martinès, entre otros muchos textos, véase Le Forestier, p. 177; Van Rijnberk, p. 44; Clelland, 2002, pp. 33; 121-125.

Honore Marinier,
Miracle Naturel
(ca. 1785)

Honore Marinier,
Suite et consomation du Deculpe
(ca. 1785)

Masonería Egipcia coincide con muchos puntos, especialmente, operativos y teúrgicos con la orden Coën. Es improbable que Cagliostro se iniciara en ella, pues no hay ninguna documentación que así lo indique y el rechazo de Willermoz es evidente, pero posiblemente en Lyon — el mayor enclave masónico de la Europa de la época— pudo obtener algún documento o algún testimonio. Son similares muchos elementos estéticos y simbólicos (trajes, decoración), la tolerancia y aceptación del género femenino en los rituales de la Orden o las prescripciones de ayuno y celibato antes de las operaciones teúrgicas. *Masonería Egipcia* está intelectualmente menos elaborada que al orden de Martinès y adolece de la carga simbólica desarrollada por este. Sin embargo, Cagliostro opta por la operación alquímica como consecución de la Gran Obra, mientras que Martinès prefiere la reintegración de la naturaleza adámica. Dos fines próximos con iconografías paralelas, pero que, sin embargo, tienen un espacio diferente. El de Cagliostro será en la tierra a través de la inmortalidad que da el *lapis philosophorum* (la piedra filosofal), mientras que el de Martinès se realiza en la restitución de la completa naturaleza primordial en las esferas superiores del cosmos. La interacción con *La Chose* es sustituida en el rito de Cagliostro por la operación de la *colombe* y el contacto con el arcángel Anaël[35], inspirado por el ritual de Santa Elena, proponiendo así el conde italiano una mirada más simbólica a la Antigüedad clásica y tardía sin desautorizar ni el saber posterior del Renacimiento ni la transmisión islámicate. Sin embargo, la teúrgia abrahámica, en el sentido de *philosophia perennis*, pareció ser una buena opción para Cagliostro mediante la cual el ser humano encuentre su plenitud desde su propia experiencia en el Oriente.

---

[35] Véase Ms. 6666 [62] y nota al pie relativa.

Reimaginar la antigüedad, reivindicar el misterio, partir hacia el Oriente

En el imaginario masónico el Oriente es más que un sustantivo, más que un simple espacio geográfico, pues forma parte de una geografía espiritual y epistemológica. En Oriente está la *lux eterna* que ilumina la logia antes de que comiencen los trabajos. Igualmente, al Oriente se sitúa el Venerable Maestro que preside el taller; en él también hallamos al Orador, garante de la ley; y, por supuesto, al secretario, la memoria viva de la logia. Al Oriente se sitúa el ara de juramentos, con el libro de sabiduría y las luces de la masonería. Hacia Oriente se orienta al recipiendario cuando se le desvela para que vea la luz tras concluir el *grosso* de la ceremonia de iniciación y el compañero busca allí la estrella flamígera. Oriente es la alquibla que apunta hacia el *Sancta Sactorum*, la «cámara del medio», del Templo de Salomón. Toda la vida simbólica de un masón transcurre en Oriente.

Oriente representa, en la mayoría de los caminos iniciáticos, una búsqueda hacia la fuente de la luz, de la sabiduría. La alegoría del sol naciente ha sido repetida por esoteristas, alquimistas y ocultistas. El viaje iniciático, especialmente en sus estados intermedios, se desarrolla en el viaje al Oriente. Un viaje que los grandes iniciados reconocen como fundamental, pues supone en ellos un ejercicio de restitución de un conocimiento, a menudo, olvidado. Esta alegoría ha quedado cristalizada en el mito del viaje transformador ya sea aquel que realizaron Pitágoras, Tales de Mileto, Ibn 'Arabi o Christian Rosenkreutz en la tradición esotérica o aquellos que hacen Abrahán, Moisés, Enoc y Muhammad en la tradición profética abrahámica. Todo hombre trascedente tiene que ir a Oriente, purificarse y aprender, para luego enseñar. Por eso, el viaje a Oriente es un encuentro con una antigüedad tardía, a menudo reimaginada, con la sabiduría arcana y antigua que tan solo es memoria lejana. La excesiva textualización de los antiguos en la Modernidad, especialmente para ciertos perfiles intelectuales del siglo XVIII, hace que el viaje obligue a ir más allá de esa sabiduría que, aparentemente, todos identifican con lo correcto. El iniciado —como el personaje alegórico de Christian Rosenkreutz o el propio Cagliostro— ofrece otra vivencia en el contacto con la sabiduría, con un espacio más allá de lo geográfico y un tiempo sagrado, elementos que están insertos en la mayoría de los rituales esotéricos o masónicos.

Transformada en un *tropo*, el viaje a Oriente es un símbolo de transformación profunda y alquímica del viajero antes de llegar a la maestría desde, como hemos dicho, la suspensión del tiempo y el espacio profano. Los conocimientos adquiridos en Oriente se restituyen en el individuo re-simbolizándose en su experiencia vital, en su tradición. Así, todos los mitos del viaje a Oriente remiten a una autognosis del sujeto en la que, con ayuda de la tradición y la convergencia de saberes, emerge como un hombre renovado, listo para transmitir lo que ha aprendido: la verdad de lo universal a lo particular.

En ese viaje ocurre el encuentro con la tradición, con los maestros desconocidos o el re-conocimiento de la caída mostrándose al iniciado cómo son otros los que tienen la respuesta, aún esta deba ser adaptada a un nuevo mundo en el que le tocará vivir. Así, el recipiendario de tales secretos vuelve a su mundo restituyendo la sabiduría olvidada. Ese es el momento en el que el iniciado se transforma en un maestro porque consigue volver a invertir el juego epistémico: lo particular debe convertirse, de nuevo, en universal. Y, de esa forma, Oriente deja de ser Oriente para pasar a ser el cosmos.

No resulta extraño que en este momento se revindiquen los misterios y la teúrgia de los antiguos, la «filosofía práctica» de los neoplatónicos. La reintroducción de Jámblico (*Los Misterios, Los Oráculos Caldeos*) y Proclo (*De Sacrificio, Magia*) en el pensamiento filosófico europeo a través de Marsilio Ficino[36] supuso el acceso de una serie de conceptos y la legitimación de ciertas *praxis* como la teúrgia para los interesados

---

[36] Véase de Garay, J. «Magia y neoplatonismo en Ficino» en Padial, J.J. y Rodríguez Valls, F. P. *Hombre y Cultura: Estudios en homenaje a Jacinto Choza*. Thémata Editorial, Sevilla, 2016. pp. 217-232.

en lo iniciático. Jámblico, Proclo y Plotino eran autores paganos, pero los tres poseían un proyecto reconocible y coincidente para un humanista o un ocultista como Ficinio o como Agrippa von Nettesheim[37], pues hablaban de cómo lograr la trascendencia del ser humano. Evidentemente aquellas obras que tradujo Ficinio eran una reelaboración sin mayor pretensión filológica ni historicista, sino una propuesta de recuerdo de la sabiduría de los antiguos que representa Hermes Trismegisto la cual abre un horizonte hermenéutico. Un viaje *imaginal* al Oriente donde se revindica lo antiguo, pero, a la vez, se ve con posibilidades de presentificarlo más allá de la antigüedad. Por eso, se propone, a menudo, a Egipto como el Oriente de los Orientes: «Toda la luz proviene de Oriente; toda iniciación de Egipto»[38], un espacio cargado de tradición e historia como menciona el propio Cagliostro.

Unos siglos más tarde, tanto los rosacruces como los masones, entre otras órdenes iniciáticas, revindicarán el Oriente como espacio iniciático previo a la maestría de sus figuras clave o fundadores. En ellas siempre hay una narrativa recurrente: el maestro, aún joven pero ya iluminado, viaja al Oriente —normalmente al mundo islámico, por proximidad— donde se convierte en recipiendario de un saber hermético en forma de artes liberales y magia que se le otorga para mejorar su sociedad. El viaje concluye con el retorno a su hogar donde debe poner en práctica sus conocimientos, aunque no lo pueda revelar salvo a los iniciados.

En el manifiesto *Fama Fraternitatis* (1614)[39] se explica el viaje de Christian Rosenkreutz, fundador de la orden Rosacruz. Tras pasar su infancia en un convento, tuvo la intención de peregrinar a Jerusalén, pero acabó desviándose hacia Damcar, cerca del actual Yemen. Allí,

---

[37] *De Occulta Philosophia*, p. 699.

[38] Haven, 1912, pp. 283

[39] Véase la excelente edición de los documentos rosacruces en castellano: Andreae, J.V. *Tetralogía Rosacruz. Fama Fraternitatis. Confessio Fraternitatis. Las bodas alquímicas de Christian Rosenkreutz. Speculum Sophicum Rhodostauroticum.* Tritemio, Madrid, 2018.

recibió la instrucción de unos sabios y alquimistas que le dieron acceso a los secretos herméticos y a la sabiduría de los antiguos:

Si hemos de creer su relato, los sabios no lo recibieron como a un extraño, sino como a alguien a quien llevaban esperando desde hacía mucho tiempo. Los sabios lo llamaron por su nombre, y ante su sorpresa, le hicieron saber que conocían muchos detalles del convento donde se crio. El contacto con aquellos hombres hizo que avanzase en el conocimiento de la lengua árabe, de modo que, al cabo de un año, fue capaz de traducir al latín el Libro M.[40], que luego conservó. Allí obtuvo sus conocimientos sobre Física y Matemáticas, y esto sería motivo de congratulación si en el mundo hubiera más benevolencia y menos envidia.[41]

La experiencia de Rosenkreutz en Damcar nos revela la transmisión tradicional del conocimiento, este solo puede ser dado al recipiendario que llega tras sufrir las pruebas. El conocimiento iniciático presente en el Liber M. solo es dado al individuo concreto, es un conocimiento vivo y vivido. Se nos dice en el texto que obtuvo los secretos y que, posteriormente, fue dirigido a Fez (Marruecos) previo paso por Egipto. En Fez —cuenta la leyenda— Rosenkreutz profundizó en la teúrgia de árabes y africanos[42], pero este no era sino un Oriente simbólico en vez de geográfico, sin embargo, guardaba la misma significación de espacio iniciático. Fez, además, representaba el reducto donde los sabios andalusíes, judíos y musulmanes se refugiaron de las presiones religiosas propugnadas por almohades y cristianos en la baja Edad Media. Allí Rosenkreutz recibe un acceso a los misterios y a la sabiduría de los antiguos, más allá de la racionalidad propugnada por la historia de la

---

[40] Liber M. es la abreviatura del *Liber Mundi* (El libro de la Naturaleza), un texto de filosofía natural que explicaba la estructura del mundo y transmitía conocimiento descodificado en *trívium* y *quadrivium*. Las matemáticas y la física que hace referencia *Fama Fraternitatis* no es, sino, elementos neopitagóricos y neoplatónicos. El manifiesto nos indica, posteriormente, que Paracelso fue un lector de la traducción de Christian Rosenkreutz. Véase el desarrollo posterior en *Fama Fraternitatis. Tetralogía Rosacruz*, pp. 118-121.
[41] *Tetralogía Rosacruz*, p. 117.
[42] *Tetralogía Rosacruz*, p. 118.

filosofía, pero en plena conexión con la antigüedad como ha sugerido Peter Kingsley.[43] La leyenda termina con su retorno a Alemania, a través de la península ibérica y el debate con los sabios de su época, donde funda la Orden de la Rosacruz. Un retorno amargo porque no consiguen que los sabios oigan el mensaje que trae. Christian Rosenkreutz, o más bien los que formularon su leyenda, lo que hace, como lo hará igualmente Ficino con sus traducciones, es tomar los elementos de la antigüedad y trascenderlos llevándolos al presente. Pero no hay en el rosacrucismo un interés de custodiar los símbolos con su primer sentido al ser entregados, sino que el *frater* tiene la intención de explorarlos y hacerlos propios. La leyenda rosacruz es la transmisión de la *sapientia avrea*. Quizás hay una mayor voluntad de sacrificarlos —como hace, por ejemplo, el sacerdote/teúrgo en Proclo— para que renazca algo nuevo, máxime si leemos todo esto a través de la metáfora alquímica que tanto gustaba a los rosacruces.

El ejercicio simbólico es muy rico y sugerente. De hecho, esta leyenda ha servido de base a otro *tropo*: los innumerables legitimaciones del «conocimiento restituido», el cual nos sirve para introducir a nuestro personaje, el Conde de Cagliostro. En su biografía también hay un tiempo de viaje al Oriente donde adquiere el conocimiento iniciático para poner en pie su propuesta masónica. Como en la historia de Rosenkreutz, la leyenda Cagliostro juega entre la ficción narrativa y la sugerencia simbólica. A sus adeptos —como ocurre con los rosacruces— les da igual la historicidad y la temporalidad de la leyenda, lo importante es la legitimidad de esta en el marco hermético. Cagliostro, ya iniciado en una tradición masónica, pues fue iniciado en el rito de la Estricta Observancia en Londres, propone una reconstrucción del itinerario simbólico lleno de resonancia para un iniciado de cualquier tradición.

____

[43] Kingsley, P. *Filosofía antigua, misterios y magia*. Atalanta, Vilaür, 2017. pp. 486-498.

Cagliostro, al igual que Rosenkreutz, viaja a Oriente y recibe una transmisión iniciática concreta. La leyenda dice que, sin exponer referencia de su nacimiento ni linaje, su infancia simbólica transcurrió en Medina, tras eso, estuvo con su maestro en La Meca hospedado por el *sharif* de la ciudad, ambas ciudades sagradas de los musulmanes, donde se le dieron claves de la teúrgia y el saber profundo. Allí comenzará a construir esa suerte de «teúrgia abrahámica» que reclama la reconexión con un mundo olvidado por la religión oficial. Simbólicamente, La Meca, la ciudad que contempló su despertar, fue una ciudad construida por el mismísimo Abrahán y su hijo Ismael —según la tradición islámica— lo que la hacía un escenario perfecto para una apertura visionaria. Así nos lo narra él mismo su viaje iniciático, mientras se defendía de un proceso judicial:

> Toda la luz proviene de Oriente; toda iniciación de Egipto; yo tenía tres años como tú, luego siete años, luego fui un hombre, y desde esa edad ya no conté más. Tres septenarios de años que hacen veintiuno y que alcanzan la plenitud del desarrollo humano.[44] En mi primera infancia, bajo la ley del rigor y la justicia [en Medina], sufrí en el exilio, como Israel entre las naciones extranjeras. Pero, así como Israel tenía la presencia de Dios con él, como un Metatrón lo custodiaba en sus caminos, un poderoso ángel velaba por mí, dirigía mis acciones, iluminaba mi alma, desarrollando las fuerzas latentes en mí. [Althotas[45]] Fue mi maestro y mi guía.
>
> Hice viajes, muchos viajes, tanto en la cámara de reflexiones como en los templos y en las cuatro partes del mundo; pero cuando quise penetrar en el origen de mi ser y ascender a Dios en mi alma agitada, entonces, mi impotente razón calló y me dejó con mis conjeturas. Fui abandonado y tentado en el desierto; luché con el ángel como Jacob lo hizo, con los hombres y con los demonios, y estos, vencidos,

---

[44] En masonería estas son edades simbólicas, la primera corresponde al aprendiz, la segunda la del maestro. Los tres septenarios remiten al título de Hermes *Trismegisto* (lit. «tres veces grande»), tres veces maestro desde una lectura masónica.

[45] Althotas es el mítico alquimista musulmán que la tradición esotérica reconoce como maestro y preceptor de Cagliostro.

me enseñaron los secretos que encierran el imperio de las tinieblas para que nunca pudiera desviarme por ninguno de los caminos de los que no existe retorno.

Un día, tras tantos viajes y tantos años, el Cielo escuchó mis súplicas: se acordó de su siervo y, vestido con ropas nupciales, tuve la gracia de ser admitido, como Moisés, ante el Eterno [en La Meca]. A partir de entonces recibí un nuevo nombre y una misión única. Sabía que Él confirmaría mis acciones y palabras, al igual que yo confirmaría Su nombre y Su reino en la tierra. Hay seres que ya no tienen ángeles de la guarda [tras la muerte de Althotas]; yo era uno de ellos. Esta es mi infancia, mi juventud, como reclama tu mente inquieta y buscadora de palabras, pero si duró más o menos años, si la pasé en el país de tus padres o en otras tierras, ¿qué te importa? ¿no soy un hombre libre? Juzga mi moral, es decir, mis acciones; di si son buenas, di si has visto otras más poderosas, y, por tanto, no te preocupes por mi nacionalidad, ni por mi rango ni religión.[46]

Este fragmento, interesantísimo para este trabajo, sobre el viaje iniciático de Cagliostro nos hace ver muchos elementos en clave simbólicos: las edades simbólicas, el exilio y la caída, el maestro, los viajes en el templo y la cámara de reflexiones, la lucha interior y la revelación final. El resultado es la adquisición de un nombre simbólico Alessandro di Cagliostro que puede interpretarse —según Marc Haven— como «viento del sur» y así nos lo narra:

Como el viento del sur, como la luz brillante del sur que caracteriza el conocimiento pleno de las cosas y la comunión activa con Dios, vengo hacia el norte, hacia la niebla y el frío, abandonando por todas partes en mi camino algunas partes de mí mismo, gastándome, disminuyéndome en cada estación, pero dejándote un poco de claridad, un poco de calor, un poco de fuerza, hasta que por fin me detenga y me fije definitivamente en el final de mi ca-

---

[46] *Mémorie pour le comte de Cagliostre acussé contre le Procureur général*. Paris, 1786, cit. Haven, 1912, pp. 283-284.

rrera, en la hora en que la rosa ha de florecer en la cruz. Yo soy Cagliostro.[47]

Su experiencia iniciática se presenta incluso en el juego simbólico de la construcción de su nueva identidad después del viaje a Oriente. Cagliostro no puede ser sin transformarse y dejar de ser el que era, sin morir para volver a nacer retomando así el concepto de misterio. Este viaje iniciático deja en Cagliostro un deseo de ser juzgado únicamente por sus acciones y sus resultados en vez de los vectores de identidad usuales, algo, por otra parte, resulta muy típico en el iluminismo. Y este es otro de los elementos que nuestro personaje imprimirá en las logias egipcias que fundó: el deseo de presente, la belleza y libertad que impregna el rito. Y esto, por ejemplo, lo apreciamos en los estatutos y reglamentos de la R. L. de *la Sagesse Triomphante*.

> 17° En todas las elecciones, ascensos o cualesquiera otras operaciones que sean de la competencia de uno de los talleres, que cada obrero exprese sus deseos y opiniones con modestia, pero con libertad, y que se tome como prueba la pluralidad de votos. Que el espíritu de la discordia esté siempre lejos de mis hijos.[48]

Existe así un profundo deseo de universalidad y de pluralidad que se debe transponer no solo al ámbito iniciático sino a la *praxis* vital de cada individuo. Sin embargo, Cagliostro no propone solo la vía de la revolución, sino que sugiere la transformación interior como vía de transformación del mundo. Por eso, este es uno símbolo principal del cuadro de la logia de maestro egipcio es el fénix, el mítico pájaro egipcio (*bennu*) que renacía de las cenizas y que también fue emblema de otros sistemas masónicos. Explica Cagliostro, acto seguido, en el catecismo de grado de Maestro: «Un verdadero masón puede resurgir de sus cenizas, puede renovarse y rejuvenecer a su voluntad, como este pájaro, pudiendo decir con toda certeza *et renovabitur plumas meas* [y

---

[47] Haven, 1912, p. 283.
[48] Ms. 6666, [85].

renuévense mis plumas]»[49], algo que ocurre tras un proceso de reintegración en la fuente primordial. Una propuesta idealista que, sin embargo, necesita de un anclaje más profundo para proseguir los trabajos, es ahí —como en Martinès de Pasqually o en Willermoz— donde entra en juego la teúrgia de vía externa. Pero antes se necesitaba volver a la gnosis, saber cómo funciona la naturaleza, el microcosmos y el macrocosmos para transitarlos y volver a la unidad.

La metáfora hermética: filosofía, alquimia y simbología

El discurso que se halla en *Masonería Egipcia* es claramente hermético. Proviene, indudablemente de las diferentes transformaciones pertenecientes a las enseñanzas herméticas durante el Medievo y la Modernidad. Dos vías principales permitirán su pervivencia. La primera consistiría en la revitalización que el Renacimiento italiano y, en especial, Marsilio Ficino y Lvdovico Lazzarelli habrían realizado al traducir y comentar el *Corpus Hermeticum*. La segunda sería toda la tradición alquímica, operativa y especulativa, que a través del mundo islámico habría llegado a los lugares de conocimiento cristianos consolidado un esoterismo transculturado. Si aceptamos la tesis de Jung gran parte de ese saber hermético y alquímico, de origen gnóstico y por tanto herético, se habría sedimentado y perdido su peligrosidad para la Iglesia. Así, se habrían convertido los símbolos de interpretación profunda en inofensivas alegorías morales.[50] El tardío descubrimiento de estas en el Renacimiento —a través de las obras originales en griego— abrió un nuevo momento y permitió comprender que lo esotérico no es alegórico, sino simbólico y aplicado explícitamente al cosmos como lo hacían los antiguos.

Las enseñanzas herméticas, a lo largo del canon clásico y sus variaciones contemporáneas, ofrecen una vía de realización en la que el in-

---

[49] Ms. 6666, [71].
[50] Jung, OC, 12, § 40.

dividuo descube que la multiplicidad no es diferente de la unidad. Y esto se alcanza por medio de una gnosis, un conocimiento suprarracional único e inmediato, que está ligada a un renacimiento y a la inmortalidad. Por eso, la gnosis no se otorga por una transmisión racional, sino por un conocimiento que deciente directamente al espíritu o a la psique en la contemplación de los trascendentales. Su fuerza estriba en ser una experiencia integradora desde la ontología, más allá de la moralidad humana. El hermetismo opera desde la asunción de que hay una palabra sagrada (*hieros logos*) que es capaz de armonizar la vida con la naturaleza.

La alquimia aquí se presenta en su faceta operativa y la teúrgia en una versión ritual. Es importante separar estos aspectos porque, en mi opinión, nos encontramos en *Masonería Egipcia* con ambos, algo que, por ejemplo, no era tan explícito en autores antiguos. Esto se debe a que el esoterismo moderno generó tres formas de aproximarse a este fenómeno: la mística o contemplativa, más cercana a Saint-Martin; la teúrgica que fundamenta la mayoría de los textos de magia moderna y grimorios además de algunas praxis como las de Martinès de Pasqually; y, finalmente, la alquímica que trabajaba de un modo más operativo desde Zósimo de Panópolis y que ya, al finaldel siglo XVIII fue sobrepasada por la química positivista.[51] Las tres buscaban el *mysterium coniunctionis* o reconciliar lo múltiple en la unidad, la posibilidad de romper espacio y tiempo, reintegrando al ser humano tras la caída ya fuese a través de la visión, de la acción e interacción con los seres celestes o de la realización del *Opus Magnum* a través del hallazgo de la piedra filosofal. Este proceso siempre es un devenir del caos al uno-completitud tras la vivencia en la multiplicidad. Es lo que hoy en día llamaríamos la inmortalidad: pervivir más allá de la materia, espacio y tiempo.

C.G. Jung disertó profundamente sobre lo que la inmortalidad hermética había significado. Su libro *Mysterium coniunctionis*, volumen

---

[51] Pandiello, M. *Visiones de Fuego. Historia Ilustrada de la Alquimia.* La Felguera, Madrid, 2022. pp. 247-250.

catorce de las *Obras Completas*, está dedicado a ello. Esa *coniuctio* (unión) exigiría de que los opuestos se reconocieran y se reintegraran en una cuaternidad previa a la unidad. Un proceso que exige sacrificios[52] para que la materia prima, que representa la multiplicidad desunida, se transmute a través de la piedra filosofal (*lapis philosophorum*) en una piedra preciosa. Un proceso iniciático, peligroso y muy complejo donde todo vuelve a estar unido. Jung intentó aplicar este antiguo planteamiento a la psique humana, intentó volver a unir al ser humano en un proceso de individuación más allá de la fragmentariedad, pero advirtió que el ser humano no es ni tan racional ni tan bueno como para poder por sí-mismo con el mal. La oscuridad puedo devorarlo, por eso tiene que empezar a comprender que lo terrible debe ser integrado en sí-mismo y que no puede ni sentir miedo ni sumisión ante ello.[53] Se trata de volver a ser el hombre primigenio, el Adam primigenio, el ser que poseía la completitud y la perdió por la materia. De hecho, el retorno a un ser humano completo y primigenio reintegra las partes masculinas y femeninas. De hecho, se le representa como andrógino como la unión de los contrarios en un estado primero y en un estado reintegrado. Cagliostro lo explica así en el rito de adopción:

P: ¿Sabéis lo que sois vos?

R: Sí, soy un hombre, mi sexo me había hecho perder desgraciadamente mi inocencia primitiva, pero habiendo recibido la luz, habiendo aplastado el vicio, logré conocer la verdad y recobrar mi poder.

P: ¿En qué consiste este poder?

R: Habiendo sido creada a imagen y semejanza de Dios, recibí el poder de hacerme inmortal, de ordenar a los seres espirituales que gobiernan la Tierra.[54]

---

[52] Jung, OC, 14/1, § 14-17.
[53] Jung, OC, 14/1, § 338.
[54] Ms. 6666, [207].

La ya elevada a maestra egipcia reconoce que la multiplicidad es propio de la pérdida de la inocencia primitiva, de la unidad. En el proceso de *coniuctio* propio de la elevación al grado de maestra se aprecia esa reintegración y la recuperación del poder, siendo en todo momento consciente de lo que significa. La alquimia y la vía hermética marcan este punto para lograr la inmortalidad superando las formas y la materia. Sin embargo, en ese proceso tanto ella como sus homólogos masculinos han de enfrentarse a lo más terrible que no es ajeno: la sombra. Lo terrible, la llamada sombra, es uno de los aspectos más fascinantes en el camino hermético. Si bien las enseñanzas herméticas buscan la luz y el bien, el no-ser, la serpiente o la noche son ejemplos de símbolos que están presentes. La propia corporalidad es terrible, leemos en el *Corpus Hermeticum* que el ser humano debe elegir ser un ser corpóreo o incorpóreo, pero si elige el primero deberá aprender a amarse a sí-mismo (*filesas de seauton*) y romper con el cuerpo, como límite o finitud, para volverse divino a través de la gnosis.[55] Porque el ser humano tiende a pensar que lo no manifestado (*afanés*) no existe, pero tan solo no se muestra. Así, se invita al ser humano a observar el cosmos, en tanto creación y en tanto orden, y obtener la prueba. Todos los nombres provienen de la unidad, pero él no tiene nombre.[56] Lo terrible es tan solo la percepción de la ignorancia que debe descubrir e integrar a través de una autognosis. Jung, por ejemplo, invita a enfrentar la consciencia de la sombra con lo inconsciente en un estado de meditación[57] y ahí es cuando el ser humano descubre que la serpiente/sombra que le atormentaba se abraza a sí mismo, generando una mismidad, como hace el uroboros.

Si *Masonería Egipcia* se ejecutara con seriedad y con extremada consciencia del ritual, el recipiendario podría experimentar sin mucho esfuerzo el encuentro con lo terrible. La ignorancia de este es vencida por

---

[55] *Corpus Hermeticum*, IV, 6-9.
[56] *Corpus Hermeticum*, V, 1-10.
[57] Jung, OC, 14/2, § 366.

el conocimiento, pero no sin que antes haya habido juramentos, advertencias, momentos de tensión y reflexión. Algo que, igualmente, se recuerda con la toma del *elixir* que se pretende obtener.[58]

Cagliostro nos ofrece una relectura de todos estos elementos y parte de estos planteamientos, algo que no es extraño y que está a la moda de ese ocultismo dieciochesco que reimagina la antigüedad clásica. El rito Hermético de Aviñón y el rito del Ilustre Filósofo de Hermes, por ejemplo, dan cuenta de ello, al igual que los manifiestos rosacruces. Los elementos herméticos, como propuesta cosmológica, son sugerentes y ofrecen una cosmovisión coherente y aceptada dentro del contexto en el que nuestro autor se desenvuelve. Por eso, el rito de Cagliostro nos invita a ir más allá del trabajo en logia y en el laboratorio alquímico hacia una experiencia de la plenitud. Él transporta el hermetismo en *Masonería Egipcia* a un plano simbólico donde, como en Jung, opera lo psíquico sobre lo operativo. Las fuentes de la época nos narran que Cagliostro ofrecía cierto conocimiento alquímico operativo vendiendo elixires.[59] La visión del hermetismo y de la alquimia que tiene Cagliostro está muy mediada por el judeocristianismo, como todo el movimiento esotérico europeo, que determina casi todo el desarrollo del ritual y reorienta más su visión a desencriptar las alegorías medievales y convertirlas en símbolos que el recipiendario tiene que integrar a lo largo del ritual. Mercurio, por ejemplo, quintaesencia del hermetismo, aparecerá como el iniciador, como el cadáver víctima sacrificial —como Hiram— y como el recuerdo de ello, a través del caduceo con las serpientes, en el renacimiento ígneo en el grado de maestro.[60] O, aquellos símbolos que hablan sobre el tiempo: el anciano con el reloj de arena, su superación («P: ¿Qué significa el reloj de arena invertido? /R: Que, para el hombre inmortal, la medida del tiempo se vuelve inútil»).[61]

---

[58] Véase Ms. 6666, [210] a [216].
[59] Haven, 1912, pp. 53-56.
[60] Ms. 6666, [54].
[61] Ms. 6666, [71].

En el contexto hermético se supera la materialidad y la ignorancia a través de esa autognosis, al saberse a sí-mismo en un proceso iniciático. En diferentes momentos del ritual se avisa que no se busca el oro físico, sino algo más, pues el objetivo es «proyectarse hacia el infinito»[62], es decir, hacia la inmortalidad. Cagliostro va modulando hacia una visión mucho más simbólica que operativa, más en la línea de los postulados de Jung. Sin embargo, no lo reduce a experiencia psicológica, sino que propone la teúrgia en varios momentos, especialmente en la ceremonia de recepción al tercer grado, del ritual.[63] Comunicarse e interactuar con los *daimones* y ángeles, ejecutar los preceptivos sacrificios, obtener la gnosis, intentando afianzar la certeza del Ser divino. Esta es la última de las herramientas que tiene en sus manos el ser humano, su conversión en sacerdote cósmico, y el primer paso para la consecución de la Gran Obra (*Opus Magnum*) —pues, ante todo, Cagliostro actúa como un alquimista— para volver a reconstruir el Templo destruido en Oriente.

La teúrgia como vía de conocimiento

Mencionaba Proclo que el *arte hierático* —lo que nosotros identificamos hoy como teúrgia— de los paganos trabajaba en la idea de superar el primer asombro para intentar hallar las leyes del cosmos e interactuar con lo divino que en ellas existe y como el hacer sagrado, el sacrificio, podían conseguir tratos con los poderes primarios y divinos. Un trabajo de intercambio para unos, de purificación para otros, que busca la unidad sobre toda multiplicidad.[64] Conceptos y praxis que han fascinado a filósofos, sabios y ocultistas de todos los tiempos.

---

[62] Ms. 6666, [10].

[63] Ms. 6666, [59] a [69].

[64] Proclo, *Sobre el arte sacerdotal*. Ed. y trad. de B. Copenhaver con el texto original griego y la traducción de M. Ficinio al latín de *De Sacrificio*. Cf. Copenhaver, B. Brian Copenhaver, "Hermes Trismegistus, Proclus, and the Question of a Philosophy of Magic in the Renaissance." en Merkel, I. y Debus, A. G. (eds)., *Hermeticism and the Renaissance: Intellectual History and the Occult in Early Modern Europe*. Associated University Presses, Londres, 1988, pp. 102-110. Para nuestro trabajo los más interesante, por lenguaje y contexto, es la traducción de Ficino titulada *De Sacri-*

Artis Auriferae

Azoth Valentine

---

ficio et Magia y la contextualización dentro de la tradición hermética cristiana que, posteriormente, influirá en Cagliostro.

La teúrgia, junto con la oración, es una de las herramientas preferidas de los filósofos neoplatónicos paganos. Su operatividad se encuentra en rememorar *imaginalmente* el pasado y las prácticas mistéricas de los antiguos: egipcios, caldeos o pitagóricos. En un tiempo de decadencia y desórdenes, la teúrgia es un camino para alcanzar otras realidades y traspasar la finitud de la materia. La teúrgia, a través del ritual, suspende el tiempo y el espacio llevándolos hacia una dimensión *daimónica* o angélica donde el ser humano puede comunicarse con realidades más elevadas. La condición necesaria es que el ser humano esté en un estado de máxima purificación y que el ritual —recuerdo de otros tiempos cuando el ser humano se comunicaba con los dioses— se ejecute con sumo cuidado. El sacrificio —según Jámblico en *Sobre los Misterios Egipcios*[65]— supone la entrega del don con intención aun cuando las realidades superiores no lo necesiten, sino que se realiza por empatía con el cosmos. No se contempla una ruptura con lo creado sino una toma de conciencia de su realidad última. Así, el teúrgo experimenta en sí mismo lo que el filósofo ha pensado y ha escrito en papel, el deseo de fondo es el trascender la materia que desagrada a lo divino para que permitan al ser humano contemplar los misterios y recibir a los «seres superiores» dice Jámblico.[66]

Por eso, a lo largo de la historia del pensamiento y las religiones, la teúrgia ha sido una herramienta simbólica considerable, más allá de su valor empírico que se impone a casi todo conocimiento en las coordenadas intelectuales de la Modernidad. Y esto es resultado de que en en sus bases se encuentra la idea de que el ser humano puede, y debe, interactuar con lo divino e incluso, con permiso de esta dimensión, puede cambiar cosas en la suya propia. En Occidente la teúrgia se subsumió a los caminos profundos y simbólicos de las religiones del libro durante la Edad Media. Así, cristianos, judíos y musulmanes incorpo-

---

[65] Jámblico, *Sobre los Misterios Egipcios*. Ed. y trad. Enrique Ángel Ramos Jurado. Gredos, Madrid, 1997. pp. 168-170 V. 4-7.
[66] Jámblico, V. 23-24.

raron en sus prácticas algunos elementos de aquellos antiguos misterios paganos. Algunos ejemplos son la filosofía natural, la búsqueda de la unidad a través de los caminos alquímicos, la eucaristía como ágape, la interacción con ángeles y demonios/genios a través de grimorios, la experiencia visionaria o la invocación de los nombres de Dios. Por eso, las bases neoplatónicas paganas no desaparecieron de la epistemología de Occidente, sino que se adaptaron sutilmente durante la Edad Media en el Mediterráneo para emerger explícitamente en el ocultismo y el humanismo renacentista.

En lo que concierne a nuestro estudio, la teúrgia emergió con fuerza en el siglo XVIII ante el abuso del racionalismo y el empirismo. El iluminismo masónico, heredero de otras experiencias como el rosacrucismo o la contemplación de Jakob Boehme, proponía restituir el saber de los antiguos y su filosofía para reintegrar al ser humano tras su caída. La teúrgia, a través del ritual, sería el modelo epistémico para llegar a una antropología trascendental. De esa forma, el ser humano podría volver al conocimiento perdido tras su caída y materialización. Este sería un camino para intentar propiciar una guerra espiritual en un mundo en crisis, en un mundo que ha olvidado la realidad.

La masonería espiritualista del siglo XVIII comprende la teúrgia como un acto central del rito, como un acto operativo. Tanto Martinès de Pasqually como Cagliostro o el barón Ecker und Eckhofen plantean esa búsqueda de lo divino, con el objetivo de intentar alcanzar una antropología trascendental. El ser humano debe alzarse, restituirse y solo así volver a ser un ser adámico. Si leemos con cierto detenimiento el *Manuscrito de Argel*, obra clave del movimiento de los *Élus Coën*, e incidimos en el capítulo referido a los *Statuts secrets des R+*[67] nos daremos cuenta de la seriedad frente a la ritualidad, los detalles, las normas y la actitud de una ceremonia teúrgica. Así, nos advierte en el prólogo del mismo manuscrito Martinès de Pasqually:

---

[67] Martinès de Pasqually, J. *Manuscript d'Alger.* s/d. Bibliothèque National de France. Rituel FM4 (1282), pp. 43-59. Disponible en formato digital en: https://gallica.bnf.fr/ark:/12148/btv1b10091653g

«Lo único que os pido es que no creáis vos que os otorgo esto como ciencia, sino solo como uno de los testimonios de la ciencia; y que jamás olvidéis que ésta no consiste ni en fríos razonamientos ni en ingeniosas observaciones, sino en los deseos virtuosos del alma y en el uso de todas las potencias de nuestro ser».[68]

Martinès de Pasqually traza, a partir de aquí, toda una lectura de cómo la teúrgia puede ayudar a equilibrar tiempo, espacio y palabra para reintegrar al ser humano, regenerar su inocencia primordial y recobrar sus derechos plenos ante el Creador llegando a los secretos y conocimientos que le fueron concedidos en tiempos adámicos. La teúrgia de los *Élus Coën* del Universo es uno de los mejores ejemplos de la reconfiguración de esta técnica a mediados del siglo XVIII, y que claramente mira a la antigüedad tanto bíblica como clásica. Enfatiza la recuperación de los caminos de la gnosis y, sobre todo, el ambiente intelectual del segundo templo de Jerusalén. Por eso, Dom Martinès no solo recupera los conceptos expuestos por Proclo y Jámblico rehechos por Ficino y Agrippa, sino que los trasciende actualizándolos y dándoles una nueva dirección bajo el contexto sociopolítico en el que vivía.[69]

En ella converge toda la imaginería judeocristiana, con gran peso de lo gnóstico y lo apócrifo, en la búsqueda de la reintegración del ser humano desde lo material a lo espiritual. Así, la logia de los Caballeros *Réaux-Croix Elus Coën* representa —como ha sugerido Jean Marc Vivenza— una imagen del cosmos y de su drama divino, allí mismo su teúrgia presenta una lucha para restituir el orden espiritual y vencer a las fuerzas que encadenan a los seres humanos tras la caída.[70] El misterio que allí deviene se reimagina para que el ser humano de su tiempo tenga cabida y sus fines, universales, cuadren con sus necesi-

---

[68] *Manuscript d'Alger*, fº. 1.

[69] Clelland, S. (ed.). *The Masters Voice the Rituals ⚔ Letters of Martinés de Pasqually*. Lewis Masonic, Cambridgeshire, 2022, pp. 28-31

[70] Para un desarrollo mayor de este concepto véase Vivenza, J.M. *Les élus coëns et le Régime Ecossais Rectifié*. Mercure Dauphinois, Paris, 2010 y Vivenza, J.M. *Martinès de Pasqually et Jean-Baptiste Willermoz: Vie, doctrine et pratiques théurgiques de l'Ordre des chevaliers maçons élus coëns de l'univers*. Le Mercure Dauphinois, Paris, 2020.

dades. Por eso, al final de la carta que sirve de introducción al *Manuscrito de Argel*, el autor nos dice:

> Por lo tanto, lejos estoy de creer que haya aclarado todas vuestras ideas sobre estos asuntos, cuyo punto de vista que os presento es seguramente bastante nuevo para vos. Además, como hombre propenso a dejarme engañar por mi imaginación, no me vanaglorio de haberme preservado completamente de este peligro; por lo tanto, a vos os exhorto a desconfiar incluso de lo poco que os expongo y a no adoptar nada que no hayáis sopesado. Os exhorto mucho más, señor mío, a que no consideréis como alimento sólido aquellas investigaciones en las que la mente muestra a veces tanta pereza y desconfianza como penetración, y a que tengáis siempre presente que los más bellos descubrimientos de esta clase no valen lo más mínimo para los afectos del corazón.[71]

Martinès de Pasqually invita a no aceptar nada que no pase por una vivencia plena del sujeto, representada por el símbolo del corazón, en orden a la trascendencia de las acciones y los hechos. El misterio toma sentido en tanto es una experiencia personal y privada, y el secreto de estos trabajos es la propia vivencia de su transformación propia. La teúrgia *Coën* exigía de un alto nivel de compromiso personal y ritual, no siendo simples prácticas estéticas.[72] Plena de elementos judeocristianos y gnósticos, los planteamiento de Martinès y de su círculo consisten en devolver al ser humano su rol de sacerdote (*coën*), etapa previa a su reintegración en lo divino. Este desarrollo intelectual es una excelente cata —en el sentido arqueológico— para ver de cuantos estratos se compone lo que presentan. Por su puesto, y tal como se espera en una manifestación tradicional, no es nada novedoso. El propio Martinès y su círculo lo perciben como el culto primitivo, un culto adámico donde el ser humano recuperaba su poder.

---

[71] *Manuscript d'Alger*, fº. 13.
[72] Véase Amadou, R. *Les leçons de Lyon aux élus Coëns*. Dervy, Paris, 2011.

La vía externa, por experiencias como esta, será la que propugne igualmente tanto J. B. Willermoz, discípulo de Martinès y fundador del Régimen Escocés Rectificado, como Cagliostro. Su teúrgia, como la de los *Elus Coën*, indaga en la tradición judeocristiana a la que además añadirá elementos egipcios tanto religiosos como gnósticos, volviendo a imaginar la antigüedad e invitándonos a traerla con nuestra imaginación al presente. Es un tema poco explorado, pero me atrevería a afirmar las fuertes conexiones que existen entre los elementos simbólicos de la Orden de los *Elus Coën* de Martinès de Pasqually y el rito egipcio de Cagliostro, de la que parece tomar diferentes elementos simbólicos y ritualísticos como vestimentas, invocaciones, operaciones y actitudes que comentaremos más adelante en el análisis del ritual del que es objeto este trabajo. Pero para un hombre moderno, aun en un entorno tradicional e iniciático, este trabajo en la vía externa puede ser peligroso y extraño como advertía Louis Claude de Saint-Martin:

> Cuando en los primeros días de mi instrucción veía al maestro P. preparar todas las fórmulas y trazar todos los emblemas y signos utilizados en sus procedimientos teúrgicos, le decía: Maestro, ¿por qué es necesario todo esto para rezar al buen Dios?[73]

No todos los seres humanos —y ser masón no es una excepción— están preparados para los complejos rituales que se realizan en la vía externa y menos para la estricta vida ascética que desde las diferentes tradiciones de teúrgia se manifiesta. El trato con lo angélico y lo daimónico —*espíritus prevaricadores* en el original—, con una manifestación de la gnosis de lo divino (*La Chose*), el uso exacerbado de la imaginación creadora o la vivencia de la gnosis dada por la *Chose* están muy alejadas para un ser humano que ya no tiene lo divino en el centro

---

[73] Saint-Martin, L.C. *Mon portrait historique et philosophique, 1789-1803*. Ed. Robert Amadou. R. Juillard, Paris, 1961, § 41. Hay una respuesta de Martinès de Pasqually, a modo de sustitución, en una carta de Saint-Martin a Kircheberger en la que dice: «Tenemos que contentarnos con lo que tenemos» Cf. Saint-Martin, L. C. *La correspondance inédite de L.C. de Saint-Martin et Kirchberger, baron de Liebistorf du 22 mai 1792 jusqu'au 7 novembre 1797*. Ed. L. Schauer et A. Chuquet. Dentu Editeur, Paris, 1862, p. 15.

de su mundo. Saint-Martin propone la vía cardiaca o interna donde la teúrgia se convierte en oración y experiencia con un Dios trascedente que se le revela al *hombre de deseo*. Es en el interior, en el corazón, donde el ser humano puede regenerarse recibiendo una gnosis reparadora. Un camino, como propondrá en *Ecce Homo,* que será más accesible para un momento de olvido del rito y de auge de la secularización porque se centra más en el fondo, la experiencia espiritual, que en la forma. O como en el *Hombre Nuevo* mencionará:

> Esta operación del espíritu en el hombre nos enseña que es la dignidad del alma humana, ya que Dios no teme tomarla por piedra angular de su templo: nos enseña cuanto debemos alimentarnos con dulces esperanzas; ya que esta elección nos pone a cubierto de los poderes del tiempo y, aún más, de los poderes de las tinieblas y los abismos; por último, nos enseña lo que es la verdadera Iglesia y, por lo tanto, no hay en ningún sitio ninguna Iglesia donde no se sienta esta acción invisible.[74]

Cagliostro fue uno de los pocos que propuso, tras la muerte de Dom Martinès, el uso explícito de la teúrgia de los antiguos para obtener una experiencia sensible y desafiante. Enmascarada bajo la etiqueta de egipcio, el proyecto del palermitano propone en vez de volver a Adam, retomar silentemente la senda de Abrahán y la sabiduría de sus hijos usando la alquimia como método de reintegrar al ser humano regenerándolo como inmortal.

¿Masonería egipcia o teúrgia abrahámica?

Egipto se convierte en el escenario simbólico de la propuesta del Conde Cagliostro que es, ante todo, una teúrgia abrahámica. Propongo este concepto tras leer los fragmentos que la tradición nos ha legado. Su forma de comprender el rito produce una intersección con la tradición greco-egipcia pagana, la judeocristiana, la gnóstica y la islámica.

---

[74] Saint-Martin, *El hombre nuevo,* §8.

Su viaje a Oriente, ya fuese simbólico o real, se manifiesta en la forma de entender una teúrgia que bebe de un neoplatonismo renacentista pero, que a la vez, es profundamente semita. En la búsqueda de la restitución de la sabiduría de Salomón se presenta la convergencia entre lo revelado y lo dado a los filósofos, Cagliostro reivindica el encuentro con el ángel, el espacio sagrado, el tiempo suspendido y, sobre todo, la importancia de la pureza. Así, el objetivo final es la regeneración de un ser humano caído, una vivencia en el uno consciente por toda la eternidad.[75] Elementos y objetivos que, por otra parte, no son ajenos a ninguna de las tradiciones abrahámicas. Además, su apertura en La Meca —que anteriormente hemos citado— sitúa de una forma más explícita esta conexión abrahámica más allá del tiempo diacrónico y del espacio ordinario, invitándonos a pensar en un *mundus imaginalis* muy próximo al Ibn 'Arabi que describe Henry Corbin. Por esa razón su teúrgia no es explícitamente cristiana como la martinezista, sino que pretende ir aún más lejos, pues su pretensión es construir una teúrgia universal.

Cagliostro propone, en la línea de la libertad y el universalismo de su tiempo, una teúrgia en la que todos los buscadores —tomando el espíritu de la refundación de la orden masónica— tengan cabida. Por eso, él no comprende la masonería egipcia como un hecho diferencialmente masculino, sino que promueve al mismo tiempo logias de adopción o femeninas donde se ejecuten los mismos ritos teúrgicos y taumatúrgicos para propiciar una suerte de *mysterium counctionis*, un matrimonio alquímico. El antiguo sentido universalista de los misterios vuelve a tomar valor en sus rituales, donde todos los seres humanos son bien recibidos. Solo en ese ejercicio teúrgico, en una glorificación de Dios, tendrá lugar una regeneración, física y moral, de todo lo perdido por el ser humano y volver a restituirse como su elegido. De ahí que en esas sesiones teúrgicas en su época las identificasen con cu-

---

[75] Haven, 1912, p. 282.

raciones milagrosas o hechos extraordinarios, pues no son sino procesos de purificación espiritual.

Es por eso por lo que el aprendiz del rito egipcio de Cagliostro comienza a trabajar la materia en clave alquímica —lo que en otros en la clase simbólica se llama «trabajar la piedra bruta»— bajo las aparentes enseñanzas de «filósofos antiguos» como Hermes Trismegisto, Basilio Valentín, Arnau de Vilanova o Ramon Llull, aunque inmediatamente se le hace saber que hay que trascenderlos, pues sus nombres pueden ensombrecer los descubrimientos del iniciado en la masonería egipcia.[76] Los planteamientos sobre filosofía natural de todos estos se plasman en los emblemas y las metodologías de la orden, además de la filosofía sobrenatural revelada de Salomón. Todos estos caminos ayudan al ser humano mortal a comunicarse con los seres divinos[77] y recordar su naturaleza primordial sin incurrir en superstición o idolatría.[78] Tras ello, la teúrgia del compañero se centra en la consagración en el Eterno y el silencio, trabajando en purificar su interior y exterior.[79] Es en este grado donde se le revela el asesinato de Mercurio por un maestro iniciado —una narración alquímica de la transformación física y la reintegración— produciéndose la manifestación de la Gran Obra (*Opus Magnum*).[80] El tiempo abate, aparentemente, a la sabiduría profunda que emerge perfecta e inmortal, regenerando el Templo interior. En este grado, profundamente alquímico, el compañero egipcio descubre que la «filosofía de los antiguos» no es nada en comparación con la transformación de la naturaleza. A diferencia de otros ritos masónicos, el rito egipcio de Cagliostro propone que el recipiendario experimente el interior del Templo y experimente los secretos del Tabernáculo en su corazón, en especial, la revelación del nombre sagrado de Dios dentro

---

76 Ms. 6666, [11]-[12].
77 Ms. 6666, [23].
78 Ms. 6666, [28].
79 Ms. 6666, [52] y notas al pie.
80 Véase Knobb, A. *El Museo Hermético. Alquimia y Mística.* Taschen, Colonia, 2021. pp. 179-200.

de la estrella flamígera.[81] La metáfora del fénix —que antes citábamos, también— se presenta para el maestro egipcio, pues el maestro ahora es un es aquel pájaro mítico e inmortal para el que el tiempo y el espacio es inútil. En este instante él es como Salomón y puede invocar a los seres celestes conociendo más allá como lo hicieron Enoc, Elías o Moisés a través de la obtención de un pentáculo sacro.[82] El sentido final de la teúrgia del maestro conlleva hacer arder en el fuego divino en su corazón, amando al universo y la creación, ardiendo como un fénix y renaciendo como este o como Mercurio triunfante tras el martirio de los metales.

Así, es como se sugiere mirar más allá del tiempo y del espacio, de la materia y del poder para plantear la actitud de Abrahán: la entrega a un pacto divino para la búsqueda de Dios y la construcción del Templo. Esto es una narración que posiblemente Cagliostro toma del islam, con la edificación de la *Kaaba*[83] y transpone a la imagen del Templo interior. Cagliostro plantea en términos muy similares el trabajo del iniciado, pues el ser humano debe buscar y construir con los elementos dados por los profetas, sabios y filósofos, pero no contentarse con ellos y su sabiduría sino seguir en la búsqueda de la Verdad. En este contexto el ser humano se convierte en garante de una condición superior, de una condición adámica, manifestándose una antropología trascendental. Por eso, de aquí en adelante deberíamos poder denominar que la teúrgia que propone Cagliostro es abrahámica. Es en su espíritu y en su legado sobre la que se cimenta.

---

[81] Ms. 6666, [71].
[82] Ms. 6666, [73]-[74].
[83] Véase a este respecto mi artículo sobre una interpretación masónica de la Kaaba. De Diego González, A. «"Que no haya tiempo ni espacio alguno". Un ensayo sobre el simbolismo de la *Kaaba* desde la hermenéutica masónica». *Cultura Masónica*, 53, 2023, pp. 79-93.

El valor operativo de la teúrgia abrahámica en el ritual de Cagliostro

La concepción abrahámica de la teúrgia de Cagliostro se proyecta, como hemos visto, sobre su sistema masónico egipcio. Podemos apreciar que solo intenta enriquecer la vivencia de la masonería y no sustituirla. De hecho, para Cagliostro Egipto no es solo una escenografía, sino una reimaginación de un espacio de sabiduría antigua. Según explican Faulks y Cooper el interés por lo egipcio pudo obtenerlo del temprano viaje a Egipto con Althotas y complementarlo, posteriormente, con alguna literatura auxiliar en Londres en plena época del furor egiptológico.[84] En Egipto se presentaba el origen de la alquimia, la teúrgia y el hermetismo, los cuales confluyen en la forma de configurar no solo la logia, sino también los trabajos interiores y exteriores de los hermanos. El iniciado es invitado a transitar por otros símbolos hacia la masonería especulativa y, finalmente, adquirirá la metáfora del adepto hermético frente al constructor gremial. El sentido egipcio se presenta bajo la imagen hermética, es la maestría de aquel que viene de lo más profundo del Templo y posee la sabiduría, el que hace revivir a Hermes Trismegisto.[85] La maestría en el rito de Cagliostro también supone la conciencia que el tiempo nada puede hacer al inmortal, un ser humano purificado que vuelve a su pureza originaria estando en el interior del Templo que él mismo ha construido. Así, lleno de este simbolismo, se nos describe el cuadro de logia de Maestro en el ritual:

> En la parte superior del cuadro habrá un fénix en medio de una pira en llamas. Sobre este ave fénix una espada en aspa con el caduceo de Mercurio. Por encima de estas está el Tiempo, representado por un anciano, alto y robusto, con grandes alas y en el lado opuesto habrá un masón decorado como Maestro, con una gran frac verde, chaqueta, calzones, medias atigradas, las botas de húsar, con la

---

[84] Faulks y Cooper, 2017, p. 10
[85] Ms. 6666, [70].

banda roja y en su diestra una espada, la cual parece dispuesta a golpear o cortar las alas del Tiempo. A los pies de este masón hay un reloj de arena y la guadaña del tiempo ambas invertidas.[86]

La teúrgia que hay implícita en la elevación del Maestro del Rito Egipcio renueva regenerando como el fénix al iniciado, se constituye como destructora el tiempo profano y el mundo materialista para transmutarlo. Por eso, uno de los momentos más importantes ocurre en la cámara de reflexión en la que se lee: «*Vencer o morir, pensar antes de actuar*» acompañadas de una serpiente, posiblemente el uroboros.[87] Tras eso, el recipiendario penetrará en la pirámide y allí, como lo hizo Cagliostro, aguardará sus misterios el momento justo. Lo más interesante de la teúrgia operativa de Cagliostro aparece en este momento, durante la elevación a maestro se pide al candidato que busque a la *colombe* (lit. paloma), un muchacho o muchacha joven, virgen, símbolo de pureza, que jugará un papel muy importante en el ritual. Simbólicamente la *colombe* representa la pureza y la simplicidad fundamental para que, tras comunicarse con lo divino a través de ella, el recipiendario transmute en maestro. Marc Haven —en nota al pie de página— afirma que en ningún momento en el texto se menciona que él o ella tenga que estar iniciada en la masonería o en una logia de adopción, simplemente que se presente como un símbolo de pureza. El objetivo de este ritual, tanto en la logia como en la logia de adopción, es obtener una visión de los espíritus y ángeles conjurados a través de un espejo, cristal (captromancia) o un recipiente con agua cristalina (hidromancia)[88] y el consecuente conocimiento supra-consciente durante el ritual teúrgico. La consecución del misterio se alcanza no solo por los participantes sino por la pureza de la *colombe*. Este es un vestigio

---

[86] Ms. 6666, [54]-[55].

[87] Ms. 6666, [58]. El *uroburos,* la serpiente que se muerde la cola formando un círculo sin principio ni final, es un símbolo que el propio Cagliostro había bosquejado en Nuremberg tras una conversación con un versado maestro masón y que retoma de la tradición egipcia. Cf. Faulks y Cooper, 2017, p. 13.

[88] Véase *De Occulta Philosophia,* pp. 78-180.

del antiguo rito de Santa Elena, presente aún en los grados superiores del rito de Misraim. El ritual, inspirado en las teúrgias de la antigüedad tardía[89], con un fuerte carácter religioso, fue revivido en círculos ocultistas siglo XVI. En él se busca una gnosis a través de la intercesión de Santa Elena, madre del Emperador Constantino, y de los arcángeles Gabriel y Uriel, considerados ambos en el mundo abrahámico como mensajeros de Dios.[90] El ritual es muy similar al que propone Cagliostro en el suyo: un muchacho casto o una doncella de diez años, ungido o ungida, que porta una botella de agua bendita y, tras una oración a la santa, los arcángeles dan la respuesta a la pregunta formulada por el oficiante en forma de conocimiento gnóstico.

Pero, curiosamente, en el ritual de Cagliostro, según el manuscrito, hay una divergencia en la ejecución del ritual. Si observamos detenidamente en el texto del Ms. 6666 y la copia de Irwin, esta práctica teúrgica forma parte explícita del ritual con una sesión de hidromancia. El manuscrito también presenta un ritual similar en la logia de adopción que, por otra parte, contiene el mismo trabajo simbólico y ritualista que la logia masculina reivindicando el carácter teúrgico de Santa Elena. Hay otra versión en la Biblioteca Municipal de Lyon, el Ms. 6871, que es una versión simplificada del mismo y bastante cercano al que se encuentra en el museo de la Gran Logia de Escocia[91], copiado por Charles Morison y editado por Faulks y Cooper, se vislumbra que es tan solo una vivencia estética-simbólica en la ceremonia sin valor onto-transformativo en el sujeto.

Sea como fuere, para nuestro trabajo lo realmente importante es su valor simbólico y lo que implica un ritual, ejecutado o no en logia, de estas características. La comunicación con el ángel, en un contexto abrahámico como *Masonería Egipcia*, o con el *daimon*, en un contexto

---

[89] Boella y Gally, 2015, p. 26.

[90] Para una descripción y análisis profundidad del rito de Santa Elena véase Boella y Gally, 2015, pp. 22-31

[91] El manuscrito ha sido editado y traducido en el capítulo noveno de Faulks y Cooper, 2017, pp. 195-237.

pagano como en Jámblico[92], es el punto central. Esto se debe a que es una confirmación extraterrena de la realidad, pues el «ser humano perfeccionado», tras adquirir su maestría, está en la posición de los patriarcas y profetas, es capaz de interactuar y conocer a través el ángel de Dios experimentando la hierofanía que, sin duda, evoca lo imaginal en ese justo instante. Ese instante es en el que el recipiendario vive el primer paso hacia su reintegración, traspasando los límites de su razón y descubriendo otro plano de la realidad. De hecho, así se explica en el catecismo de grado el simbolismo de este momento:

P: ¿De qué lugar venís vos?

R: Del interior del Templo.

P: ¿Qué habéis observado en el interior del Templo?

R: Una *colombe* muy querida y favorecida por Dios, un santuario brillante de luz, un cuadro alegórico que contiene los mayores secretos de la Naturaleza y una estrella brillante en el corazón de cada uno de los Venerables Maestros.

P: ¿Qué representa esa estrella?

R: Una hermosa rosa, alrededor de la cual hay dos inscripciones, una de las cuales tiene en estas palabras: *Creo en la rosa* y la otra de estas palabras: *Materia Primordial*.

P: ¿Qué significa esta rosa?

R: Es esta el símbolo de esa preciosa materia primordial que se menciona constantemente en todos los escritos de nuestra Doctrina y que está en manos de todos los Elegidos.

P: ¿Para qué sirve y cuáles son las tareas de la *colombe*?

R. Estas son servir de intermediaria entre el ángel del Señor y los Elegidos, dando la gnosis a estos. Comunicando a estos últimos la voluntad divina y finalmente transmitirles la existencia y el gran poder de Dios.

P: ¿Qué contiene el Santuario?

---

92 Jámblico, III. 17.

R. El Nombre Sagrado de Dios, situado en el centro de la estrella flamígera.[93]

Este recuerdo de la naturaleza primordial, representado por la interacción *colombe*, es fundamental y constituye uno de los elementos diferenciales de la teúrgia de Cagliostro. Así, proyecta él cómo en los misterios, siguiendo a Ficino y a Jámblico, las mancias y la teúrgia permiten tener un verdadero conocimiento estando imbricada en un sistema en el que el punto final es la felicidad, la victoria (verdad) del Bien —en su dimensión trascendental— sobre la oscuridad (falsedad). En un sentido próximo, véase, por ejemplo, lo que dice a este respecto el *Corpus Hermeticum*:

> [1] Dios es la gloria de todas las cosas, el divino ser y la naturaleza divina. El origen de los seres es Dios, *noûs*, naturaleza y materia. Dios es la sabiduría para que sean todas las cosas. El ser divino es tanto origen como naturaleza, energía, necesidad, fin y renovación. Mas en el abismo había indeterminada oscuridad, agua y un sutil e inteligente espíritu. Estaban estos dentro del caos por el poder divino. Entonces, una luz sagrada fue enviada y los elementos de la sustancia acuosa se solidificaron bajo la tierra. Todos los dioses se repartieron entre sí las semillas de la naturaleza.[94]

Y compárese con lo que argumenta Jámblico en *Sobre los Misterios Egipcios*:

> Solo, pues, la mántica divina, uniéndonos a los dioses, nos hace partícipes verdaderamente de la vida divina, y puesto que ella participa de la presciencia e intelección es divinas, nos hace a nosotros en verdad divinos. Ella es la que nos procura auténticamente el

---

[93] Ms. 6666, [70]-[71] y Faulks y Cooper, 2017, pp. 235-236.

[94] Cf. *Corpus Hermeticum*, III. 1. Para el *Corpus Hermeticum* sigo la edición griega de A. D. Nock, pero no la traducción de Festugiere que me parece anticuada. Sin embargo, si me guio, como referencia, por la edición y traducción de Clement Salaman para *Inner Traditions*, así como la de Copenhaver en Siruela (véase la bibliografía final).

bien, porque la inteligencia beatísima de los dioses está llena de todos los bienes.[95]

Cagliostro reimagina este fragmento en época contemporánea, es decir, hace que la sabiduría de la antigüedad vuelva a tener lógica en una época como la Ilustración. Como ocurría con el enfoque del rito, también se configuran de una forma especial las actividades en logia mucho más orientadas a la teúrgia que al trabajo de carácter social. La adquisición de una gnosis se manifiesta a través de los ritos y los símbolos que vivencia el recipiendario. Lo egipcio —al igual que se explica en *Sobre los Misterios*[96]— es un elemento de transmisión clave, pero no el centro de la práctica, pues el origen es el plano divino. No es solo estética, sino la legitimación de la sabiduría de los antiguos en tiempos y acciones de los modernos. Además, podemos apreciar su fuerte carácter hermético, ya que se trata de un ritual para pedir una iluminación de los sentidos y del intelecto a través de la estrella brillante y la rosa, la resurrección a través del fénix, siendo la operación con la *colombe* la certeza que no es un acto diabólico ni necromántico. Al revés, todo está inmerso en la lógica de la teúrgia abrahámica.

El templo que se describe en el ritual de Cagliostro ha sido reconstruido tras la caída, por tanto, no es un templo nuevo, moderno, sino uno que revive —con toda la intencionalidad del término— reintegrado tal como ocurre con el fénix que surge entre las llamas. El templo no será más un edificio, sino un estado interior dentro de la persona. Este es símbolo trascendente, universal, más allá de lo estético. Aquel que renace como maestro o maestra de adopción de la masonería egipcia de Cagliostro conecta con los antiguos y con su gnosis en la búsqueda de una mayor libertad. No solo se trata de una libertad política, sino una libertad espiritual y vivencial. Y aquí está la clave de la masonería del Conde de Cagliostro: volver a conectar con la antigüedad adaptándola al contexto contemporánea, comprender que lo simbólico

---

[95] Jámblico, X. 4.
[96] Jámblico, X. 7-8.

no es solo textual sino performativo y, finalmente, que el hacer espiritual es trascedente, no solo un juego estético. Ahí llega la consecución del *Opus Magnum* alquímico, de la reintegración de la caída adámica. Es una antropología trascendental, a través de la teúrgia, para devolver a su lugar al ser humano. Dice el catecismo del Maestro acerca de la regeneración del ser humano: «El viejo hombre desaparece y el nuevo emerge. Esta regeneración se renueva con la misma operación cada cincuenta años y así, eternamente, hasta que a Él le plazca llamaros».[97] Esa purificación del alma en el bien y lo divino es aquella que buscaban los antiguos y que recuerda, de nuevo, el *Corpus Hermeticum*:

> [3] En el ser humano el Bien Supremo está limitado por la medida del mal. Pues en el ser humano solo un poco de mal se cuenta como bien. Para él, el bien es la porción más pequeña del mal. Por lo tanto, para él, el bien no puede estar libre del mal. Pues en el ser humano la bondad es mal utilizada, y cuando es mal utilizada la bondad ya no permanece y cuando no permanece, nace el mal. Por lo tanto, el Bien Supremo solo está en Dios o, mejor dicho, Dios mismo es este Bien. Así pues, oh, Asclepio, para los ser humanos solo existe el término bien, nunca su realidad, pues eso es imposible. El cuerpo mundano no le da cabida, por todas partes encadenado al mal, a los trabajos, los dolores, los deseos, las pasiones, los engaños, las opiniones insensatas. Y, Asclepio, lo peor de todo es que cada una de estas cosas que se acaban de mencionar, se consideran en el ser humano como el mayor bien, cuando en realidad cada una de ellas es un mal insuperable. La codicia, raíz de todos los males, es el error del ser humano; es la ausencia de bondad. (…) [5]. Si puedes percibir a Dios, percibirás la belleza, el Bien Supremo y el esplendor, iluminados por Dios. Esa belleza es incomparable y esa bondad inimitable, como lo es Dios mismo. Así pues, en la medida en que perciba a Dios, deberá percibir la belleza y la bondad. Éstas no son compar-

---

[97] Ms. 6666, [80].

tidas por otros seres vivos, ya que son inseparables de Dios. Si busca a Dios, también buscará la belleza. Hay un camino que conduce a esa belleza: la devoción con conocimiento. [6] Así, el ignorante y aquellos que no están en el camino de la devoción se atreven a hablar de un ser humano como bello y bueno; sin embargo, el ser humano en su duermevela no puede de ninguna manera ver si algo es bueno, sino que toma todo mal para sí; creyendo que el mal es bueno, y utilizándolo así para sí mismo, se vuelve insaciable y temeroso de que se lo roben; lucha por todo, no solo para tenerlo sino para aumentarlo. Tales cosas son buenas y bellas para los seres humanos, oh, Asclepio, y no podemos escapar de ellas ni odiarlas. Lo peor de todo es que tenemos necesidad de estas cosas y no podemos vivir sin ellas.[98]

Para la masonería iluminista, y en especial para el Conde de Cagliostro, bien y mal no son únicamente conceptos morales ni sociales, sino caminos de búsqueda espiritual ligados con lo espiritual. Lo social no tiene sentido si no está arraigado a la metafísica, pues no hay política sin metapolítica. Por eso, esta masonería espiritualista intentó revivir el misterio antiguo, más allá de la estética ilusionista, restituyendo al ser humano como sumo sacerdote del Templo. Pues él, el ser humano reintegrado, es aquel que el «alma se exalte, que vuestro corazón se inflame de amor al Señor»[99] para que de ella se beneficie toda la humanidad.

---

[98] *Corpus Hermeticum*, VI. 3-6.
[99] Ms. 6666, [78].

Consagración de una aprendiz del Rito de Adopción de Masonería Egipcia
Litografía de finales del siglo XIX

MASONERÍA EGIPCIA
DEL
CONDE DE CAGLIOSTRO
(1785)

Traducción anotada del Ms. 6666
de la Biblioteca Municipal de Lyon

Índice de *Masonería Egipcia del Conde de Cagliostro* (1785)

1. Recepción de aprendiz de la logia egipcia.
2. Catecismo de aprendiz.
3. Recepción de compañero de la logia egipcia.
4. Catecismo de compañero.
5. Recepción de maestro interior de la logia egipcia.
6. Catecismo de maestro.
7. Estatutos y reglamentos de la R. L. *La Saggese Triomphante.*
8. Fórmula de patente de la logia madre de rito egipcio.
9. Fórmula de patente de maestro.
10. Consagración y bendición.
11. Supervisión a ejecutar el primer día de consagración.
12. Discurso pronunciado durante la consagración de la logia madre.
13. Método de supervisión y trabajo.
14. Recepción de una aprendiz de la logia egipcia de adopción.
15. Catecismo de aprendiz de la logia egipcia de adopción.
16. Recepción de compañera.
17. Catecismo de compañera.
18. Recepción de maestra.
19. Catecismo de maestra.
20. Fórmula de patente.

Delta
(Grado de Aprendiz)

Estrella de Siete puntas
(Grado de Compañero)

Estrella
(Grado de Maestro)

Maçonnerie Égyptienne	Masonería Egipcia
[1] RECEPTION D'APPRENTI DE LA LOGE ÉGYPTIENNE	**RECEPCIÓN DEL APRENDIZ DE LA LOGIA EGIPCIA**
PRÉPARATION DE LA LOGE	PREPARACIÓN DE LA LOGIA
La loge sera décorée d'un dais bleu de ciel et blanc sans dorure. Au-dessus de la tête du Vénérable, un triangle avec le nom de Jehova et des rayons (le tout brodé en soie bleue).	La logia estará decorada con un dosel azul cielo y blanco sin dorar. Sobre la cabeza del Venerable, un triángulo con el nombre de Jehová y los rayos (todo bordado en seda azul).
Le trône du Vénérable élevé sur trois marches. L'Autel devant le trône. Sur cet autel un brasier, avec une éponge remplie d'esprit de vin. A la droite du trône, le soleil ; à la gauche, la lune.	El trono del Venerable se elevará sobre tres escalones. El altar ante el trono. Sobre este altar un brasero, con una esponja impregnada de alcohol etílico. A la derecha del trono, el sol; a la izquierda, la luna.[100]
Le trésorier se sera pourvu d'un habit talare, d'un cordon blanc, pour l'attacher, et de deux paires de gants, l'une d'homme, l'autre de femme.	El Tesorero se habrá provisto de un hábito talar[101], de una banda blanca para anudarlo y dos pares de guantes, uno de hombre y otro de mujer.[102]
TABLEAU DE LA LOGE	CUADRO DE LOGIA
Sur ce tableau sera peinte la porte d'un temple avec sept marches ; sur cette	En este cuadro estará pintado la puerta de un templo con siete escalones[103]; so-

---

[100] En esto coincide con las logias masónicas simbólicas y representa la alegoría del cosmos. El delta lleva el tetragrámaton (יהוה) al ser un alto grado y haber conocido el candidato, tras su elevación a maestro masón, el problema de la palabra perdida. Resulta muy interesante que se opte el nombre de *Jehovah* siguiendo la tradición de la Biblia *King James* que Cagliostro debió conocer en Londres.

[101] El hábito o túnica talar (*habit talare*) tiene un valor simbólico. Además de ser una prenda utilizada por los sacerdotes y personas que se dedican al ritual religioso, Marc Haven menciona que tiene un simbolismo de cuerpo glorioso, purificado que se explica más adelante en el grado de compañero. Ahí se nos cuenta que es el estado de purificación en el que no existan diferencias más allá de lo simple de la naturaleza primordial Cf. [50]

[102] Esta tradición se encuentra, igualmente, en el Rito Escocés Antiguo y Aceptado en el que se ofrecen un par de guantes al neófito para su esposa o compañera, como alternativa o sustitución puede ofrecérsele una rosa. Por ejemplo, esta tradición aparece en el ritual francés del Marqués de Gages (1765) y en el ritual escocés de la Logia de Lyon (1772), contemporáneos de este ritual de Masonería Egipcia de Cagliostro. Véase *Rituales Franceses*, 2016, pp. 110 y 212. En el rito de adopción de *Masonería Egipcia* [175] se le entregarán a la nueva aprendiz unos guantes de hombre con el mismo propósito. Lo mismo ocurría en el rito de origen de Cagliostro: la Estricta Observancia Templaria con el mismo valor. *Ritual E.O.T*, p. 11.

[103] Este detalle denota que el rito de *Masonería Egipcia* está reservado exclusivamente a maestros

porte, il paraîtra un rideau, à la droite une inscription composée de ces mots : *arcanum magnum*, à la gauche ceux-ci : *gemma secretorum*.

Devant la porte, un maître sera représenté avec le cordon rouge, le frac vert, veste, culotte et bas tigrés, et des bottes à la hussarde. [2] Ce maitre sera debout à la droite du temple, il aura l'index de la main gauche sur la bouche, et à la droite son glaive, dont il menacera un Mercure endormi qui sera mis à la gauche de la porte : au-dessus de la tête de Mercure seront gravés ces deux mots : *pierre brute*. Ce tableau sera éclairé de sept bougies, dont trois d'un côté, trois de l'autre, et une au milieu.

bre esta puerta aparecerá un cortinaje, a la derecha una inscripción compuesta de las palabras: *arcanum magnum*, a la izquierda estas: *gemma secretorum*.[104]

Delante de la puerta se representará a un maestro con banda roja, frac verde, chaqueta, calzones y medias atigradas y unas botas de húsar.[105] Este maestro estará de pie a la derecha del templo, tendrá el índice de su mano izquierda sobre la boca[106], y en la diestra su acero, con el que amenazará a un Mercurio dormido que estará situado a la izquierda de la puerta: sobre la cabeza de Mercurio[107] estarán grabadas estas dos palabras: *piedra bruta*. Este cuadro estará iluminado por siete velas, tres a un lado, tres al otro y una en el centro.[108]

---

masones, con los sietes escalones de la masonería simbólica por los que se accede a la cámara del medio del Templo de Jerusalén.

[104] *Arcanum magnum* en latín significa el gran arcano y *gemma secretorum* la gema de los secretos. En alquimia ambos remiten a la piedra filosofal. En un rito alquímico como el de Cagliostro encontramos un peso muy importante de estos conceptos durante todo el proceso.

[105] Esta imagen del maestro es muy cercana a la vestimenta de la orden de los Caballeros *Élus Coën* de Martinès de Pasqually. Cagliostro recoge en la imagen del maestro una mezcla entre el guarda-templo (los hábitos militares), el maestro *coën* (la banda roja) y el juez *Réaux Croix* (el frac verde) tal y como aparecen en los *Estatutos generales de la Masonería de los Caballeros Élus Coën* (1767). Véase. Ms. 5474 de la Biblioteca Municipal de Lyon, pp. 23-26.

[106] Este símbolo podría remitir a la respuesta del «símbolo de silencio» del grado 4° del REAA, Maestro Secreto. Cf. *Rituales Altos Grados REAA*, p. 50. Este grado es uno de los originales del Escocismo —según Paul Naudon (1993) y Mainguy (2003)— y aparecería primero en la *Patente Morin* (1761) y, posteriormente, en la lista de los grados sancionados por el Gran Oriente de Francia para el REAA entre 1773 y 1782 cuando se constituye —como explica Galo Sánchez Casado— como rito dejando de ser *Masonería de Perfección*. Cf. Sánchez Casado, 2009, pp. 78-79 y Mainguy, 2003, pp. 47-48. Esto coincide con las fechas de redacción de este ritual y se relacionaría con el artículo cuarto de los *Estatutos y Reglamentos* [83]-[84].

[107] Todo el rito de *Masonería Egipcia* gira en torno al asesinato de Mercurio como inicio de la gran transmutación que dará al masón regenerado. Durante los tres grados el iniciado descubrirá que el asesinato de Mercurio le otorgará el conocimiento para poder reintegrarse, asesinar la antigüedad para llegar a la eternidad. Igualmente, Mercurio tiene un valor puramente alquímico como padre, dador de lo líquido, de los metales de la naturaleza. Cf. [165]. Para un análisis profundo de su figura y sus múltiples interpretaciones en alquimia y en psicología véase, igualmente, el texto de C. G. Jung *El espíritu Mercurius*. En él encontramos una interesante descripción sobre el valor alquímico de este personaje tan importante. Cf. Jung, OC, 13, § 239-303.

[108] Esta alegoría es muy curiosa y sugerente, puesto que encontramos un punto cero desde la elevación a maestro masón. El recipiendario y futuro aprendiz de masonería egipcia tiene que volver, de nuevo, a desbastar la piedra bruta (materia caótica), pero esta vez iluminado por las

HABILLEMENT DU VÉNÉRABLE

Le Vénérable sera vêtu d'un talare blanc attaché par une ceinture de moire bleu de ciel ; il portera une étole de moire bleue bordée d'un petit galon d'or avec le chiffre du fondateur brodé en paillettes d'or sur chaque extrémité. Chacun des bouts de cette étole sera frangé d'or ; il passera cette étole, qui sera liée dans le bas de droite à gauche comme les diacres ; il portera son cordon rouge de maitre par-dessus ; il aura l'épée à la main.

CHAMBRE DE RÉFLEXION

Cette chambre aura la forme et la décoration d'une grotte ; elle ne sera éclairée que par une lampe suspendue dans le milieu.

Le tableau de cette chambre sera transparent ; il y aura dans le centre une grande pyramide, à la base de laquelle on verra une caverne ; auprès de cette caverne on représentera le temps sous la

VESTIMENTA DEL VENERABLE

El Venerable estará vestido con un hábito talar blanco sujeto por un cinturón de moaré azul celeste y una estola de moaré azul ribeteada con una pequeño galón dorado con la figura del Fundador bordado con lentejuelas doradas en cada extremo. Cada extremo de la estola estará orlada de oro[109] y estará atada en la parte inferior de derecha a izquierda como los diáconos; llevará sobre ella su banda roja de maestro; él tendrá la espada en mano.[110]

CÁMARA DE REFLEXIÓN

Esta cámara tendrá la forma y la decoración de una cueva[111]; estará iluminada únicamente por una lámpara suspendida en el centro.

El cuadro de logia de esta cámara será transparente; habrá en el centro una gran pirámide[112], en cuya base habrá una caverna; junto a esta caverna se representará el tiempo en forma de un an-

---

siete luces de su maestría. Las operaciones de *Masonería Egipcia* irían encaminadas a comprender el fundamento de la naturaleza inserto en ese caos.

[109] Esta vestidura del Venerable coincide con el Venerable de la Estricta Observancia Templaria, obediencia de origen de Cagliostro, con una clara alegoría cosmológica, así leemos en el catecismo de aprendiz: «P. ¿Cómo está el Venerable Maestro vestido? / R. De celeste y oro / P. ¿Con qué comparáis vos al Venerable Maestro? / R. Con el Sol / P. ¿Cómo es eso? / R. Así como el Sol rige sobre el día e ilumina el mundo, el Venerable Maestro rige la logia e ilumina a sus hermanos». Cf. *Ritual E.O.T*, pp. 18-19.

[110] Para los oficios y oficiales de logia véase los Estatutos y Reglamentos de este rito de [83] a [91].

[111] Esta es una conexión con los ritos franceses y escoceses de la época. La metáfora de la cueva es, igualmente, alquímica y neoplatónica, resonando la idea del sepulcro donde el recipiendario comenzará su transmutación.

[112] Egipto es un espacio simbólico muy complejo en este rito. No es una mera egiptomanía o un Egipto como escenografía. Si bien no hay ningún *attrezzo* explícitamente egipcio antiguo, aparte de Hermes Trismegisto, como ocurrirá posteriormente en los ritos egipcios, el Egipto de Cagliostro se conforma desde su propia iniciación simbólica en Egipto —según su testimonio—, las lecturas herméticas y sus representaciones en el imaginario de la época y, por otra parte, el profundo rechazo —heredado quizás de influencia judía o islámica— que, por ejemplo, presenta Martinès de Pasqually en la §185 del *Traité*. Es, sin duda, un espacio iniciático desde el que partir para reintegrarse como hicieron Abrahán o Moisés. Véase la discusión, más profunda sobre la metáfora egipcia en el estudio introductorio.

forme d'un vieillard ayant un sablier sur la tête, une faulx à la main gauche et deux grandes ailes aux épaules : ses yeux seront fixés sur l'entrée de la caverne, son attitude et son visage indiqueront la terreur et la crainte. A sa droite sera peinte la corne d'abondance, à sa gauche, **[3]** des chaînes, un serpent et des instruments philosophiques.

Le récipiendaire sera enfermé dans cette chambre pendant une heure environ ; lorsqu'il sera admis à entrer, l'inspecteur de la loge avec deux apprentis se rendront auprès de lui pour le préparer. L'inspecteur, sans rien dire, commencera par délier ses cheveux, par le dépouiller de ses habits, il lui ordonnera de se déchausser et de se défaire de tous ses métaux. Il lui fera ensuite un discours analogue à la circonstance et conforme au tableau de cette chambre, après lui avoir fait sentir combien la route philosophique est pénible et remplie de dangers et de tourments. Il lui demandera s'il est bien décidé à se faire initier dans de pareils mystères et à préférer aux honneurs. A la mollesse et aux richesses du monde, le travail, les périls et l'étude de la nature. S'il persiste, l'inspecteur le prendra par la main et le conduira à la porte de la loge.

ciano con un reloj de arena en la cabeza, una hoz en la mano izquierda y dos grandes alas sobre los hombros: sus ojos estarán fijos en la entrada de la cueva, su actitud y su rostro indicarán terror y miedo. En su mano derecha estará pintado el cuerno de la abundancia, en la izquierda cadenas, una serpiente e instrumentos filosóficos.[113]

Al recipiendario se le encerrará en esta cámara durante una hora aproximadamente. Cuando se le admita, el inspector de la logia[114] con dos aprendices se dirigirá hacia él para prepararle. El inspector, sin decir nada, comenzará por desatarle el pelo, despojarle de sus ropas y ordenarle que se quite los zapatos y se deshaga de todos sus metales.[115] En seguida, le dará un discurso acorde con la circunstancia y conforme con el cuadro de esta cámara, para que oiga lo penoso que es el camino filosófico y lo lleno de peligros y tormentos que tiene. Le preguntará si está decidido a iniciarse en tales misterios y si prefiere el trabajo, el peligro y el estudio de la naturaleza a la facilidad y las riquezas del mundo. Si persiste, el inspector le tomará de la mano y le conducirá a la puerta de la logia.

---

[113] Esta imagen es muy interesante. Aquí aparece una de las pocas referencias explícitamente egipcias en todo el ritual: la pirámide. Curiosamente encontramos uno de los espacios en los que Cagliostro reconoce, en sus escritos, que alcanzó una sabiduría gnóstica en Egipto. El símbolo del masón y el reloj de arena volverá a aparecer en el grado de maestro de Masonería Egipcia totalmente transformado. Cf. [54]. Y se explicará en el catecismo de maestro. Cf. [71].

[114] El inspector de la logia haría las veces de Maestro de Ceremonias/Hermano Terrible en los ritos de matriz francesa y escocesa. En *Masonería Egipcia* el Hermano Terrible hace las veces de guarda-templo.

[115] Este paso es igual que en la masonería simbólica, se despoja de metales profanos al recipiendario. En *Masonería Egipcia* se explica en [161]. Haven señala que este fragmento remite al séptimo punto de una de las explicaciones en el catecismo de compañero [46], aquella que indica que todo lo físico que ocurre en el templo tiene un correlato moral o espiritual con el objetivo de elevarse en el Eterno.

Il frappera sept coups ; sur la demande qui lui sera faite, il répondra : « C'est un maçon qui, ayant passé par tous les grades de la maçonnerie ordinaire, se présente pour être initié dans la véritable maçonnerie égyptienne ». La porte se fermera. Le Vénérable ordonnera au frère terrible de demander à l'inspecteur le papier contenant l'âge, le lieu de naissance,' les noms, surnoms et qualités du candidat et ceux de son répondant. Le frère terrible, ouvrant de nouveau, prendra ce papier des mains de l'inspecteur et refermera brusquement la porte, qui ne s'ouvrira plus que lorsque le Vénérable ordonnera de faire entrer le candidat. Le frère terrible remettra le papier au Vénérable.

[4] OUVERTURE DE LA LOGE

Le Vénérable ayant pris sa place, le plus grand silence sera observé. Il est défendu de se moucher, à plus forte raison de parler.

Lorsque le Vénérable se lèvera, tous se lèveront en même temps. Il aura le glaive à la main droite, qu'il ne quittera jamais tant qu'il parlera. Il dira A l'ordre : « mes frères ! Au nom du Grand Dieu, ouvrons la loge selon le rite et les constitutions du G.C., notre fondateur ».

Il descendra de son trône, et à sept pas de la première marche, il se tournera en

Siete golpes dará él[116]; al ser preguntado, responderá: «Es un masón que, habiendo pasado por todos los grados de la masonería ordinaria, se presenta para ser iniciado en la verdadera masonería egipcia». La puerta se cerrará. El Venerable ordenará al hermano terrible que pida al inspector el papel que contenga la edad, lugar de nacimiento, nombres, apellidos y cualidades del candidato y de su padrino. El hermano terrible, abriendo de nuevo, tomará este papel de manos del inspector y volverá a cerrar la puerta bruscamente, la cual no volverá a abrirse hasta que el Venerable ordene entrar al candidato. El hermano terrible entregará el papel al Venerable.

APERTURA DE LA LOGIA

Habiendo ocupado su lugar el Venerable, se observará el mayor silencio. Está prohibido sonarse la nariz y mucho menos hablar.

Cuando el Venerable se levante, todos se levantarán al mismo tiempo. Llevará el acero en la mano derecha, que nunca dejará mientras habla. Dirá: «¡Al Orden hermanos míos! En nombre del Gran Dios, abramos la logia según el ritual y las constituciones del G.C.[117], nuestro fundador».

Descenderá de su trono, y al séptimo paso desde el primer escalón, se girará

---

[116] Golpea en la puerta con la edad de un maestro masón en logia simbólica, sin embargo, la batería de maestro son nueve golpes agrupados en tres. Véase la simbología profunda del septenario en Martinès de Pasqually, *Traité*, §218 y el valor que tiene en la tradición ocultista occidental según explica Agrippa von Nettesheim en *De Occulta Philosophia*, pp. 268-280.

[117] La abreviatura G.C. hace referencia al Gran Copto (*Grand Cohpte*) que es el título que Cagliostro usaba en *Masonería Egipcia* como Gran Maestro. Este título remite a su iniciación egipcia y, de ahí, a su entronque con el mundo greco-egipcio a través de la tradición copta miafisita, cristianos egipcios que creen en una sola naturaleza de Cristo que retiene las características divinas y humanas. Es decir que encarna la antropología al hombre-Dios (*Adam-Réaux*) u hombre regenerado a la que aspiran Martinès de Pasqually, Saint-Martin o Willermoz y los movimientos esotéricos de la época.

face du triangle et dira : « Mes frères, prosternez-vous ainsi que moi, pour supplier la divinité de me protéger et de m'assister dans les travaux que nous allons entreprendre ».

La prière intérieure étant achevée, le Vénérable frappera de la main droite sur le plancher pour annoncer à tous les frères qu'ils peuvent se relever. Le Vénérable s'étant placé sur son trône, il préviendra tous les assistants que le nommé un tel, qui a passé par tous les grades de la maçonnerie ordinaire, demande et sollicite la grâce d'être reçu et admis dans la véritable maçonnerie égyptienne.

Si un des frères à quelque chose à alléguer contre le candidat, il sera obligé sur son honneur et sur sa conscience de l'exposer ; ce griel ou ce motif sera discuté, et le Vénérable déterminera s'il sera admis ou rejeté ; mais dans le cas où tous donneraient leur consentement pour sa réception, le Vénérable enverra l'inspecteur. Et deux frères pour le préparer et le conduire.

[5] ENTRÉE DU RÉCIPIENDAIRE

Le Vénérable ayant ordonné de faire entrer le candidat, l'inspecteur le conduira devant le trône où il le fera mettre à genoux. Le Vénérable se lèvera et dira :

«Homme, vous avez déjà été prévenu que le but de nos travaux est aussi éloigné de la frivolité, que celui de la maçonnerie ordinaire l'est des véritables connaissances philosophiques : toutes nos

cara al triángulo y dirá: «Hermanos míos, prosternaos al igual que lo hago yo, para rogar a la divinidad que me proteja y asista en los trabajos a los que vamos a emprender».[118]

Concluida la oración interior, el Venerable golpeará el estrado con su diestra para anunciar a todos los hermanos que pueden levantarse. El Venerable ya en su trono, advertirá a todos los sentados que cuando sea nombrado indique que ha pasado por todos los grados de la masonería ordinaria, pide y solicita la gracia de ser recibido y admitido en la auténtica masonería egipcia.

Si alguno de los hermanos tuviere algo que alegar contra el candidato, estará obligado por su honor y conciencia a declararlo; se discutirá este agravio o motivo, y el Venerable determinará si ha de ser admitido o rechazado; pero en caso de que todos consientan en su recepción, el Venerable enviará al inspector y a dos hermanos para que lo preparen y conduzcan.

ENTRADA DEL RECIPIENDARIO

Habiendo ordenado el Venerable que se haga entrar al candidato, el Inspector le conducirá ante el trono donde le hará arrodillarse. El Venerable alzándose dirá:

«Hombre, ya se os ha prevenido que el propósito de nuestro trabajo está tan lejos de la frivolidad, como el de la masonería ordinaria lo está del verdadero co-

---

[118] Es muy interesante el rol de la prosternación ante Dios que aparece tanto en el judaísmo como en el islam en sus ritos cotidianos y en el cristianismo católico en la ceremonia de consagración de un sacerdote. En masonería, igualmente, aparece en cuerpos colaterales o superiores como el Santo Arco Real de Jerusalén. Por otra parte, la exhortación del Venerable tiene resonancias con la exhortación del Arco Real.

opérations, tous nos mystères, toutes nos démarches n'ont d'autres motifs que de glorifier Dieu et de pénétrer dans le sanctuaire de la nature: on n'y parvient pas sans beaucoup de peine ; mais avec de la résignation, de la patience, et le temps fixé par les lois de notre fondateur, vous aurez l'espoir de voir couronner vos fatigues du plus heureux succès. Avant que de vous revêtir de l'habit sacré de notre ordre, et de vous reconnaître pour l'un de nos membres, répétez avec moi, mot à mot, le serment que j'exige de vous en présence du nom de Dieu et de tous vos frères ».

Pendant le serment on mettra le feu à l'esprit de vin qui est sur l'autel ; et le candidat plaçant sa main droite au-dessus de la flamme, fera le serment suivant :

« Je promets, je m'engage, et je jure de ne jamais révèle leur les secrets qui me seront communiqués dans ce temple, et d'obéir aveuglément à mes supérieurs ».

Le Vénérable le fera revêtir du talare, il le ceindra avec le cordon de fil blanc et lui [6] donnera deux paires de gants, l'une d'homme, l'autre de femme ; il lui fera pendant ce temps un discours adapté à chacune de ces choses et l'instruira ensuite des signes et mots de

nocimiento filosófico.[119] Todas nuestras operaciones, todos nuestros misterios, todos nuestros pasos no tienen otro motivo sino glorificar a Dios[120] y penetrar en el santuario de la naturaleza. Mas solo con resignación, paciencia y el tiempo fijado por las leyes de nuestro fundador tendréis la esperanza de ver vuestras fatigas coronadas por el más gozoso éxito. Antes de que se os revista del sagrado hábito de nuestra orden y os reconozcamos como uno de nuestros miembros, repetid conmigo, palabra por palabra, el juramento que exijo de vos en presencia del nombre de Dios y de todos vuestros hermanos».

Durante el juramento se prenderá fuego al alcohol que está sobre el altar; y el candidato, colocando su diestra sobre la llama, hará el siguiente juramento:

«Prometo, afirmo y juro no revelar jamás los secretos que me sean comunicados en este templo, y obedecer sin cuestionar a mis superiores».

El Venerable hará que le revistan con el hábito talar ciñéndolo con la banda blanca y le dará dos pares de guantes, uno de hombre y otro de mujer; durante este tiempo se pronunciará un discurso adecuado para cada una de estas cosas y luego le instruirá sobre los signos y las

---

[119] Aquí podemos apreciar la primera crítica de este ritual de *Masonería Egipcia* a la masonería simbólica y, en concreto, al Rito Francés. Está enmarcada en el contexto histórico y en la progresiva secularización de la masonería y su papel político. Debe entenderse conocimiento filosófico como conocimiento de filosofía natural y alquimia que darían las claves para introducirse en el «santuario de la naturaleza». En este sentido se alinea con las propuestas de Dermott, Martinès de Pasqually o Willermoz.

[120] Este punto es muy importante porque revela la naturaleza de este rito. Está construido sobre la idea de los *antients* (antiguos) de que la masonería como *craft* (oficio) o el Arte se hace para la gloria de Dios y, en ningún caso, es un divertimento. Dermott en *Ahiman Rezon* escribe al respecto: «Un masón está obligado por su ocupación a creer firmemente en el verdadero culto a Dios (…); así que nadie que comprenda el Arte, puede eventualmente pisar los irreligiosos caminos del infeliz libertino». Cf. Dermott, 2018, p. 81. Heredando estas concepciones comunes a los *Élus Coëns* o a la Estricta Observancia, el texto de Cagliostro rehúye la idea de una masonería deística o atea.

passe contenus dans le catéchisme de ce grade. Il le fera mettre à genoux de nouveau. En lui frappant sur l'épaule droite trois coups de son glaive, il dira :

« Par le pouvoir que je tiens du G.C. fondateur de notre Ordre, et par la grâce de Dieu, je vous confère le grade d'apprenti de la véritable maçonnerie égyptienne, et vous constitue gardien des connaissances philosophiques auxquelles je vais vous faire participer ».

Le Vénérable ordonnera alors à l'inspecteur de conduire le nouveau frère à la place qui lui sera destinée ; il fera signe à tous les assistants de s'asseoir et donnera à l'orateur le catéchisme et il le chargera d'en faire la lecture. Aussitôt qu'elle sera achevée, il se fera rendre ce catéchisme, qui ne doit jamais sortir de ses mains ou être perdu de vue.

Le Vénérable se lèvera de son trône et, ainsi que tous les frères, il se prosternera en face du nom sacré de la Divinité pour la remercier. Il fermera ensuite la loge.

[7] CATHECHISME D'APPRENTI DE LA LOGE ÉGIPTIENNE

D : Êtes-vous maçon égyptien ?

R : Oui je le suis, avec force et sans partage.
D : De quel lieu venez-vous ?
R : Du fond de l'Orient.

contraseñas contenidos en el catecismo de este grado. Le hará arrodillarse de nuevo. Dándole tres golpes en el hombro derecho tres golpes con su espada, le dirá:

«Por el poder que ostento del G.C. fundador de nuestra Orden, y por la gracia de Dios, yo os confiero el rango de aprendiz de la verdadera masonería egipcia, y os constituyo guardián de los conocimientos filosóficos de los que os voy a hacer partícipe».

A continuación, el Venerable ordenará al inspector que conduzca al nuevo hermano al lugar destinado para él, hará una señal a todos los presentes para que se sienten y dará al orador el catecismo y le encargará que lo lea. Tan pronto como termine, hará que le devuelvan este catecismo, que nunca debe salir de sus manos ni perderse de vista.[121]

El Venerable se levantará de su trono y, junto a los hermanos, se prosternará ante el sagrado nombre de la Divinidad en acción de gracias. A continuación, cerrará la logia.

CATECISMO DE APRENDIZ DE LA LOGIA EGIPCIA

P: ¿Sois vos masón egipcio?

R: Sí, lo soy, con firmeza y sin vacilación alguna.
P: ¿De qué lugar venís vos?
R: De las profundidades del Oriente.[122]

---

[121] El catecismo, que se presenta a continuación, es la herramienta clave de la instrucción como en todas las corrientes masónicas. Se trata de un juego de preguntas. El rito de *Masonería Egipcia* es una experiencia viva y performática de logia. Por eso, se concibe como una ceremonia oral y el libro donde se halla el catecismo, como una revelación, solo se puede leer en espacio sagrado. En este rito la ceremonia es menos importante que la aplicación y lectura del catecismo, donde se le «descubre la realidad» al neófito. El orador tiene el *logos* escrito como guardián de la ley y el derecho de evocar lo que Cagliostro ha otorgado a la logia.
[122] El aprendiz egipcio proviene de lo profundo del Oriente porque ya es maestro masón y proviene de este lugar y profundiza más en él a través de este rito. Es una contrarrespuesta al cate-

D : Qu'est-ce que vous y avez observé ?

P: ¿Qué es lo que habéis observado allí?

R : La très grande puissance de notre fondateur.

R: El muy excepcional poder de nuestro fundador.

D : Que vous a-t-il enseigné ?

P: ¿Qué es lo que él os enseñó?

R : La connaissance de Dieu et de moi-même.

R: El conocimiento de Dios y de mí mismo.[123]

D : Que vous a-t-il recommandé avant votre départ ?

P: ¿Qué os recomendó antes de vuestra partida?

R : De prendre deux routes, la philosophie naturelle et la philosophie surnaturelle.

R: Tomar dos caminos, la filosofía natural y la filosofía sobrenatural.

D : Que signifie la philosophie naturelle ?

P: ¿Qué significa filosofía natural?

R : Le mariage du soleil et la lune et la connaissance des sept métaux.

R: Las nupcias del sol y de la luna y el conocimiento de los siete metales.[124]

---

cismo de los ritos escoceses como el de la Logia Madre Escocesa de Avignon (1774). Cf. *Rituales Franceses*, 2016, p. 224. Véase, igualmente en la introducción a este ritual, el significado que para Cagliostro tenía Oriente.

[123] Aquí Cagliostro conecta con la idea de muchos grupos de la época de que el conocimiento lo recibía de Dios. Se trata de un conocimiento epistemológica supra-racional. Quizás la referencia más importante en este sentido sea Martinès de Pasqually y su relación con *la Chose* (la Cosa). Véase, por ejemplo, la carta número 18 que Pasqually envía a Willermoz a propósito de *la Chose*. Cf. Clelland, 2002, p. 121-125. La segunda parte de la frase hace alusión al lema escrito en el *pronaos* oráculo de Delfos: «conócete a ti mismo» (γνωθι σεαυτόν) y que es uno de los objetivos de los caminos iniciáticos.

[124] Esta pregunta y respuesta sitúa a la alquimia como la base de la filosofía natural, la cual Tschoudy remarca en el Catecismo del grado de *Adepto* o Aprendiz Filósofo Sublime y Desconocido, que es el primer objeto de estudio del filósofo. Cf. Tschoudy, *La Estrella Flameante*, p. 314. Los siete metales en la tradición alquímica —siguiendo la tradición recogida por Proclo en el comentario al *Timeo* platónico— son el oro, la plata, el mercurio, el cobre, hierro, estaño y plomo. Engendrados en las entrañas de la tierra tendrían su correlato en el cielo con las esferas celestes: el sol, la luna, mercurio, venus, marte, júpiter y saturno respectivamente. Los primeros representan la estructura de la realidad en la tierra y los segundos en el cielo. La alquimia, por su parte, se presenta como la ciencia de las leyes de la transmutación y la reintegración juega un rol muy importante pues estudio la realidad tanto en el macrocosmos como en el microcosmos. En la respuesta se cita las alegóricas *nupcias alquímicas* (*Chymical Wedding, Noces Chymiques, Chymische Hochzeit*) o matrimonio entre opuestos (masculino y femenino; activo y pasivo; sol y luna; mercurio y azufre; dia y noche) que genera el segundo grado de la *coincidentia oppositorum* (coincidencia de opuestos). Cf. Jung, OC, 14/2, §337. El tercer grado se trataría del *mysterium coniunctionis* (misterio de la conjunción/conjunción de los opuestos) o el *Opus Magnum* (Gran Obra) que habitualmente se representa como el «nuevo Adán» o Materia Prima, es decir, una consecución de una materia increada madre de todos los elementos capaz de dar los secretos de la naturaleza y hacer al ser humano perfecto. Cf. Jung, OC, 12, § 425-433.

D : Vous a-t-il indiqué une route sûre pour parvenir à cette philosophie ?

R : Après m'avoir fait connaître le pouvoir des sept métaux, il m'a ajouté : *Qui agnoscit mortem, cognoscit artem.*

D : Puis-je espérer d'être assez heureux pour pouvoir acquérir toutes les lumières que vous possédez ?

R: Oui, mais il faut avoir un cœur droit, juste et bienfaisant : il faut renoncer à **[8]** tout motif de vanité et de curiosité, écraser le vice et confondre l'incrédulité.

D : Ces vertus suffisent-elles pour parvenir à ces sublimes connaissances ?

R : Non, il faut de plus être aimé en particulier et protégé de Dieu ; il faut être soumis et respectueux envers son souverain ; il faut chère son prochaine renier, au moins trois heures par jour pour méditer.

D : Comment doivent être employées ces trois heures ?

R : A se pénétrer de la grandeur, de la sagesse et de la toute-puissance de la divinité : à nous rapprocher d'elle par notre ferveur et à réunir si intimement notre physique à notre moral que nous puissions parvenir à la possession de cette philosophie naturelle et surnatu-

P: ¿Se os ha indicado un camino seguro para alcanzar esta filosofía?

R: Después de haberme dado a conocer el poder de los siete metales, él añadió: *Qui agnoscit mortem, cognoscit artem.*[125]

P: ¿Acaso puedo esperar ser lo suficientemente dichoso para adquirir todas las luces que vos poseéis?

R: Sí, mas debéis tener un corazón recto, justo y bienhechor: debéis renunciar a toda vanidad y curiosidad, someter el vicio y confundir a la incredulidad.

P: ¿Son estas virtudes suficientes para alcanzar estos sublimes conocimientos?

R: No, os será necesario, particularmente, ser amado y protegido por Dios; os será necesario ser sumiso y respetuoso hacia el soberano; os será necesario la siguiente abnegación y al menos tres horas al día meditar.

P: ¿Cómo deben ser empleadas estas tres horas?

R: Penetrando en la grandeza, en la sabiduría y en la omnipotencia de la divinidad. A ella hemos de aproximarnos por nuestro fervor, uniendo tan íntimamente nuestro físico con nuestra moral[126], llegando así a la posesión de esta filosofía

---

[125] La frase latina «*Qui agnoscit mortem, cognoscit artem*» significa «*quien conoce la muerte, conoce el arte*» y se refiere al propio proceso iniciático y alquímico. El neófito debe morir, como en la masonería simbólica, para conocer en sí mismo el *ars*. El conocimiento se obtiene tras una fase de *nigredo* o putrefacción, *albedo* o introspección y, por último, *rubedo* o manifestación. Tras esto emerge el *Opus Magnum* (véase la nota anterior). El valor de este *ars* aquí es el de una ciencia trascedente que junto a la filosofía natural puede darle al adepto el conocimiento de la auténtica realidad. La muerte es el sacrificio necesario para destruir los prejuicios y el ego y la resurrección la recompensa.

[126] A lo largo del texto, la palabra "moral" tiene un significado que remite al espíritu y no al carácter religioso o social. Literalmente se percibe como una costumbre (*mores*) espiritual.

relle. Mais avant que de continuer notre entretien, j'exige que vous me donniez une preuve et un signe qui servent a me faire connaître si vous êtes réellement un des enfants du grand fondateur de notre sublime loge. J'y consens, mais je ne vous donnerai jamais mon signe que première- ment vous ne m'ayez donné le vôtre.

(Donner le signe)

R : C'est de courber le corps, d'élever la tête, de bien ouvrir les yeux et, par une as- piration forte, prononcer le mot *Heloym*.

Pour répondre à ce signe, on reste avec la pointe du pied gauche à terre, et le pied droit retiré en arrière et élevé, ayant le corps courbé, la tête majes- tueuse et les deux bras étendus, le gauche **[9]** vers la terre et le droit élevé en jetant la main droite devant soi, ayant les cinq doigts écartés et bien ou- verts. Tous les deux s'étant alors mu- tuellement reconnus, ils doivent réci- proquement s'embrasser au front et continuer le catéchisme.

D : Commencez je vous prie, mon frère, par me donner des instructions sur la philosophie naturelle ?

R : Volontiers, mais à condition que vous écarterez de votre esprit toute idée mon- daine et profane, que vous n'aurez au- cune foi à quelque auteur que ce soit ni vivant ni mort, et que vous serez per- suadé comme moi que tous les hommes

natural y sobrenatural.[127] Pero antes de continuar nuestra conversación, os exijo que me deis una prueba y un signo que me sirva para saber si vos sois realmente uno de los hijos del gran fundador de nuestra sublime logia. Consiento, pero ja- más os daré mi signo hasta que vos, pri- meramente, me hayáis dado el vuestro.

(Hace el signo)

R: Doblad el cuerpo, levantad la cabeza, abrid bien los ojos y, con una fuerte as- piración, pronunciad *Heloym*.[128]

Para responder a este signo, se perma- nece con la punta del pie izquierdo en el suelo, y el pie derecho retirado hacia atrás y levantado, teniendo el cuerpo in- clinado, la cabeza majestuosa y los dos brazos extendidos, el izquierdo hacia la tierra y el derecho levantado, lanzando la mano derecha delante de sí, teniendo los cinco dedos extendidos y bien abier- tos. Habiéndose reconocido entonces ambos, deben besarse en la frente[129] y continuar el catecismo.

P: Comenzad, os lo ruego, hermano mío, ¿podéis instruirme sobre la filosofía na- tural?

R: Con mucho gusto, mas con la condi- ción de que apartéis de vuestra mente toda idea mundana y profana, para que vos no volváis a tener fe en ningún au- tor, ni vivo ni muerto, y que estéis con- vencido, como yo, de que todos los hom-

---

[127] Queda claro que ambos conocimientos no se obtienen por la razón, sino por el corazón y el espíritu en una proximidad con lo divino.

[128] La palabra *Heloym* es una adaptación francesa o error de transcripción, bastante común en los textos esotéricos franceses del siglo XVIII, del término hebreo *Elohim* (אֱלֹהִים).

[129] Al final de la iniciación el nuevo aprendiz es saludo por los maestros con un beso fraterno en la frente. Cf. *Ritual RER-GLE 1*, p. 92. Lo mismo ocurre en el pase a 2º del RER, una vez terminada la ceremonia el Maestro de Ceremonias lo presenta y los miembros del taller lo reconocen con un beso en la frente. Cf. *Ritual RER-GLE 2*, pp. 50-52.

qui nient la divinité et l'immortalité de l'âme, sont à nos yeux non seulement des profanes, mais des scélérats.

D : Ayant toujours entendu parler de la pierre philosophale, je désire vivement savoir si son existence est réelle ou imaginaire.

R : Vous ne m'avez donc pas compris lorsque je vous ai parlé du mariage du soleil et de la lune ?

D : J'avoue que non et que, mon esprit n'étant point assez éclairé pour connaitre par mes seules réflexions ce que signifie ce mariage, j'ai besoin de votre secours et de vos lumières.

R : Écoutez-moi avec attention et tâchez de me comprendre.

Par les connaissances que m'a données le fondateur de notre ordre, je sais que la première matière a été créé par Dieu, avant **[10]** que de créer l'homme, et qu'il n'a créé l'homme que pour être immortel, mais l'homme ayant abusé des bontés de la divinité, elle s'est déterminée à ne plus accorder ce don qu'à un fort petit nombre : *pauci sunt electi*. En effet, par la connaissance publique que nous avons, Moise, Énoch, Elie, David, Salomon, le roi de Tyr, et différents autres

bres que niegan la divinidad y la inmortalidad del alma son, a nuestros ojos, no solo profanos, sino infames.[130]

P: Habiendo siempre oído hablar de la piedra filosofal, deseo vivamente saber si su existencia es realidad o una fantasía.

R: ¿Acaso no me habéis comprendido cuando de las nupcias del sol y la luna os he hablado?

P: Confieso que no, y que, como mi mente no está suficientemente iluminada para saber por mis propias reflexiones lo que significa esas nupcias, necesito vuestro auxilio y vuestras luces.

R: Escuchad atentamente e intentad comprenderme.

Por los conocimientos que me ha dado el fundador de nuestra orden, sé que la materia prima fue creada por Dios antes de crear al hombre, y que creó al hombre solo para que fuera inmortal, pero habiendo abusado el hombre de las bondades de la divinidad, determinó conceder este don solo a muy pocos[131]: *pauci sunt electi*.[132] En efecto, por el conocimiento público que tenemos, Moisés, Enoc, Elías, David, Salomón, el rey de Tiro, y varios otros grandes hombres, todos los

---

[130] Las prescripciones de la filosofía natural exigen de una purificación intelectual y espiritual plena. De hecho, lo primero que se desaconseja es apartarse de las ideas profanas y no volver a creer en los autores que hablan teóricamente sobre estos temas. Y siguiendo la tradición de los antiguos *landmarks* masónicos considerar infames a los ateos y a los materialistas. Veáse Cf. Dermott, 2018, p. 81; 91.

[131] Aquí aparece la doctrina de la prevaricación, caída y la reintegración, tan común de las tradiciones abrahámicas en sus versiones esotéricas. De hecho, este fragmento ofrece la idea de una cadena de profetas —similar a la que ofrece Ibn 'Arabi en *Fusus al-Hikam* (Los Engarces de la Sabiduría)— que habrían tenido esa primera experiencia iniciática y transmitírsela esotéricamente a la humanidad. Véase al respecto lo que dice Martinès de Pasqually en la §32 del *Tratado de la Reintegración de los Seres* referida a los hombres excepcionales.

[132] «*Pauci sunt electi*» significa en latín «*pocos son los elegidos*».

grands, tous chéris de la Divinité, sont parvenus à connaitre et jouir de la première matière, ainsi que de la philosophie surnaturelle.

D : Mais, faites-moi connaitre plus particulièrement, je vous en supplie, ce que peut être cette première et si précieuse matière, et quels sont ses effets ?

R : Sachez que cette première matière existe toujours dans les mains des élus de Dieu et que, pour parvenir à l'obtenir, il n'est pas nécessaire d'être grand, riche ou puissant ; mais, comme je vous l'ai déjà dit, qu'il faut encore absolument être aimé et protégé de Dieu; vous assurant de plus sur tout ce qu'il y a de plus sacré, qu'au moyen des lumières que m'a communiquées mon maitre, je puis vous affirmer évidemment que d'un grain de cette précieuse matière se fait une projection à l'infini. Ouvrez les yeux et les oreilles. Sept sont les passages pour perfectionner la matière. Sept sont les couleurs. Sept sont les effets qui doivent compléter les opérations philosophiques.

1° *Ad sanitatem et ad hominis (ou omnes) morbos.*

2° *Ad metallorum.*

3° A rajeunir, à réparer les forces perdues et augmenter la chaleur et l'humidité radicale.

cuales fueron apreciados por la Divinidad, llegaron a conocer y disfrutar de la materia prima, así como de la filosofía sobrenatural.

P: Mas os ruego que me hagáis saber más, particularmente, ¿qué puede ser esa primera y preciosísima materia, y cuáles son sus efectos?

R: Sabed que esta materia prima existe siempre en manos de los elegidos de Dios, y que, para obtenerla, no es necesario ser grande, rico o poderoso; sino, como ya os he dicho, tan solo es necesario ser amado y protegido por Dios; asegurándoos, además, de todo lo más sagrado, que, por medio de las luces que me ha comunicado mi Maestro, os puedo afirmar, evidentemente, que un grano de esta preciada materia se convierte en una proyección hacia el infinito.[133] Abrid los ojos y los oídos. Siete son los pasajes para perfeccionar la materia. Siete son los colores. Siete son los efectos que deben ser completados en las operaciones filosóficas.[134]

1.° *Ad sanitatem et ad hominis (ou omnes) morbos.*[135]

2.° *Ad metallorum.*[136]

3.° Rejuvenecer, reparar las fuerzas perdidas y aumentar el calor y la humedad radical.

---

[133] En este punto del catecismo no se explicita la materia prima, sin embargo, se nos da información interesante. Esta solo se les otorga a los elegidos de Dios y que no depende de la cantidad ni de las medidas mundanas, sino de su poder simbólico. Además, nos dice Cagliostro «que de un grano supone una proyección al infinito» (*que d'un grain de cette précieuse matière se fait une projection à l'infini*) explicando que esa piedra filosofal rompería la obediencia a las leyes de lo físico y llevaría al sujeto a gozar de una dimensión cuasi-divina.

[134] De nuevo se presenta en un septenario los efectos que produce la *materia prima*.

[135] En latín quiere decir «Concerniente a la salud y a las enfermedades del hombre (o cualquier otra).

[136] En latín se refiere «Concerniente a los metales». Haven clarifica que se refiere a la «virtud de los metales». Cf. Haven, 1947, p. 32.

4° A ramollir et liquéfier la partie solide.

[11] 5° A congeler et durcir la partie liquide.

6° A rendre le possible impossible et l'impossible possible.

7° A se procurer tous les moyens de faire le bien, mais en prenant pour le faire les plus grandes précautions, afin de ne travailler, parler, agir ni rien faire sur ce sujet, que de la manière la plus réservé et la plus occulte.

D : La confiance que vous m'inspirez no saurait me permettre le doute le plus léger sur la vérité de toutes vos opinions ; cependant, trouver bon que je vous fasse cettes observations. Votre langage est si différent de celui de tous les auteurs qui ont écrit sur la pierre philosophale que je suis dans lo plus grand embarras pour concilier vos discours avec les leurs. Je n'ai point oublié les recommandations que vous m'avez faites de n'avoir aucune croyance dans les auteurs mais il me semble que je puis faire une exception en faveur de ceux qui jouissent de la première réputation et qui ont toujours été considérés par les modernes les plus éclairés et les plus instruits comme de vrais philosophes tels qu'Hermès Trismégiste, Basile [12] Valentin, le Trévisan, Arnaud de Villeneuve, Raymond Lulle, le Cosmopolite, Philalete, etc.

4.° Para ablandar y licuar la parte sólida.

5.° Para congelar y endurecer lo líquido.[137]

6.° Para hacer lo posible imposible y lo imposible posible.[138]

7.° Ha de procurarse por todos los medios hacer el bien, pero tomando las mayores precauciones para ello, a fin de obrar, hablar, actuar o hacer cualquier cosa sobre este tema, solo de la manera más reservada y la más oculta.[139]

P: La confianza que vos me inspiráis no me permite tener la menor duda sobre la veracidad de todas vuestras opiniones; sin embargo, creo que es bueno hacer estas observaciones. Vuestro lenguaje es tan diferente del de todos los autores que han escrito sobre la Piedra Filosofal, que me encuentro en la mayor dificultad para conciliar vuestras palabras con las suyas. Mas yo no he olvidado las recomendaciones que me hicisteis vos de no creer en ninguno los autores, pero me parece que puedo hacer una excepción en favor de aquellos que gozan de una gran reputación y han sido siempre considerados por los modernos[140] más esclarecidos y doctos como verdaderos filósofos, tales como Hermes Trismegisto, Basilio Valentín, el Trevisano, Arnau de Villanova, Ramon Llull, el Cosmopolita, Filaleteos, etc.[141]

---

[137] Los tres últimos refieren a los procesos del *Opus Magnum* ya citados: *nigredo*, *albedo* y *rubedo*.

[138] La materia prima actúa como elemento que rompe las leyes lógicas y el principio de no contradicción.

[139] El sentimiento moral debe ser espiritual y el símbolo debe primar. Todo lo físico/material tiene un correlato espiritual, pero este debe ser siempre en secreto guardando la razón última de la acción.

[140] La crítica a la modernidad global es muy fuerte. Cagliostro siempre se considerará un heredero y un guardián de la antigüedad. Es la legitimidad que exhibe para presentar su rito. Estaría en la línea de la masonería espiritual de la época y posiblemente conoció en Londres la querella, contemporánea a su estancia, entre los masones antiguos (*antients*) y los modernos.

[141] Todas estas referencias son clásicas en los tratados de alquimia y son inmediatamente refuta-

R: Vous n'êtes, ni assez instruit des principes de notre maître, ni assez ancien dans notre école pour que vos incertitudes puissent me surprendre; mais quelques réflexions suffiront pour vous désabuser et fixer pour toujours vos sentiments sur ce sujet, il n'y a jamais eu, ni il n'y aura jamais aucun homme qui jouira et possédera cette précieuse matière, que ceux qui auront été admis et inities dans notre société; et comme la première, la plus importante et la plus sévère de nos obligations, ainsi que vous devez le savoir, consiste dans l'engagement sacré de ne jamais rien écrire ni divulguer sur nos mystères, vous devez par la être convaincu que tous les auteurs que vous m'avez cités n' étaient point des vrais philosophes, ou qu'ils étaient tous le livres soit manuscrits, soit imprimés qui leur sont attribués sont entièrement faux, apocryphes, et qu'ils ne sont que le fruit de la cupidité de ceux qui les ont inventes et l'aliment de la crédulité de ceux qui y ajoutent foi. D'ailleurs, répétez avec la plus grande exactitude toutes les opérations qu'enseignent ces livres et voyez si jamais aucune vous réussira.

Bornez-vous donc comme moi à avoir pitié et à plaindre les gens simples et prévenus qui [13] croient et travaillent d'après ces auteurs, car ils finiront positivement tous par perdre leur crédit et leur fortune, par ruiner leur santé et peut-être malheureusement encore par devenir fous.

R: No lo sois vos, pues ni estáis suficientemente instruido en los principios de nuestro maestro, ni tampoco sois lo bastante antiguo en nuestra escuela para que vuestras incertidumbres me sorprendan, mas algunas reflexiones bastarán para desengañaros y fijar para siempre vuestros sentimientos sobre este tema. Nunca ha habido, ni habrá hombre que goce y posea esta preciosa materia, más que aquellos que habrán sido admitidos e iniciados en nuestra sociedad. Y como la primera, la más importante y la más estricta de nuestras obligaciones, como ya debéis saber, consiste en el sagrado compromiso de no escribir ni divulgar jamás nada sobre nuestros misterios, debéis estar convencido de que todos los autores que me habéis citado no eran verdaderos filósofos. Todos los libros que se les atribuyen, manuscritos o impresos, son enteramente falsos y apócrifos, pues tan solo son fruto de la avaricia de quienes los inventaron y de la credulidad de quienes los creen. Además, repetid con la mayor exactitud todas las operaciones enseñadas en estos libros y comprobad si alguna de ellas tiene éxito.

Por tanto, como yo, tened piedad y lamentaos por las gentes simples y evitad que crean y operen según estos autores, porque todos ellos acabarán por perder el crédito y su fortuna, arruinarán su salud y puede que, por desgracia, se vuelvan locos.[142]

---

das en el párrafo siguiente. Curiosamente la opinión de Cagliostro, que se arroga la legitimidad de su iniciación, coincide con las acusaciones de apócrifas de la mayoría de la obra alquímica atribuidas a estos autores. El argumento que esgrime Cagliostro es que un verdadero iniciado no puede escribir ni divulgar este procedimiento, sino es en la ejecución del ritual y con la intención precisa. Véase Tschoudy, *La Estrella Flameante*, pp. 91-102.

[142] Advierte Jung que es el riesgo de operar con Mercurio o con espíritus de esta naturaleza arquetípica que suponen un «verdadero embaucador de alquimistas a la desesperación» debido a que acaban por poseer a aquel que no es capaz de saber contrarrestarlo. Cf. Jung, OC, 13, § 250-251. En ese sentido la teúrgia y la rectitud moral que se presenta a lo largo de todo el texto actúa como protección ante el peligro que ello supone.

D : Pour parvenir à la possession des secrets de cette philosophie, il faut donc nécessairement avoir recours à un vrai philosophe ?

R : Oui, mais vous n'obtiendrez jamais le secours de cet homme qu'autant que la Divinité l'inspirera en votre faveur.

D : Quels moyens faut-il employer pour obtenir cette grâce de Dieu ?

R : L'adorer, respecter son souverain, et surtout se consacrer au bonheur et au soulagement de son prochain, la charité étant le premier devoir d'un philosophe et l'œuvre la plus agréable à l'Éternel ; à cette conduite il faut joindre des prières ferventes pour mériter de Sa bonté qu'il incite un de ses élus à vous dévoiler les arcanes de la nature.

D : Qu'entendez-vous par les arcanes de la nature ?

R : La connaissance de cette belle philosophie naturelle et surnaturelle dont je vous ai entretenu ci-devant, et dont vous trouverez les principes renfermés dans les emblèmes que présente l'ordre de la maçonnerie et le tableau que l'on met sous vos yeux dans toutes les loges.

D : Est-il possible que la maçonnerie ordinaire puisse fournir une idée de ces sublimes mystères, tandis qu'il y a trente-trois ans que je suis maçon, que

P: ¿Para entrar en posesión de los secretos de esta filosofía, entonces, debe necesariamente recurrir a un verdadero filósofo?

R: Sí, pero jamás obtendréis la ayuda de este hombre sino en la medida en que la Divinidad le inspire a vuestro favor.[143]

P: ¿Qué medios deben emplearse para obtener esta gracia de Dios?

R: Adorarle, respetad al soberano, y sobre todo dedicaos a la felicidad y al socorro de vuestro prójimo, siendo la caridad el primer deber de un filósofo y la obra más agradable al Eterno[144]; a esta conducta debéis añadir fervientes oraciones para merecer de su bondad que incite a uno de sus elegidos a desvelaros los arcanos de la naturaleza.

P: ¿Qué queréis decir con los arcanos de la naturaleza?

R: El conocimiento de esa bella filosofía natural y sobrenatural de la que ya os hablé antes, y cuyos principios encontraréis contenidos en los emblemas presentados en la orden masónica y en el cuadro que se dispone ante vuestros ojos en todas las logias.

P: ¿Acaso es posible que la masonería ordinaria pueda dar una idea de estos sublimes misterios, pues hace treinta y tres años que soy masón, que recorrí todos

---

[143] Aquí aparece el concepto de divina providencia o divina inspiración, tan importante en estos movimientos como, por ejemplo, en Louis Claude de Saint-Martin y en Joseph de Maistre, especialmente en *Las veladas de San Petersburgo* (1821). El iluminismo entiende que la acción no depende totalmente de la voluntad del sujeto sino de la guía y el plan divino. Esta divina providencia se acentúa —como se explica en la respuesta siguiente— en una vida moralmente virtuosa y, sobre todo, feliz. En ese estado se abre la gnosis para la persona.

[144] Esto es así en la Estricta Observancia Templaria y la regla del Régimen Escocés Rectificado. Cf. *Ritual RER-GLE 1*, pp. 124-125

[14] j'en ai parcouru tous les grades, et que pendant ce long espace de temps, je n'ai pas même soupçonné ce que vous me faites la grâce de me dire. Je n'ai jamais considéré cette maçonnerie que comme une société de gens qui ne se rassemblaient que pour s'amuser et qui pour être plus unis avaient adopté des signes et un langage particuliers. Daignez, par vos interprétations lumineuses, m'y faire découvrir ce but solide et vrai que vous m'annoncez.

R : Dieu m'inspire, et je vais soulever un des coins du voile qui vous cachait la vérité ; je commencerai par vous instruire de l'origine de la maçonnerie, je vous donnerai l'explication philosophique du tableau maçonnique et je finirai par vous faire connaître toute l'étendue du but sublime et victorieux de la véritable maçonnerie.

D : Votre bonté augmentant ma reconnaissance et vos lumières, mon respect permettra que dorénavant, vous rendant plus justice, je substitue le nom de Maître à celui de frère. Je vous supplie donc, mon cher Maître, de suivre votre division et de commencer par m'instruire de l'origine de la véritable maçonnerie.

los grados[145], y que, durante este largo espacio de tiempo, ni siquiera sospeché lo que habéis tenido en gracia decirme? Yo nunca he considerado la masonería más que como una sociedad de personas que se reunían solo para divertirse y que, para estar más unidos, habían adoptado signos y un lenguaje particular. Hacedme digno, con vuestras luminosas interpretaciones, para descubrir esta meta sólida y verdadera que vos me anunciáis.

R: Dios me inspire, y os voy a levantar una de las esquinas del velo que os ocultaba la verdad. Comenzaré por instruiros en el origen de la masonería, os daré la explicación filosófica del cuadro masónico y terminaré por haceros conocer en toda su extensión la meta sublime y victoriosa de la verdadera masonería.[146]

P: Vuestra bondad y vuestras luces mi gratitud aumentan, mi respeto permitirá que, en adelante, haciéndoos justicia, sustituya el nombre de Maestro por el de hermano. Os ruego, pues, mi querido Maestro, que sigáis vuestra división y comencéis por instruirme en el origen de la verdadera masonería.

---

[145] La pregunta es, de nuevo, una crítica a la masonería simbólica por no ahondar en los aspectos profundos de la filosofía natural y contentarse con un conocimiento más social. Sin embargo, se muestran detalles muy interesantes como el presentar su edad simbólica de 33 años, tal y como ocurre en el grado de Gran Príncipe Rosacruz del Rito Francés y Caballero Rosacruz del REAA Cf. *Rituales Altos Grados REAA*, p. 248. En el Ms. 6871 también aparece la referencia a los 33 años en el f° 39 y en el f° 40. En el otro manuscrito de referencia, el de la Gran Logia de Escocia, no aparece en el catecismo esta referencia a los 33 años, sino a la edad profana de 50 años: «puisqu'il y a 50 ans que je suis franc-Maçon, que j'en ai parcouru tous les grades et que pendant ce long espace de temps, je n'ai pas même soupçonné ce que vous me faites la grâce de me dire» [pues llevo cincuenta años de francmasón en los que he recorrido todos los grados y durante este espacio tiempo, ni siquiera sospechaba lo que vos tenéis la gracia de decirme].

[146] Cagliostro clarifica en este párrafo que la masonería simbólica es tan solo un paso inferior para encontrar el auténtico sentido de la masonería, algo similar a lo que hacían Martinès de Pasqually o Adam Weisshaupt. Las logias serían los espacios donde seleccionar y cooptar a los integrantes de las logias filosóficas.

R : La maçonnerie a pour pères Énoch et Elie ; après avoir été revêtus du pouvoir suprême qui leur fut accordé par la divinité ils implorèrent **[15]** Sa bonté et Sa miséricorde en faveur de leur prochain, afin qu'il leur fût permis de faire connaître à d'autres mortels Sa grandeur et le pouvoir qu'elle a accordé à l'homme sur tous les êtres qui environnent Son trône. Ayant obtenu cette permission, ils formèrent douze sujets qu'ils appelèrent élus de Dieu. L'un desquels, connu de vous, se nommait Salomon. Ce roi philosophe chercha à les imiter et à marcher sur les pas de ses deux maîtres, en formant une suite d'hommes propres à conserver et à propager les connaissances sublimes qu'il avait acquises. Il y parvint en se consultant avec les autres élus et convenant de choisir chacun deux sujets dont il ferait 24 compagnons. Le premier desquels fut Boaz. Ces 24 compagnons eurent ensuite la liberté d'en élire chacun 3 ce qui fit 2 chefs suprêmes, 12 maîtres ou élus de Dieu, 24 compagnons et 72 apprentis ; de ces derniers sont descendus les Templiers, et de l'un des Templiers réfugiés en Ecosse, les francs-maçons, qui furent par la suite au nombre de 13, ensuite de 33, etc. Telle est l'origine et l'affiliation de la maçonnerie.

R: La masonería tiene por padres a Enoc y Elías; habiendo sido dotados del supremo poder que les concedió la divinidad, imploraron Su bondad y misericordia en favor de sus semejantes, para que se les permitiera dar a conocer a los demás mortales su grandeza y el poder que ha concedido al hombre sobre todos los seres que rodean su trono. Obtenida este permiso, formaron doce sujetos a los que llamaron los elegidos de Dios. Uno de ellos, conocido por vosotros, se llamaba Salomón. Este rey filósofo trató de imitarlos y de seguir los pasos de sus dos maestros, formando un séquito de hombres capaces de preservar y propagar los sublimes conocimientos que había adquirido. Para ello, consultó a los otros elegidos y acordó elegir a dos súbditos cada uno para que fueran 24 compañeros. El primero de ellos fue Boaz. Estos 24 compañeros fueron entonces libres de elegir tres cada uno 3 lo que hacía 2 responsables supremos, 12 maestros o elegidos de Dios, 24 compañeros y 72 aprendices[147]; de estos últimos descendieron los Templarios, y de uno de los Templarios que se refugió en Escocia, los Francmasones, que más tarde fueron 13, luego 33, etc. Tal es el origen y la filiación de la masonería.[148]

---

[147] Esta jerarquía numérica tiene un origen bíblico. Los doce maestros corresponden con los doce apóstoles o elegidos por Jesús. Los veinticuatro compañeros corresponden con los 24 ancianos de Apocalipsis: «Y alrededor del trono había veinticuatro tronos, y vi sentados en los tronos a veinticuatro ancianos, vestidos de ropas blancas, con coronas de oro en sus cabezas» Cf. *Apocalipsis*, 4: 4. Por último, los setenta y dos aprendices pueden hacer referencia bien a los setenta y dos emisarios que aparecen en *Lucas,* 10: 1-24 o a los setenta y dos sacerdotes que componían el Sanedrín.

[148] Es curiosa la reinterpretación del mito masónico en esta clave. La aparición de Enoc y Elías le aportan el rol revelado e iniciático en tanto ambos personajes hicieron un «viaje celeste», rompiendo las leyes del tiempo y el espacio. El resto de la narración es confusa, pero se aprecia a un patrón emanatista como si fuera un esquema neoplatónico y además responde a la estructura administrativa que Cagliostro dispone en su rito. La introducción del mito templario en la *Masonería Egipcia* se debe, muy probablemente, a los discursos del Caballero Ramsey y las doctrinas de la Estricta Observancia Templaria en las que se inició Cagliostro. Como la mayoría de la masonería esotérica de su época, *Masonería Egipcia* acaba tomando partido por un modelo escocés

D : Ce rapport ne me laissant rien à désirer, passons, je vous supplie, à l'explication des cérémonies et du tableau maçonnique ? En entrant la première fois dans une loge, pourquoi me bande-t-on les yeux ?

R : Pour vous faire sentir que tout homme qui ne possède pas les hautes connaissances **[16]** dont je vous instruis est un homme aveugle et borne, mais qu'en ayant pour maître un vrai maçon, il sortira des ténèbres et connaîtra la vérité.

D : Pourquoi me lie-t-on les mains ?

R : Pour vous faire connaître toute l'étendue de la soumission et de la subordination qu'il faut que vous ayez pour les ordres de votre maître.

D : Pourquoi me dépouille-t-on d'une partie de mes vêtements et de tous les métaux que je pouvais avoir ?

R : Pour vous apprendre que tout homme qui désire parvenir à être bon maçon ou véritable élu, doit renoncer à toutes sortes d'honneurs, de richesse et de gloire, et que pour obtenir cette faveur, il n'est pas nécessaire d'être grand, riche ni puissant.

D : A quoi servent les gants ?

R : A vous faire connaître que tout vrai maçon doit toujours avoir les mains pures, qu'il ne doit jamais les souiller de sang et surtout qu'il est sévèrement défendu de jamais toucher la première matière avec le mains.

P: Esta narración ha hecho que no cese mi deseo, ¿no pasaremos, os lo suplico, a la explicación de las ceremonias y del cuadro de logia masónica? Cuando entro por primera vez en una logia, ¿por qué me vendan los ojos?

R: Para haceros sentir que todo hombre que no posee los altos conocimientos de los cuales os instruyo, es un hombre ciego y limitado, pero que, teniendo por maestro a un verdadero masón, saldrá de las tinieblas y conocerá la verdad.[149]

P: ¿Por qué se me ataron las manos?

R: Para haceros conocer a vos en toda su profundidad la sumisión y subordinación que debes tener a las órdenes de vuestro maestro.

P: ¿Por se me despojó de una parte de mi ropa y de todos los metales que podría tener?

R: Para que vos aprendáis que todo hombre que desee llegar a ser un buen masón, o un verdadero Elegido, debe renunciar a toda clase de honores, riquezas y gloria, y que para obtener este favor no es necesario ser grande, rico o poderoso.

D: ¿Para qué sirven los guantes?

R: Para haceros saber que todo verdadero masón debe tener siempre las manos puras, que nunca debe mancharlas de sangre y, sobre todo, que está estrictamente prohibido tocar la materia prima con las manos.

---

y, especialmente, por el legado jacobita frente al orangista.
[149] Este es un símbolo universal masónico en todos los rituales disponibles de todos los ritos. El vendaje de los ojos y el posterior recibimiento de la luz forma parte de la vivencia de la metáfora de la ignorancia y posterior la iluminación.

D : Que signifie le tablier ?

R : A vous apprendre que c'est le premier vêtement dont se servit l'homme pour couvrir sa nudité lorsqu'il eut perdu son innocence.

[17] D : Venons actuellement, je vous prie, à l'explication du tableau ? Que signifie la truelle ?

R : Que tel a été le premier instrument qu'employa l'homme et qu'elle lui fut nécessaire pour pouvoir commencer à travailler avec succès tant sur la partie naturelle que surnaturelle.

D : A quoi sert le compas ?

R : A enseigner à tout bon maçon qu'il ne doit rien faire, ni entreprendre sans avoir le compas à la main.

D : Que signifie le plomb ?

R : Qu'avant que de communiquer à un profane la connaissance des arcanes de la nature, il faut avoir exactement mesure tous ses pas et toutes ses démarches.

D : Que veut dire la partie mosaïque ?

R : Que, pour éviter toute sorte de schisme et de désunion parmi les maçons, il faut entrainer leur cœur par un attachement, une confiance et un dévouement fraternel et sans bornes les uns pour les autres.

D : Que signifie le triangle ?

P: ¿Qué significa el mandil?

R: Es para enseñaros que es la primera prenda que el hombre usó para cubrir su desnudez cuando había perdido su inocencia.[150]

P: ¿Vayamos ahora, os lo ruego, a la explicación del cuadro de logia? ¿Qué significa el palustre?

R: Que fue el primer instrumento que utilizó el hombre y que le fue necesario para poder empezar a trabajar con éxito tanto en la parte natural como en la sobrenatural.

D: ¿Para qué sirve el compás?

R: Para enseñar a todo buen masón que nada debe hacer, ni emprender cosa alguna sin tener el compás en la mano.

P: ¿Qué significa la plomada?

R: Que antes de comunicar a un profano el conocimiento de los arcanos de la naturaleza, es necesario medir con exactitud todos sus pasos y etapas.[151]

P: ¿Qué significa el damero?

R: Que para evitar cualquier clase de cisma y desunión entre los masones es necesario entrenar sus corazones mediante una unión, una confianza y una devoción fraternal y sin límites los unos y los otros.

P: ¿Qué significa el triángulo?

---

[150] Cagliostro opta por la versión confesional para explicar el símbolo del mandil. En este punto olvida el rol operativo de la masonería simbólica para centrarse en el relato adámico semejante a otros grados superiores de la época.

[151] Estas herramientas, de sobra conocidas por cualquier maestro masón, se recuerdan al neófito en *Masonería Egipcia* con la intención de transmitirle por qué aún están presentes.

R : A vous enseigner que *Omne trinum est perfectum*.

R: Es para enseñaros a vos que *Omne trinum est perfectum*.[152]

D : A quoi servent les deux colonnes ?

P: ¿Qué función tienen las dos columnas?

[18] R : Ces deux colonnes appelées Jakin et Boaz ne sont point des colonnes, mais bien des hommes qui cherchaient dans notre philosophie. Salomon n'ayant pas trouvé dans le premier les qualités et dispositions requises dans un vrai maçon, il fut rejeté dans une classe inférieure ; mais au contraire Boaz ayant été assez hideux pour reconnaitre ce que signifiait l'acacia, avec l'agrément de Dieu et le secours de Salomon, il parvint non seulement à purifier la pierre brute de toutes ses impuretés, mais encore à la rendre cubique et enfin à la faire devenir triangulaire ou plus que parfaite.

R: Estas dos columnas llamadas Jakin y Boaz no son columnas, sino hombres que buscaban en nuestra filosofía. No habiendo encontrado Salomón en el primero las cualidades y disposiciones requeridas en un verdadero masón, fue arrojado a una clase inferior; pero por el contrario Boaz habiendo sido lo bastante horrendo para reconocer lo que significaba la acacia, con la aprobación de Dios y la ayuda de Salomón, consiguió no solo purificar la piedra bruta de todas sus impurezas, sino también hacerla cúbica, y por fin hacerla triangular o pluscuamperfecta.[153]

D : Je vous conjure de m'expliquer clairement ce que signifient toutes ces différentes pierres : Je sais bien que sur le tableau il y en a une brute, une cubique et une triangulaire ; mais tout cela étant énigmatique, je vous serai très obligé de m'en donner la clef.

P: Os ruego que me expliquéis claramente lo que significan todas estas piedras diferentes: sé bien que hay sobre el cuadro de logia una bruta, una cúbica y una triangular; pero siendo todo esto enigmático, os estaría muy agradecido de que vos me dierais la clave.

R : La voici : l'acacia est la première matière et la pierre brute, la partie mercurielle ; lorsque cette pierre brute, ou partie mercurielle a été purifiée de toutes ses impuretés, elle devient cubique. C'est alors qu'avec cette première matière, ou ce poignard à la main, il faut que vous assassiniez ce maître, cette pierre brute devenue cu-

R: Hela aquí: la acacia es la materia prima y la piedra bruta es la parte mercurial. Cuando esta piedra bruta, o parte mercurial, ha sido purificada de todas sus impurezas, se convierte en cúbica. Es entonces cuando con esta materia prima o este puñal en la mano debéis asesinar al maestro, así esta piedra bruta que se ha vuelto cú-

---

[152] «*Omne trinum est perfectum*» significa en latín «toda triada es perfecta». En alusión a la trinidad cristiana, pero, igualmente, a la triada neoplatónica y su relación con el Uno a lo largo de la *catena aurea* de la filosofía hermética. Véase Antón Pacheco, 2014.

[153] Cagliostro vuelve a reinventar el símbolo y el mito de las columnas *boaz* y *jakim*. Su explicación no parece convincente y hasta donde he podido investigar no he encontrado una historia similar en los otros ritos de la época.

bique ; ou ce père et cette mère de tous les métaux.

Cette opération accomplie, et ce cadavre étant enchaîné, il s'agit de le faire putréfier, en observant les sept passages philosophiques **[19]** qui sont l'allégorie des sept marches, placées devant la porte du temple : les cinq premiers qui sont les couleurs primitives, le sixième qui est la couleur noire, enfin le septième est celle de pourpre, de feu, ou de sang vif. C'est ainsi que vous parviendrez à la consommation du mariage du soleil et de la lune, et que vous obtiendrez la pierre triangulaire, ainsi que la progéniture parfaite. *Quantum sufficit, et quantum appetit.*

D : Mais, vous ne m'avez point parlé d'Adoniram lequel, suivant la maçonne-

bica. Son padre y madre de todos los metales.[154]

Una vez realizada esta operación, y estando encadenado este cadáver, ocurre la putrefacción, observando los siete pasajes filosóficos que son la alegoría de los siete escalones, colocados ante la puerta del templo: los cinco primeros que son los colores primarios, el sexto que es el color negro, finalmente el séptimo es el de la púrpura, del fuego o de la sangre viva. Así es como lograréis vos la consumación de las nupcias entre el sol y la luna y obtendréis la piedra triangular, sea esta progenie perfecta.[155] *Quantum sufficit, et quantum appetit.*[156]

P: Mas no me habéis hablado de Adoniram, que, según la masonería ordinaria,

---

[154] Una de las aportaciones más interesantes del rito de Cagliostro es la analogía simbólica entre la acacia y el mercurio. El elemento mercurial es el iniciador de todo proceso transmutador, pero, a la vez, sugiere así algo que Jung, por su parte, advierte: Mercurio es un δαίμων y hay que someterlo, como al genio en la botella, para que no conduzca a la locura a quien con él opera. Cf. Jung, OC, 13, § 250-251. La acacia es considerada un árbol funerario porque es capaz de habitar —en sentido ontológico— en un terreno baldío como lo hace el cadáver, y a la vez, puede hacer que en él, en su microcosmos, surja vida. Por eso, la acacia está habitualmente concebida en diferentes culturas como un símbolo de resurrección. Sin embargo, la acacia, como el mercurio, es tóxicas para el ser humano y remite a la locura o enfermedad derivada de la que habla Jung. Por otra parte, la acacia es el símbolo que denota la maestría masónica, su poseedor es aquel que ha resucitado de la tumba tras el asesinato. La acacia representaría ese elemento inicial que conduce al *Opus Magnum* anhelado por el alquimista y el mercurio para que otra gran transformación pueda tener lugar y así en un proceso de creación continua, similar a la imagen del uroboros. Del Uno a lo múltiple y de lo múltiple al Uno.

[155] El ritual propone una analogía entre las tres piedras y los metales alquímicos. El proceso de purificación que coincide con el desbastado de la piedra y la muerte del ego del aprendiz. Pues la piedra cúbica, perfecta y sin ego, se convierte en el puñal con el cual asesinar al maestro. El asesinato de maestro, según la leyenda de tercer grado, es precisamente el surgimiento de un nuevo maestro y, a la vez, asesino —según lo vivido ambiguamente por el recipiendario en los rituales de elevación a 3º en las logias simbólicas— a través de la resurrección. Cf. n. 23. El cadáver de Mercurio o Hiram, el cuerpo que va a transmutar, se encadena o se vigila (como en el ritual de logia simbólico) para que no devenga en locura de quien no está preparado para comprender el proceso. El proceso de esa resurrección en siete pasos alquímicos hasta que se consuman las bodas alquímicas y surge la piedra triangular, la pluscuamperfecta, que representaría el *Opus Magnum* (Gran Obra) o la unión de los opuestos.

[156] «*Quantum sufficit, et quantum appetit*» significa en latín «Cuanto te satisfaga sea lo que desees».

rie ordinaire, fut assassine et qui est l'emblème du cordon noir et du poignard dans le grade élu.

R : La maçonnerie vous fait errer sur ce point ; ce n'est point Adoniram qui a été assassiné mais bien la partie liquide qu'il faut tuer avec ce poignard. C'est enfin, comme je viens de vous l'apprendre la partie volatile, vive et mercurielle qu'il est absolument indispensable de fixer. A l'égard d'Adoniram, voulant vous convaincre de ma bonne foi, de ma franchise et de mon attachement pour vous je vais vous en faire l'histoire.

Adoniram était fils d'Urabin Raham et il s'appelait Jokim Raham, qui travaillait sur la partie superstitieuse. Avait donné quelques connaissances à son fils ; mais celui-ci, protégé et favorise de Dieu, étant parvenu à connaître le pouvoir supérieur que possédait Salomon, tant dans la philosophie naturelle que surnaturelle, il partit du Nord pour venir dans le Midi où résidait ce grand Roi, et [20] dans l'espoir de se procurer l'occasion d'en être vu et remarqué, il se plaça à la porte du temple. Salomon l'ayant

fue asesinado y es el emblema de la banda negra y del puñal en el grado de Elegido.[157]

R: La masonería os hace errar sobre este punto. No es Adoniram quien ha sido asesinado, sino es la parte líquida la que debe morir con este puñal. Finalmente, como acabo de deciros, es la parte volátil, viva y mercurial la que es absolutamente esencial que permanezca.[158] En cuanto a Adoniram, deseando estoy de convenceros de mí buena fe, de mi franqueza y de mi confianza por vos, así que os he de contar la historia.

Adoniram era hijo de Urabin Raham[159] y se llamaba Jokim Raham, que trabajaba en la vía supersticiosa. Había dado algunos conocimientos a su hijo; pero este, protegido y favorecido por Dios, habiendo llegado a conocer el poder superior que Salomón poseía, tanto en filosofía natural como sobrenatural, partió del Norte para venir al Sur donde residía este gran Rey, y con la esperanza de procurarse una oportunidad de ser visto y notado, se colocó a la puerta del templo. Cuando Salomón lo vio, le preguntó so-

---

[157] Se refiere tanto al 4º del Rito Frances y primero de las de las Órdenes de Sabiduría, «Elegido», como al 9º del Rito Escocés Antiguo Aceptado, «Elegido de los Nueve». Por la fecha de redacción es posible que se refiera al primero, mientras que el segundo ya estaba en funcionamiento en la época.

[158] Cagliostro vuelve a invocar a las leyendas alquímicas y mezcla el asesinato del maestro —núcleo de la leyenda del grado 3º— con el asesinato o volatilización de Mercurio (*ignis mercurialis*) que representa el inicio activo y estimulante del proceso de transmutación según lo explicado en la nota anterior. En él, *eros* y *thánatos* se unen para proseguir una creación mayor, para lograr el *Unum*. La muerte de Hiram, Adoniram o de Mercurio —según lo queramos leer— que ejecuta el aprendiz de *Masonería Egipcia* es necesaria para proseguir hacia el *Opus Magnum* (Gran Obra) que se apreciará en plenitud en el grado de maestro egipcio.

[159] En árabe, aunque mal transcrito como es usual, podría referirse a «El Señor Matricial» (*Al-Rabbi Rahim*), en clara alusión a dos de los nombres de Allah. Su nombre original, *Jokim*, en árabe, igualmente, haría referencia a «certeza» (*yaqin*). La certeza supersticiosa o el racionalismo ateo podría deberse a que, sin filosofía sobrenatural, es decir, el ocultismo, el ser humano estaría incompleto si bien en su segundo nombre se escondía la potencialidad de la *rahma* o matricialidad que hace posible la transmutación.

aperçu, lui demanda ce qu'il cherchait, il répond dit: *Adonaï*, le roi, inspiré et vivement touché du respect et de la vénération que témoignait ce mortel, en se servant avec confiance du mot Adonaï, qui est le nom sacré de la divinité, non seulement l'accueillit avec bonté et bienveillance, mais le fit même entrer avec lui dans le temple et, sachant qu'il était instruit dans la partie métallique, il lui confia la première matière en changeant son nom de Jokim en celui d'Adoniram, qui signifie également, en langue arabe, fils de Dieu, fils de Raham ou ouvrier en métaux. Adoniram, enorgueilli de cette distinction flatteuse, n'eut point assez d'empire sur lui-même pour ne pas la communiquer à Jakin ; il lui en fit part et se servit de lui pour ses opérations. Ce dernier étant devenu jaloux de la préférence que Salomon avait accordée à Adoniram, il en résulta beaucoup de mécontentement et d'inconvénients.

Salomon, craignant les suites qu'il pourrait avoir par rapport à son favori Adoniram, se détermina, pour le mettre à l'abri des effets funestes de l'envie, de l'initier dans les connaissances spirituelles et surnaturelles : il le fit en conséquence pénétrer dans le sanctuaire du temple **[21]** et lui dévoila tous les mystères renfermés dans le triangle sacré et parfait ; ce fut alors qu'il lui donna le nom Boaz, sous lequel, ainsi que vous le savez et que cela est réel il payait le salaire de tous les compagnons et apprentis ; le temple achevé,

bre lo que buscaba, y él respondió: *Adonai*.[160] El rey, inspirado y grandemente conmovido por el respeto y la veneración que le mostraba este mortal, usando con confianza la palabra Adonai, que es el nombre sagrado de la deidad, no solo le recibió con amabilidad y buena voluntad, sino que incluso le dejó entrar con él en el templo y, sabiendo que era docto en el arte del metal, le confió la materia prima, cambiándole el nombre de Jokim por el de Adoniram, que también significa, en árabe, hijo de Dios, hijo de Raham o trabajador del metal. Adoniram, orgulloso de esta aduladora distinción, no tuvo bastante dominio de sí mismo para no comunicársela a Jakin; se lo contó y se sirvió de él para sus operaciones. Este último se puso celoso de la preferencia que Salomón había concedido a Adoniram, de lo que resultaron muchos disgustos e inconvenientes.

Salomón, temiendo las consecuencias que podría tener en relación con su favorito, Adoniram, determinó, para protegerlo de los efectos desastrosos de la envidia, iniciarlo en el conocimiento espiritual y sobrenatural, y así lo hizo entrar en el santuario del templo revelándole todos los misterios contenidos en el triángulo sagrado y perfecto. Fue entonces cuando le dio el nombre de Boaz, bajo el cual, como sabéis, y como es verdad, pagó el salario de todos los compañeros y aprendices, y cuando el templo estuvo terminado,

---

[160] Jokim (*yaqin*), la certeza racional, buscaba a *Adonai*. Este nombre hebreo de Dios es un plural mayestático que se puede traducir como «Mis Señores», es decir, la omnipotencia divina, y no se puede decir fuera de la frase en la lectura ritual. En la Septuaginta en griego se tradujo como *kyrios* (Señor). La explicación a este fragmento podría ser que *Jokim* no buscaba un Dios personal o un ídolo sino a la plenitud absoluta y por eso trascendió, con cambio de nombre a Adoniram, gracias a Salomón. Este conocimiento y su maestría sobre la materia (piedra y metal) hizo que un compañero lo asesinara buscando ese estado de apertura espiritual.

Salomon lui donna pour récompense le royaume de Tyr.

D : Je suis enchanté de l'interprétation sublime que vous venez de me donner sur les cérémonies et le tableau maçonniques : rien ne me paraît plus évident ni plus magnifique et je vois qu'il n'était pas possible d'abuser plus complètement du plus sérieux, du plus respectable établissement que l'ont fait nos prétendus maçons actuels : de l'objet. le plus sacré et le plus instructif, ils en avaient fait la momerie la plus ridicule, et de la vérité la plus intéressante une illusion vaine, puérile. Permettez-moi de vous faire observer que, dans le détail qui vous venez de me faire, vous ne m'avez rien dit sur l'étoile flamboyante.

R : Cette étoile est l'emblème des grands mystères que contient la philosophie surnaturelle, et elle est une nouvelle preuve de l'aveuglement et de l'ignorance des maçons modernes; car elle doit être terminée par sent pointes, ou sept angles, et vous ne la voyez jamais représentée dans aucune loge qu'à 3, 5 ou 6. D'ailleurs ces pauvres enfants de la veuve n'y ont jamais découvert [22] d'autre mérite que celui de contenir dans le milieu la lettre G, qu'ils, ont spirituellement expliqué par le mot de géométrie. Tel est le fruit de cent ans de réflexion et la merveilleuse interprétation

Salomón le dio el reino de Tiro como recompensa.[161]

P: Encantado estoy con la sublime interpretación que me acabáis de dar de las ceremonias masónicas y del cuadro de logia, pues nada me parece más evidente ni más magnífico. Y veo que no era posible abusar más completamente del establecimiento más serio, más respetable, de lo que lo han hecho nuestros actuales llamados masones: del objeto más sagrado e instructivo, habían hecho la más ridícula comedia, y de la verdad más interesante que una vana e infantil ilusión. Permitidme que os haga notar que, en el detalle que acabáis de darme, mas nada me habéis dicho vos nada de la estrella flamígera.

R: Es esta estrella el emblema de los grandes misterios que encierra la filosofía sobrenatural, nueva prueba de la ceguera y de la ignorancia de los masones modernos; pues ella debe estar rematada por siete puntas o ángulos, y nunca se la ve representada en ninguna logia más que en el 3, 5 o 6. Además, estos pobres hijos de la viuda nunca han descubierto otro mérito que el de contener en el centro la letra G, que han explicado espiritualmente por la palabra geometría. Tal es el fruto de cien años de reflexión y de la interpretación maravillosa que su brillante genio les ha sugerido.[162] Las

---

[161] Otra reinvención, en consonancia con la nota anterior, de la leyenda masónica de Hiram Abif. Hay una confusión, quizás intencionada, entre Hiram Abif y Hiram Rey de Tiro. Salomón se presenta no como el rey bíblico sino como el guardián de la iniciación alquímica y los arcanos profundos de la naturaleza. Este sentido está probablemente extraído de la imagen que forja la tradición ocultista renacentista y, en concreto, de la *Clavicula Salomonis* (ca. XV). Cagliostro —según Boella y Galli— poseía una copia que usaba con cierta frecuencia y que apreciaba mucho que actualmente se encuentra en la Biblioteca Nacional de Francia bajo la signatura Ms. 2350. Cf. Boella y Galli, 2015, pp. 66-77.
[162] La crítica se hace desde que el rito de *Masonería Egipcia* asume que la estrella flamígera está constituida de siete puntas o heptagrama. Sin embargo, la estrella que critica corresponde con el triángulo o delta luminoso presente en todas las logias. Con la estrella de compañero o el pentalfa

que leur a suggéré leur brillant génie. Les sept pointes ou sept angles sont la représentation des sept anges qui environnent le trône de la divinité, et la lettre G est la première du nom sacré du grand Dieu appelé *Géhova* ou *Jehova, Adonai*, etc.

D : Accordez-moi, je vous supplie, une connaissance plus profonde sur ces sept anges primitifs.

R : Ces sept anges sont les êtres intermédiaires entre nous et la divinité : ce sont les sept planètes ou, pour mieux dire, ils dirigent et gouvernent les sept planètes. Comme ils ont une influence particulière et déterminée sur chacun des régimes nécessaires pour perfectionner la première matière, l'existence de ces sept anges supérieurs est aussi véritable qu'il l'est, que l'homme a le pouvoir de dominer sur ces mêmes êtres.

D : Mon étonnement ne fait que s'accroître ainsi que mon avidité pour m'instruire ;

siete puntas o siete ángulos son la representación de los siete ángeles[163] que rodean el trono de la divinidad, y la letra G es la primera del nombre sagrado del gran Dios llamado *Géhova* o *Jehová, Adonai*, etc.[164]

D: Concededme, os lo suplico, un conocimiento más profundo de estos siete ángeles primitivos.

R: Estos siete ángeles son los seres intermediarios entre nos y la divinidad: son los siete planetas o, para decirlo mejor, ellos dirigen y gobiernan los siete planetas.[165] Como ejercen una influencia particular y determinada sobre cada uno de los regímenes necesarios para perfeccionar la materia prima, la existencia de estos siete ángeles superiores es tan cierta como que el hombre tiene el poder de dominar a estos mismos seres.[166]

P: Mi asombro no hace más que acrecentarse, así como mi impaciencia por ins-

---

pitagórica también llamado en árabe «nudo de Sulayman». Y, por último, con la estrella de seis puntas, el llamado «sello de Salomón» o «estrella de David», compuesto de dos triángulos superpuestos con un valor importante hermético. A este respecto René Guénon tiene una interesante nota, presentada como respuesta a una pregunta en *The Speculative Mason*, donde explica el significado de cada una. Cf. Guénon, *Estudios sobre Masonería*, 2023, p. 165.

[163] Los siete ángeles primitivos de la tradición cabalística —arcángeles en el cristianismo— que cita Cagliostro son: Anael, Miguel, Rafael, Zodiachel, Uriel, Anachiel, Zachariel. Cf. [130] Hay diferencias con otras listas, pero en general son coincidentes. Véase *De Occulta Philosophia*, pp. 532-537.

[164] Haven indica la letra G que se otorga en el grado de compañero de la masonería simbólica y que se presenta a menudo como abreviatura de *Gehova*. De nuevo, una mala transcripción del hebreo a las lenguas modernas es la corrupción de la *yod* (ʼ). Cabalísticamente la *yod* tiene el valor de número siete. Esto estaría en consonancia con todo lo visto sobre el septenario y el número siete tanto en la masonería simbólica como en la esotérica.

[165] Véanse las equivalencias y el desarrollo del tema que aparecen en las *Claviculas de Salomón* donde se designan las funciones de los ángeles en relación con los planetas, elementos y horas. Cf. *Les Clavicules de Salomon*, Ms. 25314, pp. 13-20; 43-49 y 51. E igualmente véase en las tablas anexas a la edición de *De Occulta Philosophia*, pp. 274-275.

[166] El poder para dominarlos es la teúrgia. El ser humano —según estas tradiciones esotéricas— puede trabajar y comunicarse con seres elevados, como los arcángeles, o con seres más bajos, como los demonios. La teúrgia, como ya se ha visto en la introducción, es la práctica constitutiva del culto primitivo del hombre antes de su caída. Así, encontramos ejemplos de esta práctica en Martinès de Pasqually y los *Élu Coën*.

mais comment peut-il être possible à l'homme de commander et de se faire obéir par ces créatures angéliques ?

R : Dieu ayant créé l'homme à son image et à sa ressemblance, il est le plus parfait de ses ouvrages ; ainsi tant que le premier homme conserva son innocence et sa pureté, il fut l'être le plus puissant et le plus supérieur [23] après la divinité ; car Mon seulement Dieu lui avait accordé la connaissance de ces êtres intermédiaires, mais il lui avait même conféré le pouvoir de leur ordonner et de dominer sur eux immédiatement après lui. L'homme ayant dégénéré par l'abus qu'il fit de ce grand pouvoir, Dieu le priva de cette supériorité, il le rendit mortel et il lui ôta jusqu'à la communication avec ces êtres célestes.

D : Les élus de Dieu ont-ils été exceptés de cette proscription générale ?

R : Oui, et ce sont eux seuls à qui Dieu a accordé la grâce de jouir de ses connaissances et de tout le pouvoir dont il avait favorisé le premier homme.

D : Tout bon et vrai maçon tel que je me fais gloire de l'être, peut-il se flatter de parvenir à se régénérer et à devenir un des élus de Dieu.

R: Oui, sans doute; mais, outre la nécessité de pratiquer toutes les vertus au plus sublime degré, telles que la charité, la bienfaisance, il faut encore que Dieu, sensible à votre adoration, votre respect, votre soumission et vos fer-

truirme, mas ¿cómo puede ser posible que el hombre mande y sea obedecido por estas criaturas angélicas?

R: Habiendo creado Dios al hombre a su propia imagen y semejanza, es la más perfecta de sus obras; de modo que mientras el primer hombre conservó su inocencia y pureza. Era el ser más poderoso y el más superior después de la Divinidad; así Dios no solo le había concedido el conocimiento de estos seres intermedios, mas le había conferido el poder de ordenar y dominarlos inmediatamente después de sí mismo. Habiendo degenerado el hombre por la prevaricación que hizo de este gran poder, Dios le privó de esta superioridad, haciéndole mortal, privándole incluso de la comunicación con estos seres celestiales.[167]

P: ¿Están exentos los elegidos de Dios de esta proscripción general?

R: Sí, y es solo a ellos a quienes Dios ha concedido la gracia de disfrutar de Su conocimiento y de todo el poder con el que Él favoreció al primer hombre.[168]

P: ¿Puede algún buen y verdadero masón, como yo me enorgullezco de ser, deleitarse con que logrará regenerarse y llegar a ser uno de los elegidos de Dios?

R: Sí, sin duda, pero, además de la necesidad de practicar todas las virtudes en el grado más sublime, tales como la caridad, la benevolencia, es necesario todavía que Dios, sensible a vuestra adoración, a vuestro respeto, a vuestra

---

[167] Esta narración encaja con lo expuesto en el *Tratado de la Reintegración de los seres* (1773) de Martinès de Pasqually. Véase en el *Traité* las §5, §10-14, §21-22. Véase también la filosofía de la naturaleza y de la religión de Karl von Eckharthausen (1752-1803), en concreto *Die Wolke über dem Heiligtum* (La nube sobre el Santuario), donde se explora este tema de forma filosófica y teosófica.
[168] Martinès de Pasqually, 2000, §32.

ventes prières, excite et détermine un de ses élus à vous secourir, à vous instruire et à vous rendre digne de mériter ce bonheur suprême : car l'un des douze élus se reposant, ou étant appelé auprès de la divinité, le plus vertueux des vingt-quatre compagnons lui succède. Comme le plus sage des soixante-douze apprentis prend la place vacante de compagnon.

D : Veuillez, je vous prie, me donner de plus grands éclaircissements sur cette **[24]** philosophie naturelle ?

R : Cette philosophie exige que je la divise en trois classes :

La première s'appelle supérieure, primitive ou directe.
La seconde, acquise ou communiquée.
La troisième, infime, basse, ou superstitieuse.
La première s'exerce par l'homme qui, en purifiant la partie physique et morale de son individu, parvient à recouvrir son innocence primitive, et qui, après avoir obtenu cette perfection avec le secours du *G.* nom de Dieu et les attributs dans la main droite, est arrivé au point d'exercer la domination sublime et originelle de l'homme, de connaître toute l'étendue de la puissance de Dieu et le moyen de faire jouir tout enfant innocent du pouvoir que son état lui aura donné.

---

sumisión y a vuestras fervientes oraciones disponga a uno de sus elegidos a ayudaros, a instruiros y a haceros digno de merecer esta suprema felicidad, pues descansando uno de los doce elegidos, o siendo llamado a la divinidad, el más virtuoso de los veinticuatro compañeros le sucederá. Como el más sabio de los setenta y dos aprendices[169] toma el lugar vacante de compañero.

P: ¿Podríais vos, os lo ruego, darme un mayor esclarecimiento sobre esta filosofía natural?

R: Esta filosofía requiere que la divida en tres clases:

La primera se llama superior, primitiva o directa.
La segunda, adquirida o comunicada.
La tercera, ínfima, baja o supersticiosa.[170]
La primera se ejerce por el hombre que, purificando la parte física y moral de su ser, logra recobrar su inocencia primitiva, y que, habiendo obtenido esta perfección con la ayuda de *G.*[171] nombre de Dios y de los atributos de la mano derecha[172], ha llegado al punto de ejercer el dominio sublime y original del hombre, de conocer toda la extensión del poder de Dios y los medios de hacer gozar a cualquier niño inocente del poder que su estado le habrá dado.

---

[169] Cagliostro parece sugerir que el Sanedrín, otrora el cuerpo de gobierno del Templo de Jerusalén, es un espacio solo para aprendices, del que los verdaderos maestros masones egipcios están muy alejados por los conocimientos esotéricos que poseen. Véase el artículo 18º de los *Estatutos y Reglamentos* [87].
[170] Estos tres niveles parecen estar tomado del modelo epistemológico que propone Martinès de Pasqually en su *Traité*, heredado del esoterismo moderno, y desarrollado, posteriormente, por sus discípulos. El conocimiento primitivo o adámico se relacionaría con la gnosis; el conocimiento adquirido con la revelación; y, finalmente, el conocimiento supersticioso con la razón.
[171] Abreviatura de *Gehova*, versión francesa de Jehová. Véase la nota 57.
[172] Se refiere al poder que se obtiene del buen y correcto hacer. La mano derecha es vista como la mano pura, la que tiene el bien o *jesed* (חסד); mientras que la izquierda como la impura según las leyes judías y los desarrollos cabalísticos posteriores.

La seconde est possédée par l'homme qui, après avoir prêté une obligation à son maître, a obtenu la grâce de se connaître soi-même et la souveraine puissance de Dieu ; mais le pouvoir de cet homme est toujours limité : il ne peut agir qu'au nom de son Maître et par son pouvoir dont il ignore le principe. Cette portion de puissance exige toujours la nécessité de se purifier avant que d'opérer, en tenant les attributs à la main droite. Ce n'est qu'avec une peine et une réserve extrême que je vous ferai mention de la troisième ; mon cœur se déchire en se voyant contraint à vous démasquer [25] la scélératesse de l'homme qui après avoir dégradé son être. Cherche à satisfaire son orgueil et sa vanité, en faisant usage d'un pouvoir sacrilège, horrible et proscrit.

D : Faites-moi la grâce de m'expliquer plus clairement ce que vous entendez par la purification de l'homme, et quels sont les moyens pour pouvoir y parvenir.

R : Il faut d'abord commencer par connaître les caractères spirituels, les invocations à Dieu, la manière de s'habiller, et la méthode dont il faut former et préparer les instruments de l'art selon les influences planétaires, car dorénavant

La segunda es poseída por el hombre que, después de haber prestado una obediencia a su maestro, ha obtenido la gracia de conocerse a sí mismo y el poder soberano de Dios; mas el poder de este hombre es siempre limitado: solo puede actuar en nombre de su maestro y por su poder, cuyo principio no conoce. Esta porción de poder exige siempre la necesidad de purificarse[173] antes de operar, teniendo los atributos en la mano diestra. Tan solo, con dolor y reserva extrema, os mencionaré el tercero; mi corazón se desgarra al verme obligado a desenmascarar la infamia humana que, después de haber degradado su ser, anhela satisfacer su orgullo y su vanidad, haciendo uso de un poder sacrílego, horrible y proscrito.

P: Concededme la gracia de explicarme más claramente que es lo que entendéis por purificación del hombre, y cuáles son los medios por los que esto se logra.

R: Hace falta, antes de comenzar, conocer los caracteres espirituales, las invocaciones a Dios, la manera de vestirse, y el método de formar y preparar los instrumentos del *ars*[174] según las influencias planetarias, pues de ahora en ade-

---

[173] La importancia de la pureza antes de las operaciones teúrgicas viene heredado de las tradiciones abrahámicas. Tanto el islam como el judaísmo exigen pureza física antes del rito físico o sacrificio en el Talmud y en el Corán, y el cristianismo opera bajo una pureza simbólica a través del sacramento de la confesión.

[174] Cagliostro usará la palabra *art* (arte) para denominar a las operaciones teúrgicas y alquímicas del rito de *Masonería Egipcia*. El término proviene de la idea de *ars* como ciencia y aparece en los principales tratados ocultistas y esotéricos de la época como, por ejemplo, *ars goetia* o *ars alchimica*. He preferido dejarlo en latín para no confundirlo con la palabra arte en español. Con «instrumentos del *ars*» se refiere al instrumental simbólico (palustre o llana, el compás) y operativo (el cuchillo, la espada y el pergamino de vitela) —normalmente ya ritualizado— que se utiliza en diversas ceremonias. Hay que hacer notar que los significados de operativo y simbólico están invertidos en *Masonería Egipcia*, al ser este un rito teúrgico lo operativo en masonería es simbólico (útiles de construcción) y lo simbólico es operativo para la teúrgia (espadas, cuchillos, paño sérico, manuscritos, etc.).

au lieu de vous parler des sept anges supérieurs, je me servirai du nom des planètes afin que nous nous comprenons mieux.

Le premier instrument est cette même truelle que vous voyez toujours dans les mains des francs-maçons, le compas, le couteau, l'épée, et tous les autres outils nécessaires. Il faut savoir quels sont les jours du mois et les heures les plus propices à l'influence de la planète convenable. If faut être également instruit du jour, du mois et de l'heure les plus favorables pour la bénédiction du drap sérique. Il faut connaître la formule des prières qu'il est nécessaire d'adresser à Dieu, celle des invocations aux anges et le moyen de prendre assez d'empire sur soi pour repousser et anéantir tous les scrupules ou sujet de distractions qui pourraient vous détourner ou souiller votre physique et votre moral. En vous conduisant exactement d'après ces procédés, vous parviendrez à vous dépouiller **[26]** totalement de la partie physique. Vous serez parfaitement purifié selon la méthode des élus de Dieu, et avec les attributs à la main droite et le secours du maître que Dieu nous aura accordés

lante, en vez de hablaros de los siete ángeles superiores, emplearé los nombres de los planetas para que podamos entendernos mejor.[175]

El primer instrumento es ese mismo palustre que siempre se ve en manos de los francmasones, el compás, el cuchillo, la espada y todas las demás herramientas necesarias. Hay que saber cuáles son los días del mes y las horas más favorables para la influencia del planeta adecuado. También hay que conocer el día, el mes y la hora más favorables para la bendición del paño sérico.[176] Hay que conocer la fórmula de las oraciones dirigidas a Dios, las invocaciones a los ángeles y los medios de adquirir el suficiente dominio de sí mismo para repeler y aniquilar todos los escrúpulos o distracciones que a vos puedan distraeros o mancillar vuestro estado físico y moral.[177] Conduciéndoos vos exactamente según estos procedimientos, lograréis despojaros completamente de la parte física. Vos seréis purificado de forma perfecta según el método de los elegidos de Dios, y con los atributos de la mano derecha y la ayuda del maestro que Dios nos ha concedido obtendrás,

---

[175] En este fragmento hereda las prescripciones teúrgicas de la tradición esotérica occidental. La teúrgia debe entenderse como un rito completo, una actuación que influya en lo físico y en lo metafísico.

[176] El paño sérico (*drap sérique*) es un instrumento teúrgico que tiene un rol muy importante en *Masonería Egipcia*. Es un neologismo, el cual no he podido encontrar en ningún otro texto, que terminológicamente hace referencia a un paño por el que fluye (*serum*) la energía o las bendiciones y que ha sido consagrado previamente. Se describe más adelante en este ritual, en [186], de la siguiente forma: «El paño sérico es un velo de tafetán de seda amarilla, del color del oro, de solo nueve codos de largo, y del ancho del tafetán. Esta medida se seguirá con exactitud. Este paño sérico estará ornamentado en ambos extremos con un fleco de seda blanca, y en toda su longitud estarán bordadas, también en seda blanca, las siete figuras de los siete ángeles primitivos». Actúa como reflejo de la realidad no terrestre (ángeles primitivos y planetas) y delimita las horas de trabajo teúrgico. Véase [188].

[177] Tras la purificación física, el ritual exige una purificación espiritual basada en la meditación y la concentración. Martinès de Pasqually y los *Coën* lo denominarán exorcismo heredado del vocabulario del esoterismo occidental como por ejemplo aparece en *Las Clavículas de Salomón*.

vous obtiendrez sans doute la grâce de pénétrer dans le sanctuaire de la vérité.

D : Indiquez-moi, je vous supplie, la manière de fournir ces instruments.

R : Pour fabriquer chaque instrument, il faut attendre le jour et l'heure déterminés par l'influence de la régulatrice : il faut de plus qu'après que l'instrument sort du feu, il soit trempé dans le sang de l'animal convenable, en observant bien que chaque heure des vingt-quatre, exige un animal différent. Ressouvenez-vous également que les jours et les nuits selon notre philosophie sont entièrement distincts de ceux des profanes ; car nous divisons chaque jour et chaque nuit en douze parties égales, mais en nous réglant sur le levé et le couché du soleil, dans quelque saison que ce soit, notre première heure du jour commence avec l'apparition du soleil, et celle de la nuit avec son coucher. Les minutes varient de même. Vous voyez que par ce calcul, les heures de nos jours sont beaucoup plus longues en été qu'en hiver, et qu'elles sont composées par cette raison de plus ou moins de minutes. Rappelez-vous-en outre que la première heure du jour est [27] dominée et dirigée par le Soleil, la seconde par la Lune, la troisième par Mars, la quatrième par Jupiter, la cinquième par Vénus, la sixième par Mercure, la septième par Saturne, la huitième par le Soleil, et ainsi des autres.

sin duda, la gracia de penetrar en el santuario de la verdad.

P: Indicadme, os lo ruego, la manera de proveerme de estos instrumentos.

R: Para hacer cada instrumento, es necesario esperar el día y la hora determinados por la influencia del regulador: tendríais además que después de que el instrumento salga del fuego, se moje en la sangre del animal adecuado, observando bien que cada hora de las veinticuatro exige un animal diferente.[178] Recordad también que los días y las noches según nuestra filosofía son enteramente distintos de los de los profanos; pues nos dividimos cada día y cada noche en doce partes iguales, mas nosotros lo regulamos por la salida y la puesta del sol, en cualquier estación que sea, nuestra primera hora del día comienza con la aparición del sol, y la de la noche con su puesta. Los minutos varían de la misma manera. Veréis vos que, por este cálculo, las horas de nuestros días son mucho más largas en verano que en invierno, y que están compuestas por esta razón de más o menos minutos.[179] Recordad además que la primera hora del día está dominada y dirigida por el Sol, la segunda por la Luna, la tercera por Marte, la cuarta por Júpiter, la quinta por Venus, la sexta por Mercurio, la séptima por Saturno, la octava por el Sol, y así sucesivamente.

---

[178] La preparación de los instrumentos, como casi toda operación teúrgica exige sacrificio cruento de animales. El valor del sacrificio recuerda, igualmente, al sacrificio de Abrahán y a los del templo de Jerusalén. En el sacrificio el sacrificante comprende el valor de la vida y el don que intercambia para lograr sus propósitos. Para apreciar las opiniones de un contemporáneo véase el *Aclaraciones sobre los sacrificios* de Joseph de Maistre, donde el autor vuelve a revindicar la importancia del sacrificio cruento, no simbólico, en la religión. Cf. De Maistre, 2022, pp.383-424.

[179] Cagliostro, a través de los cabalistas y los ocultistas modernos, hereda del judaísmo y el islam el cómputo de las horas del día con un valor solar.

Il faut aussi connaître et se conformer à la configuration des cercles aériens qui doivent toujours se faire selon la disposition des quatre parties du monde et par les nombres de trois ou trois fois trois. Ces nombres mystérieux, cabalistiques et parfaits sont de même indispensables pour la quantité de lumières que l'on place dans le sanctuaire.

D : Pourquoi les maçons agissent-ils sans cesse par le nombre de trois ou trois fois trois, et pour quel motif me recommandez-vous continuellement de me conformer à ces mêmes nombres tant pour les centres que pour les bougies du sanctuaire ?

R : C'est en mémoire de la plus grande vérité et qui est une des plus importantes connaissances que je puisse vous procurer c'est pour vous apprendre que l'homme a été formé en trois temps et qu'il est composé de trois parties distinctes, morale, physique et pouvoir.

C'est enfin pour vous faire comprendre que pour ne pas errer dans les opérations philosophiques, et pour les perfectionner, ce que vous faites une fois, il faut le recommencer toujours par trois ou trois fois trois.

D : Mais, en me conformant strictement à tout ce que vous venez de **[28]** m'enseigner, cela me suffira-t-il pour pouvoir travailler par moi-même, et réussir ?
R : Non, parce qu'il serait encore nécessaire

También es necesario conocer y ajustarse a la configuración de los círculos aéreos[180] que deben hacerse siempre según la disposición de las cuatro partes del mundo[181] y por el número tres o de tres en tres. Estos números misteriosos, cabalísticos y perfectos son igualmente indispensables para la cantidad de luces que se disponen en el lugar del santuario.[182]

P: ¿Por qué los masones operan constantemente por el número de tres o de tres en tres, y por qué razón me recomendáis continuamente que me ajuste a estos mismos números tanto para los centros como para las velas del santuario?

R: Es en memoria de la más grande de las verdades y de uno de los conocimientos más importantes que puedo procuraros a vos, para enseñaros a vos que el hombre ha sido formado en tres tiempos y que se compone de tres partes distintas: moral, física y de poder.[183]

Finalmente, se trata de haceros comprender a vos que, para no errar en las operaciones filosóficas, y para perfeccionarlas, lo que hacéis una vez, debéis hacerlo siempre de nuevo por tres veces o de tres en tres.

P: Mas, si me conformase estrictamente con todo lo que vos acabáis de enseñarme, ¿sería esto suficiente para que pueda yo trabajar por mí mismo y alcanzar el éxito?

---

[180] Con círculos aéreos (*cercles aériens*) el ritual se refiere a los círculos rituales que se traza el Venerable Maestro con su espada a semejanza de los que se trazan con tiza en el suelo y que tendrán, en el grado de maestro, un rol importante. Véase [62] y [68].

[181] G.F. Irwin omite la referencia a los «círculos aéreos» añade y menciona en su copia-traducción de *Masonería Egipcia* que Oriente es Asia, Occidente Europa, Sur es África y Norte, América. Ms. A 807 CAG, p. 28. Para desarrollar este aspecto véase *Les Clavicules de Salomon*, Ms. 25314, p. 43.

[182] Esto parece igualmente tomado de la liturgia *Coën* donde el número y disposición de las velas y el incienso tienen un valor especial con relación a los glifos y círculos del suelo.

[183] Véase Martinès de Pasqually, *Traité*, § 7-9.

qu'un conducteur éclairé, ou un maître dans l'art primitif, vous instruisit complètement et parfaitement de toutes les choses que je n'ai fait que vous indiquez.

D : A quels indices reconnaitrai-je un véritable maître dans l'art primitif ?

R : A sa candeur à la réalité de ses faits, et à sa patience. A sa candeur pour sa conduite passée et présente. A la réalité de ses faits par son succès, et sa manière d'opérer qui ne doit être que celle d'implorer le Grand Dieu, et de commander aux sept anges primitifs sans jamais recourir à une voie superstitieuse ou idolâtre. A sa patience parce que jamais aucun mortel ne parviendra à tout ce qu'il veut apprendre et connaître que par la patience.

D : Donnez-moi à présent, je vous en conjure, quelques lumières sur la partie acquise ou communiquée ?
R : Sachez que tout homme élu de Dieu a le pouvoir de vous accorder la puissance que procure la véritable cabale, lorsqu'il vous aura expliqué et confié le pentagone qu'il aura formé sur le papier de l'art.

D : Que signifie ce papier de l'art ?

R : C'est celui dont se servent les élus pour toutes leurs opérations, invocations, etc. Il y en a de trois sortes, que les philosophes appellent papier vierge :

R: No, porque aún sería necesario alguien que esclarecido os conduzca o un maestro en el arte primitivo os instruya a vos completa y perfectamente sobre todas las cosas que yo, tan solo, os he mencionado.

P: ¿Por qué signos reconoceré a un verdadero maestro en el *ars* primitivo[184]?

R: Por su candor en la realidad de sus hechos y por su paciencia.[185] Por su candor en su conducta pasada y presente. Por la realidad de sus hechos por su éxito, y su manera de operar que debe ser solamente la de implorar al Gran Dios, y de ordenar a los siete ángeles primitivos sin recurrir jamás a una vía supersticiosa o idolátrica. Por su paciencia, porque ningún mortal alcanzará jamás todo lo que desea aprender y saber excepto por la paciencia.

P: ¿Presentadme ahora, os lo imploro, algún esclarecimiento sobre la parte adquirida o comunicada?
R: Sabed que todo hombre elegido por Dios puede concederos a vos el poder que da la verdadera cábala, cuando os ha explicado y confiado el pentáculo que ha formulado sobre el papel del *ars*.

P: ¿Qué significa este papel del *ars*?

R: Es aquel que usan los elegidos para todas sus operaciones, invocaciones, etc. Hay tres clases, que los filósofos llaman papel virgen:

---

[184] Nótese que el posterior Rito Egipcio, desde Marconis de Négre, se denominará «primitivo». Parte de esta denominación proviene del reconocimiento de herederos de la tradición alquímica y esotérica que intentan entroncar con la sabiduría adámica. Cagliostro, como la orden de los *Élu Coën* de Martinès de Pasqually y la idea de «culto primitivo», se presenta un como un transmisor de dicha sabiduría.
[185] Reconoce la maestría por sus intenciones, retomando la idea de «Por sus frutos los reconoceréis». Cf. Mateo 7:16.

[29] L'un est la peau d'un agneau mort-né, après qu'elle a été purifiée par les cérémonies complètes avec le drap sérique, au jour et à l'heure du soleil.

Le second est la membrane ou arrière-faix d'un enfant mâle provenant d'une femme juive et également purifiée avec le drap sérique et les cérémonies complètes.

Le dernier est du papier ordinaire, mais béni selon l'intention du Maître au jour et à l'heure du soleil, toujours en tenant les attributs maçonniques à la main droite.

Ayant obtenu de cet élu de Dieu le pentagone merveilleux, il faudra accomplir tout ce que prescrit le rit divin, et finir par l'obligation que vous devez prêter à Dieu, en présence de votre respectable maître.

D : Pourrai-je prendre cet engagement sans scrupule ?

R : Assurément, puisque ce serment ne consiste que dans la promesse d'adorer Dieu de respecter votre souverain, et d'aimer votre prochain. Vous serez obligé, de plus, de promettre personnellement à votre Maître de lui obéir aveu-

Uno es la piel de un cordero no nato, después de haber sido purificado por las ceremonias completas con el paño sérico, en el día y la hora del sol.[186]

El segundo es la placenta de un hijo varón de una mujer judía, también purificado con el paño sérico y las ceremonias completas.[187]

El último es un papel ordinario, mas está bendecido según la intención del Maestro en el día y la hora solar, siempre con los atributos masónicos en la mano derecha.[188]

Habiendo obtenido de este elegido de Dios el maravilloso pentáculo, deberéis realizar todo lo que el divino ritual prescribe, y terminar con la obligación que debéis prestar a Dios, en presencia de vuestro respetable maestro.

P: ¿Podría hacer esta intervención sin miedo?

R: Ciertamente, puesto que este juramento consiste solo en la promesa de adorar a Dios, de respetar a vuestro soberano y de amar a vuestro prójimo. Estaréis obligado, además, a prometer personalmente a vuestro Maestro obedecerle

---

[186] Se refiere a una vitela, un tipo de pergamino muy valioso durante la Edad Media y parte de la Edad Moderna que se obtiene por el proceso indicado. Además, este está ritualizado.

[187] Hay una tradición de origen *islamicate*, practicada por judíos y musulmanes en Al-Ándalus, de la que tenemos noticias por textos moriscos, en los que se utilizaba la placenta de un recién nacido para escribir talismanes de protección por el valor simbólico y natural que posee. Esta tradición habría sobrevivido —como recoge Tibón— en algunos pueblos de Girona en la que en la placenta convertida en pergamino se escribía el Evangelio como talismán Cf. Tibón, 2015. Cagliostro, en algún momento durante la redacción de *Masonería Egipcia*, debió recepcionar todo este *folklore* y tradición esotérica y construir esta recomendación desde la excepcionalidad de encontrar una placenta de varón judío en la Europa de la época. Como la vitela, en el párrafo, anterior, son objetos muy excepcionales que devienen en símbolo para recibir un conocimiento superior.

[188] Esta última es, sin duda, la opción ritual más realista y menos excepcional porque es mucho más fácil de conseguir. Nótese el juego simbólico de Cagliostro para revestir este momento de una conexión con la tradición.

glément, de ne jamais passer les bornes qu'il vous aura prescrites, de ne jamais avoir l'indiscrétion de demander la connaissance des choses purement curieuses, enfin de vous soumettre à ne jamais travailler que pour **[30]** la gloire de Dieu et pour l'avantage de votre prochain.

En suivant tous ces principes, au moyen de l'invocation au jour et à l'heure déterminés, et avec le pouvoir que vous aura concédé votre Maître, vous parviendrez au comble de vos désirs, mais n'oubliez pas que quoi que vous ayez déjà obtenu la satisfaction que vous souhaitiez, si vous négligiez les obligations et les devoirs que vous vous êtes imposés, non seulement vous perdriez infailliblement toute votre puissance, mais qu'au lieu de vous élever à un degré supérieur et plus parfait vous tomberiez dans l'infériorité, l'imperfection et le malheur.

D : Je pourrais donc espérer encore un plus grand pouvoir ?

R : Oui, vous pourrez même parvenir à devenir l'égal de votre Maître.
D : Comment ?

R : Avec la volonté, la sagesse, la meilleure conduite et en remplissant fidèlement vos engagements.

D : Achevez par m'apprendre en quoi vous faites consister la partie superstitieuse ?

R : Mon enfant, tout homme qui n'a que des mauvais principes en même temps que de l'avidité pour caque tir des con-

ciegamente, de nunca traspasar los límites que él os haya prescrito, no tener nunca la indiscreción de solicitar el conocimiento por simple curiosidad y, por último, someteros a no trabajar jamás más que para la gloria de Dios y por el beneficio de vuestro prójimo.

Siguiendo todos estos principios, por medio de la invocación en el día y hora señalados, y con el poder que os concede vuestro Maestro, alcanzaréis vos la realización de vuestros deseos. Mas no olvidéis que cualesquiera que sea la satisfacción que ya hayáis obtenido, si bajo negligencia descuidarais vuestras obligaciones y los deberes que se os han impuesto, no solo perderéis vos infaliblemente todo vuestro poder, sino que, en vez de elevaros a un grado más alto y perfecto, caeréis en la inferioridad, la imperfección y la infelicidad.[189]

P: ¿Entonces podría esperar un poder aún mayor?

R: Sí, vos podríais incluso tener éxito en llegar a ser el igual de vuestro Maestro.
P: ¿Cómo?

R. Con voluntad, sabiduría, la mejor de las conductas y cumpliendo fielmente vuestros compromisos.

P: ¿Me diréis, para instruirme en lo que vos hacéis, en que consiste para vos la vía supersticiosa?

R: Hijo mío, todo hombre que solo posea malos principios y, al mismo tiempo, codicia el conocimiento sobrenatural, per-

---

[189] Resulta muy interesante que el poder y la gnosis obtenida a través de la iniciación en la *Masonería Egipcia* y en las operaciones teúrgicas sea temporal y que, al igual que pueda adquirirse, pueda perderse por no adecuarse a la moral o los rituales que mantienen. Aquí podemos apreciar, de forma notable, la importancia de lo social y del deber personal.

naissances surnaturelles, perdra la protection de Dieu et la connaissance de la vérité ; il se précipitera dans l'abime ; il se dégradera et finira par s'avilir au point de signer de son **[31]** propre sang une convention criminelle qu'il contractera avec les esprits intermédiaires inférieurs et qui le perdra pour jamais.

D : N'y aurait-il point d'indiscrétion à vous demander le détail de la première opération que vous avez vu faire au G.M. fondateur ?

R : Voici tout ce que je puis vous faire connaitre sur ce qui s'est passé en ma présence. J'ai vu préparer et purifier en différentes reprises des mortels en commençant par l'invocation à Dieu en faisant disposer le sanctuaire maçonniquement et enfin, en décorant le sujet d'un vêtement talare. Prenant alors les attributs à la main droite il est parvenu à couronner l'ouvrage en faisant comparaître les personnes dont j'ai parlé ci-devant. Je ne puis vous ajouter autre chose que de vous **[32]** souhaiter autant de satisfaction que j'en ai éprouvé moi-même, ainsi que des frères, témoins comme moi de ces prodiges. Je vous jure sur le nom du Grand Dieu que tout ce que je viens de vous communiquer dans ce présent catéchisme est dans la plus grande vérité.

Fin

derá la protección de Dios y el conocimiento de la verdad; se precipitará en el abismo; se degradará y terminará por envilecerse hasta el punto de firmar con su propia sangre un acuerdo criminal que contraerá con los espíritus intermediarios inferiores y que le perderá por siempre jamás.[190]

P: ¿No sería una indiscreción preguntaros a vos sobre los detalles de la primera operación que vos visteis ejecutar al G.M.[191] fundador?

R: Esto es todo lo que puedo deciros sobre lo que ocurrió en mi presencia. Yo vi preparar y purificar a los mortales en diferentes ocasiones, comenzando por la invocación a Dios, disponiendo masónicamente el santuario y, por último, revistiendo al recipiendario con un hábito talar. Luego, tomando los atributos en su mano derecha, consiguió coronar la Obra[192] haciendo aparecer a las personas que he mencionado anteriormente. No puedo añadir nada más que desearos tanta satisfacción como la que yo mismo he experimentado, así como a los hermanos que presenciaron como yo estos prodigios. Yo os juro a vos sobre el nombre del Gran Dios que todo lo que os acabo de comunicar en el presente catecismo es la más grande de las verdades.

Fin

---

[190] Esta es la imagen clásica de la venta del alma al diablo que, poco después, plasmaría J. W. Goethe en *Faust*. La vía supersticiosa en *Masonería Egipcia* sería la magia negra. Igualmente tiene una connotación a la del *kafir* en el islam, aquel que conociendo la luz la intenta ocultar. Confróntese con la leyenda de grado en [19] a [21].

[191] Gran Maestro.

[192] Una clara alusión al *Opus Magnum* alquímico en la transmutación personal.

[33] RECEPTION DE COMPAGNON DE LA LOGE EGYPTIENNE

PREPARATION DE LA LOGE

La loge sera décorée d'une tapisserie blanc, bleu de ciel et or.

Le trône du Vénérable élevé sur cinq marches, surmonté d'un dais blanc, bleu et or. L'autel, devant le trône ; sur cet autel il y aura deux vases de cristal couverts ; l'un contiendra des feuilles d'or, l'autre du vin rouge ; à côté de ces vases sera une cuillère de cristal. Au-dessus du trône, l'Etoile flamboyante à sept angles ; dans l'étoile le nom de Dieu, et à chacun des sept angles, le nom de l'un des sept anges primitifs, le tout en caractères hébreux et brodé en or. Au milieu de la loge, en face du trône, on tracera par terre un cercle de six pieds de diamètre. On préparera pour le récipiendaire des gants bordés en rubans bleus, et une ceinture de moire bleu de ciel de la largeur des cordons du Saint-Esprit et d'une longueur suffisante. Cette ceinture doit être placée sous les aisselles et les deux bouts frangés d'or doivent pendre du côté gauche.

[34] TABLEAU DE LOGE

Un grand cœur occupera le centre du tableau ; dans ce cœur, un temple sera représenté : au-dessus du cœur, des deux côtés, le soleil et la lune lançant leurs

RECEPCIÓN DEL COMPAÑERO DE LA LOGIA EGIPCIA

PREPARACIÓN DE LA LOGIA

La logia estará decorada en blanco, azul celeste y dorado.

El trono del Venerable elevado sobre cinco escalones, coronado por un dosel blanco, azul y dorado. El altar estará frente al trono; sobre este altar habrá dos vasos de cristal cubiertos; uno contendrá hojas de pan de oro, el otro vino tinto. Junto a estos jarrones habrá una cuchara de cristal. Encima del trono estará la estrella flamígera[193] y dentro de ella el nombre de Dios. En cada una de las siete puntas estará el nombre de cada uno de los siete ángeles primitivos, todo en caracteres hebreos y bordado en oro. En el centro de la logia, frente al trono, se trazará en el suelo un círculo de dos metros de diámetro.[194] Se preparará para el receptor unos guantes ribeteados en azul y una banda de moaré celeste del ancho de los cordones del Espíritu Santo y de longitud suficiente. Esta banda será colocada bajo las axilas y los dos extremos con flecos dorados colgarán del lado izquierdo.

CUADRO DE LOGIA

Un gran corazón ocupará el centro del cuadro de logia; en este corazón se representará un templo.[195] Sobre él, a ambos lados, estarán el sol y la luna res-

---

[193] Con este símbolo conecta con la logia de compañero de masonería simbólica, pero en vez de ser un *pentalfa* es una estrella de siete puntas. Véase en este ritual [22] y las notas aclaratorias.
[194] Si en el grado de aprendiz aún era un círculo aéreo, en el de compañero se introducen los círculos trazados de tiza en el suelo. Este es uno de los recursos más importantes en las puestas en escena de los rituales teúrgicos y ocultistas del esoterismo occidental.
[195] Véase [49] cuando se dice «solo en tu corazón debes elevar un Templo al Eterno». El planteamiento proviene del elemento central de la masonería espiritual: el templo no debe construirse, sino reconstruirse en el corazón interior de la persona.

rayons sur ce cœur. Dans la partie inférieure du tableau, un maître sera peint luttant contre Mercure, et lui plongeant son glaive dans le cœur. A la droite du Maître, les pierres brute, cubique et triangulaire, et une truelle. A la gauche, par terre, auprès de Mercure, le caducée, un poignard et un serpent écrase. Ce tableau sera éclairé de douze bougies disposées trois, à trois le long des quatre faces.

HABILLEMENT DU VENERABLE

Comme le Vénérable de cette loge sera toujours le deuxième Vénérable, ou le substitut du Vénérable de la chambre du milieu, il sera en talare avec l'étole placée comme celle des prêtres, il aura son cordon, sa plaque, ses souliers blancs, son glaive, etc. Les Maîtres auront la liberté de ne point tous assister à cette loge, mais il faudra absolument qu'il y en ait toujours au moins deux de présents [35] pour accompagner et faire honneur à leur second chef ; ils sont obligés d'être en uniforme avec l'épée à la main.

CHAMBRE DES REFLEXIONS

Les meubles et la décoration de cette chambre seront noirs et très lugubres. Le Tableau représentera la Sagesse sous la figure de Minerve accompagnant un jeune homme en habit d'apprenti ; elle lui montrera d'un côté les richesses qu'il faut abandonner et de l'autre le temple consacré à l'Éternel qui sera dans l'éloignement. Le chemin qui conduira à ce temple sera rempli de chaînes et d'instruments de supplice, on placera à l'entrée les trois furies menaçant le candidat

plandeciendo sobre el corazón. En la parte inferior del cuadro, estará pintado un Maestro luchando contra Mercurio, y clavándole su espada en el corazón. A la derecha del Maestro, la piedra bruta, cúbica, triangular y un palustre. A la izquierda, en el suelo, junto a Mercurio, el caduceo, un puñal y una serpiente aplastada. Este cuadro estará iluminado por doce velas dispuestas en triada a lo largo de los cuatro lados.

VESTIMENTA DEL VENERABLE

Como el Venerable de esta Logia será siempre el segundo Venerable, o sustituto del Venerable de la cámara del medio, vestirá hábito talar con la estola colocada como la de los sacerdotes, tendrá su banda, su placa, sus zapatos blancos, su espada, etc. Los Maestros tendrán la libertad de no asistir a esta logia, pero es imperativo que siempre haya por lo menos dos presentes para acompañar y honrar a su segundo responsable. Ellos estarán obligados a estar en uniforme con la espada en la mano.

CÁMARA DE REFLEXIONES

El mobiliario y la decoración de esta sala serán negros y muy lúgubres.[196] El cuadro representará a la Sabiduría bajo la figura de Minerva acompañando a un joven vestido de aprendiz; ella le mostrará por una parte las riquezas que debe abandonar y por otra el templo consagrado al Eterno que estará a lo lejos. El camino que conduce a este templo estará lleno de cadenas e instrumentos de tortura, y a la entrada se colocarán las tres furias amenazando al candidato y pare-

---

[196] A diferencia del anterior grado, el de compañero en *Masonería Egipcia* representa el proceso de *nigredo* y de transmutación. Esta cámara de reflexiones indica la mitad del proceso, la renuncia y el paso incierto antes de la elevación al grado de maestro egipcio.

et ayant l'air de le retenir et même de le repousser. Au bas de ce tableau seront gravées ces paroles : « Brave tout pour être heureux ». Le candidat ayant terminé ses trois années d'apprentissage se fera annoncer au Vénérable muni du certificat du Vénérable des apprentis : il sera en talare sera envoyé dans la chambre des réflexions, où on l'abandonnera à lui-même pendant une demi-heure pour y méditer en silence sur les objets qu'il aura [36] sous les yeux ; l'orateur se rendra ensuite auprès de lui pour l'assister et l'aider à parvenir à la véritable connaissance de Dieu, de lui-même et des intermédiaires entre Dieu et l'homme. Il lui dira qu'au moyen de la sagesse en la prenant pour guide, l'homme ne saurait s'égarer dans le chemin qui conduit au temple de l'Éternel, mais que s'il l'abandonne, il se trouvera exposé à se perdre et à être repoussé par les furies, qui, en l'éloignant du bien et de la vérité, le plongeront dans les ténèbres et le malheur. Il engagera et exhortera par toutes sortes de moyens le récipiendaire à bien faire des réflexions avant que d'entreprendre les travaux de compagnon et de penser au temps passe, présent et futur : Il lui fera observer les mots qui sont au bas du tableau et lui fera une explication détaillée sur tous les objets oui le composent.

L'orateur retournera après dans le temple, fera son rapport, et s'assurera qu'il est agréé par le Vénérable, reste de la loge. Lorsque le récipiendaire sera admis à entrer, il aura les cheveux épars et sera dépouillé de tous métaux ; dans cet état l'inspecteur et l'orateur se présenteront avec lui à la porte de la loge ; l'inspecteur frappera cinq coups. Le Vénérable demandera : « Qui frappe ? »

L'Inspecteur entrera en répondant que [37] c'est un apprenti qui a terminé ses

ciendo retenerlo e incluso repelerlo. En la parte inferior de este cuadro se grabarán las palabras: «Todo el valor para ser feliz». El candidato que haya cumplido sus tres años de aprendizaje será anunciado al Venerable con el certificado del Venerable de los aprendices: estando vestido con un hábito talar, será enviado a la sala de las reflexiones, donde se le dejará solo durante media hora para que medite en silencio sobre los objetos que tiene ante sí. El orador se dirigirá entonces a él para asistirle y ayudarle a alcanzar un verdadero conocimiento de Dios, de sí mismo y de los intermediarios entre Dios y el hombre. Él le dirá que, por medio de la sabiduría, tomándola por guía, el hombre no puede extraviarse en el camino que conduce al templo del Eterno, pero que, si lo abandona, se encontrará expuesto a perderse y a ser repelido por las furias, que, alejándolo del bien y de la verdad, lo hundirán en las tinieblas y en la desgracia. Instará y exhortará de todas las maneras posibles al recipiendario a reflexionar bien antes de emprender el trabajo de compañero y a pensar en el pasado, el presente y el futuro. Le hará observar las palabras que figuran en la parte inferior del cuadro de logia y le dará una explicación detallada de todos los objetos que lo componen.

A continuación, el orador regresará al templo, hará su informe y se asegurará de que es aprobado por el Venerable y el resto de la logia. Cuando el recipiendario sea admitido, llevará el pelo suelto y estará despojado de todos los metales; en este estado el inspector y el orador se presentarán con él a la puerta de la logia; el inspector llamará cinco veces. El Venerable preguntará: «¿Quién llama?»

El inspector entrará contestando que se trata de un aprendiz que ha cumplido

trois années et qui, muni du certificat de son maître, supplie le Vénérable de l'admettre au grade de compagnon. Pendant ce temps, le récipiendaire et l'orateur demeurent hors du temple.

OUVERTURE DE LA LOGE

Le Vénérable ayant pris sa place, le plus grand silence sera observé ; il est défendu de se moucher, à plus forte raison de parler.

Lorsque le Vénérable se lèvera, tous les assistants se lèveront également ; il aura le glaive à la main droite et dira : « A l'ordre, mes frères ! Au nom du Grand Dieu, ouvrons la loge selon le rite et les constitutions de notre fondateur ». Le reste des frères inclinera la tête dans le plus profond silence. Le Vénérable descendra de son trône, se placera en face de l'autel, à genoux, et lisant le nom de Dieu écrit dans l'étoile flamboyante, il s'inclinera profondément ainsi que les autres frères pour adorer la Divinité. Le Vénérable en particulier l'implorera pour obtenir pouvoir, force et sagesse. Chacun, en son cœur prononcera l'hymne *Veni Creator*.

Le Vénérable se lèvera ensuite, les frères en feront autant, toujours dans un respectueux silence, et chacun reprendra sa place. **[38]** Alors l'inspecteur ouvrira la porte, prendra le récipiendaire par la main gauche, lui armera la droite d'une bougie allumée, et le conduira jusqu'auprès du Vénérable où il le placera dans le centre du cercle placé auprès du trône. Le Vénérable ordonnera et parlera au récipiendaire :

« Mon enfant, après trois ans d'épreuves

sus tres años y que, con el certificado de su maestro, ruega al Venerable que le admita en el grado de compañero. Mientras tanto, el recipiendario y el orador permanecen fuera del templo.

APERTURA DE LA LOGIA

Habiendo tomado su lugar el Venerable, se guardará el mayor silencio posible; está prohibido sonarse la nariz y mucho menos hablar.

Cuando el Venerable se levante, todos se levantarán igualmente, tendrá en la diestra el acero y dirá: «¡Al orden, hermanos míos! En el nombre del Gran Dios, abramos la logia según el ritual y las constituciones de nuestro fundador». El resto de los hermanos inclinarán la cabeza en el más profundo silencio. El Venerable descenderá de su trono, se arrodillará cara al altar y leyendo el nombre de Dios escrito en la estrella flamígera él y los demás hermanos se inclinarán profundamente adorando a la Divinidad. El Venerable le implorará poder, fuerza y sabiduría. Cada uno, en su corazón, pronunciará el himno *Veni Creator*.

A continuación, el Venerable se levantará, los hermanos harán lo mismo, siempre en respetuoso silencio, y cada uno ocupará su lugar. Entonces el Inspector abrirá la puerta, tomará al recipiendario por la mano izquierda, dándole en su mano derecha una vela encendida[197] y lo conducirá hacia el Venerable, el cual lo colocará en el centro del círculo junto al trono. El Venerable ordenará y hablará al recipiendario:

«Hijo mío, después de tres años de prue-

---

[197] Este es un símbolo que representa que el iniciado ya tiene una pequeña luz que puede guiarle en el camino iniciático.

et de travaux, vous aurez sans doute appris, à dépouiller toute curiosité humaine ; je pense et je crois avec certitude que ce n'est point ce motif profane qui vous approche de nous, et que les dehors du zèle ne cachent point en vous l'unique désir de connaître la nature et las vertus du pouvoir qui nous est confié. Sans doute, vous vous êtes observé vous-même, vous êtes élevé à la divinité, et vous vous êtes rapproché d'elle. Vous êtes parvenu à la connaissance de votre propre individu, de sa partie morale, de sa portion physique, et vous avez cherché à connaître les intermédiaires que le grand Dieu a placés entre lui et vous. Répondez… ».

Le récipiendaire baisse la tête, et deux frères placés à ses côtés, ayant chacun un réchaud à la main, y répandront un parfum et le purifiant avec sa fumée ce que le Vénérable explique au récipiendaire en ces mots : « Je veux donc purifier votre physique et votre moral. Ce parfum est l'emblème de cette purification. »

[39] Après la purification, le Vénérable continuera à interroger le récipiendaire :

« Mon enfant, êtes-vous bien déterminé à poursuivre la démarche que vous avez entreprise, votre moral est-il suffisamment fortifié, et votre véritable, sincère et bonne volonté est-elle de s'approcher de plus en plus de la divinité, en parve-

bas y trabajos, sin duda habréis aprendido a despojaros de toda curiosidad humana. Pienso y creo, con certeza, que ya no es motivo profano el cual os acerca a nos, y que la apariencia externa de celo tampoco oculta en vos sino el único deseo de conocer la naturaleza y las virtudes del poder que se nos confía. Sin duda, os habéis observado a vos mismo, os habéis elevado a la divinidad y os habéis acercado a ella. Habéis llegado a conocer vuestro propio ser, sus partes morales y físicas, y habéis procurado conocer a los intermediarios que el gran Dios ha dispuesto puesto entre Él y vos.[198] Responded...».

El recipiendario inclina la cabeza, y dos hermanos colocados a su lado, cada uno con un brasero en la mano, le derramarán un perfume y lo purificarán con su humo, que el Venerable explica al recipiendario con estas palabras: «Quiero purificar tu cuerpo y tu mente. Sea este perfume el emblema de esta purificación».[199]

Tras la purificación, el Venerable seguirá interrogando al recipiendario:

«Hijo mío, ¿estáis decidido a proseguir el camino que habéis emprendido? ¿Está vuestra moral suficientemente fortalecida y vuestra voluntad es verdadera, sincera y buena para acercaros, cada vez más, a la divinidad, alcan-

---

[198] En *Masonería Egipcia*, al igual que en masonería simbólica, el compañerazgo representa un estado intermedial de autoconocimiento/autognosis y de encuentro con lo divino. Véase [44].

[199] Los perfumes tienen un papel muy importante en los ritos de masonería espiritual. Se usaban como parte de la experiencia integral ritual cumpliendo con el sentido del olfato y purificando el aire. En la orden de los *Élus Coën*, por ejemplo, encontramos referencias en la carta de Pasqually a Willermoz fechada en septiembre de 1768 según J. M. Vivenza (11 de septiembre de 1767 según Clelland), donde el maestro explica al discípulo la importancia del perfume de quemar y como prepararlo. Cf. Vivenza, *Les élus coëns et le Régime...*, pp. 713-718 y Clelland, 2022, p. 81. Este tema volverá a aparecer en el ritual en [64]. Véase, igualmente, *Les Clavicules de Salomon*, Ms. 25314, pp. 32-33 y en *De Occulta Philosophia*, pp. 129-131. En esta última se incluyen referencias filosóficas.

nant à une connaissance plus parfaite de vous-même et de la sainteté du pouvoir qui nous est confié ? Répondez ?». Le récipiendaire s'inclinera alors ; le Vénérable se lèvera et, le faisant mettre à genoux, recevra son serment qui doit être celui de ne jamais révéler les mystères qui lui seront confiés et dévoilés, et d'obéir aveuglément à ses supérieurs.

Après ce serment, le Vénérable lui frappera trois coups de son glaive sur l'épaule droite en disant : « Par le pouvoir que je tiens du Grand Fondateur de notre ordre, et par la grâce de Dieu, je vous confère le grade de compagnon et vous constitue gardien des nouvelles connaissances auxquelles nous allons vous faire participer sous les noms sacrés d'*Hélion, Mélion, Tétragrammaton* ».

Lorsque le Vénérable prononcera ces noms, les assistants se mettront à genoux et inclineront profondément la tête : à chacun de ces noms le Vénérable frappera d'un coup de son glaive l'épaule droite du candidat ; cela fait, les assistants se lèveront et viendront entourer le récipiendaire, qui demeurera toujours à genoux pour se pré parer à recevoir la matière.

Alors, le Vénérable, prenant dans la cuiller de cristal une cuillerée du liquide rouge contenu dans l'un des vases, l'approchera de la bouche du récipiendaire qui boira ce vin en élevant son esprit pour comprendre le discours suivant que lui fera en même temps le Vénérable :

« Mon enfant, vous recevez la première matière : comprenez l'aveuglement et la

zando un conocimiento profundo de vos mismo y de la santidad del poder que se nos ha confiado? Responded…». El recipiendario se inclinará, entonces, el Venerable se levantará y, arrodillándose, recibirá su juramento de no revelar jamás los misterios que le han sido confiados y la obediencia incuestionable a sus superiores.

Después de este juramento, el Venerable le golpeará tres veces con su espada en el hombro derecho, diciendo: «Por el poder que ostento del Gran Fundador de nuestra orden, y por la gracia de Dios, os confiero el rango de compañero y os constituyo guardián de los nuevos conocimientos en los que os vamos a hacer partícipe bajo los nombres sagrados de *Hélion, Mélion, Tetragrammaton*».[200]

Cuando el Venerable pronuncie estos nombres, los asistentes se arrodillarán e inclinarán la cabeza con humildad: a cada uno de estos nombres el Venerable golpeará el hombro derecho del candidato con un golpe de su espada; hecho esto, los presentes se levantarán y rodearán al recipiendario, que permanecerá siempre de rodillas preparándose para recibir la materia.

Entonces el Venerable, tomando con la cuchara de cristal una cucharada del líquido rojo contenido en uno de los vasos, lo llevará a la boca del recipiendario y este beberá el vino, elevando su espíritu, para comprender el siguiente discurso que al mismo tiempo pronunciará el Venerable:

«Hijo mío, estáis recibiendo la materia prima: comprended la ceguera y el aba-

---

[200] Esta invocación hebrea (העליון מעליון יהוה) se traduce como «El Altísimo de lo sublime es Jehová» y sirve como protección ante los demonios y durante los rituales de teúrgia.

déjection de votre premier état : alors, vous vous ignoriez vous-même, tout était très bon en vous et hors de vous ; maintenant que vous avez fait quelques pas dans la connaissance de votre individu. Apprenez que le grand Dieu a créé avant l'homme cette première matière et qu'il a créé ensuite l'homme pour la posséder et être immortel : l'homme en a abuse et l'a perdue ; mais elle existe toujours dans la main des élus de Dieu, et d'un seul grain de cette précieuse matière, se fait une projection à l'infini. L'acacia que l'on vous a nommé au degré de maître de la maçonnerie ordinaire, n'est autre chose que cette précieuse matière, et Adoniram assassiné est la particule liquide qu'il faut tuer avec ce poignard. C'est avec cette connaissance, qu'aidé du grand Dieu, vous parviendrez à ces richesses. »

Le Vénérable montre le vase plein de feuilles d'or qu'il disperse de son souffle et ajoute : **[40]** « Et ces richesses encore ne sont rien ». Les assistants répondent : *Sic transit gloria mundi.*
Le récipiendaire se lève ; et le Vénérable, en tenant la ceinture bleue, reprend la parole en ces termes : « Le grade auquel

timiento de vuestro primer estado, pues entonces erais ignorante de vos mismo, todo en vos y fuera de vos era muy bueno; ahora ya habéis dado algunos pasos en el conocimiento de vuestro ser profundo. Aprended que el gran Dios creó esta materia prima antes que el hombre y luego creó al hombre para que la poseyera y fuera inmortal, mas el hombre abusó de ella y la perdió. Pero aún existe en manos de los elegidos de Dios y de un solo grano de esta preciosa materia se hace una proyección hasta el infinito. La acacia que se os nombró en el grado de maestro de la masonería ordinaria no es otra cosa que esta preciosa materia, y Adoniram asesinado es la partícula líquida que hay que matar con este puñal. Es con este conocimiento, que, con la ayuda del gran Dios, alcanzaréis estas riquezas».[201]

El Venerable señala el vaso lleno de hojas de pan de oro que dispersa con su aliento y añade: «Y estas riquezas aún no son nada». Los presentes responden: *Sic transit gloria mundi.*[202]
El recipiendario se levanta; y el Venerable, sosteniendo la banda azul, reanuda el discurso con estas palabras: «El grado

---

[201] Resulta muy interesante este fragmento en el que se asocia la materia prima, la cual otorga la regeneración, con la acacia que se menciona en el grado de maestro y que denota la inmortalidad. La materia prima es la piedra filosofal que permite romper el tiempo y el espacio para el ser humano (*un seul grain de cette précieuse matière, se fait une projection à l'infini*) trascendiendo de su naturaleza material. Y así Cagliostro vuelve a unir la narración hermética-alquímica con la masonería esotérica de Martinès de Pasqually en tanto que el ser humano abusó de esta materia prima e incurrió en prevaricación perdiendo el derecho a poseer esta materia prima. Todo esto se relaciona, igualmente, con el necesario asesinato del maestro Adoniram que ya vimos en el grado de aprendiz para poder iniciar el proceso de transmutación alquímica y la creación infinita.

[202] «Así pasa la gloria del mundo». Este fragmento del ritual es uno de lo más efectistas y que nos muestra la intención de Cagliostro de trascender la alquimia operativa. Usando el pan de oro que se esparce y disuelve con el soplo del Venerable Maestro, se muestra que lo importante en el proceso alquímico no es el transmutar la materia ordinaria en oro, ni en poseer ese oro u otras riquezas, sino el llegar a comprender la naturaleza y su conexión con lo divino y el plano espiritual. El adepto alquimista, como el masón egipcio, busca algo más importante que es regenerar su espíritu y unirse a lo divino a través del *Opus Magnum.* Véase Fulcanelli, *Finis Floriae Mundi.*

nous vous élevons exigeant de nouveaux travaux, la couleur de cette ceinture en est l'emblème, qu'elle serve il vous rappeler sans cesse que vous devez désormais **[41]** renoncer il toutes les choses terrestres pour ne vous occuper que des célestes ». Il lui donnera les gants en disant : « Vous en connaissez déjà l'usage, leur bordure est la marque distinctive de vos progrès dans notre ordre. »

Le Vénérable ajoutera : « Mon enfant, nous avons des mots, des signes et des attouchements pour servir de ralliement entre nous et nos frères appartenant au Grand Fondateur. Votre grade se caractérise par la réponse : « Je suis » que vous ferez à la personne qui vous demandera Qui vous êtes ? L'attouchement consiste à prendre la main droite de celui qui vous interroge, en touchant votre cœur de la main gauche, et en inclinant la tête. Le signe est d'ouvrir la bouche, et d'aspirer et souffler fortement en regardant le ciel. **[42]** En enseignant ce signe au récipiendaire, le Vénérable aspirera et soufflera fortement sur lui A trois reprises en lui disant : « Et moi, de mon souffle, je vous sacre homme nouveau, homme totalement différent de ce que vous avez été jusqu'à ce jour, et tel que vous devez l'être par la suite. »

Le Vénérable finira par un court enseignement à sa volonté, et remettra le nouveau compagnon entre les mains de

al que te elevamos requiere un nuevo trabajo, sea el color de esta banda el emblema, que sirva para recordaros, en todo momento, que de ahora en adelante debéis renunciar a todo lo terrenal para solo ocuparos de los asuntos celestiales».[203] Dándole los guantes le dirá: «Ya conocéis el uso de ellos, su bordado es la marca distintiva de vuestro progreso en nuestra orden».

El Venerable añadirá: «Hijo mío, nos tenemos palabras, signos y toques que sirven de punto de encuentro entre nos y nuestros hermanos pertenecientes al Gran Fundador. Vuestro grado se caracteriza por la respuesta: «Yo soy» que daréis a la persona que os preguntase: «¿Quién sois vos?». El toque consiste en tomar la mano derecha de quien os pregunta, tocando vuestro corazón con la mano izquierda e inclinando la cabeza. El signo es abrir la boca, e inspirar y soplar con fuerza, con la mirada al cielo. Al enseñar este signo al recipiendario, el Venerable inhalará y soplará fuertemente sobre él Tres veces, diciendo: «Y yo, con mi hálito, os consagro como un hombre nuevo, un hombre totalmente diferente de lo que vos habéis sido hasta el día de hoy, y que sea así como deberéis ser de aquí en adelante».[204]

El Venerable concluirá con una breve enseñanza a su voluntad y entregará al nuevo compañero al orador, con la or-

---

[203] Este es el paso de la operación alquímica a la operación teúrgica. Es muy importante porque el compañero irá dejando progresivamente lo terrenal y sus procesos para adentrarse en los aspectos espirituales y teúrgicos. Estos últimos serán el punto constitutivo del grado de maestro de la masonería egipcia.

[204] La instrucción de las palabras, los signos y los toques de compañero masón egipcio hace referencia a la acción de Dios en el Génesis que tras moldear (*yatsar* צָר) la creación insufla (*nafah* נָפַח) su espíritu y, por tanto, a la vida. Cf. Génesis 2: 7. Cagliostro intenta recuperar la idea que el hombre regenerado recupera la idea del que ser humano antes de la caída fue un hombre-Dios (*Adam-Réaux*). Cf. Martinès de Pasqually, *Traité*, §10. Tschoudy en *La Estrella Flameante* también se refiere a esto diciendo: «El soplo divino, el fuego central y universal que vivifica todo lo que existe». Tschoudy, *La Estrella Flameante*, p. 315.

l'orateur, avec ordre de lui expliquer le tableau à l'aide du Catéchisme.

Après le discours de l'orateur, le récipiendaire sera placé au bas de la loge en face du Vénérable et les frères, debout, chanteront le *Te Deum*. Cet hymne fini, le Vénérable reprendra la parole pour confirmer le discours de l'orateur, et après l'adoration a l'Éternel, fermera la loge.

[43] CATHECHISME DE COMPAGNON DE LA LOGE EGYPITIENNE

D : Êtes-vous compagnon ?

R : Je le suis, avec la preuve dans mon esprit.

D : Quelle est cette preuve ?

R : Ma croyance en Dieu, dans ses intermédiaires, dans la rose sacrée et la connaissance de moi-même.

D : Comment avez-vous pénétré dans le temple de compagnon, et qu'y avez-vous observé ?

R : Ce n'est qu'en tremblant que j'ose répondre sur une pareille matière, elle est si sublime, si fort au-dessus des connaissances ordinaires des mortels, que je n'en parle jamais, qu'avec réserve, et qu'avec crainte : augmentez mon courage et ma force par votre confiance ; j'en ai besoin pour pouvoir m'entretenir avec vous des grands mystères, que vous exigez que je vous développe.

den de que le explique el cuadro de logia con la ayuda del Catecismo.

Tras el discurso del orador, se situará al recipiendario al fondo de la logia, cara al Venerable y los hermanos que, en pie, cantarán el *Te Deum*.[205] Al concluir este himno, el Venerable tomará la palabra y confirmará el discurso del orador, tras la adoración al Eterno cerrará la logia.

CATECISMO DE COMPAÑERO DE LA LOGIA EGIPCIA

P: ¿Sois vos Compañero?

R: Lo soy, pues en mi espíritu se ha probado.[206]

P: ¿Cuál es esta prueba?

R: Mi creencia en Dios, en sus intermediarios, en la Sagrada Rosa y el conocimiento de mí mismo.

P: ¿Cómo penetrasteis vos en el Templo de compañero y qué es lo que allí observasteis?

R: No es sino con temblor que me atrevo a responder sobre tal tema, tan sublime es, tan por encima del conocimiento ordinario de los mortales está que jamás hablo de ello excepto con reserva y con temor: aumenta mi valor y mi fuerza por vuestra confianza, pues yo la necesito para poder hablar con vos sobre los grandes misterios que exigís que yo os desarrolle.

D : Puisque vous croyez à la rose sacrée, vous connaissez donc la première matière ?

R : Je ne saurais douter de son existence, mais j'ignore encore toute l'étendue de ses miraculeux effets.

D : Quel âge avez-vous ?

[44] R : Trente-trois ans avec l'espérance de revenir à l'âge puéril, et de parvenir à la spiritualité de l'âge 5557.

P : Avez-vous été assez heureux pour assister à la retraite des quarante jours ?

R : Non, mais j'en connais le motif et le but.

D : Quels sont-ils ?

R : Tout homme qui veut travailler avec fruit sur la philosophie naturelle et surnaturelle, doit bâtir dans son cœur un temple à l'Éternel et chercher à se régénérer non seulement physiquement mais encore moralement. Il faut qu'il emploie tous ses efforts pour devenir l'apôtre et le sacrificateur de la grandeur

P: Puesto que vos creéis en la Rosa Sagrada, ¿acaso conocéis vos la materia prima?[207]

R: No podría dudar de su existencia, pues todavía no conozco la extensión completa de sus efectos milagrosos.

P: ¿Qué edad tenéis vos?

R: Treinta y tres años con la esperanza de volver a la infancia, y de alcanzar espiritualmente la edad de 5557.[208]

P: ¿Habéis sido suficientemente dichoso para asistir al retiro de cuarenta días?

R: No, mas conozco el motivo y el propósito.

P: ¿Cuáles son?

R: Todo hombre que desee trabajar fructíferamente sobre la filosofía natural y sobrenatural debe construir en su corazón un templo para el Eterno y tratar de regenerarse no solo física sino moralmente también. Debe hacer todo lo posible para convertirse en apóstol y sacrificante a la grandeza y omnipotencia de

---

[207] La rosa sagrada hace referencia a la tradición rosacruz de la que tanto Cagliostro como los altos grados de la masonería toman parte de su tradición iniciática. La rosa simboliza al ser humano iniciado que ha florecido, en su máxima expresión y con el proceso de transmutación operando. Al estar florecido, el iniciado debe conocer la existencia de la materia prima alquímica, aún en este grado no se le ha mostrado todos sus secretos.

[208] El compañero en *Masonería Egipcia* se presenta como un iniciado completo en Rito Escocés Antiguo y Aceptado, es decir, un masón completo. Igualmente, los 33 años es la edad crística, pues la tradición cristiana indica que Jesús murió a esa edad. Tras eso el compañero, pide tener, según el calendario hebreo, la edad de 5557 que coincide, aproximadamente, con 1787 dos años después a la redacción de este documento. Haría referencia a la edad del mundo, es decir, al «eterno presente» en alusión al fragmento: «Yo no soy de ningún tiempo ni de ningún lugar; más allá del tiempo y del espacio mi ser espiritual vive una existencia externa. Vuelvo mis pensamientos sobre las edades y proyecto mi espíritu hacia una existencia mucho más allá de lo que percibes, me convierto en lo que yo elijo ser». Cf. Haven, 1912, p. 282. Seguramente todo esto es un aditamento posterior de Guillermet (1845) en una alusión al sistema escocista como pasaba con la otra referencia al 33.º del REAA. Véase [13]-[14]. En el manuscrito de la Gran Logia de Escocia no aparece este párrafo, mientras que en el Ms. 6871 si aparece, en concreto, en el fº 22.

et de la Toute-Puissance de Dieu ; il est obligé de plus de cacher et de rendre impénétrable son individu à tous les profanes. L'Éternel, en créant la matière première, l'a douée d'une telle perfection, qu'elle seule peut servir à prolonger les jours des mortels, ce s'accomplit par la retraite et le régime des quarante jours avec un ami pour la partie naturelle et physique. Quant à l'opération spirituelle ou surnaturelle, quarante jours sont également le temps déterminé et nécessaire pour perfectionner notre moral et nous faire parvenir à l'âge désiré. Cette régénération spirituelle consommée et parfaite, on n'aura plus besoin de la protection ou du secours d'aucun mortel, et on sera chef et **[45]** maître, et avec la continuation de la grâce de l'Éternel, on conserve cette puissance, tant qu'on se conforme scrupuleusement à ce que je vais vous enseigner naturelle, doit bâtir dans son cœur régénérer seulement.

D : Vous ayant une telle obligation, je crois inutile de vous assurer combien vous pourrez compter sur ma discrétion et mon exacte obéissance. Que le glaive de l'ange exterminateur me punisse si je manque à mon engagement !

Dios, y está obligado a ocultar tanto y hacer impenetrable su ser a todos aquellos que sean profanos.[209] El Eterno, al crear la materia prima, la dotó de tal perfección que solo ella puede servir para prolongar los días de los mortales, eso cumple mediante el retiro y el régimen de los cuarenta días con un íntimo para la parte natural y física. En cuanto a la operación espiritual o sobrenatural, cuarenta días es también el tiempo prescrito y necesario para perfeccionar nuestra moral y llevarnos a la edad deseada.[210] Con esta regeneración espiritual consumada y perfecta uno ya no necesitará la protección o ayuda de ningún mortal, él será responsable y maestro, y con la continuación de la gracia del Eterno, uno conserva este poder, siempre y cuando que uno se conforme escrupulosamente a lo que voy a enseñaros naturalmente, pues debe construir en su corazón la regeneración únicamente.[211]

P: Teniendo vos tal obligación, no creo yo inútil aseguraros a vos cuánto podéis contar con mi discreción y obediencia debida. ¡Que el acero del ángel exterminador me castigue si faltare a mi promesa!

---

[209] Aquí aparece la referencia a la imagen simbólica del cuadro de logia. Como se ha indicado en el estudio introductorio la masonería esotérica o espiritualista, incluido el Arco Real, opta por el símbolo del templo interno tras la destrucción del primer y segundo templo de Jerusalén. De forma muy similar, Louis Claude de Saint-Martin propondrá a lo largo de toda su obra algo similar con su vía cardiaca y que aparecerá explícitamente en una obra póstuma titulada *Le temple du coeur*. Cf. Vivenza, J.M. *L'église et le sacerdoce selon Louis Claude de Saint-Martin.* La Pierre Philosophale, Hyeres, 2014, pp. 181-227.

[210] El ritual volverá sobre el aspecto del retiro de cuarenta días describiendo el proceso desde [210] hasta [215]. En las tradiciones abrahámicas cuarenta días es un periodo de purificación profunda (Los cuarenta días de Moisés con Dios, cuarenta días de purificación de Jesús en el desierto, Ramadán más los diez días de *Sha'ban*). La edad deseada es precisamente esa edad más allá del tiempo, los 5557 años que aparecen en [44].

[211] Este es el concepto central y más importante de *Masonería Egipcia*. Cagliostro busca la regeneración del ser humano. La alquimia está dirigida a regenerar física y espiritualmente al ser humano. Esto estaría en consonancia con esa imagen que a menudo dan las narraciones de la época sobre Cagliostro y sus elixires de la «eterna juventud».

R : Je vous recommande de nouveau d'exécuter mot à mot ce que je vais vous prescrire, car, en suivant à la lettre la méthode et les règles de notre fondateur, vous ne pourrez jamais errer. Voici ces sept commandements :

1° Hors du temple il ne faut jamais rien entendre ni interpréter que physiquement, tandis que dans le temple, vous entendrez tout moralement et rien physiquement.

2° Jamais, sous quelque prétexte que ce soit, on ne pourra faire aucune question sur un objet puéril, vain curieux, fît-ce même pour l'avantage du moral ou du physique.

3° Il est défendu expressément d'interroger ou faire interroger des personnes mortelles, ou passées à l'immortalité, sur aucun point qui puisse blesser la délicatesse ou nuire à la société.

4° Étant maître agissant, on ne pourra jamais, sous quelque motif que ce **[46]** puisse être, faire aucune espèce de questions ni connues, ni intérieures. Selon notre Fondateur celle de celui qui fait demande ayant ordonné formellement que toute question demandée soit clairement énoncée, articulée, sans exception ni réserve, de manière que tous les assistants puissent l'entendre et comprendre.

R: Os recomiendo, de nuevo, que cumpláis palabra por palabra lo que voy a prescribiros, porque siguiendo al pie de la letra el método y las reglas de nuestro fundador jamás podréis equivocaros. Estos son los siete mandamientos:

1° Fuera del Templo jamás debéis oír ni interpretar nada que no sea físicamente, mientras que en el templo lo oiréis todo moralmente y nada de forma física.

2° Jamás, bajo ningún pretexto, no se podrá formular pregunta necia alguna sobre un objeto, ni vana o ni curiosa, ni siquiera en beneficio de lo moral o de lo físico.

3°. Queda expresamente prohibido interrogar o hacer interrogar a personas mortales, o que ya hayan pasado a la inmortalidad, sobre cualquier punto que pueda ofender la sensibilidad o perjudicar a la sociedad.[212]

4°. Estando un maestro operando la Obra, no se podrá jamás, por ningún motivo, hacer ningún tipo de pregunta, ni conocida ni interna. Según nuestro Fundador, del por qué se hace la petición, pues ha ordenado formalmente que toda pregunta formulada sea expuesta claramente, articulada, sin excepción ni reserva, para que todos los presentes puedan oír y comprender.[213]

---

[212] Es muy interesante que se prohíba expresamente en los reglamentos la mediumnidad si esta puede perjudicar a la sociedad. Cagliostro está precisamente pensando en la nigromancia o en el uso de espíritus para la magia negra.

[213] La discreción y la obediencia, como en masonería simbólica, son normas básicas. Y el Templo se convierte en un espacio sagrado, quizás en el único que se puede interpretar y operar la realidad simbólica. Con todo esto, Cagliostro traza una distinción clara entre lo sagrado y lo profano. Por eso, es tan importante el respeto, sin preguntas o interferencias, al tiempo y al espacio sagrado que protege la operación del mundo profano y material.

5° Les travaux de l'ordre, étant consacrés à l'Éternel, chaque individu, par respect, gardera le célibat le jour qui précédera celui de l'opération.

6° Si par préjugés ou faiblesse, un frère se trouve affecté ou tourmenté d'un scrupule, il sera obligé de recourir sur-le-champ au chef de son atelier pour en obtenir l'explication et la tranquillité.

7° Comme tout ce qui se traite dans le temple n'est que moral, il faut, en y entrant, se dépouiller de toute idée physique, élever de toutes ses forces, son esprit à l'Éternel.

Telle est la disposition qui peut nous rendre dignes de profiter du langage et des leçons des immortels.

D : La pratique de ces commandements me suffit-elle ?

R : Si, continuant de vous bien conduire, vous attendez patiemment le temps fixé de votre grade ; si après avoir brisé vos chaînes, et pénétré dans l'intérieur de notre sanctuaire sacré, vous obtenez une place d'Élu; vous pourrez alors espérer de mériter la grâce de devenir maitre agissant, et de voir couronner tous vos désirs.

[47] D : Quels sont dans cet instant la conduite que je dois tenir et les travaux dont je dois m'occuper ?

R : Obéissez sans murmure et avec zèle

5° Al estar los trabajos de la orden consagrados al Eterno, cada ser, por respeto, guardará celibato el día anterior al de la operación.[214]

6° Si, por prejuicios o por debilidad, un hermano se encontrase afectado o atormentado por un temor, estará obligado a recurrir al responsable de su taller para obtener una explicación y tranquilidad.

7° Como todo lo que se trata en el templo es solo moral, es necesario, al entrar, despojarse de todas las ideas físicas, y elevar el espíritu con todas las fuerzas hacia lo Eterno.

Tal es la disposición que puede hacernos dignos de beneficiarnos del lenguaje y de las lecciones de los inmortales.

P: ¿Os satisface la práctica de estos mandamientos?

R: Si, continuad con buen camino, esperad pacientemente el tiempo señalado en vuestro grado; si, habiendo roto vuestras cadenas y penetrado en el interior de nuestro sagrado santuario, obtenéis un lugar como elegido[215]; vos podréis así esperar la gracia de convertíos en maestro que opera la Obra, y ver coronados todos vuestros deseos.

P: ¿Cuál es la conducta que debo seguir en este momento y el trabajo al que debo atender?

R: Obedeced las órdenes de vuestro res-

---

[214] La abstinencia sexual antes de la operación es un tema interesante. Aparece, a menudo, en la literatura esotérica y en la tradición abrahámica, como ocurre en las fechas de Ramadán o *Yom Kippur*, con alta carga simbólica y espiritual. Normalmente está asociada a poder conservar una parte de poder y pureza antes de una operación teúrgica o alquímica. Véase el artículo primero del *Estatuto Secreto de los Réaux-Croix* en el *Manuscrito de Argel* Cf. Ms. FM4 1282, f° 43.

[215] Véase el cuadro de logia de maestro masón egipcio [57].

aux ordres de votre chef, et donnez-lui sans cesse des preuves de votre respect et de votre confiance en Dieu, de votre attachement pour notre ordre, et de votre amour pour votre prochain. Redoublez vos efforts pour vous purifier, non par des austérités, des privations ou des pénitences extérieures : ce n'est pas le corps qu'il s'agit de mortifier et de faire souffrir ; ce sont l'âme et le cœur qu'il faut rendre bons et purs, en chassant de votre intérieur tous les vices, et vous embrasant de l'amour de la vertu. Appliquez-vous à développer les grands mystères renfermés dans les cercles des quatre points cardinaux, car, sans cette connaissance, vous ne parviendrez jamais à celle qui vous est indispensable, pour savoir les noms et les chiffres des êtres qui sont places sur les angles de l'étoile sacrée, et qui sont les chefs de chaque hiérarchie.

Ressouvenez-vous pour toujours, que quelque grandes et puissantes que soient ces créatures spirituelles, ainsi que les hommes devenus immortels, ou passés à l'immortalité vous deviendriez idolâtre et coupable envers Dieu, si vous ne donniez jamais à aucun d'eux une marque d'adoration. Il n'y a qu'un être suprême, qu'un seul Dieu éternel : il est tout, il est [48] l'unique qu'il faut aimer et servir, tous les êtres, soit spirituels, soit immortels, qui ont existé, qui existent, et qui existeront, sont ses créatures, ses sujets, ses serviteurs et ses inférieurs.

Observez avec soin les mouvements, la

ponsable sin murmurar y con celo, y daréis constantes pruebas de vuestro respeto y confianza en Dios, de vuestro apego a nuestra orden, y de vuestro amor por el prójimo. Redoblad vuestros esfuerzos para purificaros, no mediante austeridades, privaciones o penitencias externas. No es el cuerpo el que hay que mortificar y hacer sufrir; es el alma y el corazón los que hay que hacer buenos y puros expulsando de vuestro interior todos los vicios y abrasándoos en el amor a la virtud.[216] Aplicaos para desarrollar de los grandes misterios contenidos en los círculos de los cuatro puntos cardinales, pues sin este conocimiento nunca alcanzareis lo que os es indispensable, para conocer los nombres y las figuras de los seres que están colocados en los puntos de la estrella sagrada, y que son los responsables de cada jerarquía.

Recordad siempre que por grandes y poderosas que sean estas criaturas espirituales, así como los hombres que se han hecho inmortales, o han pasado a la inmortalidad, os volveréis idólatras y culpables para con Dios, si alguna vez dais a alguno de ellos una señal de adoración. No hay más que un ser supremo, un solo Dios eterno: Él lo es todo, Él es el único que debe ser amado y servido por todos los seres, ya sean espirituales o inmortales, que han existido, que existen y que existirán, son sus criaturas, sus súbditos, sus servidores y sus inferiores.[217]

Observad atentamente los movimien-

---

[216] Cagliostro no cree que el problema sea el cuerpo. Su método descarta la mortificación y la vía purgativa, para hacer una transformación profunda a nivel espiritual con el símbolo del corazón como órgano localizable.

[217] Esta afirmación entra dentro de la tradición mística abrahámica, es monoteísta y presenta el exclusivismo divino más cerca, quizás del islam y del judaísmo que del cristianismo católico. De nuevo, Cagliostro presenta una crítica a la Iglesia Católica.

position et les paroles du Maître agissant lorsqu'il opère. Remarquez le coup de pied droit, qu'il frappe à terre, le souffle parfait qu'il donne, le front noble et majestueux avec lequel il se présente, la force et l'énergie avec lesquelles il s'exprime.

D : Pourquoi cette position dans le Maître agissant ? Est-elle nécessaire ?

R : Parce que l'homme ayant été créé par Dieu à son image, il a la supériorité sur toutes les autres créatures, parce que lorsqu'il opère, il fait alors usage du grand pouvoir que Dieu lui a accordé, et que, s'il ne doit jamais agir avec orgueil, il faut néanmoins qu'il fasse connaître par la grandeur et la noblesse de ses actions, sa persuasion, son triomphe et sa gloire. Ce n'est point la fierté de l'orgueil qu'il annonce : c'est la noblesse, la fermeté et la dignité qui inspirent la confiance. N'imitez jamais, et méfiez-vous de ces hommes hypocrites qui, toujours à genoux, les yeux baissés, et le corps courbé, ne parlent qu'avec exclamations et n'agissent qu'avec bassesse ; le respect et la douceur sont sur leurs lèvres tandis que l'insolence, l'envie et l'orgueil sont dans leur cœur.

D : Que signifie le coup de pied droit à terre ?

R : Que le maitre agissant élève dans cet

tos, la posición y las palabras del Maestro mientras ejecuta la Obra. Fijaos en el pie derecho que golpea, en la respiración perfecta que tiene, en la frente noble y majestuosa con que se presenta, en la fuerza y energía con que se expresa.[218]

P: ¿Por qué esta posición en el Maestro está operando la Obra? ¿Es necesaria?

R: Porque el hombre, habiendo sido creado por Dios a Su imagen, tiene superioridad sobre todas las demás criaturas, porque cuando opera la Obra, entonces hace uso del gran poder que Dios le ha concedido, y aunque nunca debe actuar con orgullo, sin embargo, debe darse a conocer por la grandeza y nobleza de sus acciones, su persuasión, triunfo y gloria. No es la orgullosa soberbia lo que anuncia: es la nobleza, la firmeza y la dignidad lo que inspira confianza. No imitéis jamás y guardaos de esos hipócritas que siempre de rodillas con los ojos bajos y el cuerpo encorvado, solo hablan con exclamación y actúan con bajeza. El respeto y la dulzura están en sus labios mientras que la insolencia, la envidia y el orgullo están en sus corazones.[219]

P: ¿Qué significa el golpe del pie derecho en el suelo?

R: Que el maestro que esté operando la

---

[218] La actitud del maestro operando la Obra se asemeja a la actitud de una práctica meditativa como el yoga. lo interesante es que Cagliostro no desprecia lo material, siguiendo la línea de la Iglesia o la de la filosofía cartesiana, sino que invita a que sirva como vehículo para trascender lo múltiple. La *Gran Obra* (*Opus Magnum*) solo puede concluirse en un cuerpo purificado y alineado con el espíritu.

[219] En este párrafo se vuelve a ahondar en la naturaleza adámica y, sobre todo, en la actitud de prevaricación que conduce a la caída. Son los riesgos de la operación con la filosofía sobrenatural, teúrgia y alquimia espiritual, en los que el ser humano se identifica con el rol de Dios y puede cambiar los fines del conocimiento a través de estos mecanismos. Cagliostro previene de la hipocresía espiritual y de los peligros del viaje iniciático.

instant son esprit à l'Éternel, et qu'il tend à se dépouiller de sa partie physique pour ne s'occuper que de son moral.

Obra en ese momento eleva su espíritu al Eterno, y que tiende a despojarse de su parte física para atender solo a su moral.

[49] D : Pourquoi élève-t-il la main droite avec les doigts écartés, et laisse-t-il la gauche en arrière ?

P: ¿Por qué levanta la mano derecha con los dedos extendidos y deja atrás la izquierda?

R : Pour faire connaître aux assistants que lorsque l'Être suprême se détermina à agir sur le chaos, il prit cette attitude.

R: Para hacer saber a los presentes que cuando el Ser Supremo determinó actuar sobre el caos, tomó esta actitud.[220]

D : A quoi servent le souffle et la parole *Heloym* ?

P: ¿Cuál es el propósito del insuflar y de la palabra *Heloym*?

R : A vous apprendre que l'Éternel, par un pareil souffle et avec ce seul mot, donna la vie à l'immortalité à la matière première, aux intermédiaires et à l'homme. *Heloym* signifie : je veux et j'ordonne que ma volonté soit faite, et tout fut fait ainsi.

R: Para enseñaros que el Eterno, por tal aliento y con esta única palabra, dio vida a la inmortalidad a la materia prima, a los intermediarios y al hombre. *Heloym* significa: Yo quiero y ordeno que se haga mi voluntad, y así se hizo.[221]

D : Que signifie dans le tableau, le temple placé au milieu du cœur ?

P: ¿Qué significa en el cuadro de logia el templo en medio del corazón?[222]

R : Que ce n'est que dans votre cœur que vous devez élever un temple à l'Éternel.

R: Que solo en tu corazón debes elevar un Templo al Eterno.

D : Pourquoi le soleil et la lune observent-ils ce cœur ?

P: ¿Por qué el sol y la luna observan este corazón?

R : Pour vous apprendre que vous ne serez parfait qu'après que votre physique aura été purifié par le feu céleste contenu dans la première matière.

R: Para enseñaros a vos que no seréis perfecto hasta que vuestro físico no haya sido purificado por el fuego celestial contenido en la materia prima.[223]

---

[220] Esta es una manifestación iconográfica que se conoce como *Dextera Domini* (Derecha del Señor) en la tradición cristiana medieval y que relacionan con varios pasajes bíblicos: Ex 3:19-20; Sal 19: 17; Sal 79:16-18; Sal 117: 16. Progresivamente irá desapareciendo de la iconografía cristiana.

[221] Esta es una interpretación muy subjetiva y alegórica de la palabra *Heloym* cuando, como ya hemos indicado, se refiere al nombre hebreo *Elohim* (אֱלֹהִים). Es un plural mayestático y superlativo —al que autores contemporáneos de Cagliostro dan mucha importancia como, por ejemplo, Emmanuel Swedenborg en *Arcana Coelestia*— que se refiere a la manifestación poderosa del Dios de Israel. Lo que parafrasea Cagliostro es la acción de *Elohim*, fundamentalmente, en el libro del Génesis.

[222] Véase [34].

[223] Es un símbolo de la trascendencia del ser humano del microcosmos (materialidad) al macro-

D : Quel est le motif de l'assassinat de Mercure par un Maître ?

[50] R : C'est l'emblème de la première opération physique absolument nécessaire et indispensable.

D : Que signifient les trois espèces de pierres ?

R : Qu'avant que la première matière soit parfaite il faut qu'elle ait éprouvé trois différents changements.

D : Quel est l'usage, et pourquoi dois-je toujours porter un vêtement talare ?

R : L'homme s'étant régénéré moralement et physiquement, il recouvre le grand pouvoir que la privation de son innocence lui avait fait perdre. Ce pouvoir lui procure des visions spirituelles, et dans la première il reconnaît que le vêtement physique de tout mortel, consacré à l'Éternel, doit être l'habit talare. Tel est celui que dans toutes les religions et dans tous les temps ont porté les sacrificateurs, les prêtres, ou les hommes dévoués à Dieu profanes, elle ne l'est pas pour nous. Pour que le nôtre mais si la forme des vêtements est suffisante pour les soit parfait, et devienne sacré, il faut qu'il ait été béni et consacré par les êtres spirituels et intermédiaires qui sont entre Dieu et nous.

D : Comment pourrai-je parvenir à faire consacrer celui dont je suis revêtu ?

R : En vous rendant digne de le porter et d'être témoin de la communication entre l'homme et les intermédiaires.

P: ¿Cuál es el motivo del asesinato de Mercurio por un Maestro?

R: Es el emblema de la primera operación física absolutamente necesaria e indispensable.[224]

P: ¿Qué significan las tres clases de piedras?

R: Que antes de que la materia prima sea perfecta debe haber sufrido tres cambios diferentes.

P: ¿Para qué sirve y por qué debo llevar siempre una hábito talar?

R: El hombre, habiéndose regenerado moral y físicamente, recupera el gran poder que la privación de su inocencia le había hecho perder. Este poder le procurará visiones espirituales, y en la primera reconocerá que la vestidura física de todo mortal, consagrado al Eterno, debe ser el hábito talar. Sea esta la prenda que en todas las religiones y en todos los tiempos han llevado los sacrificantes, los sacerdotes o los hombres devotos de un Dios profano, eso no lo es para nos. Para que el nuestro sea perfecto y llegue a ser sagrado hace falta que haya sido bendecido y consagrado por los seres espirituales y los intermediarios que están entre Dios y nos.

P: ¿Cómo podría estar consagrado esto con lo que se me ha revestido?

R: Haciéndoos dignos de llevarlo y de ser testigos de la comunicación entre el hombre y los intermediarios.

---

cosmos (espiritualidad). El ser abrasado por el fuego celestial es la transmutación que constituye el centro de este ritual.

[224] Véase para este párrafo y los siguientes [2] y [7] y sus notas correspondientes. El *ignis mercurialis* (el fuego mercurial o la combustión del mercurio) es el iniciador del proceso alquímico.

[51] D : Quel est le lieu de ce commerce céleste entre les êtres spirituels et l'homme ?

R : L'intérieur du Temple où vous acquérez les plus grandes connaissances.

D : Je ne puis donc rien apprendre de plus dans mon atelier ?

R : Non, mais voici ce qu'il m'est permis d'ajouter pour votre consolation. Le terme de vos travaux de compagnon expiré et votre bonne conduite prouvée, vous serez admis dans l'intérieur du Temple, vous y trouverez un chef revêtu de l'autorité et du pouvoir suprême, il vous purifiera selon les lois du fondateur, et fera la consécration de toutes les choses qui vous seront nécessaires.

----

[52] Hoja en blanco

----

[53] RECEPTION DE MAITRE DE L'INTERIEUR DE LA LOGE EGYPTIENNE

PREPARATION DE LA LOGE

La loge doit être décorée en bleu céleste et or ; elle sera décente, bien ornée, bien éclairée.

Le trône élevé sur trois marches et pouvant contenir deux personnes représentant Salomon et le roi de Tyr. A leurs pieds sera placé un coussin bleu galonné en or avec 4 houppes ou glands également en or et, sur le coussin, l'épée ou le glaive, ayant la garde ou le manche en argent doré et la lame plate aussi en ar-

P: ¿Cuál es el lugar donde se realiza el intercambio celeste entre los seres espirituales y el hombre?

R: El interior del Templo donde vos adquiristeis el gran conocimiento.

P: ¿Entonces nada más puedo aprender en mi taller?

R: No, pero esto es lo que puedo añadir para vuestro consuelo. Cuando el término de vuestro trabajo como compañero haya expirado y vuestra buena conducta haya sido probada, seréis admitido en el interior del Templo. Allí encontraréis a aquel que con suprema autoridad y poder, os habrá de purificar de acuerdo con las leyes del Fundador, y serán consagradas todas las cosas que a vos os sean necesarias.

Hoja en blanco

RECEPCIÓN DEL MAESTRO INTERIOR DE LA LOGIA EGIPCIA

PREPARACIÓN DE LA LOGIA

La logia debe estar decorada en azul celeste y oro[225]; debe ser digna, bien decorada e iluminada.

El trono se elevará sobre tres peldaños y tendrá capacidad para dos personas que representarán a Salomón y al Rey de Tiro. A sus pies habrá de colocarse un cojín azul trenzado en oro con cuatro borlas también en oro y sobre el cojín la espada o el acero, la cual tendrá la guarda o empuñadura en plata dorada y la hoja plana

----

[225] Véase *Ritual E.O.T,* p. 19.

gent doré avec les sept planètes gravées sur chaque côté.

Le tapis du trône en bleu frangé d'or ; derrière, au-dessus de la tête du Vénérable, sur une étoffe de soie bleue, il y aura une étoile à sept pointes dans le milieu de laquelle sera le nom de Jéhovah, l'un et l'autre brodés en or, cette étoile sera environnée de rayons brodés en paillettes d'or.

On préparera pour le récipiendaire un grand cordon rouge, des gants bordés de la même couleur, et un tablier de peau blanche doublé et bordé de satin couleur de feu ; il y aura quatre rosettes de même couleur aux quatre coins, et dans le milieu un globe d'or, traversé par le zodiaque avec les signes des sept planètes brodées en soie.

[54] Ce globe sera dans l'étoile flamboyante à sept angles faits avec un petit galon d'argent.

TABERNACLE

Le tabernacle sera au-dessus du trône, en face ; extérieurement, il sera caché par une grande gloire dont les rayons seront en bois dore.

Du côté droit une petite fenêtre fermant à coulisse ; du côté gauche, une porte avec un petit escalier, donnant dans la chambre. On se conformera pour les dispositions, les dimensions et les mesures, à celles du tabernacle de la mère Loge.

también en plata dorada con los siete planetas grabados a cada lado.[226]

La alfombra del trono de color azul orlada de oro; detrás, sobre la cabeza del Venerable, en un paño de seda azul, se dispondrá de una estrella de siete puntas en cuyo centro estará el nombre de Jehová, ambos bordados en oro, esta estrella estará rodeada de rayos bordados en lentejuelas de oro.

Se preparará para el recipiendario una gran banda roja, guantes ribeteados del mismo color y un mandil de piel blanca forrado y ribeteado de raso del color del fuego; en las cuatro esquinas habrá cuatro rosetas del mismo color y en el centro un globo terráqueo de oro, atravesado por el zodíaco con los signos de los siete planetas bordados en seda.

En este globo estará en la estrella flamígera de siete puntas hechos con una pequeño galón en plata.

TABERNÁCULO[227]

El tabernáculo estará encima del trono, frente a él; exteriormente, estará oculto por una gran rompimiento de gloria cuyos rayos serán de madera dorada.

A la derecha, una pequeña ventana con un cierre corredizo; a la izquierda, una puerta con una pequeña escalera de acceso a la cámara. Allí se conformarán las disposiciones, dimensiones y medidas se ajustarán a las del tabernáculo de la logia madre.[228]

---

[226] La práctica de grabar en la hoja de la espada los sellos para convertirla en ritual aparece comúnmente en la tradición esotérica occidental. Véase *Les Clavicules de Salomon,* Ms. 25314, p. 52.

[227] Es la parte más importante del espacio de la logia en el grado de Maestro. Representa el *Sancta-Sactorum* o *Kadosh kadoshim* del Templo.

[228] Se refiere a la logia madre de Estrasburgo fundada en 1780. Desafortunadamente no ha que-

TABLEAU

Au haut de ce tableau, sera représenté un phénix dans le milieu d'un bâcher enflammé ; au-dessous du phénix, un glaive en sautoir avec le caducée de Mercure. Par dessous ce glaive et le caducée, d'un côté le Temps figuré par un homme vieux, grand et robuste, ayant de grandes ailes aux Épaules ; et de l'autre, en opposition, un maçon décoré en maitre avec frac vert, veste et culotte, et bas tigrés ; les bottes à la hussarde, le cordon rouge, et un glaive à la main droite, paraissant couper les ailes Temps ; aux pieds de ce maçon un sablier renverse [55] et la faux du Temps brisée.

HABILLEMENT DES VENERABLES

Les deux chefs, ou Vénérables, seront vêtus d'un talare blanc avec une étole bleu céleste bordée d'un petit galon d'or et ayant sur toute la longueur les noms des sept an... brodes en paillettes d'or. A l'extrémité des deux pointes de l'étole sera brodé de la même manière : chacune, le nom sacré de Dieu, terminé en dessous par une frange d'or. Le grand cordon rouge, avec la plaque, de droite à gauche ; cette plaque sera brodée, en paillettes d'argent, avec une rose dans le milieu portant à l'entour cette inscription : *Première matière* ; et pour devise : *Je crois à la rose*. Les cheveux épars, les pantoufles ou souliers blancs brodés et

CUADRO DE LOGIA

En la parte superior del cuadro habrá un fénix en medio de una pira en llamas. Sobre este ave fénix una espada en aspa con el caduceo de Mercurio. Por encima de estas está el Tiempo, representado por un anciano, alto y robusto, con grandes alas y en el lado opuesto habrá un masón decorado como Maestro, con una gran frac verde, chaqueta, calzones, medias atigradas, las botas de húsar, con la banda roja y en su diestra una espada, la cual parece dispuesta a golpear o cortar las alas del Tiempo. A los pies de este masón hay un reloj de arena y la guadaña del tiempo ambas invertidas.[229]

VESTIMENTA DE LOS VENERABLES

Los dos responsables, o Venerables, irán vestidos con un hábito talar blanco, con una estola azul celeste ribeteada con un pequeño galón dorado y con los nombres de los siete an...[230] bordados en lentejuelas de oro a lo largo. En el extremo de las dos puntas de la banda se bordará de la misma manera: en cada una el nombre sagrado de Dios rematado por debajo con un fleco dorado. Llevarán una gran banda, con la placa, de derecha a izquierda; esta placa estará bordada, en lentejuelas de plata, con una rosa en el centro que llevará alrededor esta inscripción: *Materia Primera*, y por lema: *Yo creo en la rosa*. El cabello estará

---

dado documentación sobre ella.

[229] El cuadro de logia de maestro es una alegoría muy interesante en la que aparece un auténtico símbolo egipcio, el fénix (*bennu*), unido a la tradición hermética. El fuego del fénix termina en culminar la *Gran Obra* coronado por el atributo de Hermes y la espada. La descripción del tiempo y el masón —como en el grado de aprendiz— vuelve a coincidir con las vestimentas rituales de los *Élus Coën*, véase [2] y nota respectiva. En este grado, tras la transmutación, el maestro egipcio puede cortar las alas al tiempo, Cronos, rompiendo las dimensiones físicas de tiempo y espacio para llegar a un estado más allá del tiempo, un *kairos*. El maestro masón egipcio ya no está en el mundo mundano, y de ahí que ni el reloj de arena ni la guadaña, que simboliza la muerte, estén invertidos.

[230] Ángeles.

noués, avec un ruban ou rosette bleue sans boucles.

Les deux Vénérables se feront habiller par les maîtres qui chanteront pendant ce temps le *Te Deum*. Le grand inspecteur est celui qui doit diriger et présider cette cérémonie, parce qu'elle est spécialement sous son inspection. Dans l'endroit le plus voisin de la chambre intérieure il y aura un cabinet qui sera celui destiné pour habiller les deux Vénérables.

[56] DISCIPLINE POUR LES MAITRES

La Loge ou chambre intérieure contiendra au moins douze personnes, sans compter les deux Vénérables. Les Vénérables Maitres agissants porteront les noms d'Alexandre l, II ou III, selon la date et l'ancienneté de leur consécration.

Chacun des douze maitres portera les noms de l'un des douze prophètes suivants et sera vêtu avec l'uniforme désigné dans le tableau.

Samuel	Jérémie
Salomon	Ezéchiel
Elie	Daniel
Elisée	Osée
Zacharie	Jonas
Isaïe	Amos

Le Vénérable donnera au récipiendaire le nom du prophète vacant, et il lui imposera l'obligation de le conserver toute sa vie, et de ne jamais en prendre ou signer d'autres lorsqu'il écrira ou travaillera dans une loge [57] de notre rite. A son nom par exemple de Samuel, il ajoutera de la loge première s'il est de la loge mère de Lyon ; ou de la loge seconde s'il est de celle de Paris. Jamais aucun Maître n'étirera dans la chambre intérieure avec son

suelto, las zapatillas o zapatos blancos bordados y atados, con una cinta o roseta azul sin lazos.

Las dos Venerables serán vestidos por los Maestros quienes, durante ese momento, cantarán el *Te Deum*. El gran inspector es quien debe dirigir y presidir esta ceremonia, ya que está especialmente bajo su inspección. En el lugar más próximo a la cámara interior habrá un gabinete que será el destinado a vestir a los dos Venerables.

NORMAS PARA LOS MAESTROS

La Logia o cámara interior contendrá por lo menos doce personas, excluidos los dos Venerables. Los Venerables Maestros que operen llevarán los nombres de Alejandro I, II o III, según la fecha y antigüedad de su consagración.

Cada uno de los doce maestros llevará el nombre de uno de los doce profetas siguientes e irá vestido con el uniforme designado en el cuadro de logia:

Samuel	Jeremías
Salomón	Ezequiel
Elías	Daniel
Eliseo	Oseas
Zacarías	Jonás
Isaías	mós

El Venerable dará al recipiendario el nombre del profeta vacante, y le impondrá la obligación de conservarlo toda su vida, y de no tomar ni firmar nunca otro cuando escriba o trabaje en cualquier logia de nuestro rito. A su nombre, por ejemplo, Samuel, añadirá de la primera logia si es de la logia madre de Lyon; o de la segunda logia si es de la de París. Jamás ningún Maestro entrará en la cámara interior con su sombrero o su bas-

chapeau ou sa canne ; ils y auront toujours la tête nue, et l'épée à la main ; il faudra que toutes les fois qu'il y aura une assemblée dans la chambre du milieu, les vénérables fassent choix de deux compagnons ou, à leur défaut, de deux apprentis pour garder et faire sentinelle, l'épée nue à la main, dans l'extérieur de la loge.

tón; tendrán siempre la cabeza desnuda, y la espada en la mano[231]; será necesario que siempre que haya una asamblea en la cámara del medio, el venerable elija dos compañeros o, en su ausencia, dos aprendices para vigilar y hacer centinela con la espada desnuda en la mano, en el exterior de la logia.

CHAMBRE DES REFLEXIONS

Les meubles et la décoration de cette chambre seront très gais. Le tableau représentera un jeune homme vêtu en compagnon ; il sera assis sur une pierre au milieu d'une A forêt, ayant l'air d'un homme fatigué plongé dans la méditation et les réflexions les plus profondes ; autour de lui, seront des chaînes rompues et des instruments de supplice brisés.

CÁMARA DE REFLEXIONES

El mobiliario y la decoración de esta sala serán muy alegres. El cuadro representará a un joven vestido de compañero; estará sentado sobre una piedra en medio de un bosque, con aspecto de hombre cansado sumido en la meditación y en las más profundas reflexiones; a su alrededor habrá cadenas rotas e instrumentos de tormento quebrados.

Les Furies paraîtront se retirer et l'abandonner ; il y aura un arc-en-ciel dans le haut, et au-dessus une pyramide, devant laquelle sera placé, debout, un maitre en uniforme avec son cordon. Il sera dans une attitude noble et fière, tenant son glaive à la main droite et le caducée de l'autre. Avec son [58] glaive, il fera un signe d'encouragement au compagnon pour l'engager à pénétrer dans la pyramide ; et avec le caducée il lui montrera l'arc-en-ciel composé des sept couleurs primitives. Le ciel sera pur et serein. Au bas du tableau seront gravées les paroles : *Vaincre ou mourir, réfléchis avant que d'entreprendre.*

Las Furias parecerán retirarse y abandonarle; habrá un arco iris en lo alto, y sobre él una pirámide, ante la cual se colocará, de pie, un maestro uniformado con su banda. Estará en actitud noble y orgullosa, sosteniendo su espada en la mano derecha y el caduceo en la otra. Con su espada hará una señal de ánimo al compañero para que entre en la pirámide; y con el caduceo le mostrará el arco iris compuesto por los siete colores básicos. El cielo será puro y sereno. En la parte inferior del cuadro estarán grabadas las palabras: *Vencer o morir, pensar antes de emprender.*[232]

---

[231] Es muy curioso porque, aun trabajando en un espacio sagrado, *Masonería Egipcia* no sigue las costumbres de los rituales simbólicos para cámara del medio con la obligación de cubrirse o, por ejemplo, como ocurre en el Régimen Escocés Rectificado, con el empleo de un tricornio, y en los *Élus Coën,* con el turbante.

[232] Estos tres párrafos son la conclusión de la transmutación que hace que las cadenas, las penurias y las furias se aparten del futuro maestro tras su trabajo alquímico como compañero. El maestro guía hacia la pirámide al recipiendario. Habiendo recogido los símbolos herméticos y haciendo el papel de tal, se ha convertido en un psicopompo —la función más reconocible de Hermes— que guía al recipiendario hacia la inmortalidad. *Vencer o morir, pensar antes de emprender* hace referencia a la filosofía neoplatónica de primar la inteligencia (*nous*), que procede de la primera hipos-

Aux quatre coins, il y aura quatre cercles formés par un serpent qui se mord la queue : au milieu de chaque cercle, sera la première lettre initiale de chacun des quatre points cardinaux. Le récipiendaire sera abandonné à ses réflexions et renfermé dans cette chambre au moins pendant une heure.

L'un des deux maîtres qui sera envoyé pour le retirer de cette chambre, lui fera un discours analogue et convenable pour expliquer clairement les emblèmes du tableau. Pendant le temps de ce discours, le compagnon sera à genoux. Le compagnon sera en talare, les cheveux défaits et revenant cacher une partie de son visage.

Avant de le faire sortir de la chambre des réflexions, les deux élus qui auront été désignés pour le préparer feront en sorte, par un discours étudié et des questions adroites, de découvrir s'il est rempli de patience et d'obéissance; ils pourront lui [59] donner à entendre que malgré le temps écoulé de son compagnonnage, les maitres ont encore besoin d'attendre quelques autres années avant que de l'admettre parmi eux; mais si à toutes ces feintes dissimulations le candidat prouve par ses réponses une résignation, une soumission et une obéissance complètes pour les supérieurs, les deux élus pourront lui donner l'espoir d'être agréé, et l'un d'eux se rendra dans la loge pour

En las cuatro esquinas habrá cuatro círculos formados por una serpiente que se muerde la cola: en el centro de cada círculo estará grabada la primera letra inicial de cada uno de los cuatro puntos cardinales.[233] Se dejará reflexionar al recipiendario, que permanecerá confinado en esta sala durante al menos una hora.

Uno de los dos maestros, que serán enviados para sacarlo de esta cámara, le dará un discurso análogo y adecuado con el fin de explicarle claramente los emblemas del cuadro de logia. Durante el tiempo de este discurso, el compañero estará de rodillas. El compañero vestido con hábito talar, con el cabello suelto y una parte ocultándole su rostro.

Antes de sacarlo de la cámara de reflexión, los dos elegidos que han sido designados para prepararlo descubrirán, mediante un discurso preparado y preguntas hábiles, si está lleno de paciencia y obediencia; podrán darle a entender que, a pesar del tiempo transcurrido desde su compañerazgo, los maestros aún deben esperar algunos años más antes de admitirlo entre ellos. Pero si ante todas estas fingidas disimulaciones el candidato prueba por sus respuestas una completa resignación, sumisión y obediencia a los superiores, los dos elegidos podrán darle esperanzas de ser aceptado y uno de ellos volverá a la logia para advertir a los Vene-

---

tasis de lo Uno y a la primacía del pensar sobre la acción. Véase el *Corpus Hermeticum*, I,11-12.

[233] El uroboros es un símbolo comúnmente asociado en Grecia y Egipto al eterno comienzo y destrucción, es decir, a la Gran Obra y su devenir en transmutación. Es un símbolo asociado con Hermes que C. G. Jung identificaba de la siguiente forma: «El uroboros de la alquimia griega, es un símbolo de *Mercurius* bien conocido. El devorador de su propia cola es el símbolo de la unión de los opuestos por excelencia y la ilustración alquímica de la expresión proverbial *extrêmes se touchent*. De este modo, el uroboros simboliza la meta del proceso, pero no el comienzo, la masa confusa o el caos, que no se caracteriza por la unión sino por la disputa de los elementos entre sí». Cf. Jung, OC, 14/2, § 375. Esta serpiente no es la misma que la que aparecerá más tarde como responsable de la caída y que encarna al maligno.

avertir les Vénérables des dispositions dans lesquelles il a laissé le candidat.

rables de las respuestas las cuales a dispuesto el candidato.

OVERTURE DE LA LOGE

APERTURA DE LA LOGIA

L'habillement des Vénérables étant achevé, la loge bien fermée et exactement bien visitée par le Grand Inspecteur, prendront leur place sur le trône, mais sans asseoir. Le Vénérable agissant dira :

Acabado el vestir de los Venerables, la logia debidamente cerrada y revisada por el Gran Inspector, ocuparán su lugar en el trono, pero sin sentarse. El Venerable en que actúe dirá:

« A l'ordre, mes frères, au nom du Grand Fondateur de notre ordre ; cherchons à agir et à travailler pour la Gloire de Dieu de qui nous tenons la sagesse, la force et le pouvoir et tâchons d'obtenir sa protection et sa miséricorde pour nous, pour les souverains et pour notre prochain. Joignez vos prières aux miennes pour implorer en ma faveur son secours et les lumières qui me sont nécessaires. »

«Al orden hermanos míos, en nombre del Gran Fundador de nuestra orden; procuremos actuar y trabajar para la Gloria de Dios de quien derivamos sabiduría, fuerza y poder, y esforcémonos por obtener su protección y misericordia para nos mismos, para los gobernantes y para nuestro prójimo. Unid vuestras plegarias a las mías para implorar su ayuda y la iluminación que necesito».

[60] Cela dit, les deux Vénérables sortiront au milieu de la chambre, et se retournant en face du nom de Jehova, ils se mettront à genoux ainsi que tous les assistants et le Vénérable agissant commencera l'invocation en ces termes :

Dicho esto, los dos Venerables saldrán al centro de la sala, y volviéndose hacia el nombre de Jehová, se arrodillarán junto con todos los presentes. El Venerable que esté operando comenzará la invocación en estos términos:

« O vous Grand Dieu, être suprême et souverain, nous vous supplions du plus profond de notre cœur en vertu du pouvoir qu'il vous a plu d'accorder à notre fondateur, de nous permettre de faire usage et jouir de la portion de grâce qu'il nous a donné en invoquant les sept an... qui environnent votre trône et de les faire opérer et travailler sans enfreindre vos ordres ni blesser notre innocence. »

«Oh tú, Gran Dios, Ser supremo y Soberano, nos os suplicamos desde lo más profundo de nuestro corazón en virtud del poder que has tenido a bien conceder a nuestro fundador, que nos permitas hacer uso y disfrutar de la porción de gracia que nos ha concedido invocando los siete an...[234] que rodean tu trono y que hagas que operen y trabajen sin violar vuestros mandatos ni dañar nuestra inocencia».

Cette prière finie, les deux chefs ainsi que les assistants se prosterneront le visage contre terre et y resteront jusqu'à ce

Concluida esta oración, los dos responsables, así como los asistentes, se postrarán con el rostro en tierra[235] y permane-

---

[234] Ángeles.

[235] La postración es otro símbolo común en las religiones abrahámicas. Tanto en el judaísmo (*hish-*

que le Vénérable donne un coup avec la main sur le parquet, ce qui servira de signe pour se relever et se mettre à sa place. Tout le monde étant assis, le Vénérable agissant fera un discours analogue à la circonstance en disant que l'époque de cinq ans de compagnonnage de frère tel... étant expirée, et que ce frère sollicite grâce d'être reçu maitre, il exige que tous lui donnent avec vérité et sur leur conscience leur opinion sur les mœurs, conduite du Candidat. Dans le cas où l'un des frères aurait à alléguer quelques motifs, **[61]** griefs ou plaintes contre lui, il les exposera sans détours et avec franchise aux yeux de toute l'assemblée, et les Vénérables décideront de son sort, soit pour l'admettre ou le rejeter. Mais si le consentement de tous est unanime en sa faveur, le Vénérable agissant choisira deux des élus pour se rendre dans la chambre de réflexions où sera le Candidat.

Lorsque le Vénérable aura été instruit par le retour de l'un de ses députés, de la bonne disposition du Candidat : il appellera le Grand Inspecteur et lui ordonnera d'aller chercher et introduire la colombe. Elle devra se trouver prête, et décemment vêtue dans une chambre ou cabinet le plus voisin, le Grand Inspecteur l'emmènera aux pieds du premier

cerán así hasta que el Venerable dé un golpe con la mano en el suelo, que servirá de señal para alzarse y ocupar su lugar. Estando todos sentados, el Venerable que opere pronunciará un discurso similar al circunstancial diciendo que habiendo expirado el período de cinco años de compañerazgo del hermano tal..., y que este solicita la gracia de ser recibido Maestro, requiere que todos le den con verdad y en conciencia su opinión sobre la moral, conducta del Candidato. En el caso de que alguno de los hermanos tenga que alegar algún motivo, agravio o queja contra él, lo expondrá clara y francamente ante los ojos de toda la asamblea, y los Venerables decidirán su suerte, admitiéndolo o rechazándolo. Pero si el consentimiento es unánime a su favor, el Venerable en funciones elegirá a dos de los elegidos para que vayan a la cámara de reflexión donde estará el candidato.

Cuando el Venerable haya sido informado, tras la vuelta de uno de sus diputados, de la buena disposición del candidato: llamará al Gran Inspector y le ordenará que traiga e introduzca la *colombe*.[236] La encontrará lista, y decentemente vestida en una habitación o gabinete más cercano, el Gran Inspector la traerá a los pies del primer Venerable,

---

tajvayā) —práctica diaria hasta hace mil años aproximadamente— como en el islam (*sujud*), además de la postración de la ordenación sacerdotal en el cristianismo católico, la contemplan. En la masonería esta práctica se conserva en algunos grados y ritos colaterales, como el Arco Real de Jerusalén.
[236] La *colombe* (lit. paloma) es la principal novedad de *Masonería Egipcia*. No hay constancia que aparezca en ningún otro rito o grado. Por otra parte, es un enlace con la figura de la *kórê* (mujer joven), pre-puber, que tiene un valor potencial de intermediadora como, por ejemplo, Perséfone en los misterios de Eleusis. Su estado de inocencia, aún sin cargas, le hace ser una mediadora entre lo divino y lo humano. En *Masonería Egipcia* la *colombe* es una muchacha o muchacho joven (véase [195]), virgen, símbolo de pureza, que jugará un papel muy importante en el ritual de maestro sin necesidad de que esté iniciada Cf. Haven, 1948, p. 62, n. 2. Simbólicamente la *colombe* representa la pureza y la simplicidad fundamental —con una fuerte impronta neoplatónica— para que, tras comunicarse con lo divino a través de la *colombe*, el recipiendario transmute en maestro a través de la teúrgia. Véase igualmente Martinès, *Traité*, §135.

Vénérable qui doit lui-même, ou son substitut, et non aucun autre, l'habiller, selon la forme prescrite qui est : l'habit talare blanc, les souliers également blancs, bordés et noués d'un ruban bleu céleste, une ceinture de soie' bleue, et le cordon rouge de droite à gauche. En l'habillant, le Vénérable lui dira :

« Par le pouvoir que le Grand Dieu a accordé à notre fondateur, et par celui que je tiens de lui, je te décore de ce vêtement céleste ».

Il lui fera ensuite un discours, conforme à la sainteté et à la grandeur du mystère qui va à succéder. Étant entièrement habillée, le Vénérable la fera mettre à genoux, puis prenant son épée, à la main, et en frappant l'épaule droite **[62]** de la colombe, il lui fera répéter mot à mot les paroles :

« Mon Dieu, je vous demande humblement pardon de mes fautes passées, et je vous conjure de m'accorder la grâce, d'après le pouvoir que vous avez donné à votre fondateur et qu'il a concédé à mon maître, d'une promesse d'agir et de me permettre de travailler selon son commandement et son intention ».

Le Vénérable donnera après, la création à la colombe en lui soufflant trois fois dessus ; il la consignera ensuite entre les mains du Grand Inspecteur qui la conduira dans le tabernacle. L'intérieur de celui-ci sera tout blanc ; il y aura une petite table sur laquelle seront placées trois bougies et un tabouret ; le Grand Inspecteur, après avoir accompagné la colombe, et l'avoir enfermée dans son tabernacle, il en ôtera la clé, qui devra être attachée à un long ruban blanc ; il la

quien él mismo, o su sustituto, y ningún otro, la vestirá, según la forma prescrita, que es: el hábito talar blanco, zapatos también blancos, ribeteados y atados con una cinta azul celeste, un cinturón de seda azul, y la banda roja de derecha a izquierda. Al vestirle, el Venerable le dirá:

«Por el poder que el Gran Dios ha concedido a nuestro fundador, y por el que yo ostento de él, te condecoro con esta vestidura celestial».

A continuación, le dirigirá un discurso acorde con la santidad y la grandeza del misterio va a ocurrir. Estando completamente vestida, el Venerable la hará arrodillarse, luego tomando su espada en la mano, y golpeando el hombro derecho de la *colombe*, la hará repetir palabra por palabra las palabras:

«Dios mío, os pido humildemente perdón por mis faltas pasadas, y os suplico que me concedáis la gracia, de acuerdo con el poder que vos disteis a vuestro fundador y que él concedió a mi maestro, la promesa de una operación y el permitirme trabajar de acuerdo según su mandato e intención».

A continuación, el Venerable entregará la creación a la *colombe* soplando tres veces sobre ella[237]; luego la entregará en manos del Gran Inspector, que la conducirá al tabernáculo. El interior de este será todo blanco; habrá una mesita sobre la que se colocarán tres velas y un taburete. El Gran Inspector, después de haber acompañado a la *colombe* y de haberla encerrado en su tabernáculo, sacará la llave, que deberá estar atada a una larga

---

[237] Es una emulación del acto de creación del ser humano que apareció en Génesis 2:7. Véase [42] y la nota siguiente.

présentera au Vénérable qui lui passera le ruban au col, il ira se placer, l'épée à la main, au bas de l'escalier, par où la colombe sera montée.

Le Vénérable agissant se relèvera et dira de nouveau : « A l'ordre mes frères ». Tous se mettront debout, et Vénérable allant au milieu de la chambre, se retournera en face du Tabernacle. Les cercles achevés et les paroles sacrées prononcées il se servira du pouvoir que le Grand C... lui a **[63]** donné pour obliger l'an.. An... et les six autres de comparaître aux yeux de la colombe, et lorsqu'il aura été averti par elle qu'ils sont en sa présence, le Vénérable la chargera, en vertu du pouvoir que Dieu a conféré au Grand Fondateur et que celui-ci lui a accordé, de demander à l'an... si le sujet proposé pour maître a les mérites et les conditions nécessaires pour être reçu oui ou non. Sur la réponse affirmative de l'an... à la colombe, les douze élus inclineront la tête, pour remercier la Divinité de la grâce qu'elle leur aura accordée, en se manifestant à eux, par l'apparition des sept ans... à la colombe.

Le Vénérable ordonnera à la colombe de s'asseoir ainsi que tous les membres de la loge, et il procédera à la réception du candidat.

Le Vénérable, de nouveau avec son glaive, frappe quatre cercles dans l'air aux quatre points cardinaux, en commençant par le Nord, le Midi, l'Orient et

cinta blanca; se la presentará al Venerable, quien le pasará la cinta, irá a colocarse, espada en mano, al pie de la escalera, por la que habrá subido la *colombe*.

El Venerable que esté operando se levantará y dirá de nuevo: «Al orden hermanos míos». Todos se pondrán en pie, y el Venerable que esté operando al centro de la cámara, se dará la vuelta y mirará hacia el Tabernáculo. Una vez completados los círculos y pronunciadas las palabras sagradas, utilizará el poder que le ha sido otorgado por el Gran C...[238] para convocar al an... An...[239] y a los otros seis a comparecer ante los ojos de la *colombe*, y cuando ésta le haya notificado que están en su presencia, el Venerable le encargará, en virtud del poder que Dios ha conferido al Gran Fundador y que él le ha concedido, que pregunte al an...[240] si el sujeto propuesto para Maestro tiene los méritos y condiciones necesarias para ser recibido sí o no. A la respuesta afirmativa del an...[241] a la *colombe*, los doce elegidos inclinarán la cabeza, para agradecer a la Divinidad la gracia que les habrá concedido, al manifestarse a ellos, por la aparición de los siete an...[242] a la *colombe*.

El Venerable ordenará sentarse a la *colombe* y a todos los miembros de la logia, y se procederá a la recepción al candidato.

El Venerable, de nuevo con su acero, trazará cuatro círculos en el aire en los cuatro puntos cardinales, comenzando por Norte, Sur, Este y Oeste; luego descri-

---

[238] Gran Copto.
[239] Ángel Anael.
[240] Ángel.
[241] Ángel.
[242] Ángeles.

l'Occident ; puis il en décrira un autre, au-dessus de la tête de chacun des assistantes et il finira par un dernier, en face de la porte. Il prendra ensuite le clou de l'art qu'il placera au milieu de la chambre auquel il tendra un cordon d'or qui servira, avec un morceau de craie blanche, à tracer sur le parquet un cercle de six pieds de diamètre destiné à y mettre le candidat.

Dans les 4 sections du cercle, il y aura des réchauds avec du feu **[64]** pour y brûler :

Au nord : de l'encens ;
Au midi : de la myrrhe ;
A l'Orient : du benjoin ;
A l'Occident : du baume du Pérou.

Au-dessous de ces réchauds seront tracés les quatre caractères connus des Vénérables. L'un d'eux demeurera assis et l'autre restera debout devant le trône avec le glaive à la main. A sa droite, se trouvera l'orateur tenant dans ses mains les quatre parfums.

Dans cette situation, le Vénérable agissant ordonnera au frère député de retourner à la chambre de réflexions pour y prendre le candidat, et l'amener jusqu'à la porte de la loge, en le plaçant entre lui et son confrère. Arrivés tous les trois à cette porte, l'un d'eux frappera un seul coup : le Vénérable l'ayant entendu il fera ouvrir les deux battants qui se referme-

birá otro, sobre la cabeza de cada uno de los asistentes y terminará con un último, frente a la puerta. Tomará entonces el clavo de *ars* y lo colocará en el centro de la sala, al que tenderá un cordón dorado, que servirá, con un trozo de tiza blanca, para trazar en el suelo un círculo de seis pies de diámetro, destinado a situar allí al candidato.[243]

En las cuatro secciones del círculo, habrá incensarios con fuego para quemar:

En el norte: incienso;
En el sur: mirra;
En el este: benjuí;
En el Oeste: bálsamo del Perú.

Debajo de estos incensarios estarán dibujados los cuatro caracteres conocidos por los Venerables.[244] Uno de ellos permanecerá sentado y el otro de pie ante el trono con el acero en la mano. A su derecha estará el orador con los cuatro perfumes en sus manos.

En esta momento, el Venerable que opere ordenará al hermano diputado que vuelva a la cámara de reflexión para traer al candidato y llevarlo a la puerta de la logia, colocándolo entre él y su compañero. Cuando los tres lleguen a esta puerta, uno de ellos dará un solo golpe: el Venerable, habiéndolo oído, abrirá las dos puertas, que volverán a ce-

---

[243] La primera parte son los círculos aéreos de los que se hablaban en [27]. La segunda parte es un círculo mágico trazado con tiza a la manera de los descritos en los libros de ocultismo o, por ejemplo, en los rituales de los *Élus Coën*.

[244] Los jeroglíficos (*hiéroglyphique*) o firmas son un elemento fundamental en la codificación del ritual de teúrgia. Sirven para ejecutar el advenimiento de un espíritu o proteger a la persona que está operando. Un ejemplo de estos glifos, en el contexto de los *Élus Coën*, puede ser el Ms. T4188. Una de las colecciones más fascinantes de firmas para operaciones teúrgicas con ángeles y espíritus firmada por Prunelle de Lière. Igualmente los podemos encontrar en las *Claviculas de Salomón*.

ront aussitôt que les trois personnes seront entrées. Les deux élus qui accompagneront le candidat, le conduiront jusque dans le milieu du cercle tracé où ils le laisseront et se retireront à leur place.

Le Vénérable agissant prononcera alors le discours commençant par « Homme » (etc.) ... et l'achèvera en disant au candidat que s'il désire sincèrement de parvenir à la connaissance du grand Dieu, de lui-même et de l'Univers, il faut qu'il se soumette à promettre et faire le serment de renoncer à sa **[65]** vie passée, et à arranger ses affaires de manière à pouvoir devenir un homme libre. Le candidat se mettra à genoux et répétera mol à mot l'obligation que lui dictera le Vénérable.

Ce serment achevé, les assistants s'agenouilleront et le candidat se prosternera et s'étendra tout de son long dans le cercle, le visage contre terre, le Vénérable se faisant suivre de l'orateur, jettera lui-même dans chaque brasier une pincée de chacun des parfums et revenant au candidat, il lui mettra la main droite sur la tête, et récitera ce psaume :

« Mon Dieu, ayez pitié de l'homme NN... selon la grandeur de votre miséricorde, et effacez son inquiétude, selon la multitude de vos bontés, lavez-le de plus en plus de son péché, et purifiez-le de son offense, car il reconnaît son iniquité, et son crime est toujours contre lui, il a péché devant vous seul, il a commis le mal en votre présence, afin que vous soyez justifié dans vos paroles, victorieux quand vous le jugerez. Vous voyez qu'il a été engendré

rrarse en cuanto hayan entrado las tres personas. Los dos elegidos que acompañan al candidato le conducirán hasta el centro del círculo trazado, donde le dejarán y se retirarán a su lugar.

El Venerable que opere pronunciará entonces el discurso que comienza con «Hombre» (etc.) ... y terminará diciendo al candidato que, si desea sinceramente llegar al conocimiento del gran Dios, de sí mismo y del Universo, debe someterse a la promesa y jurar renunciar a su vida pasada y arreglar sus asuntos de tal manera que pueda convertirse en un hombre libre.[245] El candidato se arrodillará y repetirá palabra por palabra el juramento dictado por el Venerable.

Una vez este juramento se haya completado, los asistentes se arrodillarán y el candidato se postrará y se tumbará en el círculo con la cara hacia el suelo, y el Venerable seguirá al orador y arrojará una pizca de cada uno de los inciensos en cada uno de los braseros, y volviendo hacia el candidato, colocará su mano derecha sobre su cabeza y recitará este salmo:

«Dios mío, tened piedad del hombre NN... según la grandeza de vuestra misericordia, y borrad su aflicción, según la multitud de vuestras bondades, purificadlo más y más de sus pecados, y limpiadlo de su ofensa, porque reconoce su iniquidad, y su delito está siempre contra él, ha pecado solo ante vos, ha cometido el mal en vuestra presencia, para que justificado en vuestras palabras sea victorioso cuando lo juzguéis. Vos veos que fue engendrado en

---

[245] La libertad que adquiere el nuevo maestro masón egipcio en este contexto significa someterse a la realidad divina, trascendiendo las leyes físicas y viviendo en el eterno presente divino. Esta descripción encaja muy bien con la que da el propio Cagliostro en Haven, 1912, p. 282. Es similar a lo que la tradición denomina un *insan al-kamil* (hombre perfecto).

dans l'iniquité et que sa mère l'a conçu dans le péché ; vous avez aimé la vérité, vous lui avez découvert les choses incertaines, et les secrets de votre sagesse. Vous le purifierez avec l'hysope, et il sera net, vous le laverez, et il deviendra plus blanc que la neige, vous lui ferez entendre une parole de consolation et de joie, et ses os que vous avez humiliés, tressailliront d'allégresse : [66] détournez votre visage de ses péchés et effacez toutes ses offenses. Mon Dieu ! créez un cœur pur en lui et renouvelez l'esprit de justice dans ses entrailles, ne le rejetez point de devant votre visage, rendez-lui la joie de votre assistance salutaire, et fortifiez-le par un esprit qui le fasse volontairement agir. Il apprendra vos voies aux injustes, et les impies se convertiront à vous. O Dieu ! ô Dieu de notre salut, délivrez-le des actions sanguinaires, et sa langue chantera avec joie votre justice, Seigneur ! Ouvrez ses lèvres, et sa bouche annoncera votre louange. Si vous eussiez voulu un sacrifice, il vous l'eût offert. Les holocaustes ne vous sont pas agréables. Le sacrifice que Dieu demande est un esprit affligé. O Dieu, vous ne mépriserez point un cœur contrit et humilié. Seigneur ! dans votre bienveillance, répandez vos biens et vos grâces sur Sion afin que les murs de Jérusalem se bâtissent. Vous agréerez alors le sacrifice de justice, les offrandes et les holocaustes. On offrira des vœux sur votre autel. Nous vous supplions, grand Dieu, de lui accorder la grâce que vous avez faite à notre Grand Fondateur. »

la iniquidad y que su madre lo concibió en el pecado; Vos amasteis la verdad, le descubriste las cosas inciertas y los secretos de vuestra sabiduría. Lo limpiaréis con hisopo, y quedará limpio; lo lavaréis y quedará más blanco que la nieve; le daréis una palabra de consuelo y de alegría y sus huesos, a los que has humillado, saltarán de gozo: apartad vuestro rostro de sus pecados y borrad todas sus ofensas. Dios mío, cread en él un corazón puro y renovad el espíritu de justicia en su corazón; no lo apartes de vuestro rostro; otorgadle la alegría de vuestra asistencia salvadora, y fortalecedle con un espíritu que le haga obrar de buena gana. Él enseñará a los injustos vuestros caminos y los impíos se convertirán a vos. Oh, Dios, oh, Dios de nuestra salvación, líbralo de las acciones sanguinarias, y su lengua cantará con alegría vuestra justicia, oh, Señor. Abrid sus labios y su boca proclamará alabanzas a vos. Si hubierais querido un sacrificio, él te lo habría ofrecido. Los holocaustos no te agradan. El sacrificio que Dios exige es un espíritu afligido. Mas, oh, Dios, no despreciarás un corazón contrito y humillado. Señor, en vuestra bondad, derramad tu bondad y vuestra gracia sobre Sion, para que se construyan los muros de Jerusalén. Entonces aceptarás el sacrificio de justicia, las ofrendas y los holocaustos. Ofrecerán votos sobre tu altar. Nos te suplicamos, gran Dios, que le concedas la gracia que vos concediste a nuestro Gran Fundador».[246]

---

[246] Esta oración otorga una interesantísima lectura del significado de la antropología trascendente y del sacrificio último propuesta por Cagliostro, bastante alejado de la lectura tradicional. La purificación solo llega por la gracia de Dios y el sacrificio material no es tan importante como la intención y el estado de reorientación ante Dios. Cagliostro invita a reconstruir una nueva Jerusalén, presumiblemente celeste y dentro del corazón del maestro, y así volverán los sacrificios y la justicia. Nos encontramos sobre todo con el gran planteamiento de la masonería espiritual o

Le Vénérable se retirera auprès du trône, mais debout ; il fera signe aux frères de se lever et de rester droit, et il en fera un autre à l'orateur [67] pour aider au candidat à se relever, et à le conduire devant lui.

L'orateur l'amènera devant la première marche du trône, il lui fera mettre le genou droit sur cette marche, et la jambe gauche retirée en arrière. C'est dans cet instant que le Vénérable devra le créer maître, en lui soufrant trois fois sur le visage : il le décorera ensuite du cordon rouge, et lui remettra le tablier et les gants après qu'ils auront été bénis et consacrés tant par les an... que par Énoch, Elie et Moise. Il lui fera à ce sujet un discours pareil à tout ce que le Grand Fondateur dit et fit lui-même aux Vénérables dans cette circonstance. Cette cérémonie terminée, le Vénérable fera approcher l'orateur, et le chargera de conduire le nouveau prophète à la place qui lui aura été destinée, et qui doit être à la droite auprès du trône. Tout le monde s'assiéra et le Vénérable prononcera le discours que lui a communiqué et fixé pour cette occasion le Grand Fondateur ; il le finira par ce cantique :

[68] « Seigneur, souvenez-vous de notre Grand Fondateur et maître, et de toute la douceur qu'il a témoignée. Comme il jura devant le Seigneur et fit un vœu au Dieu de Jacob. Si j'entre, dit-il, dans le logement de mon palais, si je monte sur le lit où je dois coucher, si je permets à mes yeux de dormir et à mes paupières de sommeiller ; si je repose ma tête, que ce soit seulement lorsque j'aurai trouvé une demeure au Seigneur, et un tabernacle au Dieu de Jacob.

El Venerable se retirará del trono, pero de pie; hará una señal a los hermanos para que se levanten y permanezcan de pie, y otra al orador para que ayude al candidato a ponerse en pie y lo lleve ante él.

El orador lo llevará ante el primer escalón del trono, y le hará colocar la rodilla derecha sobre ese escalón, y la pierna izquierda echada hacia atrás. En este momento el Venerable lo creará Maestro, suspirando tres veces sobre su rostro: luego lo condecorará con la banda roja, y le entregará el mandil y los guantes después de que hayan sido bendecidos y consagrados tanto por el an...[247] como por Enoc, Elías y Moisés. Le dirigirá un discurso sobre este tema similar a todo lo que el Gran Fundador mismo dijo e hizo al Venerable en esta ocasión. Terminada esta ceremonia, el Venerable hará acercarse al orador y le encargará que conduzca al nuevo profeta al lugar que le ha sido señalado, y que estará a la derecha del trono. Todos se sentarán y el Venerable pronunciará el discurso que el Gran Fundador le ha dado y fijado para esta ocasión; lo terminará con este himno:

«Señor, recuerda a nuestro Gran Fundador y Maestro, y toda la dulzura que mostró. Como juró ante el Señor e hizo votos ante al Dios de Jacob. Si entro, dijo él, en la morada de mi palacio, si subo al lecho donde he de yacer, si permito que mis ojos duerman y mis párpados se adormezcan; si descanso mi cabeza, que sea solamente cuando haya encontrado una morada para el Señor, y un tabernáculo para el Dios de Jacob. Hemos oído

---

esotérica. Ya no es posible construir el templo terrestre en Jerusalén, tan solo queda construirlo espiritualmente en el corazón de la persona.
[247] Ángeles.

Nous avons ouï dire que l'arche a été en la contrée d'Éphraïm. Nous l'avons trouvée dans les forêts, nous entrerons dans son temple, nous l'adorerons dans le lieu qui lui a servi de marchepied. Seigneur, élevez-nous dans votre repos, vous et l'arche de votre sanctification. Que vos prêtres soient revêtus de justice, et que vos saints soient dans la joie ! En considération de notre Grand Fondateur, votre serviteur, ne détournez point le visage de vos saints. Le Seigneur a juré à notre fondateur, un serment véritable, et il ne le rétractera point ; il a dit : **[69]**

« J'établirai sur votre trône le fruit de votre ventre, si vos entant gardent mon alliance et les préceptes que je leur enseignerai, eux et leur postérité seront assis sur Votre trône ; éternellement : car le Seigneur a choisi Sion, il l'a choisie pour sa demeure. C'est ici le lieu de mon repos pour jamais. J'habiterai ici parce que c'est le lieu que j'ai choisi, je comblerai sa veuve de mes bénédictions ; je rassasierai de pain ses pauvres je revêtirai des prêtres de ma grâce salutaire, et ses saints seront transportés de joie. Ce sera la que je ferai éclater la force et la puissance de votre fondateur. J'ai préparé ma lampe pour mes saints, je couvrirai de honte et de contusion leurs ennemis, la gloire de ma sainteté fleurira toujours sur leurs têtes. »

Les Vénérables ainsi que les assistants se lèveront, et le Vénérable agissant allant au milieu de la chambre, et se retournant en face du nom de Dieu, il ordonnera à la colombe, en vertu du pouvoir qu'il tient du Grand Fondateur, de demander aux An... si la réception qui vient de se faire est parfaite et agréable à la Divinité. Le signe d'approbation ayant été fait par

que el arca estaba en la tierra de Efraín. La hemos encontrado en los bosques; entraremos en su templo y la adoraremos en el lugar donde fue colocada. Señor, levántanos en tu reposo, hacia a vos y hacia el arca de vuestra santificación. ¡Que vuestros sacerdotes se revistan de justicia y tus santos sientan el gozo! En consideración a nuestro Gran Fundador, vuestro siervo, no apartéis vos el rostro de vuestros santos. El Señor ha jurado a nuestro fundador, un compromiso verdadero, y no habrá punto que se retracte, pues él ha dicho:

«Yo estableceré sobre tu trono al fruto de tu vientre, si tus hijos guardan mi alianza y los preceptos que Yo les he de enseñar, ellos y sus descendientes se sentarán en tu trono para siempre, porque el Señor ha elegido Sion, la ha escogido como morada. Este es el lugar de mi descanso por siempre jamás. Yo habitaré aquí porque es el lugar que he elegido, colmaré a su viuda con mis bendiciones, saciaré de pan a sus pobres, vestiré a sus sacerdotes con mi gracia salvadora, y sus santos se alegrarán. Allí mostraré la fuerza y el poder de vuestro fundador. He preparado mi candil para mis santos, cubriré a sus enemigos de vergüenza y golpes, la gloria de mi santidad florecerá siempre sobre sus cabezas».248

Los Venerables, así como los presentes, se pondrán en pie, y el Venerable que opere se dirigirá al centro de la sala, y volviéndose delante del nombre de Dios, ordenará a la *colombe* que, en virtud del poder que ostenta del Gran Fundador, pregunte a los An...249 si la recepción que acaba de hacerse es perfecta y agradable a la Divinidad. Hecha la señal de aproba-

---

248 *Salmos*, 132: 12-18.
249 Ángeles.

les An..., à la colombe, les Vénérables et assistants se prosterneront, et feront dans leurs cœurs, leurs remerciements au grand Dieu pour toutes les grâces dont il vient de les favoriser.

Le Vénérable fermera la loge, en donnant sa bénédiction à tous les assistants au nom de l'Éternel et du Grand Fondateur.

[70] CATECHISME DE MAITRE DE LA LOGE EGYPTIENNE

D : De quel lieu venez-vous ?

R : De l'intérieur du Temple.

D : Qu'avez-vous vu dans l'intérieur du Temple ?

R : Une colombe très chérie et très favorisée de Dieu, un sanctuaire éclatant de lumière, un tableau allégorique renfermant les plus grands secrets de la Nature et une étoile brillante sur chacun des cœurs des vénérables.

D : Que représente cette étoile ?

R : Une belle rose autour de laquelle il y a deux inscriptions, l'une consistant dans ces mots : *Je crois à la rose*, et l'autre dans ceux-ci : *Première Matière*.

D : Que signifie cette rose ?

R : Qu'elle est l'emblème de cette première et précieuse matière dont il est constamment parlé dans tous les écrits

ción por los An...[250], a la *colombe*, los Venerables y asistentes se postrarán, y dispondrán en su corazón su agradecimiento al gran Dios por todas las gracias con que acaba de favorecerles.

El Venerable cerrará la logia, dando su bendición a todos los presentes en nombre del Eterno y Gran Fundador.

CATECISMO DE MAESTRO DE LA LOGIA EGIPCIA

P: ¿De qué lugar venís vos?

R: Del interior del Templo.

P: ¿Qué habéis observado en el interior del Templo?

R: Una *colombe* muy querida y tan favorecida por Dios, un santuario brillante de luz, un cuadro alegórico que contiene los mayores secretos de la Naturaleza y una estrella brillante en el corazón de cada uno de los Venerables Maestros.[251]

P: ¿Qué representa esa estrella?

R: Una hermosa rosa, alrededor de la cual hay dos inscripciones, la primera tiene en estas palabras: *Creo en la rosa* y la otra: *Materia Primordial*.[252]

P: ¿Qué significa esta rosa?

R: Es el símbolo de esa preciosa materia primordial que se menciona constantemente en todos los escritos de nuestra

---

[250] Ángeles.

[251] Lo que observa el maestro en *Masonería Egipcia* en el interior del templo es la operación teúrgica en sí. Por una parte, la operación de la *colombe*. Por otra, la filosofía natural y la capacidad de transcenderla transmutándola tras la Gran Obra (*Opus Magnum*).

[252] Es una alegoría del iniciado que conoce, ama y desea el significado de la naturaleza más profunda, la estrella representa el acogimiento de Dios en el corazón del maestro.

de notre doctrine, et qui se trouve dans les mains de tous les élus.

[71] D : Quel est l'emploi, ou quels sont les travaux de la colombe ?

R : Ils consistent à servir d'intermédiaire entre l'ange du Seigneur et les élus, à faire connaître à ces derniers. La volonté divine et enfin, à les convaincre évidemment de l'existence et de la grande puissance de Dieu.

D : Que renferme le sanctuaire ?

R : Le nom sacré de Dieu, placé dans le milieu de l'étoile flamboyante.

D : Donnez-moi, je vous prie, l'explication du tableau ; que signifie le Phénix ?

R : Qu'un vrai maçon peut renaître de ses cendres. Qu'il peut se renouveler et se rajeunir à volonté, comme cet oiseau, que c'est avec certitude qu'il peut dire *et renovabitur plumas meas.*

D : Que signifie le temps, et le maître qui lui tranche les ailes ?

R : Que lorsqu'un bon maçon est parvenu à couper les ailes du temps sa vie n'a plus de terme fixe.

D : Que veut dire la faulx brisé et rompue ?

R : Qu'un maçon ayant obtenu ce degré de puissance, la mort n'a plus aucune prise sur lui.

D : Que signifie le sablier renversé ?

doctrina y que está en manos de todos los Elegidos.[253]

P: ¿Para qué sirve y cuáles son las tareas de la *colombe*?

R. Estas son servir de intermediaria entre el ángel del Señor y los Elegidos, dando la gnosis a estos. Comunicando a estos últimos la voluntad divina y finalmente transmitirles la existencia y el gran poder de Dios.[254]

P: ¿Qué contiene el Santuario?

R. El Nombre Sagrado de Dios, situado en el centro de la estrella flamígera.

P: Dadme, os lo ruego, la explicación del cuadro; ¿qué significa el fénix?

R: Que un verdadero masón puede resurgir de sus cenizas. Que puede renovarse y regenerarse a voluntad como esta ave, que con certeza puede decir *et renovabitur plumas meas.*[255]

P: ¿Qué significa el tiempo y el maestro que le corta las alas?

R: Que cuando un buen masón ha conseguido cortar las alas del tiempo, su vida ya no tiene un final determinado.

P: ¿Qué quiere decir la hoz rota y quebrada?

R: Que cuando un masón ha obtenido este poderoso grado, la muerte ya no tiene ningún poder alguno sobre él.

P: ¿Qué significa el reloj de arena invertido?

---

253 La rosa es una representación alquímica fundamental que representa el deseo y anhelo, a través de los cinco sentidos, del iniciado por la imagen del paraíso. Cf. Jung, OC, 13, § 388-389.

254 Véase [62] y nota respectiva.

255 Esta es la gran enseñanza y núcleo de *Masonería Egipcia*. El objetivo de Cagliostro es hacer efectiva la Gran Obra en el ser humano.

R : Que pour l'homme immortel, la mesure du temps devient inutile.

D : Que vous a-t-on enseigné dans l'intérieur du temple ?

R : Les plus sublimes connaissances.

[72] D : En quoi consistent-elles ?

R : Après que l'on m'eût communiqué une partie du pouvoir que Dieu a bien voulu accorder à notre Grand Fondateur, on m'a instruit des moyens, pour parvenir à régénérer l'homme dégénéré.

D : A quoi avez-vous été occupé dans cet intérieur ?

R : A glorifier Dieu et à accomplir les travaux donnés par notre Grand Fondateur.

D : Quels sont ces travaux ?

R : Ils sont entièrement spirituels et n'ont d'autre but que de mériter d'être admis dans le temple de Dieu où on s'y occupe des mêmes opérations que fit jadis Salomon en présence de tous les peuples, lorsqu'il consacra le temple qu'il bâtit à l'Éternel.

D : Qu'y avait-il au milieu du Temple de Salomon ?

R : Le véritable tabernacle, séjour de l'innocence. A la voix de l'invocation, l'Éternel manifesta sa puissance en favorisant ce lieu de la présence de tous les An... Arch... Séraph... et Chérub...

R: Que, para el hombre inmortal, la medida del tiempo se vuelve inútil.[256]

P: ¿Qué se os enseñó en el interior del templo?

R: Los más sublimes conocimientos.

P: ¿En qué consisten?

R: Después de haberme comunicado una parte del poder que Dios bien quiso en conceder a nuestro Gran Fundador, fui instruido en los medios para regenerar al hombre degenerado.

P: ¿De qué os ocupasteis vos en el interior?

R: En glorificar a Dios y cumplir los trabajos encomendados por nuestro Gran Fundador.

P: ¿Cuáles son estas trabajos?

R: Son enteramente espirituales y no tienen otro fin que merecer la admisión en el templo de Dios, donde se realizan las mismas operaciones que Salomón hizo en presencia de todos los pueblos cuando consagró el templo que construyó al Eterno.

P: ¿Qué había en la mitad del Templo de Salomón?

R: El verdadero tabernáculo, la morada de la inocencia. A la invocación, el Eterno manifestó su poder favoreciendo este lugar con la presencia de

---

[256] Véase el cuadro de logia de maestro egipcio en [54]-[55] y la nota respectiva.

todos los An...[257] Arc...[258] Seraf...[259] y Querub...[260]

D : Comment Salomon commença-t-il son travail ?

P: ¿Cómo Salomón comenzó sus operaciones?

R : Il descendit de son trône, il posa sa main, les doigts écartés, sur la tête de la colombe, en lui donnant un coup de son glaive sacré, il en fit le véritable holocauste qu'il [73] offrit à l'Être suprême ; il l'envoya dans ce tabernacle et fit ensuite les prières et les invocations d'une manière si claire que tout le peuple l'entendit. Son travail et sa confiance furent parfaits, car il vit l'effet évident des grâces propagées sur tous les hommes.

R: Descendió de su trono, puso su mano, con los dedos abiertos[261], sobre la cabeza de la *colombe*, golpeando con su espada sagrada, hizo de ella el verdadero holocausto que ofreció al Ser Supremo.[262] La envió a este tabernáculo y luego hizo las oraciones e invocaciones de una manera tan clara que todo el pueblo la oyó. Su obra y su confianza fueron perfectas, pues vio el efecto evidente de las gracias propagadas para toda la humanidad.

D : Notre grand Maître pratique-t-il et suit-il toujours la même méthode ?

P: ¿Nuestro gran Maestro practica y sigue siempre el mismo método?

R : Toujours, aussi, tous les travaux faits suivant ses constitutions et ses ordonnances, sont-ils constamment couronnés du plus grand succès ; mais il faut se conformer exactement et scrupuleusement aux commandements qui sont prescrits dans les catéchismes, car sans cela on courrait les risques d'éprouver ce qui arriva jadis aux ministres du Temple de Jérusalem après la mort de Salamon. Ces ministres confondirent toutes les idées et formèrent la tour de Babel. Il en résulta des erreurs sans nombre, différents schismes et même l'idolâtrie, dont l'homme rempli d'orgueil sent encore aujourd'hui les funestes effets.

R: Siempre, y todo el trabajo hecho según sus constituciones y órdenes es siempre coronado con el mayor éxito; pero es necesario conformarse exacta y escrupulosamente a los mandamientos prescritos en los catecismos, pues de otro modo se correría el riesgo de experimentar lo que sucedió a los ministros del Templo de Jerusalén después de la muerte de Salomón. Estos ministros confundieron todas las ideas y formaron la Torre de Babel. El resultado fueron muchos errores, diversos cismas, e incluso la idolatría, con funestos efectos que todavía sienten hoy los hombres llenos de orgullo.[263]

---

[257] Ángeles.

[258] Arcángeles.

[259] Serafines.

[260] Querubines.

[261] Es la *Dextera Domini* véase en [49] y nota al pie relativa.

[262] El sacrificio vuelve a no ser cruento, pues se ofrecer a través de la pureza y la intención de la infancia una oportunidad a la humanidad de volver a la naturaleza primordial. La *colombe* es la «víctima» al recibir el conocimiento puro y sacrificar su humanidad por su trascendencia.

[263] Aquí se menciona el riesgo de la idolatría y del castigo de Dios ejemplificado en la destrucción

D : Que signifie le pentagone sacré fait sur le papier de l'art ?

R : Ce pentagone est le fruit et le grand ouvrage de la régénération morale au moyen de la retraite des quarante jours qu'il faut que tous les véritables élus de Dieu accomplissent. On suit exactement pendant ce temps la distribution des vingt-quatre heures. Six heures sont employées à la réflexion et au repos. Trois heures sont consacrées aux prières et à l'holocauste à l'Éternel. **[74]** Trois fois trois heures, ou neuf heures, sont destinées aux opérations sacrées. Les six dernières heures sont réservées pour s'entretenir ensemble, et rétablir les forces perdues, tant au physique qu'au moral.

D : Que représente ce pentagone ?

R: Énoch, Elie et Moise l'on connut, ce dernier lors de sa sortie d'Égypte, et après avoir achevé sa route avec peine et fatigue, prit avec lui un petit nombre de sujets choisis par la voix de l'ange du Seigneur, il les conduisit sur la haute montagne Sinaï, ce fut avec eux qu'il fit la retraite des quarante jours et qu'il parvint à former et perfectionner le pentagone sacré, écrit et gravé des noms et des chiffres des sept An... primitifs; aussi, l'Écriture sainte vous dit-elle que lorsque Moise se retira sur cette montagne, il ordonna à Aaron de rester au bas et de la bien garder afin d'empêcher que le peuple israélite, par esprit d'orgueil ou de curiosité, ne vint troubler sa retraite. Il apporta ce pentagone sacré pour con-

P: ¿Cuál es el significado del pentáculo sagrado hecho sobre el papel del *ars*?

R: Este pentáculo es el fruto y la gran obra de regeneración moral a través del retiro de cuarenta días que todos los verdaderos elegidos de Dios deben cumplir.[264] Durante este tiempo se sigue exactamente la distribución de las veinticuatro horas. Seis horas se dedican a la reflexión y al descanso. Tres horas se dedican a oraciones y a un holocausto al Señor. Tres veces en tres horas, es decir, nueve horas, son para las operaciones sagradas. Las seis últimas horas se reservan para la conversación y para recuperar las fuerzas perdidas, tanto físicas como morales.

P: ¿Qué representa este pentáculo?

R: Enoc, Elías y Moisés lo conocieron, este último al salir de Egipto, y habiendo completado su viaje con dificultad y fatiga, tomó consigo un pequeño número de personas escogidas por la voz del ángel del Señor, Él los condujo al alto monte Sinaí, fue con ellos que hizo el retiro de cuarenta días y logró formar y perfeccionar el pentáculo sagrado, escrito y grabado con los nombres y figuras de los siete án...[265] primitivos. Así dice la santa Escritura que cuando Moisés se retiró a este monte, ordenó a Aarón que se quedara abajo y lo custodiara bien para que el pueblo israelita, por orgullo o curiosidad, no perturbara su retiro. Trajo este pentáculo sagrado para confirmar el poder del Señor, dar a co-

---

del Primer y el Segundo Templo de Jerusalén. Cagliostro aboga por el cumplimento del ritual, sin embargo, deja espacio para la creatividad y el conocimiento supra-racional (gnosis), que es lo que sugiere que faltó en los sacerdotes del Templo tras la muerte de Salomón.
[264] Es un talismán, siguiendo la tradición esotérica abrahámica, revelado por conocimiento supra-racional tras el retiro de cuarenta días y la práctica teúrgica-alquímica.
[265] Ángeles.

firmer la puissance de l'Éternel, faire connaître la vérité, et donner la preuve du grand pouvoir accordé à l'homme.

Il y a eu aussi beaucoup n'autres élus favorisés de Dieu, aussi favorisés que Moise, dont je pourrais vous entretenir, mais je me bornerai à vous dire qu'après avoir consommé cette grande opération il n'est plus possible d'être tenté, **[75]** *qui potest capere, capiat.*

D : Qu'entendez-vous par être tenté ?

R : Qu'aussitôt que l'homme possède le pentagone sacré, il n'est plus besoin de rendre la pierre cubique, triangulaire, ni de changer les pierres en pains. L'homme n'aspire plus alors qu'à un repos parfait pour pouvoir parvenir à l'immortalité et pouvoir dire de lui, *ego sum qui sum.*

D : Comment s'emploient les six heures de réflexion ou de repos ?

R : A laisser chaque élu jouir de soi-même soit pour méditer seul, soit pour rétablir par le sommeil la partie physique ou donner relâche à l'activité de la partie morale. Tous les travaux sont suspendus pendant ces six heures.

D : Que fait-on pendant les trois heures consacrées à l'holocauste de l'Éternel ?

R : On le prie, on l'adore et on le supplie de dépouiller la partie morale et physique de toute impureté. Le catéchisme

nocer la verdad y dar pruebas del gran poder concedido al hombre.

Hubo también muchos otros elegidos favorecidos por Dios, tan favorecidos como Moisés, de los que podría hablaros, pero me limitaré a deciros que después de haber consumado esta gran operación ya no es posible ser tentado, *qui potest capere, capiat.*[266]

P: ¿Qué entendéis vos por ser tentado?

R: Que tan pronto como el hombre posee el pentáculo sagrado, ya no hay necesidad de hacer la piedra cúbica, triangular, o de cambiar las piedras por panes. El hombre solo aspira entonces al reposo perfecto, para alcanzar la inmortalidad y poder decir de sí mismo: *ego sum qui sum.*[267]

P: ¿Cómo se emplean las seis horas de reflexión o descanso?

R: Para que cada uno de los elegidos se divierta, ya sea para meditar a solas, ya sea para restaurar por el sueño la parte física, ya sea para dar descanso a la actividad de la parte moral. Todo trabajo se suspende durante estas seis horas.

P: ¿Qué se hace durante las tres horas dedicadas al holocausto al Señor?

R: Se le reza, se le adora y se le ruega que libre de toda impureza la parte moral y física. El catecismo de los aprendices en-

---

[266] Los profetas de la tradición abrahámica conjugan esa naturaleza exotérica como legisladores con la naturaleza esotérica. Según Cagliostro, los profetas, en su naturaleza esotérica, operan teúrgicamente conociendo los secretos de la naturaleza. De ahí que estos conocimientos no sean magia incompatible con la religión sino un conocimiento filosófico y supra-racional que es legítimo.

[267] *Ego sum qui sum* quiere decir en latín *Yo soy el que soy*. En hebreo es *Ehye 'asher 'ehye* (אהיה אשר אהיה) y es aquí donde aparece el *tetragrámaton* en la Biblia por primera vez. Esta es la respuesta de Dios a Moisés y que aparece en Éxodo 3: 13-14.

d'apprenti enseigne cette prière ainsi que l'invocation sacrée, et le Commandement à faire aux An... primitifs pour obtenir la connaissance des véritables noms et chiffres selon l'art.

D : Comment se passent les trois fois trois heures ou neuf heures destinées aux opérations sacrées ?

R : Ces neuf heures divisées en trois parties sont employées à préparer le papier vierge ainsi que les autres instruments qui doivent être consacrés tous les jours pour pouvoir en faire usage et les présenter le trente-troisième jour dans la chambre bâtie à neuf pour cette grande opération.

[76] D : Comment s'emploient les six dernières heures ?

R : Filles sont réservées à la récréation, à des conférences particulières, à préparer selon la méthode des anciens les différentes couleurs qui sont nécessaires chaque jour, enfin à disposer, pourvoir et satisfaire aux besoins.

D : Quel est l'endroit qu'on doit choisir pour cette importante retraite ?

R : On doit préférer le lieu le plus élevé, et s'il est possible, une montagne inhabitée et très cachée aux yeux de tous les mortels, on y construira le pavillon, selon les proportions requises et convenables et on ne confiera à personne le

seña esta oración, así como la invocación sagrada y el mandato que debe hacerse al an...[268] primitivos para obtener el conocimiento de los verdaderos nombres y figuras según el *ars*.

P: ¿Cómo han de hacerse las tres veces tres horas o nueve horas para las operaciones sagradas?

R: Estas nueve horas, divididas en tres partes, se emplean en preparar el pergamino virgen y los otros instrumentos que deben ser consagrados cada día para poder hacer uso de ellos, y presentarlos el trigésimo tercer día en la cámara construida a nueve para esta gran operación.

P: ¿Cómo se emplean las seis últimas horas?

R: Las seis últimas horas del día se reservan para el recreo, para conferencias especiales, para preparar los diversos colores que son necesarios cada día según el método de los antiguos, y para arreglar, proveer y satisfacer las necesidades.

P: ¿Cuál es el lugar que debe elegirse para este importante retiro?

R: Se debe preferir el lugar más alto, y si es posible, una montaña deshabitada y muy oculta a los ojos de todos los mortales[269], donde se construirá el pabellón en las proporciones requeridas y convenientes, y donde no se confiará a nadie

---

[268] Ángel.

[269] Esto se relaciona con la ubicación de la logia según el catecismo de aprendiz del *Lapis Reprobatus Secretum Custoditum* —matriz del REAA según la orientación de los antiguos— en la que se dice: «¿Dónde se encuentra nuestra logia? Sobre una tierra sagrada, o sobre la más alta montaña, o en el valle más profundo, allí donde no se escucha el ladrido del perro ni el canto del gallo». Cf. *Lapis Reprobatus*, p. 104. Estas son una referencia clara al monte Horeb, donde según la Biblia se le entregó a Moisés las tablas de la ley y donde según la masonería antigua —por ejemplo en el Santo Arco Real de Jerusalén— se constituyó la primera logia como referencia a lo sagrado del espacio y lo trascedente de la acción.

jour qu'on s'y retirera. Il sera essentiel d'y rassembler à l'avance toutes les choses nécessaires tels que les instruments de l'Art selon Moise, les meubles, les ustensiles, les vêtements, etc...

D : Qu'entendez-vous par les instruments de l'Art ?

R : Ce sont les différents objets, comme le drap sérique et autres. Le drap sérique est une étoffe de soie jaune dont vous connaîtrez l'importance et la nécessité lorsque vous serez instruit de la manière dont on devra consacrer le pavillon et les instruments de l'Art.

D : Comment s'appellera ce pavillon ?

R : Sion : pour faire connaitre que ce fut sur la montagne de Sion [77] que Dieu s'est révélé aux hommes.

D : Je vous supplie de me faire le détail de ce pavillon et de m'en donner toutes les dimensions.

R : Ce pavillon devra être bâti exprès pour cette opération, et détruit lorsqu'elle sera consommée. Il sera composé de trois étages.

La chambre supérieure troisième doit être un carré parfait de dix-huit pieds tant en hauteur qu'en largeur et longueur. Les quatre fenêtres placées dans le milieu, juste de chaque côté, elles seront ovales, de trois pieds de haut sur quatre de large.

Il n'y aura qu'une trappe pour entrer dans cette chambre, et elle sera faite de manière que chaque personne seule puisse l'ouvrir et fermer à volonté. Cette chambre sera entièrement blanche sans aucune autre couleur.

el día del retiro. Será indispensable reunir allí de antemano todas las cosas necesarias, tales como los instrumentos del *ars* según Moisés, muebles, utensilios, ropas, etc...

P: ¿Qué entendéis vos por instrumentos del *ars*?

R: Son los diferentes objetos, como el paño sérico y otros. El paño sérico es una tela de seda amarilla, cuya importancia y necesidad conoceréis cuando seáis instruidos en la manera en que el pabellón y los instrumentos del *ars* deben ser consagrados.

P: ¿Cómo se llamará este pabellón?

R: Sion. Para dar a conocer que fue en el monte Sion donde Dios se reveló a los hombres.

P: Os rogaría que vos me dierais los detalles de este pabellón y de todas sus dimensiones.

R: Este pabellón tendrá que ser construido especialmente para esta operación, y destruido cuando esté terminado. Estará compuesto de tres pisos.

La tercera cámara superior será un cuadrado perfecto de dieciocho pies de altura, anchura y longitud. Las cuatro ventanas situadas en el centro, justo a cada lado, serán ovaladas, de tres pies de alto y cuatro de ancho.

No habrá más que una trampilla para entrar en esta cámara, y estará hecha de tal manera que cualquier persona pueda abrirla y cerrarla a voluntad. Esta cámara será completamente blanca, sin ningún otro color.

La seconde chambre ou celle du milieu n'aura aucune fenêtre ; elle sera parfaitement ronde et d'une grandeur suffisante pour contenir treize petits lits uniquement destinés au repos des douze élus et du chef. Il y aura une lampe dans le milieu ; elle ne sera pourvue que de meubles absolument indispensables.

Lorsque la troisième chambre sera détruite, cette seconde chambre s'appellera Ararat pour faire connaitre que l'arche s'arrêta sur cette montagne et [78] que le parfait repos est destiné aux élus de Dieu. La première chambre aura la capacité convenable pour servir de réfectoire ; elle sera entourée de trois cabinets dont deux seront destinés pour renfermer les provisions et autres choses nécessaires, et la troisième pour conserver les instruments ou outils dont on aura besoin pour les opérations.

On fera en sorte, si cela est possible qu'il y ait de l'eau courante, parce que lorsque l'on sera entré dans ce pavillon, on n'en pourra plus sortir avant l'expiration des quarante jours.

D : Quel est le résultat de cette grande opération ?

R : Que votre âme s'exalte, que votre cœur s'enflamme d'amour pour l'Éternel, et redouble de reconnaissance pour notre fondateur en apprenant le dernier mystère qu'il a permis de vous révéler. Après le trente-troisième jour et jusqu'au quarantième. L'Être suprême accorde aux assistants la faveur inappréciable de communiquer visiblement avec les sept an.... primitifs, et de connaitre le sceau et le chiffre de ces êtres immortels qui seront gravés

La segunda cámara o cámara del medio no tendrá ventanas; será perfectamente redonda y de tamaño suficiente para contener trece camas pequeñas destinadas únicamente al reposo de los doce elegidos y del responsable. Habrá una lámpara en el centro; estará provista únicamente de los muebles absolutamente indispensables.

Cuando la tercera cámara sea destruida, esta segunda cámara se llamará Ararat para mostrar que el arca se detuvo en esta montaña y que el descanso perfecto está destinado a los elegidos de Dios. La primera cámara tendrá capacidad para servir de refectorio; estará rodeada de tres armarios, dos de los cuales estarán destinados a contener provisiones y otras cosas necesarias, y el tercero a guardar los instrumentos o herramientas necesarios para las operaciones.

Si es posible, se proveerá de agua corriente, porque una vez que hayan entrado en este pabellón, no podrán salir de él hasta que hayan transcurrido los cuarenta días.

P: ¿Cuál es el resultado de esta gran operación?

R: Que vuestra alma se exalte, que vuestro corazón se inflame de amor al Señor, y redobléis vuestra gratitud a nuestro fundador al conocer el último misterio que ha permitido que os sea revelado. Después del trigésimo tercer día y hasta el cuadragésimo, el Ser Supremo concede a los presentes el inestimable favor de comunicarse visiblemente con los siete an...[270] primitivos, y de conocer el sello y la figura de estos seres inmortales, que serán grabados por cada uno de

---

[270] Ángeles.

par chacun d'eux sur les papiers vierges. L'opération consommée et parfaite, l'homme qui a été assez heureux pour être du nombre des élus, parvient au comble de la gloire et du bonheur. Il devient maître et chef agissant **[79]** sans le secours d'aucun mortel. Son esprit sera rempli du feu divin ; son corps sera aussi pur que celui de l'enfant le plus innocent, sa pénétration sera sans bornes : son pouvoir immense ; il contribuera à propager la vérité sur tout le globe, enfin il aura une connaissance parfaite du grand chaos, ainsi que du bien et du mal du temps passé, présent et futur.

L'Élu qui a fait cette retraite outre le pentagone sacré et particulier qu'il reçoit pour lui, revêtu des sept sceaux et des sept chiffres des sept An... primitifs obtient encore sept autres pentagones différents il pourra disposer en faveur des sept personnes, hommes ou femmes, qu'il préfèrera et qui l'intéresseront davantage. Chacun de ces sept pentagones contiendra sur un papier vierge le sceau et le chiffre de l'un des sept An... et au lieu que l'Elu pourra correspondre et communiquer avec les sept An... primitifs, chaque possesseur de l'un des pentagones secondaires ne pourra voir et communiquer qu'avec celui des An... dont le sceau et le chiffre se trouveront sur le pentagone qui lui aura été accordé.

Chacune de ces sept personnes jouira de plus, de la prérogative de pouvoir agir et opérer en maitre agissant et commander aux sept anges primitifs et de toutes

ellos en los pergaminos vírgenes. Una vez completada y perfeccionada la operación, el hombre que ha tenido la suerte de figurar entre los elegidos, alcanza la cumbre de la gloria y de la felicidad. Se convierte en un maestro y responsable que actúa sin la ayuda de ningún mortal. Su espíritu estará pleno de fuego divino; su cuerpo será tan puro como el del niño más inocente; su influencia será ilimitada; su poder inmenso; ayudará a propagar la verdad por todo el globo; finalmente, tendrá un conocimiento perfecto del gran caos, así como del bien y del mal del tiempo pasado, presente y futuro.

El Elegido que ha hecho este retiro, además del pentáculo sagrado y particular que recibe para sí, revestido con los siete sellos y los siete figura de los siete An...[271] primitivos, obtiene aún otros siete pentáculos diferentes de los que podrá disponer en favor de las siete personas, hombres o mujeres, que prefiera y que más le interesen. Cada uno de estos siete pentáculos contendrá en un papel en blanco el sello y la figura de uno de los siete An...[272] y en lugar de que el Elegido pueda corresponder y comunicarse con los siete An...[273] primitivos, cada poseedor de uno de los pentáculos secundarios solo podrá ver y comunicarse con el An...[274] cuyo sello y figura se encontrarán en el pentáculo que le ha sido concedido.

Cada una de estas siete personas gozará además de la prerrogativa de poder actuar y operar como maestro actuando y mandando a los siete ángeles

---

[271] Ángeles.
[272] Ángeles.
[273] Ángeles.
[274] Ángeles.

les hiérarchies ; mais sous la restriction dont il est fait dans le premier catéchisme au sujet de la distinction des trois philosophies.

[80] L'Élu parfait possède le premier pouvoir et ne commande aux immortels qu'au nom de Dieu tandis que personne qu'il a favorisée d'un pentagone ne peut faire usage que du second qui est limité et elle ne peut agir et commander ou au nom de son maitre et par son pou pouvoir dont elle ignore le principe ainsi que cela est détaillé dans le catéchisme d'apprenti.

D : Veuillez mettre le comble à vos bontés en m'apprenant comment se fait la régénération physique ?

R : Par une retraite semblable de quarante jours. On e renferme pendant ce temps avec un ami, on se conforme au régime prescrit par le fondateur, on prend trois prises ou trois grains de la première matière et on se trouve parfaitement régénéré.

D : Quel est le résultat de l'opération ?

R : Le vieil homme disparaît, et le nouveau recommence sa carrière. Cette régénération se renouvelle avec le même succès tous les cinquante ans jusqu'à ce qu'il plaise à l'éternel de vous appeler auprès de lui.

D : Y a-t-il quelque exemple d'une pareille régénération ?

R : Certainement, l'Écriture vous en cite un concernant Moise. Elle nous apprend que Moise, après la retraite des quarante jours et quarante nuits sûr la montagne Sinaï pour former le pentagone sacré, retourna une seconde fois sur cette mon-

primitivos y a todas las jerarquías; pero bajo la restricción hecha en el primer catecismo respecto a la distinción de las tres filosofías.

El perfecto Elegido posee el primer poder y manda a los inmortales solo en nombre de Dios, mientras que nadie a quien haya favorecido con un pentáculo puede hacer uso del segundo, que es limitado, y no puede actuar y mandar en nombre de su maestro y por su propio poder, cuyo principio desconoce, como se detalla en el Catecismo del Aprendiz.

P: ¿Podríais vos añadirme a vuestras bondades enseñándome cómo se realiza la regeneración física?

R: Mediante un retiro similar de cuarenta días. Durante este tiempo, os encerráis con un amigo, seguís la dieta prescrita por el fundador, tomáis tres dosis o tres granos de la materia prima y quedaréis perfectamente regenerado.

P: ¿Cuál es el resultado de la operación?

R: El hombre viejo desaparece y el hombre nuevo comienza de nuevo su camino. Esta regeneración se renueva con el mismo éxito cada cincuenta años hasta que le plazca al Eterno llamaros ante Él.

P: ¿Existe algún ejemplo de tal regeneración?

R: Ciertamente, la Escritura os cita uno concerniente a Moisés. Nos dice que Moisés, tras el retiro de cuarenta días y cuarenta noches al monte Sinaí para formar el pentáculo sagrado, regresó por segunda vez a ese monte y permaneció

tagne et y resta de nouveau quarante autres jours et quarante autres nuits.

allí de nuevo durante cuarenta días y cuarenta noches más.[275]

[81] L'Écriture vous instruit également qu'après cette seconde absence, Moïse reparut avec un visage si brillant et si resplendissant de lumière que le peuple, ne pouvant en soutenir l'éclat, fut obligé de se couvrir la tête d'un voile; le mystère de cette énigme est que, dans cette seconde retraite, Moïse renfermé avec son ami Hur se régénéra physiquement et qu'à son retour son visage était si rajeuni et si changé que pour cacher au peuple ce prodige, il ne lui parla et ne communiqua plus avec lui qu'en s'enveloppant la tête d'un voile.

Las Escrituras también cuentan que, tras esta segunda ausencia, Moisés reapareció con un rostro tan resplandeciente y luminoso que el pueblo, incapaz de soportar el brillo, se vio obligado a cubrirse la cabeza con un velo. El misterio de este enigma es que, en este segundo retiro, Moisés, encerrado con su amigo Hur, se regeneró físicamente y que, a su regreso, su rostro estaba tan rejuvenecido y cambiado que, para ocultar este prodigio al pueblo, solo les hablaba y se comunicaba con ellos cubriéndose la cabeza con un velo.[276]

----

[82] Hoja en blanco

Hoja en blanco

----

[275] Cf. Martinès de Pasqually, *Traité*, § 191 para la estancia de Moisés en el Sinaí en la que se explica: «Moisés, habiendo entrado allí despojado de todo metal y materia impura, se prosternó, con el rostro en tierra y el cuerpo extendido, representando el reposo de la materia abatida por la presencia del espíritu del Creador y el descanso natural dado a todas las formas después de sus operaciones temporales. Esta actitud representa también la reintegración necesaria de todas las formas corporales particulares en la forma general, así como la separación, o suspensión, que acontece al alma cuando contempla el espíritu, porque el cuerpo de materia no puede tener parte en lo que acontece entre el menor y el espíritu divino. Esto es lo que nos han confirmado los sabios y fuertes elegidos del Creador en sus éxtasis de contemplación divina».

[276] Sobre los efectos de la regeneración/reintegración podemos leer en la última parte del capítulo dedicado a Moisés en el *Traité*: «Pero no habiendo sucumbido ni el espíritu ni el cuerpo de este ser regenerador al susurro del demonio, sino habiéndole obligado por el contrario con todas sus virtudes volviendo encadenarlo y estando en privación divina, todo en este ser divino estaba libre de mancha y prevaricación e inmediatamente se obligó al jefe de los demonios a retirarse de su presencia, para ir a cumplir las órdenes que le había dado. En aquel momento vergonzoso, el amado de los demonios comprendió bien que sería aún más humillado en el futuro por el divino *hombre-Dios* de este universo, pues la firmeza y pureza de este ser detuvo todo ejemplo y acción ominosa; ningún hábito o impresión diabólica prevaleció a los ojos de los hombres ordinarios y, como resultado, la paz y la calma permanecieron en la mente de este hombre divino. Esto puede haceros comprender a vos que la mayor parte de la acción, conducta y operación de los hombres de la materia proviene únicamente de los diversos ejemplos y hábitos que contraen y que se convierten para ellos en un segundo principio de la naturaleza, en el curso de su vida elemental tanto para el bien como para el mal. Las operaciones y hábitos reprobables pervierten al *hombre-Dios*, mientras que las operaciones buenas le dan hábitos excelentes que producen un efecto espiritual maravilloso, tanto a favor de quien los recibe como a favor de quien los da». Cf. Martinès de Pasqually, *Traité*, §276. Este es el culmen de la antropología trascendental de los *Élu Coën* que coincide con una regeneración/reintegración alquímica y el devenir en el *Adam-Réaux* o ser primordial.

[83] STATUS ET REGLEMENTS DE LA R. L. DE LA SAGESSE TRIOMPHANTE, LOGE-MÈRE DE LA HAUTE MAÇONNERIE ÉGYPTIENNE POUR L/ORIENT ET POUR L'OCCIDENT CONSTITUÉES TELLES ET FONDÉES A L'ORIENT DE LYON PAR LE GRAND COPTE FONDATEUR ET GRAND MAITRE DE LA HAUTE MAÇONNERIE ÉGYPTIENNE DANS TOUTES LES PARTIES ORIENTALES ET OCCIDENTALES DU GLOBE.

ESTATUTOS Y REGLAMENTOS DE LA R.L. DE LA SABIDURÍA TRIUNFANTE, LOGIA MADRE DE LA ALTA MASONERÍA EGIPCIA PARA ORIENTE Y OCCIDENTE CONSTITUIDA COMO TAL Y FUNDADA EN EL ESTE DE LYON POR EL GRAN FUNDADOR COPTO Y GRAN MAESTRO DE LA ALTA MASONERÍA EGIPCIA EN TODAS LAS PARTES ORIENTALES Y OCCIDENTALES DEL GLOBO.

Notre maître s'est assis au milieu de nous et il a dit :

Nuestro maestro se sentó en medio de nosotros y dijo:

1° Vous éprouverez l'homme ingrat et dépravé qui ne croit ni à l'existence de l'Être suprême, ni à l'immortalité de l'âme ; il souillerait le temple et son enceinte.

1.° Probaréis al hombre ingrato y depravado que no cree en la existencia del Ser Supremo, ni en la inmortalidad del alma; profanaría el templo y su recinto.

2 Vous accueillerez celui qui a fait germer danse son cœur ces deux grandes vérités, quelles que soient d'ailleurs sa croyance et sa religion, elles ne seront point un obstacle à son initiation.

2.° Acogeréis a aquel que haya hecho germinar en su corazón estas dos grandes verdades, cualesquiera sea su creencia y su religión, que no sean un obstáculo para su iniciación.[277]

3° Quiconque aspirera à connaître les mystères de la haute maçonnerie égyptienne sera préalablement reçu maçon dans une loge du rite ordinaire, et justifiera par les certificats de ses maîtres qu'il a mérité d'y obtenir les grades d'apprenti compagnon et maître et maître élu.

3.° Quien aspire a conocer los misterios de la alta masonería egipcia habrá sido, previamente, recibido como masón en una logia del rito ordinario[278], y justificará por los certificados de sus maestros que ha merecido obtener los grados de aprendiz compañero y maestro y maestro elegido.

4° Entre deux candidats, qui se présen-

4.° Entre dos candidatos, que se presen-

---

[277] En estos dos primeros artículos de *Masonería Egipcia* se cumple el primer punto de las constituciones masónicas, tanto la de Anderson (1723) como la de los *antients* (antiguos), y de los *landmarks* tradicionales: la creencia en un Ser Supremo y la inmortalidad del alma, es decir, solo admitiría a masones «regulares». Cagliostro, como Martinès de Pasqually y otros masones esotéricos, persigue la religión adámica o culto primitivo, es decir, la convergencia en fondo espiritual, siendo la forma un símbolo temporal.

[278] *Masonería Egipcia* está reservada para maestros masones, pues, como ya se ha mencionado, es un sistema de altos grados. Con rito ordinario se refiere a una logia simbólica y por contexto al Rito Francés moderno o la Estricta Observancia Templaria, rito de origen de Cagliostro.

teront à nous en même temps, s'il en est un qui est du grade supérieur aux quatre grades ci-dessus, **[84]** vous le recevrez le premier. Que cette préférence soit le prix de l'étude à laquelle il se sera livré dans l'espoir de s'instruire.

5° Un maçon du rite ordinaire doit avoir un état honnête, l'esprit cultivé, et une probité reconnue ; que celui qui ne rassemblerait pas ces qualités essentielles ne soit jamais reçu du rite égyptien.

6° En vain, vous attendrez des fruits d'une jeune plante ; n'accordez le grade d'apprenti qu'à celui qui aura atteint vingt-cinq ans ; que les vertus précoces puissent racheter quelques années, mais que la maturité de l'âge ne supplée jamais celle de l'esprit.

7° Celui qui aura le bonheur d'être initié, prêtera son obligation devant Dieu et ses maîtres de garder un secret inviolable dans nos mystères, de taire tout ce qui se passera dans nos temples, ou leur enceinte, et d'observer étroitement les règlements de l'ordre. S'il trahit ses promesses, qu'il soit livré au mépris, qu'il soit chassé honteusement, et que le grand Dieu le punisse.

8° Les souverains sont les images de la divinité : maçon égyptien, respecte-les, et chéris le tien par-dessus tout ; ne parle jamais ni contre les lois du pays

ten al mismo tiempo, si hay uno que es de un grado superior a los cuatro grados anteriores, lo recibiréis primero. Que esta preferencia sea el precio del estudio al que se habrá entregado con la esperanza de aprender. [279]

5° Un Masón del rito ordinario debe tener un estado honesto, un espíritu cultivado y una rectitud reconocida; aquel que no tenga estas cualidades esenciales no debe ser recibido jamás en el rito egipcio.

6° En vano esperaréis vos frutos de una planta joven; conceded el grado de aprendiz solo a quien haya cumplido veinticinco años; que las virtudes tempranas rediman algunos años, pero que la madurez de la edad no supla jamás a la del espíritu.[280]

7.° Quien tenga la suerte de ser iniciado, debe prometer ante Dios y ante sus maestros guardar un secreto inviolable en nuestros misterios, guardar silencio sobre todo lo que ocurra en nuestros templos o en sus recintos, y observar con cuidado las reglas de la orden. Si traiciona sus promesas, que sea despreciado, que sea expulsado vergonzosamente y que el gran Dios lo castigue.

8°. Los soberanos son las imágenes de la divinidad: masones egipcios, respetadles y apreciad los vuestros por encima de todo; no habléis jamás en contra las

---

[279] Este artículo nos explica que se prefieren aquellos masones que ya hayan sido exaltados o iniciados en sistemas de altos grados. Se puede entender que es por una cuestión de confianza y perseverancia, no un motivo de discriminación. Este artículo remite al anterior en el que se cita el grado 4°, primer Orden de sabiduría, del Rito Francés «Maestro Elegido» y el grado 9° del REAA «Elegido de los Nueve». Véase [19] y nota correspondiente.

[280] La edad mínima de iniciación en la masonería simbólica es de 21 años cumplidos. Aquí se exigen cuatro años más, es decir, un año por cada grado simbólico y uno más por el primer grado capitular, para postularse o ser cooptado. Así se asegura la madurez y la estabilidad.

où tu vis, ni contre la religion qui y domine.

9° L'amour du prochain est le second devoir de l'homme, que tout initié le remplisse dans sa plus grande étendue, que partout et toujours il soit juste et bienfaisant et prêt à soulager les malheureux.

[85] *10°* Aimez-vous, mes enfants, aimez-vous les uns les autres, aimez-vous tendrement, aimez et consolez celui d'entre vous qui est dans la détresse ou l'affliction ; malheur au frère qui refusera du secours à son frère, le Seigneur lui retirera sa protection.

11° Dans la pureté primitive de la maçonnerie, il n'y avait que trois grades ; vous n'en reconnaîtrez et n'en conforterez que trois ; celui d'apprenti, de compagnon et de maître.

12° L'apprenti ne sera reçu compagnon qu'au bout de trois ans de docilité et d'étude ; le compagnon ne parviendra à la maîtrise qu'au bout de cinq années de travail.

13° Apprentis, vous serez soumis aux compagnons qui vous traceront votre ouvrage ; et vous, compagnons, vous prendrez et vous exécuterez les ordres des maîtres : que la jalousie ne trouve jamais accès dans vos cœurs, qu'il n'éclate entre vous qu'une émulation fraternelle.

leyes del país donde vivís, ni contra la religión que allí prevalezca.[281]

9.º El amor al prójimo es el segundo deber del hombre; que todo iniciado lo cumpla con el máximo entendimiento, que sea justo y benéfico en todas partes y esté siempre dispuesto a aliviar a los desgraciados.

10.º[282] Amaos los unos a los otros, hijos míos, amaos tiernamente, amad y consolad al que entre vosotros esté en apuros o aflicción. ¡Mal hado sobre el hermano que se niegue a dar socorro a su hermano, pues el Señor le retirará su protección!

11.º En la pureza primitiva de la Masonería, no había más que tres grados. Vosotros reconoceréis y sostendréis tan solo tres: el de aprendiz, el de compañero y el de maestro.[283]

12. El aprendiz será recibido como compañero solo después de tres años de docilidad y estudio ; el compañero alcanzará la maestría solo tras cinco años de trabajo.[284]

13.º Aprendices, estaréis sometidos a los compañeros que trazarán vuestro obrar; y vosotros, compañeros, recibiréis y ejecutaréis las órdenes de los maestros: que los celos jamás se abran paso en vuestros corazones, que entre vosotros solo surja la emulación fraterna.

---

[281] Vuelve a coincidir con un punto esencial de las constituciones y *landmarks*: el respeto al soberano terrenal. Con ello se prohíbe la acción de conspirar en las logias. Véase [13].

[282] En el Ms. 6666 no está numerado del 10° al 16°, pero sí en el Ms. 6871 y el Ms. Morison. Tomamos la numeración de estos dos.

[283] Cagliostro propone en este artículo una refundación de la masonería, planteándose como una reafirmación del espíritu original frente a los sistemas de altos grados. Así encontramos que el profano necesita la masonería simbólica para mejorarse y avanzar, mientras el masón necesita la masonería egipcia para regenerarse y llegar al conocimiento completo. En este sentido estaría próximo al ideal *coën* de Martinès de Pasqually.

[284] Cagliostro seguramente habla en clave simbólica.

*14°*Maîtres, c'est à vous qu'appartient la direction et l'inspection des travaux, le régime et l'administration de la loge. Rendez-vous dignes de votre fonction et de votre pouvoir, n'ordonnez rien qui ne tende à la gloire de mes enfants, et à l'utilité du reste des hommes.

*15°*Les apprentis et les compagnons auront deux ateliers distincts et placés l'un à la gauche, l'autre à la droite du Temple : les maitres **[86]** s'assembleront dans la chambre du milieu. Que les ouvriers d'un grade inférieur se gardent de porter des regards indiscrets sur les travaux des ouvriers d'un grade supérieur ; qu'ils redoutent les suites funestes d'une curiosité téméraire.

16° Les deux ateliers seront présidés par un maître que la chambre du milieu commettra à cet effet. Chacun élira un orateur, un secrétaire, un inspecteur maître des cérémonies, qui exerceront ces offices pendant le cours d'une année et suivant les instructions qui leur seront données.

17° Dans toute élection, promotion ou opération quelconque, qui sera du ressort d'un des ateliers, que tout ouvrier y manifeste son vœu et son opinion avec modestie mais avec liberté, et que la pluralité des suffrages fasse foi. Que l'esprit de discorde soit toujours loin de mes enfants. Si pourtant, il survenait entre vous quelques différents, que les décisions des apprentis soient revues et rectifiées au besoin par les compagnons, et que les jugements de ceux-ci soient portés par devant la chambre du milieu qui prononcera en dernier ressort sur le rapport des maîtres qui auront présidé les ateliers.

*14.°*Maestros, a vosotros corresponde la dirección y la inspección de los trabajos, el régimen y la administración de la logia. Haceos dignos de vuestro cargo y de vuestro poder, no ordenéis nada que no tienda a la gloria de mis hijos, y a la utilidad del resto de los hombres.

15.° Los aprendices y compañeros tendrán dos talleres separados, uno a la izquierda y otro a la derecha del Templo. Los maestros se reunirán en la cámara del medio. Que los obreros de grados inferiores se guarden de dirigir sus miradas indiscretas al trabajo de los obreros de grado superior; que ellos teman las consecuencias desastrosas de tan temeraria curiosidad.

16.° Los dos talleres estarán presididos por un maestro que la cámara del medio designará al efecto. Cada uno de ellos elegirá un orador, un secretario y un inspector-maestro de ceremonias, que ejercerán estos oficios en el curso de un año siguiendo las instrucciones que les sean dadas.[285]

17.° En todas las elecciones, ascensos o cualesquiera otras operaciones que sean de la competencia de uno de los talleres, que cada obrero exprese sus deseos y opiniones con modestia, pero con libertad, y que se tome como prueba la pluralidad de votos. Que el espíritu de la discordia esté siempre lejos de mis hijos. Sin embargo, si surgiera alguna diferencia entre vosotros, que las decisiones de los aprendices sean revisadas y rectificadas, si fuese necesario, por los compañeros, y que sus juicios sean llevados ante la cámara del medio, que dará su veredicto final sobre el informe de los maestros que han presidido los talleres.

---

[285] Son bastante similares a los oficiales de una logia simbólica.

18° Les compagnons décideront du choix et de l'initiation des apprentis ; les maîtres choisiront les compagnons, parmi les [87] apprentis et leurs successeurs parmi les compagnons.

Une égalité parfaite régnera parmi les maîtres, et les offices dont quelques-uns seront revêtus seront moins des distinctions que des charges. Ils régleront tout à la pluralité des voix. Qu'avant de porter leurs décisions, ils aient soin d'invoquer le grand Dieu et toujours elles seront unanimes.

La confiance la plus étendue, l'union la plus intime doivent habiter avec les maîtres dans la chambre du milieu ; qu'il s'établisse entre eux une fraternité réelle. Avant de former une entreprise dans les circonstances les plus intéressantes de leur vie, qu'ils prennent les avis et les conseils de la chambre, et que l'intérêt d'un de ces membres devienne toujours et dans l'instant, l'intérêt de tous.

Chaque maître, après trois ans de séance dans la chambre du milieu, et après avoir obtenu son agrément, aura le droit de former 12 maîtres, 24 compagnons et 72 apprentis.

Les maîtres s'assembleront une fois toutes les trois semaines ; les compagnons, une fois chaque cinq semaines ; les apprentis, une fois chaque sept semaines. Vous ne porterez point au-delà de 72 le nombre des apprentis, vous fixerez à 24 celui des compagnons et la chambre du milieu ne comptera jamais plus de 12 maîtres. Si [88] vous n'obser-

18.° Los compañeros decidirán sobre la elección y la iniciación de los aprendices; los maestros elegirán a los compañeros entre los aprendices y a sus sucesores entre los compañeros.

Una perfecta igualdad entre los maestros reinará, y los oficiales con que algunos serán investidos serán menos distinciones que oficios. Ellos regularán todo por pluralidad de votos. Que se cuiden de invocar al gran Dios antes de tomar sus decisiones, y que siempre sean estas unánimes.

La mayor confianza y la más íntima unión deben habitar con los maestros en la cámara del medio; que se establezca entre ellos una verdadera fraternidad. Antes de emprender una empresa en las circunstancias más interesantes de sus vidas, que tomen el consejo y el asesoramiento de la cámara, y que el interés de uno de sus miembros se convierta siempre y de una vez en el interés de todos.

Cada maestro, después de tres años de permanencia en la cámara media, y tras haber obtenido su aprobación, tendrá derecho a formar a 12 maestros, 24 compañeros y 72 aprendices.[286]

Los maestros se reunirán una vez cada tres semanas; los compañeros, una vez cada cinco semanas; los aprendices, una vez cada siete semanas.[287] No aumentarás el número de aprendices más allá de 72, fijarás el número de oficiales en 24 y la cámara del medio nunca tendrá más de 12 maestros.[288] Si no observáis este reglamento, os digo que se entre vosotros

---

[286] Véase la [15] y las notas relativas a este punto.
[287] Esto muestra que no hay tenidas, sino reuniones solo por grados.
[288] Son limitaciones simbólicas como las que ocurren en otros ritos y grados.

vez pas ce règlement, en vérité, je vous le dis : La confusion, la discorde et le malheur s'introduiront parmi vous.

24° Vous ne reconnaîtrez dans la loge que cinq grands officiers qui seront toujours de la classe des maîtres, savoir un Vénérable, un orateur, un secrétaire, un garde des sceaux, archives et un dernier et grand inspecteur maître de cérémonies, frère terrible.

25° Les officiers seront inamovibles, et se choisiront de l'avis de la chambre du milieu, et parmi ceux qui la composent, un substitut qui les remplacera en cas d'absence, et sera de droit leur successeur en cas de mort ou de retraite.

26° Les substituts ou successeurs des grands officiers ne pourront point occuper d'autres places, et lorsqu'ils exerceront comme substituts, ils auront les mêmes droits et prérogatives des titulaires.

27° Le Vénérable présidera la chambre du milieu, mais il n'y sera que le premier entre ses égaux et son unique prérogative sera d'avoir deux voix au lieu d'une pour faire cesser le partage d'opinions, ou accélérer les délibérations et leurs effets. A la tête des grands officiers et des maîtres, il présidera la loge lorsqu'elle s'assemblera dans le temple, les jours de fêtes ou de réceptions. Il fera toujours les cérémonies d'initiation et scellera de son cachet les certificats qui seront délivrés aux initiés par la chambre du milieu.

[89] 28° L'orateur fera un discours à chaque initiation et d chaque assemblée générale. Qu'il peigne sans cesse à ses frères la nécessité de se rapprocher de la

introducirá la confusión, la discordia y la desgracia.

24.° No reconoceréis en la logia más que cinco grandes oficiales que serán siempre de la clase de los maestros, a saber, un Venerable, un orador, un secretario, un guardián de los sellos, de los archivos y un último y gran inspector, maestro de ceremonias, hermano terrible.[289]

25° Los oficiales serán inamovibles, y se elegirán con el consenso de la cámara del medio y de entre los que la componen, habrá un sustituto que los reemplace en caso de ausencia y sea su sucesor de derecho en caso de muerte o retiro.

26° Los sustitutos o sucesores de los grandes oficiales no podrán ocupar otros cargos, y cuando ejerzan como sustitutos, tendrán los mismos derechos y prerrogativas que los titulares.

27.° El Venerable presidirá la cámara del medio, pero será el primero entre sus iguales y su única prerrogativa consistirá en disponer de dos votos en lugar de uno, para cesar la división de opiniones o acelerar las deliberaciones y sus efectos. A la cabeza de los grandes oficiales y maestros, presidirá la logia cuando se reúna en el templo, los días de fiesta o las recepciones. Celebrará siempre las ceremonias de iniciación y sellará con su sello los certificados que la cámara del medio expedirá a los iniciados.

28.° El orador pronunciará un discurso en cada iniciación y en cada asamblea general. Que instruya constantemente a

---

[289] La redacción no es clara en este punto, pero se aclara más adelante cuando se expone la patente fundacional [94].

divinité et qu'il ne dise jamais rien que de simple et d'analogue aux travaux dont la loge se sera occupée.

Le garde des sceaux, archives et deniers sera dépositaire du sceau que je vous ai accordé, maintiendra l'ordre dans les archives et aura la clé et la direction du trésor de la loge.

Le secrétaire fera registre de toutes les initiations et de toutes les délibérations de la chambre du milieu. Il tiendra la correspondance, il convoquera les maîtres et invitera pour les assemblées générales.

Le Grand inspecteur, maître des cérémonies et frère terrible, aura la police du temple et des ateliers à sa charge. Il veillera à la sûreté de la loge et aura inspection sur ses bâtiments. Ils prépareront les récipiendaires il visitera les frères étrangers et les frères malades.

29° Vous déposerez les catéchismes, les règlements et autres manuscrits instructifs dans la chambre du milieu, où ils seront fermés sons une triple serrure. Les maîtres ne pourront jamais les laisser sortir de leurs mains, les transporter loin de la loge, ni les transcrire pour leur utilité particulière ; qu'il soit de même interdit aux compagnons et aux apprentis de mettre par écrit ce qu'ils en auront retenu, après en avoir entendu la lecture.

30° Le Vénérable, lorsqu'il le croira prudent et utile, pourra, avec l'assistance

sus hermanos en la necesidad de acercarse a la divinidad y que nunca diga nada que no sea sencillo y análogo al trabajo que ocupará a la logia.

El Guardasellos, de archivos y de caja menor será custodio del sello que os he concedido, mantendrá el orden en los registros y tendrá la llave y dirección de la tesorería de la logia.[290]

El secretario llevará un registro de todas las iniciaciones y procedimientos de la Cámara del medio. Llevará la correspondencia, convocará a los maestros e invitará a las reuniones generales.

El Gran Inspector, maestro de ceremonias y hermano terrible, tendrán a su cargo las directrices del templo y de los talleres. Velará por la seguridad de la logia y tendrá la inspección de sus edificios. Prepararán a los recipiendarios y visitarán a los hermanos extranjeros y a los hermanos enfermos.

29.° Depositaréis los catecismos, reglamentos y demás manuscritos instructivos en la cámara del medio, donde estarán cerrados con triple cerradura. Los maestros nunca los abandonarán de sus manos, no los llevarán fuera de la logia ni los transcribirán para su propio uso; asimismo, se prohíbe a compañeros y aprendices escribir lo que hayan aprendido de ellos después de oírlos leer.[291]

30.° El Venerable, cuando lo crea prudente y útil, podrá, con la asistencia de

---

[290] El guardasellos hace una labor análoga al tesorero en la logia simbólica.

[291] Esto es una constante en toda la masonería de la época. Un ejemplo similar lo encontramos en los *Estatutos Generales de la Francmasonería Caballeros de los Élus Coën,* donde se explicita que todo el archivo de la logia, incluidos los catecismos, debe ser guardado en un armario bajo cuatro llaves. Cf. Ms. 5754, fº44.

de deux maîtres, lire le catéchisme d'apprenti à des maçons du rit ordinaire, qui ayant le cœur pur et droit méritent de connaître la vérité, mais **[90]** qui attachés à d'anciennes erreurs ont besoin de l'entrevoir pour se déterminer à l'embrasser.

31° Vous conférerez tous les grades dans la forme précise que je vous ai prescrite, sans jamais rien retrancher, ni ajouter ; gardez-vous de quitter les sentiers que je vous ai tracés, vous vous égareriez comme vos pères se sont de bienfaisance.

32° Vous aurez par année deux assemblées générales pour célébrer le jour de votre fondation comme loge égyptienne et la fête de saint Jean l'évangéliste. La première se tiendra le troisième jour du neuvième mois de l'année. La deuxième, le vingt-septième jour du dixième mois. Vous honorerez chacun de ces jours solennellement par un acte de bienfaisance.

33° Que la loge du rit ordinaire que vous avez formée sous le titre distinctif de *la Sagesse* subsiste sur le même pied que ci-devant, qu'elle conserve les mêmes officiers et les mêmes grades, ses liaisons et sa correspondance, mais qu'elle évite, dans la réception d'apprenti, tout ce qui n'aurait pas un but symbolique **[91]** ou moral et peut jeter du ridicule sur la maçonnerie.

dos maestros, leer el catecismo del aprendiz a los masones del rito ordinario[292], que teniendo un corazón puro y recto merezcan conocer la verdad, pero que apegados a viejos errores necesiten vislumbrarla para determinarse a abrazarla.

31.° Conferiréis todos los grados en la forma precisa que os he prescrito, sin quitar ni añadir nunca nada; guardaos de abandonar los caminos que os he trazado, pues os extraviarías como vuestros padres se extraviaron de la beneficencia.

32.° Tendréis dos asambleas generales al año para celebrar el día de vuestra fundación como logia egipcia y la fiesta de San Juan Evangelista.[293] La primera se celebrará el tercer día del noveno mes del año. La segunda, el vigésimo séptimo día del décimo mes. Honraréis solemnemente cada uno de estos días con un acto de beneficencia.

33.° Que la logia del rito ordinario que habéis formado bajo el título distintivo de *la Sabiduría* permanezca en las mismas condiciones que antes, conserve los mismos oficiales y rangos, sus conexiones y correspondencia, pero evite, en la recepción de aprendices, todo lo que no tenga una finalidad simbólica o moral y pueda suponer una infamia sobre la masonería.[294]

---

[292] Esta es la labor de cooptación que se realizaba en la época prácticamente en todos los altos grados. Véase, por ejemplo, el Ms. 5754, f°1-4.

[293] La fiesta de San Juan Evangelista es común en toda la masonería simbólica y en un número considerable de sistemas de altos grados.

[294] Efectivamente la logia de *La Saggese* (La Sabiduría) en Lyon —fundada tras ser Cagliostro destituido por Willermoz de la *La Bienfaisance* (la Beneficencia)— fue la correlativa a *La Saggese Triomphante* (La Sabiduría Triunfante) tal como se indica en los estatutos. Fue una logia que seguía el Rito de la Estricta Observancia Templaria según Jean Bricaud. Véase la ilustración adjunta de la medalla de la logia. Marc Labouret ha escrito un texto al respecto tras el hallazgo de dicha medalla de la logia. Cf. Labouret, M. «Un souvenir de Cagliostro: le sceau de La Sagesse Triomphante». *Chroniques d'histoire*

Que le Vénérable et les officiers de cette même loge soient sous l'inspection du Vénérable et des maîtres de la loge du rit égyptien, mais que la concorde et l'amour du bien commun les animent les uns les autres, établissent un concert parfait dans toutes leurs démarches.

Ayez sans cesse devant les yeux le titre glorieux de mère-loge que je vous accorde et rendez-vous dignes des droits qui y sont attachés ; ce sont vos exemples qui doivent attirer et édifier les maçons ou les loges que vous serez dans le cas d'inscrire ou d'affilier. Vous lirez dans chacune des assemblées générales les statuts et les règlements que je vous donne.

Si vous pratiquez ce qu'ils contiennent, vous parviendrez à connaître la vérité, mon esprit ne vous abandonnera point et le grand Dieu sera toujours avec vous.

Fin

---

[92] Hoja en blanco

---

[93] FORMULE DE LA PATENTE DE LA LOGE-MERE DU RITE EGYPTIEN FONDÉE A LYON PAR LE G. COPHTE

Gloire		Sagesse
	Union	
Bienfaisance		Prospérité

Que el Venerable y los oficiales de la misma logia estén bajo la inspección del Venerable y de los maestros de la logia del rito egipcio, pero que la concordia y el amor por el bien común los animen mutuamente, establezcan un concierto perfecto en todas sus acciones.

Tened ante los ojos el glorioso título de Logia Madre que os confiero, y haceos dignos de los derechos que le son concedidos; sea vuestro ejemplo el que debe atraer y edificar a los masones o logias que seáis llamados a inscribir o afiliar. Vos leeréis en cada una de las asambleas generales los estatutos y reglamentos que yo os otorgo.

Si practicáis lo que contienen, llegaréis a conocer la verdad, mi espíritu no os abandonará y el gran Dios estará siempre con vosotros.[295]

Fin

Hoja en blanco

FÓRMULA DE LA PATENTE DE LA LOGIA MADRE DEL RITO EGIPCIO FUNDADA EN LYON POR EL G. COPHTE[296]

Gloria		Sabiduría
	Unión	
Beneficencia		Prosperidad

---

maçonnique, 77, 2016, pp. 89-92. DOI: https://doi.org/10.3917/chm.077.0089

[295] La masonería de adopción tiene unos Estatutos y Reglamentos de la «Logia Madre de Adopción de la Alta Masonería Egipcia al Oriente de París» que aparecen en el Ms. FM4 78 y difieren significativamente de estos estatutos.

[296] Esta es la carta patente otorgada por Cagliostro a la logia *La Sagesse Triomphante*. Como suele ser habitual en cualquier rito o alto grado masónico, es la que garantiza la legitimidad y la regularidad de la logia con respecto a su obediencia. También se indica el cuadro de oficiales que en *Masonería Egipcio* es a perpetuidad.

Nous Grand Cophte, fondateur et grand maître de la haute maçonnerie égyptienne dans toutes les parties orientales et occidentales du globe, à tous ceux qui ce présentes verront, faisons savoir :

Que pendant le séjour que nous avons fait à Lyon, plusieurs membres d'une loge de cet Orient, suivant le rit ordinaire et portant le titre distinctif *de La Sagesse,* nous ayant témoigné le désir ardent qu'ils auraient de se soumettre à notre régime et de recevoir de nous les lumières et le pouvoir nécessaires pour connaître, professer et propager la Maçonnerie dans sa véritable forme et pureté primitive, nous nous sommes rendus volontiers à leur vœu, persuadé qu'en leur donnant cette marque de bienveillance et de notre confiance, nous aurons la double satisfaction d'avoir travaillé pour la gloire du grand Dieu et le bien de l'humanité.

[94] A ces causes, après avoir suffisamment établi et démontré vis-à-vis du Vénérable et plusieurs membres de ladite loge, la puissance et l'autorité que nous tenons à cet effet. Nous, à l'aide de ces mêmes frères, fondons et créons à perpétuité à l'Orient de Lyon la présente loge égyptienne, et la constituons loge-mère pour tout l'Orient et l'Occident ; lui attribuons désormais le titre distinctif de : *La Sagesse triomphante* et en nommons pour ses officiers perpétuels et inamovibles, savoir :

J. M. S. C., vénérable substitut.... GM
B. M., orateur .... J...
D..., secrétaire ....A.
A... garde, d. S. A. et D ... B.R.
B... G. I. M. d. C. et F. T.

Nous accordons à ces officiers une fois pour toutes le droit et le pouvoir de tenir

Nos, Gran Copto, fundador y Gran Maestro de la Alta Masonería Egipcia en todas las partes orientales y occidentales del globo, hacemos saber a todos los que nos vean:

Que durante nuestra estancia en Lyon, varios miembros de una logia de este Oriente, según el ritual ordinario y llevando el título distintivo de *La Sabiduría,* habiéndonos testimoniado el ardiente deseo que tendrían de someterse a nuestro régimen y de recibir de nos las luces y el poder necesarios para conocer, profesar y propagar la Masonería en su verdadera forma y pureza primitiva Nos entregamos a vuestra petición, convencidos de que dándoles esta señal de nuestra benevolencia y confianza, tendremos la doble satisfacción de haber obrado por la gloria del gran Dios y el bien de la humanidad.

Por estas razones, después de haber establecido y demostrado suficientemente al Venerable y a varios miembros de dicha logia, el poder y la autoridad que poseemos para este fin. Nos, con la ayuda de estos mismos hermanos, fundamos y creamos a perpetuidad al Oriente de Lyon la presente logia egipcia, y la constituimos logia madre para todo el Oriente y el Occidente; dándole, desde ahora, el título distintivo de: *La Sabiduría Triunfante* y nombramos sus oficiales a perpetuidad e inamovibles, a saber:

J. M. S. C., Venerable Sustituto.... GM
B. M., orador .... J...
D..., secretario ....A.
A... guarda templo, d. S. A. y D ... B.R.
B... G. I. M. d. C. y H. T.

Nos concedemos a estos oficiales de una vez por todas el derecho y el poder de

loge égyptienne avec les frères soumis à leur direction, de faire toute réception d'apprentis, compagnons et maitres maçons égyptiens, d'expédier des certificats, d'entretenir relation et correspondances avec tous les maçons de notre rit et les loges dont ils dépendent en quelques lieux de la terre qu'elles soient situées, d'affilier après l'examen et les formalités par nous [95] prescrits les loges du rit ordinaire qui souhaiteraient embrasser notre régime; en un mot d'exercer généralement tous les droits qui peuvent appartenir, et appartiennent à une loge égyptienne juste et parfaite, ayant le titre, les prérogatives et l'autorité de loge-mère.

Nous enjoignons toutefois au Vénérable Maître, aux officiers et aux membres de la loge, d'apporter des soins sans relâche et une attention scrupuleuse aux travaux de la loge afin que ceux de réception et tous autres généralement quelconques se fassent en conformité des règlements et statuts par nous expédiés séparément sous notre seing, notre grand sceau et le cachet de nos armes; nous enjoignons encore à chacun des frères de marcher constamment dans le sentier étroit de la vertu, et de montrer par la régularité de sa conduite, qu'il chérit et connaît les préceptes de notre Ordre.

Pour valider les préceptes, nous les avons signés de notre main et y avons apposé le grand sceau accordé par nous à cette loge-mère, ainsi que notre sceau maçonnique et profane. Fait à l'Orient de Lyon.

celebrar logia egipcia con los hermanos sometidos bajo su dirección, a hacer toda recepción de aprendices, compañeros y maestros masones egipcios, de enviar certificados, de mantener relación y correspondencia con todos los masones de nuestro rito y las logias de las cuales dependen en cualquier lugar de la tierra donde se encuentren, de afiliar después del examen y formalidades por nosotros prescritas las logias del rito ordinario que deseen abrazar nuestro régimen. En una palabra, a ejercer todos los derechos que pueden pertenecer y pertenecen a una logia egipcia justa y perfecta, teniendo el título, las prerrogativas y la autoridad de una logia madre.

Nos exhortamos, sin embargo, al Venerable Maestro, a los oficiales y a los miembros de la logia, a tener un cuidado incesante y una atención escrupulosa al trabajo de la logia, para que la recepción y todo lo demás en general, esté de acuerdo con las regulaciones y estatutos por Nos enviados separadamente bajo nuestra mano, gran sello y sello de armas; Además, exhortamos a cada uno de los hermanos a caminar constantemente por el estrecho sendero de la virtud, y a demostrar por la regularidad de su conducta que aprecia y conoce los preceptos de nuestra Orden.

Para validar los preceptos, Nos los hemos firmado de nuestra propia mano y lo revestimos con el gran sello concedido por Nos a esta logia madre, así como de nuestro sello masónico y profano. Dado al Oriente de Lyon.

[97] FORMULE DES PATENTES DE MAITRE DE LA MAÇONNERIE EGYPTIENNE FONDEE PAR LE GRAND COPHTE

Gloire   Sagesse

Union

Bienfaisance   Prospérité

Nous, Grand Cophte, fondateur et grand Maitre de la haute maçonnerie égyptienne dans toutes les parties orientales et occidentales du globe, disons et déclarons que sur l'opinion avantageuse que nous avons prise du F. N. N. et pour récompenser son amour et son profond respect pour la divinité, nous lui avons conféré nous-même le grade de Maître. En conséquence, ordonnons à notre loge-mère fondée à l'Orient de Lyon sous le titre distinctif de *la Sagesse triomphante*, et à toutes celles qui vivent et vivront désormais sous notre régime, de le reconnaitre et faire reconnaître pour tel, de l'admettre À leurs travaux et de lui faire l'accueil do à son grade.

Voulons encore qu'il lui soit prêté au besoin toute espèce de secours physiques et moraux, et que les loges qu'il visita **[98]** soient tenues d'en rendre compte à ladite mère-loge séante à l'Orient de Lyon et de l'instruire de tous les accidents qui pourraient lui survenir. A cet effet, nous lui avons accordé les présentes qu'il a souscrites devant nous et pour les rendre plus glorieuses et plus authentiques nous les avons signées de notre propre main et y avons apposé notre sceau.

FÓRMULA DE LAS PATENTES DE MAESTRO DE LA MASONERÍA EGIPCIA FUNDADA POR EL GRAN COPTO[297]

Gloria   Sabiduría

Unión

Benevolencia   Prosperidad

Nos, el Gran Copto, Fundador y Gran Maestro de la Alta Masonería Egipcia en todas las partes orientales y occidentales del globo, decimos y declaramos que sobre la ventajosa opinión que hemos tomado del H. N. N. y para recompensar su amor y profundo respeto por la divinidad, nosotros mismos le hemos conferido el rango de Maestro. En consecuencia, ordenamos a nuestra logia madre fundada al Oriente de Lyon bajo el título distintivo de *La Sabiduría Triunfante*, y a todas las que viven y vivirán bajo nuestro régimen, que le reconozcan y le hagan reconocer como tal, que le admitan en sus trabajos y le den la acogida debida a su rango.

También queremos que se le preste toda clase de asistencia física y moral, y que las logias que visite estén obligadas a informar a la logia madre al Oriente de Lyon y a comunicarle todas las eventualidades que puedan ocurrir. A este efecto, Nos le otorgamos el presente documento, que ha firmado ante nosotros, y para hacerlo más glorioso y más auténtico, Nos lo hemos firmado de nuestra propia mano y revestido con nuestro sello.

---

[297] La patente o diploma de maestro acredita el grado obtenido. Es otro atributo muy importante en la masonería de la época que funciona, junto con los signos y palabras secretas, como elemento de identificación.

Donné en notre palais à l'Orient de... le jour du... mois de l'an 5555, **[99]** qui est l'année vulgaire 1785.

[100] CONSECRATION ET BENEDICTION DU GRAND TEMPLE DEDIÉ A LA GLOIRE DU GRAND DIEU ETERNEL POUR LE BONHEUR ET LA CONSERVATION DES HOMMES PAR LA LOGE-MERE DE LYON DU RIT EGYPTIEN SOUS LE TITRE DE LA SAGESSE TRIOMPHANTE

Dès le premier jour du mois, l'intérieur de la loge sera orné et préparé selon la constitution de ladite loge-mère fondée par le Grand Cophte. Aussitôt l'arrivée des deux commissaires généraux envoyés par le Grand Cophte, ils communiqueront leurs patentes et leurs pouvoirs aux deux Vénérables, ceux-ci les inviteront à se trouver le premier mardi suivant dans l'assemblée de la chambre intérieure à l'heure accoutumée. Ces deux commissaires seront placés dans deux fauteuils, le premier à la droite et le deuxième à la gauche près des marches du trône. Après les travaux ordinaires, le Vénérable agissant se prosternera ainsi que tous les assistants pour supplier intérieurement l'Éternel de lui accorder la grâce de s'acquitter dignement et d'une manière qui lui soit agréable de la consécration de son Temple. Tout le monde s'étant relevé, **[101]** le Vénérable agissant enverra sur la table de la colombe l'original de la formule.

Dado en nuestro palacio al Oriente de... el día del mes del año 5555, que corresponde a 1785 de la era vulgar.

CONSAGRACIÓN Y BENDICIÓN DEL GRAN TEMPLO DEDICADO A LA GLORIA DEL GRAN DIOS ETERNO PARA LA FELICIDAD Y LA PRESERVACIÓN DE LA HUMANIDAD POR LA LOGIA-MADRE DE LYON DEL RITUAL EGIPCIO BAJO EL TÍTULO DE LA SABIDURÍA TRIUNFANTE[298]

A partir del primer día del mes, el interior de la logia estará decorado y preparado según la constitución de dicha logia-madre fundada por el Gran Copto. En cuanto lleguen los dos Comisarios Generales enviados por el Gran Copto, comunicarán sus patentes[299] y poderes a los dos Venerables, quienes les invitarán a estar presentes el primer martes siguiente en la asamblea de la cámara interior a la hora acostumbrada. Estos dos Comisarios se colocarán en dos sillas, la primera a la derecha y la segunda a la izquierda, cerca de la escalinata del trono. Una vez realizado el trabajo ordinario, el Venerable se postrará ante todos los presentes y suplicará interiormente al Eterno que le conceda la gracia de realizar la consagración de su Templo con dignidad y de forma que le sea más agradable. Cuando todos se hayan levantado, el Venerable enviará a la mesa de la *colombe* el original de la fórmula.

---

[298] Las instrucciones para la consagración y bendición del Templo, seguidas de las directrices a ejecutar (*Police a executer des les premier jour de la consecration*), son muy interesantes porque nos enseñan la operación de consagración más allá de los rituales de grado. Haven nos indica que esta consagración tuvo lugar el 27 de julio de 1786 en Lyon. Cf. Haven, 1947, p. 84.

[299] Véase la importancia de la patente o diploma del maestro que veíamos en el capítulo anterior [97]-[99].

Cela fait, il ordonnera à la colombe de faire comparaitre les sept A..., et les douze vieillards sujets du Grand Cophte étant présents, il chargera la colombe de demander à A... au nom de l'Éternel, s'il consent avec joie et empressement à vouloir bien l'aider de ses conseils pour guider ses maîtres dans le grand objet de la consécration du Temple. Sur sa réponse affirmative, elle lui demandera si la présente formule de consécration est entière, complète et parfaite. Le sollicitant, toujours au nom de l'Éternel par le pouvoir du Grand Cophte et selon son intention de lui indiquer les changements ou augmentation qu'il serait nécessaire d'y faire, supposé qu'il y en eût à faire. Pendant ce temps, le Vénérable non agissant écrira ce qu'il se dira.

Le Vénérable agissant avant de fermer la loge fera remercier A... par la C. au nom de tous ses frères et il la fera prier les douze vieillards ainsi que les six autres a... de lui donner le signe de leur approbation et de leur agrément sur tout ce qui vient de se décider.

La veille du jour fixé pour la consécration, les Vénérables feront assembler tous les frères dans la salle des compagnons ou des **[102]** apprentis, ils leur notifieront l'arrivée des deux commissaires députés par le Grand Cophte pour l'assister et le représenter dans la divine inauguration de leur Temple. Ils les informeront que le lendemain sera le premier jour consacré à cette cérémonie, et ils détermineront invariablement tous les arrange-

Hecho esto, ordenará a la *colombe* que traiga a los siete a...[300], y estando presentes los doce antiguos súbditos del Gran Copto, encargará a la *colombe* que pregunte a A...[301], en nombre de Jehová, si consiente con gozo y de buen grado en ayudarle con sus consejos a guiar a sus maestros en el gran objeto de la consagración del Templo. Si la respuesta es afirmativa, le preguntará si la presente fórmula de consagración es íntegra, completa y perfecta. Solicitándole, siempre en nombre del Eterno en poder del Gran Copto, y según su intención, que le indique qué cambios o aumentos, si los hubiere, deben hacerse en ella. Mientras tanto, el Venerable que no esté operando escribirá lo que él le diga.

El Venerable que esté operando antes de cerrar la logia dará las gracias a A... por la C.[302] en nombre de todos sus hermanos y pedirá a los doce ancianos y a los otros seis a ...[303] que le otorguen el signo de su aprobación y de su acuerdo sobre todo lo que se acaba de decidir.[304]

La víspera del día fijado para la consagración, los Venerables reunirán a todos los hermanos en la sala de los compañeros o aprendices, les notificarán la llegada de los dos comisarios designados por el Gran Copto para asistirle y representarle en la divina inauguración de su Templo. Les comunicarán que el día siguiente será el primer día dedicado a esta ceremonia, y determinarán invariablemente todos los arreglos y disposicio-

---

[300] Ángeles.

[301] Anael. Es uno de los arcángeles que aparece en todas las tradiciones abrahámicas como aquel que posee la gracia de Dios (*Ḥannī'ēl*). La tradición indica que fue el que guio a Enoc hasta los cielos.

[302] Dará las gracias a Anael por la consagración.

[303] Los profetas y los otros seis ángeles.

[304] Este es el momento clave de la teúrgia. El ritual es rematado por un conocimiento suprasensible y suprarracional similar a *la Chose* (la Cosa) en Martinès de Pasqually.

ments et toutes les dispositions nécessaires tant pour l'illumination et la décoration du Temple que pour les vêtements des frères, les honneurs à rendre aux deux commissaires et la distribution des temps de ceux des compagnons qui seront destinés à l'adoration.

Tout étant conclu, réglé et arrêté, l'un des deux Vénérables fera un discours préparatoire à cette sainte cérémonie, et il fera usage de toute l'éloquence que lui suggérera dans ce moment son zèle et son amour pour l'Éternel, afin de faire passer et imprimer dans l'âme et dans le cœur de tous ses frères sa reconnaissance pour les bienfaits de l'Être suprême et son respect pour la volonté du Grand Cophte, premier ministre du grand Temple et leur fondateur; et finira par leur recommander, pendant la consécration, le plus grand silence, le plus profond respect, et non seulement la plus grande réserve, mais encore la plus **[102]** grande ferveur.

[103] POLICE A EXECUTAR DES LES PREMIER JOURS DE LA CONSECRATION

Il faudra depuis ce jour-là jusqu'à la fin de la consécration qu'il y ait toujours un maître de garde dans l'intérieur des bâtiments dépendant de la loge. Ce sera lui qui placera en adoration les deux compagnons et qui les fera remplacer par d'autres. Les compagnons de service pour l'adoration y resteront une heure, ou même deux si cela se peut, et pendant ce temps leurs prières consisteront à réciter les sept psaumes pénitentiaux ; ils entreront et resteront dans le Temple sans souliers.

nes necesarias tanto para la iluminación y decoración del Templo como para la vestimenta de los hermanos, los honores que se tributarán a los dos comisionados y la distribución del tiempo de aquellos compañeros que serán destinados al culto.

Cuando todo esté concluido, regulado y decidido, uno de los dos Venerables pronunciará un discurso preparatorio para esta santa ceremonia, y empleará toda la elocuencia que le sugieran su celo y su amor al Eterno en este momento, para transmitir e imprimir en el alma y en el corazón de todos sus hermanos su gratitud por los beneficios del Ser Supremo, y su respeto por la voluntad del Gran Copto, primer ministro del gran Templo y fundador de los mismos; y finalmente recomendarles, durante la consagración, el mayor silencio, el más profundo respeto, y no solo la mayor reserva, sino también el mayor fervor.

DIRECTRICES A EJECUTAR LOS PRIMEROS DÍAS DE LA CONSAGRACIÓN

Desde ese día hasta el final de la consagración deberá haber siempre un maestro de guardia en el interior de los edificios dependientes de la logia. Colocará en oración a dos compañeros de y hará que sean sustituidos por otros. Los compañeros de guardia en el culto permanecerán allí una hora, o incluso dos si es posible, y durante este tiempo sus oraciones consistirán en recitar los siete salmos penitenciales; entrarán y permanecerán en el Templo sin zapatos.[305]

---

[305] Esto realza la idea de la tradición abrahámica de estar en un espacio sagrado de acuerdo con *Éxodo* 3: 4-5. Al igual que ocurría en los rituales de los *Coën* (Ms. FM4 1282, f° 45), las operaciones teúrgicas se deben de desarrollar descalzado, de la misma manera que Moisés habló con Dios.

Toutes les cérémonies de la consécration se diviseront en trois jours. Tous les apprentis et compagnons seront vêtus de leur habit talare, les maîtres auront leur uniforme complet et leur décoration maçonnique égyptienne. Le grand Temple sera parfaitement illuminé : dans le milieu sera placé le groupe de palmiers renfermant le Tabernacle [104] dont la porte aura une clé dorée attachée par un ruban couleur de feu. En face du Tabernacle, il y aura deux prie-Dieu avec un coussin. Chacun des deux prie-Dieu aura un écritoire, des plumes et un canif neufs qui n'auront jamais servi. On fera faire trois clés, une dorée, une argentée et la troisième de couleur verte, représentant les clés des loges des apprentis, compagnons et maîtres. On préparera un voile de soie ou de lin blanc capable de couvrir la tête et les épaules du Vénérable. Pendant le temps où toute la loge sera rassemblée dans le grand Temple, il y aura un compagnon ou un apprenti qui fera sentinelle l'épée nue à la main dans la galerie où sont les escaliers. Tous les maîtres, compagnons ou apprentis qui entreront dans le grand Temple y resteront sans souliers, les Vénérables seuls garderont leurs babouches.

Par respect pour cette divine cérémonie, tous les maitres, [105] compagnons et apprentis seront obligés de garder le célibat vingt-quatre heures avant le jour fixé et les deux chefs et les deux commissaires pendant les trois jours que durera la consécration. Le Tabernacle de la C.

Todas las ceremonias de la consagración se dividirán en tres días. Todos los aprendices y oficiales estarán vestidos con sus hábitos talares, los maestros llevarán su uniforme completo y su arreos de masonería egipcia. El gran Templo estará perfectamente iluminado: en el centro se colocará el grupo de palmas cerrando el Tabernáculo, cuya puerta tendrá una llave de oro sujeta por una cinta de color de fuego. Delante del Tabernáculo, habrá dos reclinatorios con un cojín. Cada uno de los dos reclinatorio tendrá un escritorio, con plumas y una navaja que nunca se hayan utilizado. Se harán tres llaves, una dorada, otra plateada y la tercera verde, que representan las llaves de las logias de los aprendices, compañeros y maestros. Se preparará un velo de seda o lino blanco capaz de cubrir la cabeza y los hombros del Venerable. Durante el tiempo en que toda la logia esté reunida en el gran Templo, habrá un compañero o aprendiz que permanecerá de guardatemplo con una espada desnuda en mano dispuesto en la galería donde están las escaleras. Todos los maestros, compañeros o aprendices que entren en el gran Templo permanecerán allí descalzos, tan solo los Venerables conservarán sus babuchas.

Por respeto a esta divina ceremonia, todos los maestros, compañeros y aprendices estarán obligados a permanecer célibes veinticuatro horas antes del día señalado, y los dos responsables y los dos comisarios durante los tres días de la consagración.[306] El Tabernáculo de la

---

sera garni d'une petite table avec trois bougies et un tabouret. Le Vénérable opérant ou le premier commissaire G. I. décideront la situation dans laquelle se mettront les assistants, soit pour s'agenouiller, soit pour rester debout, soit pour s'asseoir.

PLACES DANS LE GRAND TEMPLE

Le Vénérable agissant sur le trône. Les deux commissaires à droite et il gauche sur des fauteuils. Le Vénérable non opérant dans un fauteuil immédiatement après le premier commissaire. Les maitres moitié du côté droit, moitié du côté gauche. Les compagnons de même. Les apprentis pareillement.

[106] Le premier jour de la consécration, entre 9 heures et 10 heures du matin, tous les frères seront rassemblés dans la loge des compagnons pour y recevoir les deux commissaires qui seront dans une chambre voisine; le Vénérable agissant après avoir ouvert la loge enverra son confrère à la tête de deux maitres pour y prendre les commissaires et les introduire dans la loge avec tous les honneurs dus à des représentants du fondateur : ces deux maîtres et le Vénérable auront l'épée nue à la main, en accompagnant le commissaire, il leur sera préparé deux fauteuils à côté du trône; celui non agissant fera les fonctions de grand maitre des cérémonies. Lorsque le Vénérable opérant averti de l'arrivée des commissaires, il fera fermer la voûte d'acier, descendra de son trône et viendra à la porte pour recevoir les commissaires. Il fera ouvrir les deux battants et

C.[307] estará provisto de una mesita con tres velas y un taburete. El Venerable que opere o el primer Comisario G. I. decidirán la situación en la que se colocarán los asistentes, sea para arrodillarse, sea permanecer de pie o sentarse.

LUGARES EN EL GRAN TEMPLO

El Venerable que opere estará en el trono. Los dos Comisarios a derecha e izquierda en sillas. El Venerable no que opere estará en una silla inmediatamente después del primer Comisario. Los maestros mitad a la derecha, mitad a la izquierda. Los compañeros igualmente. Los aprendices de forma parecida.

El primer día de la consagración, entre las 9 y las 10 de la mañana, todos los hermanos estarán reunidos en la logia de compañeros para recibir a los dos comisarios que estarán en una sala cercana. El Venerable que opere después de abrir la logia enviará a su hermano a la cabeza de dos maestros para tomar a los comisarios e introducirlos en la logia con todos los honores debidos a los representantes del fundador: Estos dos maestros y el Venerable tendrán la espada en la mano, acompañando al comisionado, se les prepararán dos sillas junto al trono, mas aquel que no actúe realizará las funciones de Gran Maestro de Ceremonias. Cuando el Venerable Operario sea informado de la llegada de los Comisarios, hará cerrar la bóveda de acero, descenderá de su trono y se acercará a la puerta para recibir a los Comisarios. Hará que se abran las dos puertas y acompañará a

---

para la acción de gracias que el R+ debe dar al Señor por el fruto que ha obtenido de sus operaciones». Cf. FM4 1282, fº 43. Véase los reglamentos de *Masonería Egipcia* en [45] y la nota subsiguiente al artículo 5.

[307] Consagración.

il les accompagnera chacun à leur place. Tous les frères étant assis, le Vénérable agissant fera un discours pour féliciter les commissaires sur leur arrivée, les remercier et leur annoncer que tout est prêt et réglé pour la consécration. Ce discours [107] achevé, tous les assistants se lèveront. Le Vénérable agissant fera signe au maître désigné pour cette fonction d'apporter sur un plat d'argent au premier commissaire les clés des trois loges ; celui-ci les touchera de la main droite et le maître les emportera. Le premier commissaire fera alors un discours pour faire connaître l'intention du grand Cophte ; il annoncera l'heure à laquelle commencera le même soir la consécration, il requerra en même temps le Vénérable d'envoyer sur-le-champ le maître avec les deux compagnons qui doivent commencer l'adoration dans le grand Temple. Le Vénérable agissant fermera la loge, après avoir remercié l'Éternel.

A l'heure fixée pour entrer dans le grand Temple, tous les frères, chefs, maîtres, compagnons et apprentis s'y ras sembleront, et y seront placés sur deux lignes selon leur grade. Le Vénérable agissant ouvrira la loge, en priant intérieurement le grand Dieu Éternel de vouloir bien lui conférer la grâce et le pouvoir nécessaires pour la consécration de son Temple, il enverra son collègue avec deux maîtres pour chercher et introduire les commissaires ; leur entrée [108] se fera dans le plus profond silence, et sans qu'aucun des assistants qui seront debout, remue de sa place.

Le chef agissant sera debout l'épée à la main, les deux commissaires seront avec leurs souliers, l'épée à la main, ils seront conduits chacun à leur place par le deuxième chef : celui-ci annoncera en peu de mots que les commissaires chargés des

cada uno a su sitio. Cuando todos los hermanos estén sentados, el Venerable pronunciará un discurso felicitando a los comisarios por su llegada, dándoles las gracias y anunciando que todo está listo y dispuesto para la consagración. Terminado este discurso, todos los presentes se pondrán en pie. El Venerable que opere indicará al maestro designado para esta función que traiga en una bandeja de plata al primer comisario las llaves de las tres logias, este las tocará con su mano derecha y el maestro las tomará. El primer comisario pronunciará entonces un discurso para dar a conocer la intención del Gran Copto; anunciará la hora a la que comenzará la consagración esa misma tarde, pedirá al mismo tiempo al Venerable que envíe al maestro con los dos compañeros que deben comenzar el culto en el gran Templo. El Venerable que opere cerrará la logia, después de haber dado gracias al Eterno.

A la hora señalada para entrar en el gran Templo, se reunirán allí todos los hermanos, dirigentes, maestros, compañeros y aprendices, y se colocarán en dos filas según su rango. El Venerable que opere abrirá la logia, rogando interiormente al gran Dios Eterno que le conceda la gracia y el poder necesarios para la consagración de su Templo, y enviará a su compañero con dos maestros a buscar y presentar a los Comisarios; su entrada se hará en el más profundo silencio, y sin que ninguno de los asistentes que estén de pie se mueva de su sitio.

El responsable que este operando estará de pie con su espada en la mano, y los dos comisionados estarán con sus zapatos puestos, y con sus espadas en las manos, y serán conducidos cada uno a su lugar por el segundo responsable, quien

ordres du Grand Cophte se sont servis du pouvoir qu'il leur a accordé par cette mission pour, les clés à la main, ouvrir le grand sanctuaire afin d'éclairer les mortels. Le Vénérable agissant continuera ce discours, il remerciera à haute voix l'Être suprême de la grande faveur qui lui est faite ainsi qu'à ses frères, et il S'avancera auprès du premier Commissaire pour lui remettre son épée consacrée et l'aider à monter sur le trône.

Lorsque le chef opérant présentera son épée au premier Commissaire, un des Maîtres s'avancera avec un plat d'argent auprès du premier Commissaire pour recevoir la sienne. Le premier Commissaire étant sur le Trône, tous les assistants se mettront à genoux, le Vénérable agissant se mettra également à genoux sur la première marche du Trône en face du premier Commissaire.

Celui-ci après s'être recueilli et avoir [109] supplié en lui-même l'Éternel de faire pénétrer dans son âme et dans son cœur sa sainte volonté, il annoncera aux assistants qu'ayant été assez heureux pour avoir été choisi par le Grand Cophte pour faire exécuter ses intentions et parvenir à consommer et couronner l'ouvrage si désiré par les hommes pour jouir de la connaissance de l'Être suprême, de celles d'euxmêmes et de la délicieuse union fraternelle, il les prévient que le Grand Cophte par attachement pour sa loge-mère et pour la convaincre de plus en plus de la préférence et de la suprématie qu'il veut lui conserver a résolu et déterminé de nommer un de ses Vénérables pour travailler et présider lui-même à cette consécration, et que ce Vénérable est le frère G. M.

anunciará en pocas palabras que los comisionados, encargados con las órdenes del Gran Copto, han hecho uso del poder que él les ha concedido por esta misión, para abrir el gran santuario con las llaves en sus manos, con el fin de iluminar a los mortales. El Venerable que opere continuará este discurso, agradecerá en voz alta al Ser Supremo el gran favor hecho a él y a sus hermanos, y se acercará al primer Comisario para presentarle su espada consagrada y ayudarle a subir al trono.

Cuando el responsable que opere presente su espada al primer Comisario, uno de los Maestres se acercará con una bandeja de plata al primer Comisario para recibir la suya. Con el Primer Comisario en el Trono, todos los presentes se arrodillarán, y el Venerable Que opere se arrodillará también en el primer escalón del Trono, frente al Primer Comisario.

Este, después de haber meditado y rogado al Eterno en su interior que haga penetrar Su santa voluntad en su alma y en su corazón, anunciará a los presentes que habiendo tenido la fortuna de haber sido elegido por el Gran Copto para llevar a cabo Sus intenciones y conseguir consumar y coronar la obra tan deseada por los hombres para gozar del conocimiento del Ser Supremo, del sí mismo y de la deliciosa unión fraternal, les advierte que el Gran Copto por apego a su logia madre y para convencerla más y más de la preferencia y supremacía que quiere conservarla ha resuelto y determinado nombrar a uno de sus Venerables para que trabaje y presida él mismo esta consagración, y que este Venerable es el Hermano G. M.[308]

---

[308] Se trata de Gabriel Barthélémy de Magneval (1751-1821). Además de primer Venerable de *La*

Le premier Commissaire s'asseoir et fera signe aux assistants de se lever. Trois Maîtres s'approcheront du Vénérable opérant, ils le feront mettre debout, ils l'entoureront, lui ôteront ses vêtements, même la chemise du côté droit, et le couvriront avec un voile de soie ou de lin blanc ; les trois maîtres resteront à la même place, et le Vénérable non agissant prenant son confrère sous le bras il l'aidera à monter les marches et à se mettre à genoux devant **[110]** le premier Commissaire, le chef non agissant lui ôtera son voile et fera signe à un des trois Maîtres de s'approcher pour le recevoir.

Le premier Commissaire se mettant debout et tous les assistants à genoux. Le Vénérable non agissant mettra la main droite les doigts écartés sur la tête du chef qui sera à genoux tandis que le premier Commissaire appliquera sur le visage du dit chef sa main gauche les doigts écartés ; dans sa droite, il aura l'épée élevée au-dessus de la tête dudit Vénérable. Dans cette situation, le premier Commissaire dira : « Par le pouvoir de l'Éternel et par celui qu'il a concédé au Grand Cophte, je vais te donner le pouvoir et te faire reconnaitre par les sujets présents et par tous ceux du globe, pour le mortel élu digne et capable d'agir selon les ordres et les intentions du Grand Cophte pour l'inauguration et la dédicace de ce Temple au Grand Dieu Éternel ».

El primer Comisario se sentará e indicará a los presentes que se levanten. Tres Maestros se acercarán al Venerable que opere, le harán levantarse, le rodearán, desvistiéndolo, incluso la camisa del lado derecho, y le cubrirán con un velo de seda o lino blanco; los tres Maestros permanecerán en el mismo lugar, y el Venerable que no está actuando cogerá a su compañero por debajo del brazo y se arrodillará ante el primer Comisario, el responsable que no actúa se quitará el velo y hará una seña a uno de los tres Maestros para que se acerque a recibirle.

El primer Comisario se pondrá en pie y todos los presentes se arrodillarán. El Venerable que no esté operando colocará su mano derecha con los dedos abiertos[309] sobre la cabeza del responsable arrodillado, mientras que el Primer Comisario colocará su mano izquierda con los dedos abiertos sobre la cara de dicho responsable; en su mano derecha tendrá la espada levantada por encima de la cabeza de dicho Venerable. En esta situación el Primer Comisario dirá: «Por el poder del Eterno y por el que ha concedido al Gran Copto, os otorgo el poder y haré que seas reconocido por los súbditos presentes y por todos los del globo, como el mortal elegido digno y capaz de actuar según las órdenes e intenciones del Gran Copto para la inauguración y dedicación de este Templo al Gran Dios Eterno».

Saggese Triomphante, tuvo mucha relevación en la vida masónica de Lyon. Saint-Martin trató con él entre 1784 y 1785, explicándole a Kirchberg que Cagliostro, a pesar de su falta de moralidad, pudiese operar teúrgicamente como le describió Magneval. Saint-Martin cree que, más allá de las formas, Cagliostro estaba imbuido de un profundo sentimiento y buena fe hacia el Divino Reparador, lo que le hacía poseedor de la palabra de Dios para este tipo de operaciones teúrgicas. También informa que el costo del Templo fue de 130.000 francos. Cf. Saint-Martin, *La correspondance inédite...*, pp. 205-206.

[309] Vuelve a presentarse el símbolo de la *Dextera Domini*, véase [49].

Le premier Commissaire lui donnera ensuite un coup de glaive sur l'épaule droite et un souffle ; il lui dira : « En vertu [111] du pouvoir que m'a donné le Grand Cophte je te consacre par ce premier souffle homme de l'Éternel pour l'avantage, le bonheur et l'utilité, tant de tes frères que des mortels. Il donnera le deuxième coup et deuxième souffle et dira : « En vertu du pouvoir que m'a donné le Grand Cophte, je t'influe par ce second souffle, la sagesse ou la perfection spirituelle, et je t'accorde comme homme et enfant du Grand Maître, la bénédiction paternelle, en te donnant le pouvoir de l'administrer à toutes les personnes qui te plairont et te conviendront ». Il donnera le troisième coup et le troisième souffle, il dira : « En vertu du pouvoir que m'a donné le Grand Cophte, j'entends embraser ton cœur par ce troisième souffle de l'amour de l'Éternel, et de celui de ton prochain et de te rendre de plus en plus digne par la pratique de la charité, de la miséricorde, de la bonté, et des grâces de l'Être Suprême ». Il achèvera en ajoutant : « Selon les intentions du Grand Cophte, je vais te baptiser et changer ton nom en te faisant reconnaître dès ce moment et pour toujours pour Alexandre III, il lui donnera 3 souffles : le 1° sur l'épaule droite, le 2° sur la gauche, et le 3° sur le visage. Il mouillera de sa salive son pouce droit et il lui appliquera sur l'épaule droite. Il demandera le voile, il l'en couvrira et après l'avoir fait relever, il le remettra entre les mains du deuxième vénérable non agissant qui [112] l'aidera à descendre les marches. Les trois Maîtres l'environneront de nouveau, et le premier Commissaire leur ordonnera de l'habiller ; pendant qu'on lui passera sa chemise et qu'on lui mettra ses vêtements le premier Commissaire lui dira : « Mon frère, ces vêtements sont le sym-

El primer Comisario le dará entonces un golpe de espada en el hombro derecho y un soplo; le dirá: «En virtud del poder que me ha dado el Gran Copto os consagro por este primer soplo hombre del Eterno para beneficio, felicidad y utilidad, tanto de tus hermanos como de los mortales». Dará el segundo golpe y el segundo soplo y dirá: «En virtud del poder que me ha sido dado por el Gran Copto, os otorgo por este segundo soplo, la sabiduría o perfección espiritual, y te concedo como hombre e hijo del Gran Maestro, la bendición paternal, dándote el poder de administrarla a todas las personas que te plazca y convenga». Dará el tercer golpe y el tercer soplo, dirá: «En virtud del poder que me ha dado el Gran Maestro, me propongo inflamar vuestro corazón con este tercer soplo del amor del Eterno, y el de tu prójimo, y hacerte cada vez más digno por la práctica de la caridad, la misericordia, la bondad y las gracias del Ser Supremo». El concluirá diciendo: «Según las intenciones del Gran Copto, voy a bautizaros y cambiar vuestro nombre haciéndoos reconocer desde este momento y para siempre por Alejandro III». Le dará tres soplos: el primero en el hombro derecho, el segundo en el izquierdo y el tercero en el rostro. Se mojará el pulgar derecho con su saliva y se lo aplicará en el hombro derecho. Pedirá el velo, le cubrirá con él y después de haberle hecho levantarse, lo entregará en manos del segundo venerable no que opere que le ayudará a bajar los escalones. Los tres Maestros le rodearán de nuevo, y el primer Comisario les ordenará que le vistan; mientras le ponen la camisa y la su vestimenta el primer Comisario le dirá: «Hermano mío, esta ropa es un símbolo de la pérdida de vuestra inocencia, que debéis trabajar para recuperar regenerándoos moral-

bole de la perte de votre innocence qu'il faut travailler à recouvrer en vous régénérant moralement ». Lorsqu'on lui mettra l'étole, il dira : « Cette étole est la marque distinctive qui annoncera que vous appartenez à l'Éternel ; c'est sa livrée, son nom sacré placé au bas de cette étole, vous apprendra que vous devez toujours l'avoir présent à votre pensée et dans votre cœur. Les caractères qui sont au-dessus et qui sont les chiffres des sept anges primitifs, doivent vous rappeler sans cesse tous les mystères attachés à ce nombre merveilleux ».

mente». Cuando le impongan la banda, le dirá: «Esta banda es el distintivo que anunciará que vos pertenecéis al Eterno; Sea esta Su librea, su nombre sagrado colocado al pie de esta banda, os enseñará que debéis tenerlo siempre presente en vuestra mente y en vuestro corazón. Los caracteres de arriba, que son los números de los siete ángeles primitivos, que deben recordaos sin cesar todos los misterios ligados a esta figura maravillosa».[310]

Lorsqu'on lui passera le cordon rouge décoré de la plaque, [113] il dira : « Vous savez ce que signifient cette brillante couleur rouge et cette belle rose, elles sont l'emblème de cette précieuse et miraculeuse première matière accordée par l'Éternel à ses élus pour les régénérer physiquement et les rendre immortels. Redoublez de zèle pour glorifier et faire glorifier l'Éternel, et que votre vertu et vos bonnes actions accélèrent le jour où vous mériterez d'obtenir la possession et la jouissance d'une aussi inestimable faveur ».

Cuando se le imponga la banda roja adornado con la placa, dirá: «Ya sabéis lo que significan este brillante color rojo y esta hermosa rosa, son ellas el emblema de esta preciosa y milagrosa materia prima concedida por el Eterno a sus elegidos para regenerarlos físicamente y hacerlos inmortales[311]. Redoblad vuestro celo para glorificar vos al Eterno y hacer que lo glorifiquen, y que vuestra virtud y buenas acciones aceleren el día en que mereceréis obtener la posesión y el goce de tan inestimable favor».

Le chef agissant entièrement vêtu, le premier Commissaire lui ordonnera de monter seul les marches du trône ; et lorsqu'il sera auprès de lui, il dira : « Au nom de la gloire de Dieu, je vous rends la première place et le glaive, faites-en nomme du grand Cophte toutes les opérations dont je vous ai chargé, en son nom et par écrit pour la consécration de la nouvelle Jérusalem ».

El responsable que opere completamente vestido, el primer Comisario le ordenará que suba solo los peldaños del trono; y cuando esté cerca de él, le dirá: «En nombre de la gloria de Dios, os devuelvo, en primer lugar, el acero. Haced en nombre del Gran Copto todas las operaciones que se os encargan, que sean en su nombre y por escrito para la consagración de la nueva Jerusalén».[312]

---

[310] Cf. *De Occulta Philosophia*, 555.

[311] En este fragmento se hace referencia a la leyenda de Christian Rosenkreuz y los rosacruces, con el rojo, la rosa y la transmutación alquímica.

[312] Esta es la referencia a la Jerusalén celeste o el templo interior del que hablan numerosos místicos de la época como E. Swedenborg o L.C. de Saint-Martin. Como se ha explicado en la introducción es el distintivo de la masonería esotérica: el templo no puede volver a ser construido en

Le premier Commissaire descendra du trône, et il ira se remettre à la première place à droite. Tous les assistants étant à leur place et debout, on chantera le *Te Deum*. Cet hymne achevé, le Vénérable agissant fera un discours dans lequel il commencera par remercier le premier commissaire comme **[114]** représentant le Grand Copte pour le pouvoir et toutes les grâces qu'il vient de lui concéder, il exhortera les assistants de se joindre à lui pour élever leurs cœurs à l'Éternel afin de l'invoquer avec la plus grande ferveur pour qu'il veuille bien approuver les opérations qui vont être faites pour lui dédier le présent Temple.

Tous les assistants sans exception se mettront à genoux le visage prosterné contre terre. Le Vénérable non agissant ôtera ses babouches et celui qui opérera sera le seul qui restera à genoux sans se prosterner ; il, aura le glaive à la main droite mais la pointe basse, il fera à haute voix une courte prière à l'Être suprême, mais sublime, à la fin de laquelle les frères répondront : « Ainsi soit-il ». Le Vénérable agissant se relèvera, il se mettra en face du Tabernacle, l'épée à la main, et ordonnera aux deux compagnons ou au chef non agissant de se préparer à écrire.

Il appellera la colombe, et la fera mettre à genoux devant lui, il lèvera la main droite et avec son glaive il décrira sans changer de place trois cercles dans l'air en face seulement du Tabernacle par 3 fois 3, en

El primer Comisario descenderá del trono y se colocará en el primer lugar a la derecha. Estando todos los presentes en sus puestos y de pie, se cantará el *Te Deum*. Acabado este himno, el Venerable pronunciará un discurso en el que comenzará agradeciendo al primer comisario, como representante del Gran Copto, el poder y todas las gracias que acaba de concederle, y exhortará a los presentes a que se unan a él elevando sus corazones al Eterno para invocarle con el mayor fervor a fin de que apruebe las operaciones que se van a realizar para dedicarle el Templo actual.

Todos los presentes, sin excepción, se arrodillarán con el rostro prosternado hacia el suelo.[313] El Venerable no que opere se quitará las babuchas y el que va a operar será el único que permanecerá de rodillas sin prosternarse; tendrá el acero en la mano derecha, pero con la punta bajada, y hará una breve pero sublime oración al Ser Supremo, al final de la cual responderán los hermanos: «Así sea». El Venerable que opere se levantará, se colocará delante del Tabernáculo, espada en mano, y ordenará a dos compañeros o al responsable no que opere que se preparen para escribir.

Llamará a la *colombe*, y hará que se arrodille ante él, y levantando su mano derecha con su espada trazará, sin cambiar de lugar, tres círculos en el aire[314] por tres veces tres solo frente al Taber-

---

la tierra por culpa de la prevaricación humana, sino que debe ser restituido en un plano celeste por un ser humano reintegrado. Haven menciona que esta invocación era propia de la masonería inglesa, antigua, y que probablemente Cagliostro la trajera de allí Cf. Haven, 1947, p. 91. En la introducción ya he explicado que la masonería de los antiguos y la esotérica tiene la misma intención y finalidad.

[313] Véase [60] y nota subsiguiente.

[314] Véase [27] y la nota respectiva.

ayant dans son esprit l'invocation à l'Éternel et sollicitant son secours pour la faire réussir dans **[115]** ses travaux.

Il prononcera à haute voix : « Moi..., tel... par le pouvoir que le Grand Cophte m'a donné et qu'il me donne, j'invoque ton aide, grand Dieu Éternel, pour que je puisse donner à la présente colombe une augmentation de pouvoir, de conception et de force nécessaires afin qu'elle puisse me répondre clairement et avec vérité à toutes les demandes, invocations, et prières que je vais lui faire. Il ajoutera a la colombe : « Mon enfant, supplie l'Éternel de te pardonner toutes tes fautes passées. Exécute ponctuellement l'ordre que je te donne d'avoir le plus profond respect pour tous les Êtres spirituels et grands personnages qui vont te comparaître, et ressouviens-toi d'agir et de travailler pour la consécration de ce temple dédié à l'Éternel, non comme un enfant mais en philosophe ; car telles sont les intentions et la volonté du Grand Cophte fondateur et grand Maître ».

Le chef agissant appellera le maitre grand inspecteur de la loge ; il lui remettra entre les mains la colombe, celui-ci la conduira dans le Tabernacle qu'il visitera, et après avoir fermé la porte, il en ôtera la clé et passera À son col le cordon qui y tient ; cette clé pendra sur sa poitrine, et il la gardera jusqu'à ce que le Vénérable ayant **[116]** fermé la loge, il lui ordonne de faire sortir la colombe du Tabernacle. La colombe étant dans le sanctuaire, le chef agissant debout et l'épée à la main dira :

« J'ordonne au nom de l'Éternel que tous les sujets soumis et subordonnés au

náculo, teniendo en su mente la invocación al Señor y solicitando Su ayuda para que tenga éxito en su trabajo.

Pronunciará en voz alta: «Yo..., como... por el poder que el Gran Copto me ha otorgado y me da, invoco tu ayuda, gran Dios Eterno, para que pueda dar a la presente *colombe* un aumento de poder, concepción y fuerza necesarios para que pueda responderme claramente y con verdad a todas las peticiones, invocaciones y oraciones que le haré». Le dirá a la *colombe*: «Hija mía, ruega al Eterno para que te perdone todas tus faltas pasadas. Ejecuta puntualmente la orden que te doy teniendo el más profundo respeto por todos los Seres espirituales y grandes personajes que van a comparecer ante ti, y recuerda actuar y trabajar por la consagración de este templo dedicado al Eterno, no como un impúber sino como un filósofo; pues tales son las intenciones y la voluntad del Gran Copto fundador y gran Maestro».

El responsable que esté operando llamará al maestro Gran Inspector de la logia; le otorgará la guía la *colombe*, este la conducirá al Tabernáculo que visitará, y después de haber cerrado la puerta, sacará la llave y pasará por su cuello la banda que la sujeta[315]; esta llave colgará de su pecho, y la guardará hasta que el Venerable habiendo cerrado la logia, le ordene sacar la *colombe* del Tabernáculo. Estando la *colombe* en el santuario, el responsable que opere de pie y espada en mano dirá:

«Yo ordeno en nombre del Eterno que todos los súbditos sometidos y subordi-

---

[315] Se hace hincapié en que la *colombe* estará encerrada para que no haya, a priori, ninguna trampa durante el proceso de invocación y canalización.

Grand Cophte dans toutes les parties du monde soient avertis et demeurent prévenus que moi... tel Vénérable, et Maître de la grande loge mère égyptienne de l'Orient de Lyon, je suis occupé des travaux consacré à l'Éternel lui-même, ordonné par le Grand Cophte grand Maître et fondateur. En conséquence, il est défendu et empêché aucun sujet d'opérer, ni de travailler jusqu'à la fin de consécration qui va se faire.

INVOCATION

« A cet effet... moi... tel par le pouvoir que m'accorde le Grand Cophte notre fondateur, je commande et j'ordonne à l'ange A... de comparaître aux yeux de la colombe avec toute la classe et hiérarchie des esprits qui lui sont soumis, et de se placer de manière que la colombe en puisse faire une description et un rapport exact; il frappera trois fois du pied droit à terre.

Le Vénérable fera faire par la colombe le détail le plus circonstancié [117] du lieu, de la quantité d'anges, de leurs figures, de leurs vêtements, de leur couleur, enfin de tout ce que fera A... Ce rapport achevé, le Vénérable dira :

COMANDEMENT

« En vertu du pouvoir dont je suis revêtu et au nom de l'Éternel, je t'ordonne A... de donner un signe à la colombe et de lui dire de ta propre bouche si nous nous trouvons en règle pour parvenir à consacrer parfaitement le Temple à l'Être

nados al Gran Copto en todas las partes del mundo sean advertidos y permanezcan advertidos de que yo... como Venerable, y Maestro de la Gran Logia Madre Egipcia al Oriente de Lyon, comprometido en los trabajos consagrados al Eterno, ordenados por el Gran Maestre y Fundador. En consecuencia, se prohíbe e impide a cualquier sujeto operar, ni trabajar hasta el final de la consagración que se va a hacer.

INVOCACIÓN

«A tal efecto... Yo... por el poder que me ha sido concedido por el Gran Copto nuestro fundador, mando y ordeno al ángel A...[316] que se presente ante los ojos de la *colombe* toda la clase y jerarquía de espíritus que le estén sometidos, y que se coloque de tal manera que la *colombe* pueda hacer una descripción e informe exacto de él».[317] Golpeará tres veces con su pie derecho en el suelo.

El Venerable hará que la *colombe* haga la relación más detallada del lugar, del número de los ángeles, de sus figuras, de sus vestidos, de su color y, en fin, de todo lo que A... Terminado este informe, el Venerable dirá:

MANDATO

«En virtud del poder que me ha sido conferido y en nombre del Eterno, te ordeno A...[318] que hagas una señal a la *colombe* y que le digas con tu propia boca si estamos en condiciones de lograr la perfecta consagración del Templo al Ser

---

[316] Anael.

[317] Este es el momento clave de la operación teúrgica, el maestro que lidera el ritual invoca a los espíritus y los ángeles para que le revelen la voluntad de Dios a la *colombe*. Ella tiene la obligación de contar, como médium, todo lo que ha visto y ha sentido.

[318] Anael.

suprême selon les intentions du Grand Cophte ». Sa réponse étant satisfaisante, le Vénérable passera à l'invocation du deuxième an... qui sera faite mot pour mot de la même manière et ainsi des autres.

Les réponses des sept a... étant uniformes et favorables, le Vénérable dira: « Nous, maître de la vraie loge, nous ordonnons aux sept a... primitifs de faire comparaître les douze philosophes ». Étant apparus, il répétera pour ces douze philosophes ensemble, le même commandement fait à chacun des sept a... afin qu'ils donnent un signe à la colombe ou qu'ils disent de leur propre bouche si on se trouve en règle pour la consécration parfaite: leur réponse donnée, il ajoutera:

[118] « Nous vous ordonnons à vous sept a..., à vous douze philosophes au nom et à la gloire du grand Dieu Éternel et par le pouvoir du Grand Cophte d'agir, opérer et travailler suivant ses intentions pour inaugurer, consacrer et bénir cette grande loge avec ses dépendances dédiées à l'Éternel, non seulement intérieurement mais extérieurement avec toutes les cérémonies parfaites et complètes à vous connues ». Le Vénérable fera à la colombe les demandes convenables et nécessaires pour se faire rendre le compte le plus détaillé de tout ce qui se passera et de tout ce qu'opte refront les sept an... principalement A... et les douze philosophes.

Supremo según las intenciones del Gran Copto». Si es satisfactoria su respuesta, el Venerable pasará a la invocación del segundo an...[319] que se hará palabra por palabra de la misma manera y así sucesivamente.

Siendo las respuestas de los siete a...[320] uniformes y favorables, el Venerable dirá: «Nos, Maestro de la verdadera logia, ordenamos a los siete primitivos a...[321] que traigan a los doce filósofos». Habiendo aparecido, repetirá para estos doce filósofos juntos, la misma orden hecha a cada uno de los siete a...[322] para que den una señal a la *colombe*, o digan con su propia boca si la consagración perfecta está en orden: cuando hayan respondido, añadirá:

«Os ordenamos a vosotros siete an...[323] vosotros doce filósofos en nombre y para gloria del gran Dios Eterno y por el poder del Gran Copto que actuéis, operéis y trabajéis según sus intenciones para inaugurar, consagrar y bendecir esta gran logia con sus dependencias dedicadas al Eterno, no solo interiormente sino exteriormente con todas las ceremonias perfectas y completas conocidas por vosotros».
El Venerable hará a la *colombe* las oportunas y necesarias peticiones para que se le dé la más detallada cuenta de todo lo que va a acontecer y de todo lo que opta referente a los siete a...[324] principalmente A...[325] y los doce filósofos.

---

[319] Ángel.
[320] Ángeles.
[321] Ángeles.
[322] Ángeles.
[323] Ángeles.
[324] Ángeles.
[325] Anael.

Le Vénérable fera comparaître ensuite N.. et E L.. ayant apparu et le détail de tout ce qui les concerne achevé, il dira :

« E N... et E L... nous vous supplions de vous laisser toucher, par notre candeur, notre vertu et notre confiance dans l'Éternel afin de nous accorder la faveur de contribuer vous-même à perfectionner cette sainte et divine cérémonie; nous vous prions de plus au nom du grand Dieu Éternel et en vertu du pouvoir du grand Cophte de faire un signe à la colombe, ou de lui dire avec vérité de votre propre bouche si les travaux faits pour la consécration intérieure [119] et extérieure de notre grande loge et de ses dépendances ainsi que de sa dédicace à l'Éternel sont en règle, et s'ils sont parfaits et complets ».

La C. ayant communiqué leurs gestes et réponses et rapporté ce qu'ils auront opéré, le Vénérable fera paraitre Moise et lui répétera mot à mot la prière adressée à E N... et à E L... Sa venue, son visage, ses vêtements, ses mouvements, ses actions, tout sera observé et décrit comme pour les autres avec le plus grand détail. Enfin, le Vénérable sollicitera et suppliera l'apparition du grand Cophte en habit talare : son arrivée, ses armes, ses ornements, sa démarche, ses signes ; tout sera observé et rapporté avec la plus grande attention. A son apparition, le Vénérable dira :

«Souverain G. M. et Fondateur reçois l'hommage que tes enfants présents te font de leur cœur en reconnaissance de tes bontés et des grâces dont tu les as comblés; pardonne à notre faiblesse si

El Venerable hará entrar entonces a N... y E L... habiendo comparecido y detallado todo lo que les concierne, dirá:

«E N... y E L... os rogamos que os conmováis por nuestro candor, nuestra virtud y nuestra confianza en el Eterno, con el fin de que nos concedáis el favor de contribuir vos mismos a la perfección de esta santa y divina ceremonia. Os rogamos además en nombre del gran Dios Eterno y en virtud del poder del Gran Copto que hagáis una señal a la *colombe*, o que le digáis con verdad de vuestra propia boca si el trabajo realizado para la consagración interior y exterior de nuestra gran logia y sus dependencias, así como su dedicación al Eterno está en orden, y si es perfecto y completo».

Habiendo comunicado la *colombe* sus gestos y respuestas e informado de lo que han operado, se presentará el Venerable que se parecerá a Moisés[326] y le repetirá palabra por palabra la oración dirigida a E N ... y E L ... Su lugar, su rostro, sus ropas, sus movimientos, sus acciones, todo será observado y descrito como para los demás con el mayor detalle. Finalmente, el Venerable pedirá y rogará por la aparición del Gran Copto vestido con hábito talar: su llegada, sus brazos, sus ornamentos, su caminar, sus signos; todo será observado y relatado con la mayor atención. Cuando aparezca, el Venerable dirá:

«Soberano G. M. y Fundador recibid, de corazón, el homenaje que vuestros hijos presentes os tributan en agradecimiento por tus bondades y gracias con que los habéis colmado; perdonad nuestra debi-

---

[326] El Venerable toma el rol de Moisés, que se describe en [81], pues previamente había sido velado y había recibido ese conocimiento suprarracional.

nous avons failli ou que nous n'ayons pas entièrement rempli tes intentions dans cette circonstance, et daigne nous faire la faveur de donner un signe à notre C. , ou de lui dire de ta propre bouche **[120]** si les opérations qui ont été exécutées pour l'inauguration et la consécration intérieure et extérieure de la loge-mère et de ses dépendances ainsi que sa dédicace à l'Éternel sont achevées et si elles sont parfaites ».

Sa réponse étant connue par l'intermédiaire de colombe, le Vénérable dira ;« Nous te conjurons, grand Maître, de ne point vouloir disparaître et te séparer de nous sans nous donner ta bénédiction paternelle au nom du grand Dieu ».

Le Vénérable se fera instruire par la colombe de quelle manière leurs prières sont reçues et exaucées. Son rapport terminé, le Vénérable se mettra à genoux ; ayant la pointe de l'épée basse et le corps courbé, il dira :

« Grand Dieu Éternel, Être suprême et souverain, si notre faiblesse et notre fragilité peuvent nous faire trouver grâce et miséricorde devant toi, si ayant pitié de nous et sensible à notre brûlant amour tu veux bien nous permettre d'implorer ta grande et inépuisable bonté, si nous te paraissons dignes enfin de mériter une marque de ta protection, nous te supplions et nous te conjurons du plus profond de notre cœur de faire paraître aux yeux de la colombe un signe particulier qui nous comblera de joie et de félicité **[121]** en nous prouvant que notre ferveur, notre sincérité et notre amour t'ont touché».

Le Vénérable demandera à la colombe ce qu'elle voit, et dans le cas où elle aurait le bonheur d'apercevoir le signe désiré, le Vénérable mettra le front contre terre.

lidad si hemos faltado o no hemos cumplido plenamente vuestras intenciones en esta circunstancia, y dignaos hacernos el favor de dar una señal a nuestra *colombe* o de decirle de su propia boca si las operaciones que se llevaron a cabo para la inauguración y la consagración interior y exterior de la casa madre y sus dependencias, así como su dedicación al Eterno, han concluido y si son perfectas».

Siendo conocida su respuesta por medio de la *colombe*, el Venerable dirá: «Nos te conjuramos, gran Maestro, que no quieras desaparecer y separarte de nosotros sin darnos tu paternal bendición en nombre del gran Dios».

El Venerable será instruido por la *colombe* de cómo son recibidas y atendidas sus plegarias. Cuando haya terminado su informe, el Venerable se arrodillará; teniendo la punta de la espada baja y el cuerpo inclinado, dirá:

«Gran Dios Eterno, Ser supremo y soberano, si nuestra debilidad y fragilidad pueden hacernos encontrar gracia y misericordia ante ti, si, compadeciéndote de nosotros y sensible a nuestro ardiente amor, estás dispuesto a permitirnos implorar Tu gran e inagotable bondad si por fin te parecemos dignos de merecer una señal de tu protección, te suplicamos y rogamos desde lo más profundo de nuestro corazón que hagas aparecer en los ojos de la *colombe* un signo especial que nos llene de alegría y de felicidad demostrándonos que nuestro fervor, nuestra sinceridad y nuestro amor te han conmovido».

La Venerable preguntará a la *colombe* qué es lo que ve, y en el caso de que tenga la suerte de ver el signo deseado, la Venerable apoyará su frente en el suelo.

OBSERVATIONS

Le Vénérable agissant aura le plus grand soin d'étendre ses commandements, de les rendre clairs et précis, de faire faire toutes les distinctions qu'il jugera convenables, enfin d'y mettre tout le temps nécessaire soit pour se faire rendre le compte le plus exact et le plus détaille, soit pour qu'aucune réponse ne puisse être interprétée d'une manière équivoque, lui donnons à ce sujet le pouvoir le plus entier d'agir, commander et augmenter tout ce qui concerne cette consécration.

Il serait très à propos que pendant les trois jours de travaux, on chantât des hymnes à la gloire de l'Éternel et qu'on fit de la musique au moins une demi-heure chaque jour.

SITUATION ET POSITION DES ASSISTANTS

Dans les invocations et prières à l'Éternel, tous les assistants sans exception seront **[122]** sans souliers et prosternés le visage contre terre ; le Vénérable agissant, seul, gardera ses babouches.
Dans les invocations et prières au Grand Cophte, tous les assistants sans exception seront à genoux à la réserve du Vénérable qui restera debout ; les deux commissaires ôteront leur soulier droit.
Dans les invocations et prières à M..., En... et El..., tous les assistants seront à genoux, excepté les deux commissaires qui resteront debout mais sans soulier droit.

OBSERVACIONES

El Venerable que esté operando pondrá el mayor cuidado en sus órdenes, en hacerlas claras y precisas, en hacer todas las distinciones que estime convenientes y, finalmente, en dedicar todo el tiempo necesario, bien para hacerse rendir la cuenta más exacta y detallada, bien para que ninguna respuesta pueda ser interpretada de manera equívoca, démosle a este respecto el más pleno poder para actuar, mandar y acrecentar todo lo que concierne a esta consagración.

Sería muy conveniente que durante los tres días de trabajo se entonaran himnos a la gloria del Eterno y se tocara música durante al menos media hora cada día.

SITUACIÓN Y POSICIÓN DE LOS ASISTENTES

En las invocaciones y oraciones al Señor, todos los asistentes, sin excepción, estarán sin calzado y postrados con el rostro en tierra; el Venerable que actúe solo mantendrá puestas sus zapatillas.[327]
En las invocaciones y oraciones al Gran Maestre, todos los asistentes, sin excepción, se arrodillarán excepto el Venerable que permanecerá de pie; los dos Comisarios se quitarán el calzado derecho.
En las invocaciones y oraciones a M..., En... y El..., todos los presentes se arrodillarán, excepto los dos Comisarios que permanecerán de pie pero sin sus zapatos derechos.

---

[327] Véase [102] y la nota relativa a este tema. Otro de los artículos de las ceremonias de los *Élus Coën* en el grado de *Réaux-Croix*, en sus *Estatutos Secretos*, dice: «Así, ya no se llevarán zapatos, y solo se usarán pantuflas, que estarán destinadas únicamente a ser utilizadas durante el transcurso de las operaciones, y serán cuidadosamente cerradas para que solo sirvan para este fin y no para otros». Cf. Ms. FM. 41282, f° 45.

Dans les invocations des sept anges et des douze vieillards, les assistants seront debout ou à genoux à la volonté du Vénérable opérant ou du premier commissaire. Toutes les opérations et travaux seront divisés en trois jours ; l'adoration des compagnons commencera le premier jour et subsistera constamment et sans discontinuer, ni nuit ni jour, jusqu'à la clôture de la loge du troisième jour. Chaque jour, à l'ouverture de la loge, le Vénérable commencera par invoquer l'assistance et le secours de l'Éternel et en la fermant il le remerciera.

Le Vénérable permettra à la colombe de s'asseoir ou de se tenir debout **[124]** selon ses forces, mais à l'apparition du Grand Cophte, il la fera mettre à genoux et lorsqu'à la fin de la consécration le Vénérable suppliera l'Éternel d'accorder le signe désiré il lui ordonnera auparavant non seulement de se mettre à genoux mais encore de quitter ses souliers.

----

[124] Hoja en blanco

----

[125] DISCOURS DE Ph. R., PREMIER COMMISSAIRE ET GRAND INSPECTEUR, PRONONCÉ DANS LA LOGE MÈRE A LA CÉRÉMONIE DE LA CONSÉCRATION, LE MARDI 25 JUILLET 1785.

Mes frères, c'est avec le cœur navré et rempli d'amertume, que nous sommes chargés, le frère de V... et moi, de vous faire les adieux du Grand Cophte, notre fondateur; il a quitté pour toujours la France et habite dans ce moment un

En las invocaciones a los siete ángeles y a los doce ancianos, los asistentes permanecerán de pie o arrodillados a voluntad del Venerable Operador o del primer Comisario. Todas las operaciones y trabajos se dividirán en tres días; el culto de los compañeros comenzará el primer día y continuará constantemente y sin interrupción, ni de noche ni de día, hasta el cierre de la logia el tercer día. Cada día, al abrir la logia, el Venerable comenzará invocando la asistencia y ayuda del Señor y al cerrarla le dará las gracias.

El Venerable permitirá a la *colombe* sentarse o levantarse según sus fuerzas, pero a la aparición del Gran Copto, le hará arrodillarse y cuando al final de la consagración el Venerable rogará al Señor que conceda la señal deseada le ordenará primero no solo arrodillarse sino también dejar sus zapatos.

Hoja en blanco

DISCURSO DE Ph. R., PRIMER COMISARIO Y GRAN INSPECTOR, PRONUNCIADO EN LA LOGIA MADRE EN LA CEREMONIA DE LA CONSAGRACIÓN, EL MARTES 25 DE JULIO DE 1785.

Hermanos míos, es con el corazón lleno de pesar y de amargura que el hermano de V... y yo nos encargamos de despediros del Gran Copto, nuestro fundador; ha dejado Francia para siempre y habita en este momento un nuevo reino[328];

---

[328] En esta fecha Cagliostro había partido a Inglaterra expulsado de Francia, tras estar encarcelado en la Bastilla por el *affaire* de los diamantes de la Reina, tras ello viajaría a Suiza y a Italia donde

nouveau royaume ; vos regrets et votre douleur sur ce malheureux événement doivent être d'autant plus vifs que les ayant prévus il les a partagés et que jusqu'au dernier instant où il a séjourné dans votre patrie, il ne s'est occupé principalement que de ses enfants de Lyon leur bonheur. Vous n'avez pas ignoré combien de fois il a formé le projet de venir lui-même consacrer et inaugurer votre Temple, cette nouvelle Jérusalem si chère à son cœur et à laquelle est destinée pour l'avenir une gloire si étendue et si brillante. Les décrets de la Providence y ont constamment mis obstacle. Des hommes **[126]** incrédules et sans foi pourraient en murmurer, mais des êtres privilégiés tels que nous doivent savoir que notre faiblesse nous empêche de concevoir, et de pénétrer les secrets de l'Être suprême ; nous devons nous résigner et nous soumettre.

Abraham consentit jadis à lui faire le sacrifice de son fils ; c'est à nous aujourd'hui à lui faire celui de notre père. Ne jugeons ni ne nous tourmentons point sur des effets futurs d'une cause qui nous est inconnue, et disons comme Job, Dieu nous l'avait donné et il nous l'a ôté. Que l'exemple de ces deux élus favoris de l'Éternel nous serve de modèle et de consolation, car s'ils ont été heureux pendant leur vie, ils le sont encore bien davantage aujourd'hui et si votre confiance dans l'Éternel égale celle que j'ai et que je désire vous inspirer, vous en serez dignement récompensés. Jusqu'à présent, aveuglés et indécis, vous n'avez

vuestros pesares y vuestra pena por este desgraciado acontecimiento deben ser tanto más sentidos cuanto que, habiéndolos previsto, los compartía y hasta el último momento en que permaneció en vuestro país, se preocupó principalmente de sus hijos y de Lyon, de su felicidad. No habéis ignorado cuántas veces formó el proyecto de venir él mismo a consagrar e inaugurar vuestro Templo, esta nueva Jerusalén[329] tan querida a su corazón y a la que está destinada en el futuro una gloria tan extensa y brillante. Los decretos de la Providencia se han interpuesto constantemente en el camino. Los hombres incrédulos e infieles pueden murmurar ante esto, pero los seres privilegiados como nosotros debemos saber que nuestra debilidad nos impide concebir y penetrar los secretos del Ser Supremo; debemos resignarnos y someternos.

Abrahán consintió una vez en hacerle el sacrificio de su hijo; a nosotros nos corresponde hoy hacerle el sacrificio de nuestro padre.[330] No juzguemos ni nos atormentemos sobre los efectos futuros de una causa que nos es desconocida, y digamos como Job: Dios nos lo dio y nos lo quitó. Que el ejemplo de estos dos elegidos favorecidos del Eterno nos sirva de modelo y consuelo, pues si ellos fueron felices durante su vida, aún lo son más hoy, y si vuestra confianza en el Eterno iguala a la que yo tengo y a la que deseo inspiraros, seréis dignamente recompensados. Hasta ahora, ciegos e indecisos, solo habéis podido formar con-

---

sería detenido por la Inquisición romana.

[329] Queda claro que el lugar es simbólico, que la nueva Jerusalén no es un espacio físico como ya se ha explicado.

[330] La metáfora del sacrificio inverso no deja de ser curiosa para poder situar la figura de Cagliostro, especialmente su rol un tanto mesiánico. Algo similar ocurre con la leyenda de Hiram Abiff en la masonería simbólica.

pu tout au plus que former des conjectures : mais la réalité va remplacer le doute ; vous allez devenir hommes et vous connaître une partie des faveurs infinies et surnaturelles dont l'Être suprême a comblé c'est qu'il a adoptés et qu'il chérit ; armes vous de force, de [127] vigueur et de sagesse.

La Force prouve le pouvoir du vrai maçon Égyptien qui, ayant élevé dans son pour un sanctuaire digne de l'Éternel, a acquis le courage nécessaire pour soutenir et défendre avec fermeté les préceptes et les lois prescrites par le Grand Fondateur. La Vigueur, pour entreprendre avec courage une route nouvelle et inconnue au reste des mortels pour pouvoir braver toute espèce de dangers, enfin, pour supporter avec patience le bonheur ou malheur qui résulte des différents événements de la vie. La Sagesse, pour parvenir à acquérir les connaissances de la haute, sublime, et véritable philosophie hermétique afin de mériter un jour de pouvoir opérer le mariage du soleil et de la lune, félicité complète, la plus grande récompense accordée par Dieu à l'homme, vraie perfection physique et morale qui le rend son Élu et possesseur de la matière première et Universelle.

Aimez et adorez l'Éternel de tout votre cœur, empêchez le mal, et n'en faites jamais, chérissez et servez votre prochain en lui faisant tout le bien dont vous êtes capable, consultez votre [128] conscience dans toutes vos actions, mais fuyez et

jeturas: pero la realidad va a sustituir a la duda; vais a convertiros en hombres y vais a conocer una parte de los favores infinitos y sobrenaturales con que el Ser Supremo ha colmado a aquellos a quienes ha adoptado y aprecia; armaos de fuerza, vigor y sabiduría.[331]

La Fuerza muestra el poder del verdadero masón egipcio que, habiendo levantado en su propia casa un santuario digno del Eterno, ha adquirido el valor necesario para sostener y defender con firmeza los preceptos y leyes prescritos por el Gran Fundador. El vigor, para emprender con valentía un camino nuevo y desconocido para el resto de los mortales, para ser capaz de arrostrar toda clase de peligros y, finalmente, para soportar con paciencia la felicidad o la desgracia que resultan de los diferentes acontecimientos de la vida. La sabiduría, para adquirir el conocimiento de la alta, sublime y verdadera filosofía hermética, para merecer un día poder operar en las nupcias del sol y la luna, la felicidad completa, la mayor recompensa concedida por Dios al hombre, la verdadera perfección física y moral que le hace su Elegido y poseedor de la materia prima y Universal.

Amad y adorad al Señor con todo tu corazón, evitad el mal y no lo hagáis nunca, apreciad y servid a vuestro prójimo haciéndole todo el bien de que seáis capaz, consultad vuestra conciencia en todas tus acciones, mas huid y alejaos

---

[331] El primer comisario habla de un aspecto muy interesante: el hombre perfecto. Se trata del punto álgido de la antropología trascedente que contiene este texto y que es el objetivo de la operación alquímica. Aquellos que han alcanzado la maestría conocen en toda su profundidad, habiendo superado la ceguera epistémico-ontológica y la indecisión que ella conlleva, la certeza de Dios. Esto es similar al *Réaux-Adam* de Martinès de Pasqually y al *Homme Nouvel* (Hombre Nuevo) de Saint-Martin.

chassez tous les scrupules, car le scrupule fait le crime, le crime fait le péché, et le péché produit la malédiction de Dieu.

L'inauguration céleste qui commencera ce soir à sept heures, exigeant qu'on dévoile aux compagnons et aux apprentis une partie des mystères réservés aux Maîtres, nous avons l'ordre du Grand Cophte avant que de commencer aucune cérémonie d'obliger ces deux classes inférieures de prêter le serment le plus solennel pour s'assurer de leur silence et du secret le plus inviolable. Je vous ordonne donc au nom de l'Éternel en sa présence et selon les intentions du Grand Cophte que vous me prêtiez le serment requis en élevant la main droite sans remuer de votre place. Ce serment vous engage sous les peines les plus sévères à ne jamais révéler à aucun profane ce que vous verrez, entendrez, ou ferez dans le Grand Temple pendant la consécration.

---

[129] Hoja en blanco

---

[130] MÉTHODE D'OPERER ET TRAVAILLER POUR LE GRAND MAITRE ET LA GRANDE MAITRESSE, TANT POUR LES INTERROGATIONS QUE POUR LES INVOCATIONS ET COMMANDEMENTS

La seule différence entre l'un et l'autre, c'est que le Grand Maître pourra commander, invoquer, et faire paraître aux yeux des colombes les sept anges et les douze vieillards du Grand Cophte, tan-

todo escrúpulo, pues el escrúpulo hace el crimen, el crimen hace el pecado y el pecado produce la maldición de Dios.

La inauguración celestial, que comenzará esta noche a las siete[332], requiere que algunos de los misterios reservados a los Maestros sean revelados a los compañeros y aprendices, el Gran Copto nos ordena que antes de comenzar cualquier ceremonia obliguemos a estas dos clases inferiores a prestar el juramento más solemne para asegurar su silencio y el más inviolable secreto. Por lo tanto, os ordeno en el nombre del Señor en su presencia y de acuerdo con las intenciones del Gran Copto que me prestéis el juramento requerido levantando vuestra mano derecha sin moveros de vuestro asiento. Este juramento os compromete bajo las penas más severas a no revelar nunca a ningún profano lo que veréis, oiréis o haréis en el Gran Templo durante la consagración.

Hoja en blanco

MÉTODO DE OPERAR Y TRABAJAR DESTINADO AL GRAN MAESTRE Y A LA GRAN MAESTRA, TANTO PARA LOS INTERROGATORIOS COMO PARA LAS INVOCACIONES Y MANDAMIENTOS[333]

La única diferencia entre uno y otra es que el Gran Maestro podrá mandar, invocar y hacer aparecer ante los ojos de las *colombes* a los siete ángeles y a los doce ancianos del Gran Copto, mientras

---

[332] Esta ceremonia se realizó un día después de la fiesta de San Juan Bautista, patrón de la masonería simbólica, y cuatro días después del solsticio de verano. La elección de las siete alude a la simbología de la hora.

[333] Aquí aparece por primera vez el rito de adopción y explicita las diferencias operativas entre ambos dignatarios.

dis que la Grande Maîtresse ne pourra commander qu'aux sept anges seulement ; ces sept anges sont Anaël, Michael, Raphael, Zodiachel, Uriel, Anachiel, Zachariel.

Le Vénérable chef de la loge de Paris ne pourra travailler qu'une fois par semaine, le samedi, une heure avant le coucher du soleil La Grande Maîtresse de la loge mère d'adoption de Paris ne pourra travailler qu'une fois par semaine, le dimanche, une heure avant le coucher du soleil. Il faudra que par respect, l'un et l'autre restent dans le célibat 24 heures avant que de travailler. Il est très sévèrement défendu tant au Grand Maître qu'à la Grande Maîtresse de faire opérer d'autres colombes que celles consacrées à Paris par le Grand Cophte ni de faire aucune demande ni question ayant rapport à la connaissance du Grand Cophte et de son état ou à celle de la première matière, ni sur aucun objet de vaine curiosité. Lorsque la Grande Maîtresse ou le Grand Maître feront un travail, ils auront toujours le glaive à la main, ce glaive doit être une épée qui n'ait jamais servi et qui ait été consacrée par [131] et au nom de l'Éternel, soit par les Vénérables de Lyon, soit par un Maître et chef agissant.

PREPARATION DE LA COLOMBE

Dans la journée qui précédera celle de l'opération, il faudra la faire mettre à genoux, puis appliquer la main gauche bien

que la Gran Maestra solo podrá mandar a los siete ángeles; estos siete ángeles son Anael, Miguel, Rafael, Zodiachel, Uriel, Anachiel, Zachariel.

El Venerable, responsable de la Logia de París, tan solo podrá trabajar una vez a la semana, el sábado, una hora antes de la puesta del sol. La Gran Maestra de la Logia Madre de París solo podrá trabajar una vez por semana, el domingo, una hora antes de la puesta del sol.[334] Será necesario que ambas permanezcan en celibato 24 horas antes de trabajar por respeto.[335] Queda terminantemente prohibido tanto al Gran Maestro como a la Gran Maestra hacer operaciones con otras *colombes* que no sean las consagradas en París por el Gran Maestre, ni hacer ninguna petición o pregunta relativa al conocimiento del Gran Maestre y su estado o al de la materia prima, ni sobre ningún objeto de vana curiosidad. Así, cuando el Gran Maestre o la Gran Maestra realicen cualquier trabajo, deberán tener siempre la espada en la mano, la cual deberá ser una espada que nunca haya sido usada y que haya sido consagrada por y en nombre del Señor, ya sea por el Venerable de Lyon o por un Maestro y responsable que haga las operaciones.

PREPARACIÓN DE LA *COLOMBE*

En el día anterior al de la operación, será necesario hacerla arrodillar, luego aplicar la mano izquierda bien abierta sobre

---

[334] Es interesante ver cómo la logia masculina trabaja el sábado, mientras que la logia femenina lo hace el domingo. El hombre aprovecha los últimos rayos de *Sabbat* para adorar a Dios, véase, por ejemplo, lo que dice Saint-Martin: «El hombre nuevo entrará en su templo los días septenarios o en los días de *Sabbat*, ya que será fiel a la ley». Cf. Saint-Martin, *Le Nouvell Homme*, § 39. Mientras que la mujer, creada un día más tarde en la narración del Génesis, lo hace cuando el mundo comienza a revivir tras el descanso, durante el día dedicado al arcángel Miguel.

[335] Véase [46].

ouverte sur sa tête et avec la droite, lui donner trois coups de glaive ; le premier sur l'épaule droite, le deuxième sur la gauche et le troisième sur la tête. On lui donnera après, un fort souffle ; on ordonnera à la colombe de se recommander à l'Éternel et de conserver son innocence, on lui fera un petit sermon à ce sujet, ainsi que sur la grandeur et [132] la bonté de Dieu et sur le pouvoir du Grand Cophte. On finira par baiser la colombe au front, bien tendrement. Le Maître ou la Maîtresse feront dans le cœur et intérieurement un holocauste de cette Créature à l'Éternel.

INVOCATION DANS LE MOMENT DU TRAVAIL

Les assistants seront debout et rangés sur deux lignes près du Maître ou de la Maîtresse. La personne agissante fera intérieurement la prière à l'Éternel pour le supplier de l'aider, de la secourir, et de lui donner la force et le pouvoir de travailler à étendre la gloire de son nom.

Elle prononcera ensuite à haute voix : « Moi... tel... par le pouvoir que le Grand Cophte m'a donné, je préviens tous les mortels ou immortels qui lui sont subordonnés, qu'ils demeurent avertis qu'en vertu des ordres et pouvoirs que j'ai reçus, je suis occupé des travaux qui m'ont été confiés et prescrits, et qu'il est défendu sous les peines reconnues au Grand Cophte de travailler dans le temps présent jusqu'à la fin de mon opération ».

Le Maître agissant fera mettre à genoux devant lui la colombe et il [133] lui fera répéter mot à mot cette prière :

su cabeza, y con la derecha, darle tres golpes de acero; el primero en el hombro derecho, el segundo en el izquierdo y el tercero en la cabeza. A continuación, se dará un fuerte soplo a la *colombe*; se le ordenará que se encomiende al Señor y que conserve su inocencia, y se pronunciará un breve sermón sobre este tema, así como sobre la grandeza y bondad de Dios y sobre el poder del Gran Copto. Finalmente, la *colombe* será besada tiernamente en la frente.[336] El Maestro o Maestra hará en el corazón e interiormente un holocausto de esta Criatura al Eterno.[337]

INVOCACIÓN EN EL MOMENTO DEL TRABAJO

Los asistentes estarán de pie en dos filas cerca del Maestro o Maestra. La persona que opera hará una oración interiormente al Eterno para rogarle que lo ayude, que lo socorra y que le dé fuerza y poder en el trabajo para extender la gloria de Su nombre.

Entonces dirá en voz alta: «Yo... como... por el poder que me ha sido dado por el Gran Copto, advierto a todos los mortales o inmortales subordinados a él, que queden sobre aviso de que en virtud de las órdenes y poderes que he recibido, estoy ocupado en el trabajo que me ha sido confiado y prescrito, y que está prohibido bajo las penas reconocidas al Gran Copto trabajar en el tiempo presente hasta el fin de mi operación».

El Maestro hará que la *colombe* se arrodille ante él y le hará repetir esta oración palabra por palabra:

---

[336] El beso en la frente como símbolo de reconocimiento. Véase [9] y la nota subsiguiente.

[337] Este aspecto del sacrificio interior es muy interesante porque es el sacrificio previo a la gran regeneración, pues Dios no necesita en este momento sino la muerte del ego y la pérdida de la individualidad por quien realiza este trabajo teúrgico.

« Grand Dieu Éternel, je me recommande entièrement à vous, je vous prie de me pardonner mes fautes passées, et je vous supplie en faveur de mon innocence et du pouvoir dont m'a revêtu le Grand Cophte, premier Ministre de votre grand Temple, de me faire parvenir à la vérité et de me faire jouir de toutes les grâces que je sollicite de votre bonté et de votre miséricorde ».

Le Maître agissant fera lever la colombe, il l'enverra dans le sanctuaire qui sera un lieu isolé et fermé à l'abri des yeux des mortels, et servant de Tabernacle. Il n'y aura dans cet endroit qu'une petite table avec trois bougies allumées. La colombe y étant enfermée, le Maître élevant son esprit à Dieu et disant en lui-même : « Je travaille et l'opère par le pouvoir que le Grand Cophte m'a donné », s'avancera au milieu de la chambre et décrira quatre cercles avec son épée.

Le 1er à l'Orient,
Le 2nd au Nord,
Le 3me à l'Occident,
Le 4me au Midi.

A chaque cercle, il se retournera en face de la partie du monde [134] désignée, et il le commencera en élevant sa main droite armée du glaive, de façon qu'il le décrive de gauche à droite. A la fin de chaque cercle, il frappera un coup de pied droit à terre, et élevant la tête, il poussera un fort souffle, vis-à-vis de la partie du monde qui se trouvera en face du cercle.

A la fin de chacun des deux premiers cercles, et à chaque souffle, il prononcera le mot d'*Hélion*. A la fin du troisième cercle et du troisième souffle, ce-

«Gran Dios Eterno, yo me encomiendo enteramente a Vos, yo os ruego que me perdonéis mis faltas pasadas, y os suplico en favor de mi inocencia y del poder con que me ha investido el Gran Copto, primer ministro de tu gran Templo, que me hagas llegar a la verdad y que vos me hagáis gozar de todas las gracias que solicito de vuestra bondad y de vuestra misericordia».

El Maestro hará levantar la *colombe* y la enviará al santuario, que será un lugar apartado, cerrado a los ojos de los mortales, y que servirá de Tabernáculo. En este lugar solo habrá una pequeña mesa con tres velas encendidas. Encerrada en ella la *colombe*, el Maestro, elevando su espíritu a Dios y diciéndose para sí mismo: «Yo trabajo y opero por el poder que me ha dado el Gran Copto», avanzará hasta el centro de la cámara y describirá cuatro círculos con su espada.[338]

El primero en el Este,
El segundo en el Norte,
El tercero en el Oeste,
El cuarto al Sur.

En cada círculo se girará frente a la parte del mundo designada, y lo iniciará levantando la mano derecha armada con la espada, de modo que lo describa de izquierda a derecha. Al final de cada círculo, golpeará el suelo con el pie derecho y, levantando la cabeza, emitirá un fuerte grito ahogado, frente a la parte del mundo situada frente al círculo.

Al final de cada uno de los dos primeros círculos, y con cada respiración, pronunciará la palabra *Hélion*. Al final del tercer círculo y del tercer aliento, la de *Mé-*

---

338 Véase [27], [62] y [68]

lui de *Mélion*. A la fin du quatrième cercle, et du quatrième souffle, celui de *Tetragrammaton*. Il achèvera en ajoutant à ce dernier suivant les trois lettres connues du Grand Cophte (L.D.P.). Ces trois mots : *Hélion*, Mélion, *Tetragrammaton*, ne doivent jamais être prononcés qu'avec le plus grand respect, et le plus rarement possible. Lorsque les êtres spirituels n'obéiront pas au commandement, le Maître n'aura qu'à le répéter, frapper trois fois du pied droit à terre, et donner un coup de glaive dans l'air. Les cercles achevés, le Maître agissant retournera à sa place, et dira à la colombe :

« Mon enfant, répète avec moi les mots que **[135]** je vais prononcer : A... je t'ordonne par le pouvoir que le Grand Cophte a donné à mon maitre de comparaître en ana présence, sans me causer aucune terreur, sous la forme la plus agréable, et de me répondre avec vérité. Il la fera ensuite frapper trois fois du pied droit à terre, et à chaque fois appeler A... Si l'a... ne paraît pas, il la fera répéter de nouveau A... et donner un autre coup de pied jusqu'à ce qu'il paraisse».

Ayant comparu, le Maître interrogera la colombe pour savoir comment il est vêtu ? S'il est en talare, s'il a des rubans, des cordons, et quelles en sont les couleurs ? Quelle est celle de ses cheveux ? Comment est son visage. Enfin, s'il lui plaît, s'il a l'air content, s'il lui sourit ? Il ordonnera à la colombe de lui prendre la main, de l'embrasser ; il demandera à la colombe dans quel lieu elle le voit, si c'est un jardin ou une chambre ; il s'enfera

lión. Al final del cuarto círculo, y del cuarto aliento, la de *Tetragrammaton*. Terminará añadiendo a este último las tres letras conocidas del Gran Copto (L.D.P.). Estas tres palabras: *Hélion, Mélion, Tetragrammaton*[339], nunca deben ser pronunciadas sino con el mayor respeto, y tan raramente como sea posible. Cuando los seres espirituales no obedecen la orden, el Maestro solo tiene que repetirla, golpear el suelo con el pie derecho tres veces y golpear la espada en el aire. Cuando se hayan completado los círculos, el Maestro volverá a su lugar y dirá a la *colombe*.

«Hija mía, repite conmigo las palabras que voy a pronunciar: A...[340] Te ordeno por el poder que el Gran Copto ha dado a mi Maestro que comparezcas en mi presencia, sin causarme ningún terror, en la forma más agradable, y que me respondas con la verdad». Entonces la hará golpear el suelo tres veces con el pie derecho, y cada vez llamará A....[341] Si el a...[342] no aparece, le hará repetir A...[343] y dar otro golpe hasta que aparezca».

Una vez comparezca, el Maestro interrogará a la *colombe* para saber ¿cómo va vestido? ¿Si porta hábito talar? ¿si lleva cintas, banda y de qué colores son? ¿De qué color tiene el pelo? ¿Cómo es su rostro? Por último, si le agrada, si parece feliz, si le sonríe... Ordenará a la *colombe* que le coja la mano, que la bese; preguntará a la *colombe* en qué lugar le ve, si es un jardín o una habitación; entrará en la descripción más detallada. El Maestro

---

[339] Véase [39] y la nota relativa.
[340] Anael.
[341] Anael.
[342] Ángel.
[343] Anael.

faire la description la plus détaillée. Le Maître pourra continuer à faire faire par la colombe de nouvelles demandes à l'an..., excepté celles qui sont défendues : mais à chaque question il sera bon d'exiger de l'an.... un signe qui fasse connaître à la colombe s'il veut répondre vrai et juste sur tel et tel objet afin de **[136]** renoncer ou de faire la demande selon le signe. Celui du consentement ou du oui, se fait en baissant la tête, celui du refus ou du non, lorsqu'il la lève en l'air ou qu'il la remue à droite et à gauche.

La Grande Maîtresse pourra ainsi faire comparaître les sept anges, l'un après l'autre, en les faisant appeler chacun par son nom ; le Maître agissant aura le même pouvoir, et de plus celui de faire comparaître les douze vieillards, sujets du Grand Cophte ; mais il est défendu à l'un et à l'autre de jamais faire comparaître sans un nouveau pouvoir du Grand Cophte, aucune autre pers sonne, soit philosophe, soit mortel, ayant passé de la mortalité à l'immortalité.

Après une opération achevée, il faudra toujours que le Maître et la Maîtresse se prosternent, ainsi que les assistants, pour rendre grâce à l'Éternel. Dans le cas où la personne agissante désirera procurer à la colombe qui aura travaillé, des visions pour la nuit suivante, avant que de remercier l'Éternel, elle la fera sortir du Tabernacle et la faisant mettre à genoux, elle lui mettra le glaive sur la tête, et elle lui fera invoquer l'Être suprême,

podrá seguir haciendo que la *colombe* haga nuevas peticiones al an...[344], excepto las que estén prohibidas: pero con cada pregunta será bueno requerir del an...[345] una señal que haga saber a la *colombe* si quiere responder veraz y justamente sobre tal o cual objeto para renunciar o hacer la petición según la señal. La del consentimiento o sí, se hace bajando la cabeza, la de la negativa o no, cuando la levanta en el aire o cuando la mueve a derecha e izquierda.

La Gran Maestra puede así convocar a los siete ángeles, uno tras otro, llamando a cada uno por su nombre; el Maestro que opere tendrá el mismo poder, y además el de convocar a los doce ancianos, súbditos del Gran Copto; pero está prohibido a cualquiera de ellos convocar, sin un nuevo poder del Gran Copto, a cualquier otra persona, ya sea filósofo o mortal, que haya pasado de la mortalidad a la inmortalidad.[346]

Después de una operación concluida, siempre será necesario que el Maestro y la Maestra se postren y los asistentes den gracias al Eterno. En el caso de que la persona que actúa desee procurar visiones a la *colombe* que ha trabajado, para la noche siguiente, antes de dar gracias al Eterno, la hará salir del Tabernáculo y la hará arrodillarse, le pondrá la espada en la cabeza, y la hará invocar al Ser Supremo, y la ayuda del

---

[344] Ángel.

[345] Ángel.

[346] Este punto es muy interesante porque Cagliostro no permite la nigromancia. Solo se pueden convocar a los ángeles y a los ancianos por parte de los maestros que estén operando legítimamente para Dios. Elsa von der Recke en sus memorias —citadas por Haven— también menciona esta prohibición de usar cualquier tipo de nigromancia en sus operaciones teúrgicas por parte de Cagliostro. Cf. Haven, 1947, p. 102.

et le secours [137] du Grand Cophte afin d'obtenir pendant la nuit une vision satisfaisante et relative à ce qui s'est passé.

[138-146] Hojas en blanco

----

[147] MAÇONNERIE ÉGYPTIENNE D'ADOPTION

[148] RECEPTION D'APPRENTIVE DE LA LOGE EYPTIENNE D'ADOPTION

La récipiendaire ne pourra pas avoir moins de 21 ans ; qu'elle ait de l'esprit, qu'elle soit bien élevée, qu'elle soit présentée par deux sœurs, qui, lui servant de marraines, répondent d'elle sur leur honneur et sur leur personne à la Maîtresse de l'atelier des apprentives ; celle-ci la proposera à la première assemblée de son atelier, et si elle est agréée, en fixera le jour de réception à la pluralité des voix.

CHAMBRE DES REFLEXIONS

Na récipiendaire sera conduite dans la chambre des réflexions avec ses vêtements profanes; cette chambre sera tapissée en noir avec des larmes blanches

Gran Copto para obtener durante la noche una visión beatífica relativa esto que ha ocurrido.

Hojas en blanco

MASONERÍA EGIPCIA DE ADOPCIÓN[347]

RECEPCIÓN DE APRENDIZ DE LA LOGIA EGIPCIA DE ADOPCIÓN

La recipiendaria no podrá ser menor de 21 años[348]; deberá tener espíritu, estar bien educada, y ser presentada por dos hermanas, quienes, sirviendo de madrinas, responden por ella sobre su honor y sobre su persona[349] ante la Maestra del taller de las aprendices; ésta la propondrá en la primera asamblea de su taller y, si es aceptada, se fijará el día de la recepción según la opinión de la mayoría.

CÁMARA DE REFLEXIONES

La recipiendaria será conducida a la cámara de reflexiones con sus ropas profanas; esta cámara estará revestida de negro con lágrimas blancas y un esqueleto,

---

[347] Otra copia del ritual, alternativa al Ms. 6666, puede encontrarse en el Ms. FM4 78 de la Biblioteca Nacional de Francia, comprendido entre los folios 21r-87r.

[348] A diferencia de la versión masculina del rito, que requería veinticinco años cumplidos, la edad de iniciación es más temprana por tratarse de un rito de adopción. Véase el artículo 6.º de los *Estatutos y Reglamentos* en [84]. En los *Estatutos y Reglamentos de la Masonería Egipcia de Adopción* encontramos en el artículo 9.º: «En vano vos esperaréis frutos de una planta joven; conceded el grado de aprendiz solo a quien haya cumplido veintiún años; que las virtudes tempranas rediman algunos años, pero que la madurez de la edad no supla jamás a la del espíritu». Cf. Ms. FM4 78, fº5r. La redacción del artículo es prácticamente idéntica a la masculina difiriendo, como vemos, en la edad de iniciación.

[349] Esto se relaciona con el artículo 6.º de los *Estatutos y Reglamentos de la Masonería Egipcia de Adopción,* en el cual leemos: «Rechazaréis vos a la mujer que tenga el corazón depravado, que no crea en la existencia de un Ser Supremo ni en la inmortalidad del alma, pues contaminaría la logia y su recinto». Cf. Ms. FM4 78, fº4v.

et un squelette, au-dessus duquel seront gravés ces mots, en gros caractères : Pense au Passé, Présent et Futur; après un temps **[149]** convenable, on lui enverra la sœur maîtresse des cérémonies et la sœur secrétaire, l'une d'elles lui fera un discours sérieux sur le passé et le présent en l'exhortant à bien réfléchir avant que de prendre sa résolution dernière, et en lui demandant si c'est un motif de vaine curiosité qui la porte vers le sanctuaire de la nature.

La récipiendaire persistant dans son intention, la sœur secrétaire lui demandera ses nom, surnom, âge, qualité, lieu de la naissance et répondants.

Après ces réponses, **[150]** les deux sœurs se retireront, fermeront brusquement la porte et retourneront faire leur rapport par la voix de la sœur maîtresse des cérémonies à la Maîtresse de la Loge.

Pour la décence, il est défendu à tout maçon égyptien d'entrer avec les sœurs dans la chambre de réflexion.

PRÉPARATION DE LA LOGE

La loge sera tapissée en blanc et bleu céleste ; au fond, du côté de l'Orient, un dais des mêmes couleurs. Sous ce dais, un trône élevé sur trois marches, couvert d'une étoffe pareille.

Devant ce trône, pour la Maîtresse, un fauteuil avec un autel couvert d'un tapis blanc et bleu céleste. A droite, une

encima del cual estarán grabadas estas palabras, en grandes caracteres: Pensad en el pasado, en el presente y en el futuro. Transcurrido el tiempo adecuado, se enviará a la hermana maestra de ceremonias y a la hermana secretaria, una de las cuales pronunciará un serio discurso sobre el pasado y el presente, exhortándola a reflexionar bien antes de tomar su decisión definitiva, y preguntándole si es por vana curiosidad el motivo que la lleva al santuario de la naturaleza.

Persistiendo la recipiendaria en su intención, la hermana secretaria le preguntará su nombre, apellidos, edad, lugar de nacimiento y de quienes respondan por ella.[350]

Tras estas respuestas, las dos hermanas se retirarán, cerrarán la puerta bruscamente y volverán a informar por la palabra de la hermana maestra de ceremonias a la Maestra de la logia.

Por decencia, está prohibido a cualquier masón egipcio entrar en la cámara de reflexión con las hermanas.[351]

PREPARACIÓN DE LA LOGIA

La logia estará tapizada en blanco y azul celeste; al fondo, en el Oriente, un dosel de los mismos colores. Bajo este dosel, un trono elevado sobre tres peldaños, cubierto con una tela similar.

Delante de este trono, para la Maestra, un sillón con un altar cubierto con un paño blanco y azul celeste. A la derecha,

---

[350] Se refiere a responsables legales o tutores, de acuerdo con el derecho de la época.
[351] Este punto es muy interesante en tanto que se respeta la privacidad del momento iniciático que representa la cámara de reflexión, intentando que no haya situaciones indecorosas.

petite table pour l'oratrice ; à gauche, une table pareille pour la secrétaire : l'une et l'autre couvertes de tapis semblables. Au milieu de la loge en relief, un arbre représentant l'arbre de vie ; autour de cet arbre, en relief, un serpent entortille, tenant entre ses dents une pomme. Dans la loge, un grand tableau représentant le temple de Salomon. Au pied des marches du trône, sur un trépied, une cassolette ou réchaud contenant de l'esprit de vin enflammé. Sous le dais, derrière la tête de la Maîtresse, un triangle entouré de têtes de séraphins.

Sur un des côtés de la loge, qu'il soit écrit en grands caractères : *Ou la gloire, ou la mort.* [151] Sur l'autre côté, qu'il soit écrit de même : *Ou la bienfaisance ou la mort.*

Toutes les sœurs seront habillées en talare blanc. La Maîtresse aura, de droite à gauche, un cordon bleu liseré d'argent avec une plaque fond argent sur laquelle sera brodé en soie bleue le chiffre du fondateur. Autour de ce chiffre sera brodé pareillement le mot : *Silence*.
La Maîtresse aura le glaive à la main et sur l'autel une rose, un habit talare, une ceinture blanc et bleu sur laquelle seront brodes ces trois mots : [152] *Vertu, Sagesse, Union,* un tablier de peau blanche sans doublure avec ces mots brodés au milieu, en soie bleue : *Amour* et *Charité* et cinq roses bleues dont une dans chaque coin la cinquième au milieu,

una pequeña mesa para la orador; a la izquierda, una mesa similar para la secretaria: ambas cubiertas con paños similares. En el centro de la logia, un árbol en relieve que representa el árbol de la vida; alrededor de este árbol, en relieve, se retuerce una serpiente que sostiene entre sus dientes una manzana.[352] En la logia, un gran cuadro que representa el templo de Salomón. Al pie de la escalinata del trono, sobre un trípode, un brasero o quemador que contiene el alcohol a quemar. Bajo el dosel, detrás de la cabeza de la Maestra, un triángulo rodeado de cabezas de serafines.

A un lado de la logia que esté escrito en letras grandes: *O la gloria o la muerte*. En el otro lado, que se escriba de la misma manera: *O caridad o muerte*.[353]

Todas las hermanas irán vestidas en hábito talar blanco. La Maestra tendrá, de derecha a izquierda, una banda azul ribeteada de plata con una placa de plata en la que estará bordado en seda azul el número del fundador. Alrededor de esta figura estará bordada la palabra: *Silencio*.[354]
La Maestra tendrá el acero en la mano y sobre el altar una rosa, un hábito talar, una banda blanca y azul en el que estarán bordadas estas tres palabras: *Virtud, Sabiduría, Unión*,[355] un mandil de piel blanca sin forro con estas palabras bordadas en el centro, en seda azul: *Amor* y *Caridad* y cinco rosas azules de las cuales una en cada esquina la quinta en el

---

[352] Este es un punto central en el rito de adopción en el cual se señala el instante de la caída del hombre primordial, Adán, y de su mujer, Eva, tras probar el fruto del árbol de la vida. Véase *Génesis*, 3. El pecado original es para la masonería iluminista el decreto tras la prevaricación que solo realiza Adán, siendo Eva su fruto. Cf. Martinès, *Traité,* §44-45.
[353] En esto difiere notablemente con la logia masculina, pues en ella no hay inscripciones ni lemas.
[354] Véase el artículo 7.º de los *Estatutos y Reglamentos de Masonería Egipcia* en [84] y 10º en *Estatutos y Reglamentos de la Masonería Egipcia de Adopción*. Cf. Ms. FM4 78, fº5r-5v.
[355] En la masonería egipcia de adopción se acentúa explícitamente la virtud en los símbolos visibles, mientras que en la masculina se ha comunicado a través de la instrucción.

entre les deux mots brodés. Deux paires de gants, une d'homme, une de femme ; une paire de ciseaux. Devant l'autel, un coussin.

OUVERTURE DE LA LOGE

Après le rapport de la sœur maîtresse des cérémonies, la Maîtresse lui ordonnera de se rendre avec la sœur secrétaire auprès de la récipiendaire, de lui bander les yeux avec un mouchoir blanc et de lui lier les mains avec un ruban de la même couleur. Les sœurs ci-dessus désignées la feront placer entre elles deux et la conduiront à la porte de la loge.

La Maîtresse des cérémonies frappera trois coups : la sœur terrible, après avoir pris les ordres de la Grande Maîtresse, répondra par trois coups, ouvrira la porte, [152] prendra la récipiendaire avec vivacité par son ruban, la conduira devant l'autel et la Grande Maîtresse, d'un ton décidé, lui adressera ces paroles :

« Qui es-tu ? Quelles sont les personnes qui t'ont engagée à te présenter dans l'intérieur de ce sanctuaire ? Est-ce la curiosité qui t'y amène ? ».

Après avoir essayé l'esprit de la récipiendaire par plusieurs autres questions, elle lui demandera si elle bien fait ses réflexions, si elle a une intention droite et sincère, et si elle a un grand désir de connaître les arcanes de la nature. Suivant ses réponses, la Maîtresse fera signe de se préparer à lui ôter le bandeau de dessus les yeux et elle lui dira :

« Je vais te préparer à la connaissance de la vérité ».

centro, entre las dos palabras bordadas. Habrá dos pares de guantes, uno masculino y otro femenino[356]; un par de tijeras. Delante del altar, un cojín.

APERTURA DE LA LOGIA

Tras el informe de la Hermana Maestra de Ceremonias, la Maestra ordenará a ésta y a la hermana secretaria que se dirijan a la recipiendaria, le vendarán los ojos con un pañuelo blanco y le atarán las manos con una cinta del mismo color. Las hermanas mencionadas la colocarán entre ellas y la conducirán a la puerta de la logia.

La maestra de ceremonias llamará tres veces: la hermana terrible, después de haber recibido las órdenes de la Gran Maestra, responderá con tres golpes, abrirá la puerta, tomará enérgicamente a la recipiendaria por la cinta conduciéndola ante el altar, y la Gran Maestra, en tono decidido, le dirigirá estas palabras:

«¿Quién eres? ¿Quiénes son las personas que te han hecho venir a este santuario? ¿Acaso es la curiosidad lo que te trae aquí?»[357]

Después de haber puesto a prueba el espíritu de la recipiendaria con diversas cuestiones, le preguntará si ha hecho bien sus reflexiones, si tiene una intención recta y sincera, y si ella tiene un gran deseo de conocer los arcanos de la naturaleza. De acuerdo con sus respuestas, la Maestra le indicará que se prepare para quitarle la venda de los ojos y le dirá:

«Voy a prepararte para el conocimiento de la verdad».

---

[356] Para la aclaración sobre los dos pares de guantes véase [1] y la nota relativa.

[357] Nótese el cambio del uso del tono cortés del voseo reverencial (*vous*) en el rito masculino a un tuteo (*toi*) que prevalecerá durante casi todo el rito de adopción de *Masonería Egipcia*.

Toutes les sœurs garderont le plus profond silence, sous peine d'une forte amende. Après cinq ou six minutes de silence, deux ou trois sœurs, éloignées de la récipiendaire, chanteront sur une musique tendre et douce le Psaume 124 : *Laudate nomen domini, laudate servi dominum* en français.

A la fin du psaume, toutes les sœurs debout, en silence. La Maîtresse seule assise et le glaive à la main, fera signe à une sœur d'ôter le bandeau, puis faisant s'approcher et s'agenouiller la récipiendaire devant l'autel, elle lui dira :

« Mon enfant, te trouvant actuellement dans un lieu consacré à l'Éternel et en présence d'une société respectable, je vais te faire connaître les objets du serment que tu dois prêter.

Le premier est l'amour de Dieu.
Le second, le respect envers ton Souverain.
Le troisième, la vénération pour la religion et les lois.
[153] Le quatrième, la bienfaisance pour son prochain.
Le cinquième, le secret,
Le sixième, un dévouement et un attachement sans bornes pour notre Ordre.
Le septième une promesse à la Maîtresse de te conformer scrupuleusement aux règlements et aux lois imposés par notre Fondateur.

Todas las hermanas guardarán el más profundo silencio, so pena de una fuerte multa. Después de cinco o seis minutos de silencio, dos o tres hermanas, lejos de la recipiendaria, cantarán dulce y tiernamente el Salmo 124: *Laudate nomen domini, laudate servi dominum*[358] en francés.

Al finalizar el salmo, todas las hermanas, en silencio, se pondrán de pie. La Maestra, sentada sola y con el acero en mano, hará una señal a una hermana para que le quite la venda de los ojos, y luego hará que la recipiendaria se arrodille ante el altar y dirá:

«Hija mía, estando ahora en un lugar consagrado al Eterno y en presencia de una respetable compañía, te daré a conocer el objeto del juramento que debes prestar:

El primero es el amor a Dios.
El segundo es el respeto a tu Soberano.
El tercero es la reverencia por la religión y las leyes.
El cuarto es la caridad para con su prójimo.
El quinto es el secreto,
El sexto es la devoción sin límites y apego a nuestra Orden.
El séptimo, la promesa a la Maestra de ajustarse escrupulosamente a las reglas y leyes impuestas por nuestro Fundador.[359]

---

[358] Hay un error en la cita del texto, ya que el salmo indicado, el 124, no corresponde a *La Vulgata*, versión utilizada en la época, ni a las versiones contemporáneas. Es el salmo 135 de *La Vulgata* y el salmo 113 en las versiones contemporáneas como Reina Valera o Biblia de Jerusalén. El texto traducido dice: «Alabad, siervos de Jehová, alabad el nombre de Jehová. Sea el nombre de Jehová bendito desde ahora y para siempre. Desde el nacimiento del sol hasta donde se pone, sea alabado el nombre de Jehová. Excelso sobre todas las naciones es Jehová, sobre los cielos su gloria. ¿Quién como Jehová nuestro Dios, que se sienta en las alturas, que se humilla a mirar en el cielo y en la tierra? Él levanta del polvo al pobre y al menesteroso alza del muladar, para hacerlos sentar con los príncipes, con los príncipes de su pueblo. Él hace habitar en familia a la estéril, que se goza en ser madre de hijos. Aleluya».

[359] Estas obligaciones son muy similares a las *Old charges* incluyendo la creencia en Dios, el respeto al poder terrenal y la caridad. Véase [13].

Répétez littéralement avec moi les paroles que je vais prononcer :

Moi, N..., je jure en présence du Grand Dieu Éternel, de ma Maîtresse et de toutes les personnes qui m'entendent, de ne jamais révéler ni faire connaitre, écrire ni faire écrire tout ce qui se passera ici sous mes yeux en me condamnant moi-même, en cas d'indiscrétion. A être punie suivant les lois du Fondateur et de tous mes supérieurs. Je vous promets également l'accomplissement le plus complet des six autres commandements qui viennent de m'être faits : L'amour de Dieu, le respect envers mon Souverain, la vénération pour la religion et les lois, l'amour de mes semblables, un dévouement entier à notre Ordre, et la soumission la plus aveugle aux règlements et aux lois de notre rit qui me seront communiqués par ma Maîtresse ».

La Maîtresse se lèvera et lui adressera le discours suivant :

« Les connaissances que vous parviendrez à acquérir sont la certitude de l'existence de Dieu et celle de votre propre immortalité. Sachez que l'Éternel a créé l'homme en trois temps et trois souffles et que, comme l'œuvre de la création était complète par celle de l'homme, un souffle a suffi pour nous former, nous, femmes ; [154] vous comprendrez mieux un jour : nous allons donc vous accorder ce souffle tel qu'il nous a été donné par notre Maitresse. »

En achevant ces mots, elle soufflera sur la récipiendaire en commençant par le

Repetid literalmente conmigo las palabras que voy a pronunciar:

Yo, N..., juro en presencia del Gran Dios Eterno, de mi Maestra y de todos los que me oigan, no revelar jamás ni dar a conocer, escribir ni hacer escribir, todo lo que aquí suceda bajo mis ojos, condenándome, en caso de indiscreción. A ser castigado según las leyes del Fundador y de todos mis superiores. Os prometo también el más completo cumplimiento de los otros seis mandamientos que me acaban de ser conferidos: El amor a Dios, el respeto a mi Soberano, la veneración a la religión y a las leyes, el amor a mis semejantes, la completa devoción a nuestra Orden, y la completa sumisión a los reglamentos y leyes de nuestro ritual que me serán comunicados por mi Maestra».

La Maestra se levantará y se dirigirá a ella con el siguiente discurso:

«El conocimiento que adquirirás es la certeza de la existencia de Dios y de vuestra propia inmortalidad.[360] Sabed que el Eterno creó al hombre en tres tiempos y tres soplos, y que, como la obra de la creación se completó con la del hombre, un soplo fue suficiente para formarnos a nosotras las mujeres, un día lo comprenderéis mejor, vamos, pues, a concederos este soplo tal como nos fue dado por nuestra Maestra».

Al terminar estas palabras, soplará sobre el recipiente, empezando por la frente y

---

[360] Aquí hay un cambio de tono significativo al haber trascendido de mujer profana a masona egipcia y que seguramente tiene que ver con el objetivo final de la masonería egipcia de adopción: trascender de lo meramente femenino para llegar a la completitud transmutada o androginia simbólica (rebis) como espíritu perfecto.

front et en finissant par le menton, de manière que le souffle couvre tout le visage. Ensuite, la Maîtresse reprendra :

« Je vous donne ce souffle pour faire germer et pénétrer dans votre cœur les vérités que nous possédons ; Je vous le donne pour fortifier en vous la partie spirituelle ; je vous le donne pour vous confirmer dans la foi de vos frères et sœurs, selon les engagements que vous venez de contracter. Nous vous créons enfant légitime de la véritable adoption égyptienne et de la Loge N... Nous voulons que vous soyez reconnue en cette qualité de tous les frères et sœurs du rit égyptien, et que vous jouissiez des mêmes prérogatives. Nous vous donnons enfin le pouvoir d'être dès à présent et pour toujours femme francmaçonne et libre ».

La Maîtresse faisant signe à la sœur maîtresse des cérémonies de délier les mains de la récipiendaire, elle continuera son discours :

« Je vais vous expliquer le sens symbolique des cérémonies auxquelles vous venez d'être soumise. On vous a bandé les yeux pour vous faire connaître qu'une enfant légitime de la véritable adoption égyptienne ne doit jamais être curieuse et qu'il faut, souvent, les yeux fermés, se recueillir en soi-même et réfléchir sur la grandeur et [155] la puissance de la créature spirituelle qui existe en vous.

On vous a lié les mains pour vous apprendre la résignation avec laquelle vous devez supporter tous les événements, le respect que vous devez à vos supérieurs et le lien étroit, indissoluble, par lequel vous entendez vous unir et vous dévouer à la gloire de l'Éternel, au service de vos semblables et, spécialement, à celui de vos sœurs et de votre Maîtresse. »

terminando por la barbilla, de modo que el soplo cubra toda la cara. Entonces la Maestra repetirá:

«Os doy este soplo para haceros que germinen y penetren en vuestro corazón las verdades que poseemos. Os lo doy para fortalecer en ti la parte espiritual. Os lo doy para confirmarte en la fe de tus hermanos y hermanas, según los compromisos que acabas de contraer. Nos os creemos hija legítima de la verdadera adopción egipcia y de la Logia N... Nos queremos que seas reconocido en esta calidad por todos los hermanos y hermanas del rito egipcio, y que gocéis de las mismas prerrogativas. Finalmente os damos el poder de ser desde ahora y para siempre una mujer francmasona y libre».

Haciendo la Maestra una señal a la Hermana Maestra de Ceremonias para que desatara las manos de la recipiendaria y continuó su discurso:

«Os voy a explicar el significado simbólico de las ceremonia a la que acabáis de ser sometida. Se os han vendado los ojos para haceros conscientes de que un hijo legítimo de verdadera adopción egipcia nunca debe ser curioso y que a menudo, con los ojos cerrados, debéis reflexionar en vuestro interior sobre la grandeza y el poder de la criatura espiritual que lleváis dentro.

Se os han atado las manos para enseñaros la resignación con la que debéis soportar todos los acontecimientos, el respeto que debéis a vuestros superiores, y el estrecho e indisoluble vínculo por el que pretendéis uniros y consagraros a la gloria del Eterno, al servicio de vuestros semejantes, y especialmente al de vuestras hermanas y vuestra Maestra».

La Maîtresse ordonnera à l'une des sœurs de préparer l'habit talare et prenant des ciseaux, elle dira :

« Mon enfant, jusqu'à ce jour, vous avez vécu au milieu des profanes : mais ce sanctuaire, ou vous vous trouvez, est dédié à l'Éternel. Vous avez juré d'être soumise à vos supérieurs. Notre institut ordonne qu'on vous coupe les cheveux pour vous enseigner que vous devez être tout entière au service de Dieu et de votre prochain : je vais voir, par votre résignation, si votre cœur a ratifié votre serment. Sœur maitresse des cérémonies, défaites ces cheveux ! ».

Ici la Grande Maîtresse examinera l'air de la récipiendaire et, lui laissant croire qu'elle va lui couper les cheveux, adaptera son discours à la circonstance, pour bien approfondir le fond de la pensée de la récipiendaire. Pendant ce temps, les sœurs s'abstiendront de tout mouvement, et surtout de rire. Après le consentement de la récipiendaire, la Maitresse lui coupera un peu de cheveux qu'elle gardera pour les lui rendre. La sœur maîtresse des cérémonies attachera les cheveux de la récipiendaire avec un [156] ruban blanc et la Maîtresse dira :

« Mon enfant, comme tout sujet qui nous appartient doit être purifié de son orgueil avant que d'entrer dans le temple, à l'exemple de la reine de Saba qui pour pénétrer dans celui de Salomon fut obligée de revêtir un habit de prêtresse, nous allons faire purifier pour vous un habit semblable. Allons, mes sœurs ! ».

La Maestra ordenará a una de las hermanas que prepare el hábito talar y tomando unas tijeras, dirá:

«Hija mía, hasta hoy has vivido entre profanos: pero este santuario, donde te encuentras, está dedicado al Eterno. Has jurado someterte a tus superiores. Nuestra institución ordena que te corten el pelo para enseñarte que debes estar enteramente al servicio de Dios y del prójimo: veré, por tu renuncia, si tu corazón ha ratificado tu juramento. Hermana Maestra de Ceremonias, ¡deshaced ese pelo!».

Aquí la Gran Maestra examinará el aire de la recipiendaria y, haciéndole creer que va a cortarse el pelo, adaptará su discurso a la circunstancia, para llegar al fondo de los pensamientos de la recipiendaria. Durante este tiempo, las hermanas deben abstenerse de cualquier movimiento, y especialmente de reír. Después de que la recipiendaria haya dado su consentimiento, la Maestra le cortará un poco de cabello y se lo devolverá.[361] La Hermana Maestra de Ceremonias atará el pelo de la recipiendaria con una cinta blanca y la Maestra dirá:

«Hija mía, como todo súbdito que nos pertenece debe purificarse de su orgullo antes de entrar en el templo, siguiendo el ejemplo de la Reina de Saba que, para entrar en el templo de Salomón, se vio obligada a ponerse un hábito de sacerdotisa[362], vamos a hacer purificar para ti un hábito similar. ¡Vamos, hermanas mías!»

---

[361] Esta prueba de desapego a lo físico es similar a la prueba de la sangre y del sello que, a menudo, se practica en REAA y exigen valor y temor del recipiendario. Cf. *Ritual REAA-GLE*, pp. 120-121.
[362] Igual que el masón egipcio es un sacerdote ante el Eterno, la masona egipcia es una sacerdotisa que participa en los ritos según se le ha prescrito. Para ello se toma el ejemplo de Balqis, la Reina de Saba, como iniciada y buscadora de conocimiento.

A ces mots, les sœurs présenteront l'habit talare à la Maîtresse et jetteront de l'encens sur le feu. La Maîtresse, tenant le talare dans ses mains élevées au ciel, dira :

« Grand Dieu ! je vous offre cet habit et vous supplie de le purifier selon l'intention du Grand Maître Fondateur ».

Elle le passera ensuite légèrement sur la flamme, fera ôter celui de la récipiendaire, la revêtira de l'habit purifié, en ajoutant :

« Au nom du Grand Maître Fondateur et en présence de l'Éternel, je vais purifier ton corps, physiquement et moralement, pour te rendre digne de vivre sous nos lois ».

La Maitresse prendra la ceinture, fera lire à la récipiendaire les mots qu'elle contient et lui dira :

« Tu n'oublieras jamais que ces paroles doivent remplir ton cœur comme cette ceinture entourera ton corps ».
Elle prendre les gants et, les donnant à la récipiendaire, dira : « Mon enfant, toutes les fois que tu viendras en loge il faut avoir les mains [157] pures, et porter ces gants que la loge te donne comme un symbole de la pureté des sentiments que tu dois avoir. Notre Ordre ne défendant point d'aimer honnêtement ses semblables, nous te donnons ces gants et nous te rendons les cheveux que nous l'avons coupé : ils sont destinés et tu pourras les donner d l'objet de ton estime et de ton affection en tâchant de lui inspirer les sentiments que tu prendras ici ».

Elle prendra la rose, la donnera à la récipiendaire et lui dira :

Al oír estas palabras, las hermanas presentarán el hábito talar a la Maestra y arrojarán incienso al fuego. La Maestra, sosteniendo el talar en sus manos levantadas al cielo, dirá:

«¡Gran Dios! Os ofrezco este hábito y te ruego que lo purifiques según la intención del Gran Maestro Fundador».

Entonces la pasará ligeramente sobre la llama, quitará la túnica a la recipiendaria y la vestirá con la túnica purificada, diciendo:

«En el nombre del Gran Maestro Fundador y en presencia del Señor, purificaré tu cuerpo, física y moralmente, para hacerte digna de vivir bajo nuestras leyes».

La Maestra cogerá la banda, hará leer a la recipiendaria las palabras que contiene y dirá:

«Que no olvides jamás que estas palabras deben llenar tu corazón como esta banda rodee tu cuerpo».
Tomará los guantes y, dándoselos a la recipiendaria, dirá: «Hija mía, siempre que vengas a la logia debes tener las manos puras, y llevar estos guantes que la logia te da como símbolo de la pureza de sentimientos que debes tener. Como nuestra Orden no prohíbe el amor sincero a los semejantes, te damos estos guantes y te devolvemos los cabellos que te cortamos: son tuyos y puedes dárselos a quien sea el objeto de tu estima y afecto, procurando inspirarle a él los sentimientos que tomarás aquí».[363]

Tomando la rosa, se la dará a la recipiendaria y dirá:

---

[363] Véase [1] y nota correspondiente.

« Cette rose est l'emblème de l'innocence et de la vertu : elle signifie également que tu cueilles ici la première fleur de la vérité. Saches enfin que Salomon, après avoir fait connaitre à la reine de Saba le temple dédié à l'Éternel, et l'avoir fait entrer dans l'intérieur de son palais, lui présenta une rose et lui accorda une couronne de fleurs semblables. O, mon entant ne cesse de désirer, de travailler et ne sois contente qu'après avoir obtenu par tes vertus une couronne semblable ».

La maîtresse des cérémonies présentera le tablier à la Grande Maîtresse : celle-ci reprenant son discours, dira à la récipiendaire : « l'esprit de la reine de Saba était enveloppé de ténèbres ; Salomon, pour l'éclairer, la fit travailler dans le temple ; mais, auparavant, il la décora du tablier maçonnique ; remarquez-y ces mots : *Amour* et *Charité*. Voilà vos devoirs, Travaillez avec amour. Ayez la charité constamment dans le cœur ; ce sont aussi les mots de passe de votre atelier. Vous mettrez la main droite sur votre cour et vous direz : Amour. On vous répondra avec le même signe ? Charité ».

[158] En finissant ces mots, la Maitresse attachera le tablier à la récipiendaire, la prendra par la main, la fera mettre à genoux et lui dira :

« Ma sœur, je vous appelle ainsi pour la première fois et je vous donne ce titre pour vous faire reconnaitre en cette qualité par tous vous. En vertu du pouvoir que je tiens de notre Fondateur, je vous touche l'Épaule droite de mon glaive et je recommande à tous nos enfants comme à vous un amour sincère et mutuel ».

«Esta rosa es el emblema de la inocencia y de la virtud: significa también que recoges aquí la primera flor de la verdad. Por último, sabed que Salomón, después de haber dado a conocer a la reina de Saba el templo dedicado al Señor, y de haberla hecho pasar al interior de su palacio, le regaló una rosa y le concedió una corona de flores semejantes. Oh, hija mía, no dejes de desear, de trabajar y de estar contenta hasta que hayas obtenido por tus virtudes una corona semejante».[364]

La Maestra de Ceremonias entregará el mandil a la Gran Maestra, quien reanudará su discurso y dirá a la recipiendaria: «El espíritu de la Reina de Saba estaba envuelto en tinieblas; Salomón, para iluminarla, la hizo trabajar en el templo; mas antes de hacerlo, la decoró con el mandil masónico; fijaos en estas palabras: *Amor* y *Caridad*. Estos son tus deberes, trabaja con amor. Ten caridad constantemente en tu corazón; éstas son también las contraseñas de vuestro taller. Pondréis vuestra mano derecha sobre vuestro corazón y diréis: Amor. ¿Se os responderá con el mismo signo? Caridad».

Cuando la Maestra termine estas palabras, atará el mandil a la recipiendaria, la tomará de la mano, la hará arrodillarse y le dirá:

«Hermana mía, os llamo así por primera vez con este nombre y os doy este título para que seáis reconocida legítimamente por todas vosotras, en virtud del poder que ostento de nuestro Fundador, os toco tu hombro derecho con mi espada y encomiendo a todos nuestros hijos como a ti un amor sincero y mutuo».

---

[364] Véase [43], [55] y [70].

Alors la Maîtresse la fera lever, se fera baiser la main en signe de respect, l'embrassera des deux côtés et la remettra entre les mains de la sœur Maîtresse des cérémonies pour qu'elle la présente à toutes les sœurs. La récipiendaire donnera à chacune d'elles le mot de passe avec le signe, et chaque sœur l'embrassera des deux côtes.

Cette présentation achevée, la maîtresse de cérémonies installera la récipiendaire dans sa place et retournera à la sienne. Toutes les sœurs s'assoleront, et la Grande Maîtresse, en prenant la parole, dirai :

« Mes sœurs, la reine de Saba célébrait dans le temple de la capitale de son royaume une fête en l'honneur de Venus, avec tous les prêtres et ministres de cette fausse divinité, en présence d'un peuple immense s au milieu du sacrifice elle eut visiblement connaissance d'un ordre du sage Salomon qui l'obligeait à se rendre en personne au pied du tribunal de ce grand monarque. La reine, après avoir consulté ses prêtres, promit de se trouver au jour déterminé. [159] Elle partit et se rendit auprès de Salomon. Ce prince, charmé de son obéissance et pénétré de sa confiance, la fit préparer et purifier par ses ministres. Il ordonna ensuite qu'elle fût présentée à son tribunal. La reine, éblouie de la magnificence inexprimable et Salomon, pour la propager ainsi que pour augmenter la gloire de l'Éternel, lui permit d'approcher de l'autel sacré. Elle fut instruite des vérités de la religion divine et désabusée des erreurs de l'idolâtrie, il la convainquit de l'existence de Dieu, et de l'immortalité de l'âme en lui faisant observer l'arbre de vie dont vous voyez ici l'image.

Entonces la Maestra la hará levantarse, besará su mano en señal de respeto, la abrazará y la entregará a la Hermana Maestra de Ceremonias para que la presente a todas las hermanas. La recipiendaria entregará a cada una de ellas la contraseña con el signo, y cada hermana la flanqueará a cada uno de ambos lados.

Una vez terminada esta presentación, la Maestra de Ceremonias sentará a la recipiendaria y volverá a su asiento. Todas las hermanas se sentarán, y la Gran Maestra, tomando la palabra, dirá:

«Hermanas mías, la reina de Saba celebraba en el templo de la capital de su reino una fiesta en honor de Venus, con todos los sacerdotes y ministros de esta falsa divinidad, en presencia de un inmenso gentío. En medio del sacrificio tuvo visiblemente presente una orden del sabio Salomón para que acudiera en persona a la corte de este gran monarca. La reina, tras consultar a sus sacerdotes, prometió estar allí el día señalado. Ella partió y se dirigió a Salomón. Este príncipe, encantado por su obediencia y lleno de confianza, la hizo preparar y purificar por sus ministros. Luego ordenó que fuera presentada a su corte. La reina, deslumbrada por tan inefable magnificencia, y Salomón, con el fin de propagarla, así como de aumentar la gloria del Eterno, le permitió acercarse al altar sagrado. Así fue instruida en las verdades de la religión divina y la desengañó de los errores de la idolatría, la convenció de la existencia de Dios y de la inmortalidad del alma haciéndole observar el árbol de la vida del que veis aquí la imagen.[365]

---

[365] Al igual que el mito fundacional de la masonería simbólica se incardina en torno a la construcción del Templo de Salomón y en *Masonería Egipcia* al descubrimiento del conocimiento secreto

Autour de cet arbre, Salomon avait fait entortiller l'orgueil, représenté par le serpent, l'orgueil cause malheureuse qui, de l'élévation de nos sublimes connaissances. Nous à fait tomber dans l'état inférieur et ténébreux où nous vivons :

La pomme est le symbole du fruit défendu ; il a produit tous nos malheurs : c'est nous femmes qui, abusant de notre empire, sommes parvenues à faire manger à l'homme le pépin funeste de ce fruit défendu ; mais ce même pépin, par la grâce de l'Éternel, deviendra un jour le moyen de réparer cette perte, le fruit de notre gloire, et le recouvrement du pouvoir que l'Être suprême accordé à l'homme. C'est ce qu'annonça Salomon à la reine de Saba, que je vous répète comme lui dans la même situation et dans le même sens. Il acheva **[160]** ensuite de lui donner toutes les instructions physiques et morales, il lui recommanda de propager la vérité parmi les idolâtres, il lui communiqua pour y parvenir toutes connaissances, et lui fit le dernier adieu. La reine, de retour dans le lieu fixé par Salomon, répandit la lumière en la faisant connaître à tous les sujets qu'elle en trouva dignes, et leur communiqua l'adoption parfaite qu'elle avait reçue. Dans la société dont elle fit choix, il s'y rencontra malheureusement une fille nommée Kalaipso qui fut initiée trop promptement dans les connaissances que nous vous communiquerons

Alrededor de este árbol, Salomón había enroscado el orgullo, representado por la serpiente, orgullo que fue la causa desgraciada que, de la elevación de nuestro sublime conocimiento. Nos hizo caer a un estado inferior y tenebroso en el que nosotros vivimos:

La manzana es el símbolo del fruto prohibido; ha producido todas nuestras desgracias: somos nosotras, las mujeres, las que, abusando de nuestro poder, hemos conseguido hacer comer al hombre la semilla fatal de este fruto prohibido, mas esta misma semilla, por la gracia del Eterno, ha de convertirse un día en el medio de reparar esta pérdida, en el fruto de nuestra gloria y en la recuperación del poder que el Ser Supremo concedió al hombre.[366] Esto es lo que Salomón anunció a la Reina de Saba, que yo os repito en la misma situación y en el mismo sentido. Terminó entonces de darle todas las instrucciones físicas y morales, le recomendó propagar la verdad entre los idólatras, le comunicó todos los conocimientos para lograrlo, y le dio el último adiós. La reina, de regreso al lugar designado por Salomón, propagó la luz dándola a conocer a todos los súbditos que encontró dignos, y les comunicó la perfecta adopción que había recibido. En la sociedad que la recibió, encontró desgraciadamente una muchacha llamada Kalaipso que fue iniciada demasiado rápido en el conocimiento que os comunicaremos poco a poco. El

---

de Salomón, en la *Masonería Egipcia* de adopción se articula en la iniciación de la Reina de Saba en los misterios de Salomón y de la antigüedad. La narración es sui géneris y no hay un relato similar en los textos masónicos, pero —como bien advertía Guénon— sirve para introducir a la mujer, por primera vez en la masonería especulativa, en un espacio iniciático con igualdad de condiciones.

[366] Esta narración es una mezcla del mito de la caída expuesto en el libro del *Génesis*, de las lecturas iluministas de la época y de un transfondo alquímico. De hecho, es en este punto cuando se comprende el sentido de la gran operación alquímica, liberadora y transformadora, que entraña el rito de adopción y su complementariedad con todo el proyecto de Cagliostro.

peu à peu, l'orgueil s'empara de son esprit et le fit tomber dans l'erreur. Tremblez, ma chère sœur, de l'imiter un jour ; l'orgueil est la source de toutes les fautes que commet notre sexe, vous en seriez punie comme Kalaipso. La reine de Saba informa Salomon de sa légèreté et des suites qu'elle avait eues. Ce roi en fit un châtiment exemplaire. Je ne veux pas aller plus loin, ma sœur, mais avec le temps vous en apprendrez davantage ».

Ce discours fini, la Grande Maîtresse fera les propositions qu'elle jugera convenables pour le bien de la loge. L'oratrice prendra la parole et fera un discours à la récipiendaire sur les points principaux de la réception. Le discours de l'oratrice terminé, la Maîtresse demandera si personne n'a rien à proposer pour l'avantage de l'Ordre, elle frappera ensuite, **[161]** sur l'autel, un coup avec son glaive en disant :

« A l'Ordre, mes frères et sœurs. » (S'il y a des frères et sœurs). Elle se lèvera ; tous les assistants en feront autant. La Maîtresse les invitera à remercier l'Éternel. On fera l'adoration à genoux en face du trône, le visage prosterné contre terre, et la Maîtresse fermera la loge.

[162] CATECHISME DE APPRENTIVE DE LOGE EGYPTIENNE D'ADOPTION

D : De quel lieu venez-vous ?

R : Du fond de l'Occident.

orgullo se apoderó de su mente y la hizo caer en el error. Temblad, mi querida hermana, en imitarla un día; el orgullo es la fuente de todas las faltas cometidas por nuestro sexo, serías castigada como Kalaipso. La reina de Saba informó a Salomón de su frivolidad y de las consecuencias que había tenido.[367] El rey la castigó ejemplarmente. No quiero ir más allá, hermana mía, mas con el tiempo vos aprenderéis aún mejor».

Terminado este discurso, la Gran Maestra presentará las proposiciones que estime convenientes por el bien de la logia. A continuación, la orador tomará la palabra y pronunciará un discurso dirigido a la recipiendaria sobre los puntos principales de la recepción. Terminado el discurso de la orador, la Maestra preguntará si alguien tiene algo que proponer en bien de la Orden, y a continuación dará un golpe en el altar con su espada, diciendo:

«Al orden hermanos y hermanas míos» (si hay hermanos y hermanas). Poniéndose de pie todos los presentes harán lo mismo. La Maestra les invitará a dar gracias al Eterno. Se le adorará de rodillas frente al trono, con el rostro prosternado[368] en el suelo, y la Maestra cerrará la logia.

CATECISMO DE APRENDIZ DE LA LOGIA EGIPCIA DE ADOPCIÓN

P: ¿De qué lugar venís vos?

R: De las profundidades de Occidente.[369]

---

[367] Kalaipso representa una versión adaptada de la Calipso homérica. Según la narración mitológica era una ninfa, hija del titán Atlas, que retuvo a Odiseo durante siete años. Cagliostro la presenta, frente a la virtud de la Reina de Saba, como el conocimiento egoísta, es decir, el mundo pagano (grecolatino) frente al mundo creyente (semita).

[368] Véase [4], [6], [60], [64], [69], [114], [122] y [137].

[369] Nótese que el aprendiz de masonería egipcia dice: «De las profundidades del Oriente». Cf. [7].

D : Qu'y avez-vous appris ?

P: ¿Qué habéis aprendido vos allí?

R : A me connaître moi-même.

R: A conocerme a mí misma.[370]

D : Pouvez-vous me communiquer quelque chose de plus ?

P: ¿Hay alguna cosa más que vos podáis comunicarme?

R : Non, jusqu'à ce que vous m'ayez donné des preuves que vous appartenez à la véritable adoption égyptienne.

R: No, hasta que vos me hayáis dado pruebas de que pertenecéis a la verdadera adopción egipcia.

D : Je pense au présent ; mon mot sacré est : *Amour* ; mon signe le plus expressif de poser ma main droite sur mon cœur.

P: Pienso en el presente; mi palabra sagrada es *Amor*; mi signo, el más expresivo, poner mi mano derecha sobre mi corazón.

R : Je suis satisfaite et vous reconnais pour ma sœur, ma confiance en vous sera sans bornes. Je viens de l'Occident, je suis arrivée à l'Orient et ayant été perfectionnée par notre maître, lai obtenu la connaissance de la véritable philosophie.

R: Estoy satisfecha y os reconozco como mi hermana, mi confianza en vos no tendrá límites. Del Occidente vengo, he llegado al Oriente y habiendo sido perfeccionado por nuestro maestro, he obtenido el conocimiento de la verdadera filosofía.

D : Me parlez-vous maçonniquement ?

P: ¿Me habláis masónicamente?

R : Oui, sans doute : car la maçonnerie n'est autre chose que la perfection de la philosophie naturelle et surnaturelle.

R: Sí, sin duda: porque la masonería no es otra cosa que la perfección de la filosofía natural y sobrenatural.

D : Comment s'acquiert cette philosophie ?

P: ¿Cómo se adquiere esta filosofía?

[163] R : De deux manières : par le culte et la pratique de la religion parfaite que l'Éternel a accordée ; par le pouvoir d'un chéri ou élu de Dieu.

R: De dos maneras: por el culto y la práctica de la religión perfecta que el Eterno ha dispuesto; por el poder de un amado o elegido de Dios.[371]

D : Est-ce que votre sexe n'est pas un obstacle pour parvenir à d'aussi sublimes connaissances ?

P: ¿No será vuestro sexo un obstáculo para alcanzar semejantes y sublimes conocimientos?

Aquí se le da el mismo rango a la aprendiz de la masonería de adopción que el masón simbólico, presuponiendo que la recipiendaria no ha recibido iniciación en otro rito y que este es su primer tránsito iniciático.

[370] Véase [7]. Esto refuerza la idea de la autognosis como punto clave en *Masonería Egipcia*.

[371] Se manifiesta el poder de la teúrgia y la importancia del íntimo o amado por Dios.

R : Non, assurément ; car si notre fragilité, notre faiblesse et nos occupations futiles sont un préjugé contre le général de notre sexe, il y a des exemples qui prouvent qu'il s'est trouvé des exceptions et qu'il y a eu des femmes assez sages et assez favorisées de Dieu pour pénétrer dans le sanctuaire de la nature et connaître tout ce qu'ont su les plus grands mortels tels que Moise, David, Salomon, etc...

D : Qu'entendez-vous par la philosophie surnaturelle ?

R : La philosophie spirituelle ou morale sans laquelle on ne saurait atteindre à une entière et complète perfection.

D : Comment s'acquiert cette philosophie spirituelle ?

R : Par la purification de l'art selon les règles et les ordonnances du grand Maître, notre fondateur.

D : Quelles sont les cérémonies de notre purification et quels effets produit-elle ?

R : On se dépouille de ses habits mondains, profanes et impurs ; on les remplace [164] par un vêtement pur et sacré ; ce vêtement dissipe l'obscurité et les ténèbres qui nous enveloppent ; la brillante lumière de la vérité dessille nos yeux ; notre orgueil est détruit et nous parvenons à connaître évidemment l'immortalité de notre âme.

R: No, ciertamente no; porque si nuestra fragilidad, nuestra debilidad y nuestras fútiles ocupaciones son un prejuicio contra la naturaleza general de nuestro sexo, hay ejemplos que prueban que ha habido excepciones y que ha habido mujeres tan sabias y favorecidas por Dios para penetrar en el santuario de la naturaleza y saber todo lo que los más grandes mortales como Moisés, David, Salomón, etc., sabían.[372]

P: ¿Qué entendéis vos por filosofía sobrenatural?

R: La filosofía espiritual o moral sin la cual no se puede alcanzar una perfección plena y completa.

P: ¿Cómo se adquiere esta filosofía espiritual?

R: Por la purificación del *ars* según las reglas y ordenanzas del gran Maestro, nuestro fundador.

P: ¿Cuáles son las ceremonias de nuestra purificación y qué efectos produce?

R: Se despojan de las vestiduras mundanas, profanas e impuras; reemplazándose por una vestidura pura y sacra. Esta vestidura disipa las tinieblas y las tinieblas que nos envuelven; la brillante luz de la verdad aclara nuestros ojos; nuestro orgullo es aniquilado y llegamos a conocer evidentemente la inmortalidad de nuestra alma.[373]

---

[372] Este párrafo supera la idea de la debilidad femenina como condición de imposibilidad para lograr el conocimiento profundo. Cagliostro le da un valor de «contrario necesario» en clave alquímica, como elemento para que se produzca la transmutación.

[373] La analogía entre vestidura y cuerpo físico/cuerpo espiritual es muy interesante. La materia, y por ende el cuerpo material, se manifiesta como una prisión porque le exige límites. Cf. Martinès, Traité, §23. La purificación, convertir el cuerpo y el espíritu en un tabernáculo para Dios (véase Martinès, *Traité*, §267), revierte los efectos de este susurro del Maligno a Adán: «¿Qué más

D : En quoi consiste la philosophie naturelle ?

R : A nous dévoiler les secrets de la nature et à nous faire connaître la matière première qui a produit tous les corps qui se présentent à nos yeux.

D : Comment se fait cette précieuse matière ? Quelle est sa couleur ? Quels sont les mortels qui la possèdent ?

R : Ces questions sont indiscrètes de la part d'une dans votre atelier ! Je se suis obligé de renfermer sur ce point mes instructions.

D : Par quel motif mes sœurs et moi sommes-nous toutes revêtues d'un habit blanc et long ?

R : Ce vêtement se nomme talare ; il est le symbole de l'innocence et de la pureté qu'il faut avoir pour plaire à Dieu ; c'est l'habit qu'ont toujours porté les véritables sybilles.

D : Pourquoi la Maitresse préside-t-elle toujours à nos travaux avec un glaive **[165]** à la main ?

R : Pour faire connaitre que chaque supérieur de notre ordre a le pouvoir avec son glaive et la première matière d'anéantir le vice et d'ouvrir la porte du sanctuaire de la nature.

P: ¿En qué consiste la filosofía natural?

R: En revelarnos los secretos de la naturaleza y hacernos conocer la materia prima que produjo todos los cuerpos que se presentan a nuestros ojos.

P: ¿Cómo está hecha esta materia preciosa? ¿Cuál es su color? ¿Quiénes son los mortales que la poseen?

R: ¡Indiscretas preguntas por parte de alguien que está en vuestro taller! Me veo obligada a cerrar la instrucción sobre este punto.

P: ¿Por qué razón mis hermanas y yo estamos todas vestidas con largas túnicas blancas?

R: Esta vestidura se llama hábito talar y es el símbolo de la inocencia y pureza que uno debe tener para agradar a Dios. Es la vestidura que las verdaderas sibilas han llevado siempre.

P: ¿Por qué la Maestra preside siempre nuestro trabajo con una espada en la mano?

R: Para hacer saber que cada superior de nuestra orden tiene el poder con su acero y con la materia prima de aniquilar el vicio y abrir la puerta del santuario de la naturaleza.

---

quieres saber del Creador todopoderoso? ¿No te ha hecho igual a él en la virtud y omnipotencia que ha puesto en ti? Actúa según la voluntad innata en ti, y opera como un ser libre, ya sea sobre la Divinidad o sobre toda la creación universal que está sujeta a tu mandato. Entonces te convencerás de que tu omnipotencia no difiere en nada de la del Creador. Aprenderás a saber que no solo eres el creador del poder particular, sino también el creador del poder universal, tal como se te dijo que de ti debía nacer una posteridad de Dios. Es del Creador que obtengo todas estas cosas, y es a través de él y en su nombre que te hablo.». Cf. Martinès, *Traité*, §12. El objetivo es alcanzar la resurrección-reintegración en un cuerpo glorioso como Elías o Jesús. Cf. Martinès, *Traité*, §149.

D : Que signifie le triangle qui est au-dessus du trône de la Maîtresse.

P: ¿Qué significa el triángulo sobre el trono de la Maestra?

R : C'est un des attributs de l'Éternel ; c'est son sceau qui prouve notre dépendance, annonce notre souverain Maitre, et jamais ne loge de notre rite ne peut se passer d'une représentation semblable.

R: Es uno de los atributos del Eterno. Es su sello que prueba nuestra dependencia, anuncia a nuestro soberano Maestro, y ninguna logia de nuestro rito puede prescindir de una representación así.

D : Que signifie l'arbre portant un serpent qui tient une pomme ?

P: ¿Qué significa el árbol con una serpiente que sostiene una manzana?

R : C'est l'arbre de vie du paradis terrestre dont vous parle l'Écriture Sainte : son fruit figuré par la pomme est l'agent universel que nous appelons première matière : l'homme, par son orgueil, a perdu la connaissance et l'usage de ce fruit ; mais il ne dépend que de lui de recouvrer cette perte.

R: Es el árbol de la vida del paraíso terrestre del que os habla la Sagrada Escritura: su fruto, representado por la manzana, es el agente universal que llamamos materia prima.[374] El hombre, por su orgullo, ha perdido el conocimiento y el uso de este fruto; pero solo de él depende recuperar esta pérdida.

D : Les deux couleurs, blanc et bleu, employées à l'ornement de cette loge ont-elles une signification ?

P: ¿Tienen algún significado los dos colores, blanco y azul, utilizados en la decoración de esta logia?

R : Sans doute : elles servent à nous apprendre que dans la partie métallique, le mercure est le père et la mère qu'il faut purifier pour obtenir ce que l'on désire.

R: Indudablemente: sirven para enseñarnos que, entre los metales, el mercurio es el padre y la madre que deben ser purificados para obtener lo que deseamos.[375]

D : Pourquoi la maitresse a-t-elle parfumé et offert mon habit talare à l'Éternel ?

P: ¿Por qué la maestra perfumó y ofreció mi hábito talar al Eterno?

[166] R : Pour vous enseigner que vous devez sans cesse vous purifier et faire un holocauste de votre cœur à l'Être suprême.

R: Para enseñaros que vos debéis purificaos constantemente y hacer holocausto en vuestro corazón al Ser Supremo.

---

[374] Es muy interesante —quizás tomado de Dom Pernety, fundador del rito alquímico de Aviñón— que Cagliostro relacione la materia prima/piedra filosofal con el fruto del árbol del bien y el mal, representado aquí por una manzana, como un elixir que es capaz, en la dosis justa y el beneplácito de Dios, de conceder la inmortalidad y romper las leyes físicas (espacio y tiempo). Se introduce también la variable de la prevaricación primordial Véase. Martinès, *Traité*, §43 y Saint-Martin, *De l'Esprit des Choses*, p. 56-61.

[375] Aquí aparece la idea del mercurio como *rebis* (Cf. [153]) frente al habitual matrimonio alquímico entre mercurio (masculino)-azufre (madre).

D : Quel est le temple peint sur le tableau de la loge ?

R : C'est celui de Salomon ; c'est le lieu où la Reine de Saba, notre première Maîtresse, eut le bonheur de pénétrer et d'être instruite de tous nos mystères.

D : Que veulent dire les deux devises qui sont de chaque côté de la loge dont l'une porte : *Ou la gloire ou la mort* ; l'autre : *Ou la bienfaisance ou la mort* ?

R : La première nous apprend que l'on doit toujours travailler pour la gloire de l'Éternel et tout sacrifier à ce but. La deuxième vous fait connaître qu'il vaut mieux mourir que de cesser d'être utile à ses semblables.

D : A quoi sert le tablier maçonnique ?
R : A vous faire connaître que jamais on ne doit travailler physiquement ni moralement sans en être décoré.

D : Pourquoi, en me donnant des gants, la maitresse m'a-t-elle recommandé de les porter toujours en loge ?

R : Pour vous apprendre que, lorsque vous possèderez la première matière, vous ne devez jamais la toucher avec les mains.

D : Pourquoi la maîtresse m'a-t-elle coupé un peu de mes cheveux ?

[167] R : Pour vous enseigner à rejeter et mépriser tous les objets qui tiennent à la vanité, afin que, dégagée de toutes idées mondaines, vous n'ayez plus d'autre but, ni d'autre désir que de posséder les vertus philosophiques et de parvenir à égaler la reine de Saba.

D : Que signifie la rose qui m'a été donnée par la Maîtresse ?

P: ¿Cuál es el templo pintado en el cuadro de logia?

R: Es el de Salomón. El lugar donde la Reina de Saba, nuestra primera Maestra, tuvo la dicha de penetrar y ser instruida en todos nuestros misterios.

P: ¿Cuál es el significado de los dos lemas a cada lado de la logia, uno de los cuales dice: *O la gloria o la muerte* y el otro: *O la beneficencia o la muerte*?

R: El primero nos enseña que hay que trabajar siempre por la gloria del Eterno y sacrificarlo todo a este fin. El segundo te hace saber que es mejor morir antes que dejar de ser útil a sus semejantes.

P: ¿Para qué sirve el mandil masónico?
R: Para haceros saber que nunca se debe trabajar física o moralmente sin estar decorada con él.

P: ¿Por qué, al darme guantes, me recomendó la Maestra que los llevara siempre en logia?

R: Para enseñaros que cuando poseéis la materia prima nunca deberéis tocarla con las manos.

P: ¿Por qué la Maestra me cortó algunos de mis cabellos?

R: Para enseñaros a rechazar y despreciar todos los objetos que tienden hacia la vanidad, para que ya libre de todas las ideas mundanas, no haya en vos otro fin ni otro deseo que poseer las virtudes filosóficas e igualar a la Reina de Saba.

P: ¿Qué significa la rosa que me ha dado la Maestra?

R : Cette rose est l'emblème de la première matière. La maîtresse, en vous invitant à faire tous vos efforts pour obtenir une couronne de ces fleurs, a entendu vous dire de chercher à mériter la possession de cette précieuse matière.

D : Comment dois-je interpréter les trois mots qui sont sur ma ceinture : *Vertu, Sagesse, Union* ?

R : Par la nécessité où vous êtes de mettre continuellement ces vertus en pratique, si vous voulez parvenir à la perfection de vos désirs.

D : Quelle explication dois-je donner aux deux mots : *Amour* et *Charité*, qui sont brodés sur mon tablier ?
R : Qu'il n'y a jamais de charité méritoire sans un amour véritable de nos semblables.

----

[168] Hoja en Blanco

----

[169] RECEPTION DE COMPAGNONNE DE LA LOGE EGYPTIENNE D'ADOPTION

CHAMBRE DES RÉFLEXIONS

La récipiendaire sera laissée dans cette chambre vêtue de son habit d'apprentive. Cette chambre sera obscure ; un des côté sera éclairé par une pleine lune et des étoiles en transparent ; sur l'autre, aussi en transparent, seront tracés ces trois mots : *Force, Pouvoir, Patience*. Au-dessous, on ajoutera : *La force et la patience de pendent de toi ; pour obtenir le pouvoir, recommande-toi à l'Éternel.*

----

376 Véase [43].

R: Esta rosa es el emblema de la materia prima. La Maestra, al invitaros a hacer todos los esfuerzos para obtener una corona de estas flores, quiso deciros que procuréis merecer la posesión de esta preciosa materia.376

P: ¿Cómo debo interpretar las tres palabras de mi cinturón: *Virtud, Sabiduría, Unión?*

R: Por la necesidad en que debéis poner continuamente en práctica estas virtudes, si queréis alcanzar la perfección de vuestros deseos.

P: ¿Qué explicación debo dar a las dos palabras *Amor y Caridad,* que están bordadas en mi mandil?
R: Que no habrá jamás caridad meritoria sin un verdadero amor de nuestros semejantes.

Hoja en Blanco

RECEPCIÓN DE COMPAÑERA DE LA LOGIA EGIPCIA DE ADOPCIÓN

CÁMARA DE REFLEXIONES

Se dejará a la recipiendaria en esta cámara vestida con su hábito de aprendiz. Esta cámara estará a oscuras; un lado estará iluminado por una luna llena y estrellas en transparencia; en el otro, también en transparencia, estarán trazadas estas tres palabras: *Fuerza, Poder, Paciencia*. Debajo se añadirá: *La fuerza y la paciencia de ti penden, para obtener el poder, encomiéndate al Eterno.*

La loge sera tapissée en blanc, étoilée d'argent : le dais bleu, étoilé d'argent, frangé de blanc et, s'il se peut d'argent. Le trône bleu, étoilé et frangé d'argent, élevé sur cinq marches.

Derrière le trône, au-dessus de la tête de la Maîtresse un triangle dans une gloire, avec l'œil de l'Éternel au milieu. Devant la Maîtresse, un autel couvert d'un tapis blanc, sans étoiles, mais frangé d'argent. [170] Sur l'autel, un poignard dont le manche portera ces mots ; *Par le pouvoir du grand Maitre*. Auprès du poignard, un vase de cristal à couvercle du fondateur. Autour de ce chiffre, on brodera également en soie bleue le mot : *Silence*.

En face du trône, l'arbre de vie en relief avec un serpent dont la tête se séparera du corps à 'volonté et la pommes entre ses dents, comme dans l'atelier des apprentives. Au pied des marches du trône, un coussin blanc frangé d'argent.

La sœur trésorière se pourvoira d'un ruban bleu céleste pour lier les cheveux, les deux paire de gants, l'un d'homme, l'autre de femme, garnies d'un ruban bleu, d'un tablier neuf de peau blanche, doublé de soie bleu céleste garni d'un ruban semblable avec les mêmes rosettes et mots que celui des apprentives et d'une ceinture de moire bleue galonnée en argent, portant ces mots brodés en paillettes d'argent : *Force, Pouvoir, Patience*.

La logia se tapizará en blanco, estrellado de plata: el dosel azul, estrellado de plata, orlado de blanco y, si es posible, de plata. El trono azul, estrellado y orlado de plata, elevado sobre cinco peldaños.[377]

Tras el trono, sobre la cabeza de la Maestra, habrá un triángulo en una gloria, con el ojo del Eterno en el centro. Delante de la Maestra, un altar cubierto con una tela blanca, sin estrellas, pero orlada de plata. Sobre el altar, una daga en cuya empuñadura figurarán estas palabras: *Por el poder del gran Maestro*. Junto a la daga, una jarra de cristal con el revestimiento del fundador. Alrededor de esta figura también se bordará en seda azul la palabra: *Silencio*.

Delante del trono, el árbol de la vida en relieve con una serpiente cuya cabeza se separará del cuerpo a voluntad y la manzana entre sus dientes, como en el taller de las aprendices. Al pie de la escalinata del trono, un cojín blanco orlado de plata.

La hermana tesorera tendrá una cinta azul celeste para atar los cabellos, dos pares de guantes, uno de hombre y otro de mujer, ribeteados con una cinta azul, un mandil nuevo de piel blanca, forrado de seda azul celeste, ribeteado con una cinta similar con las mismas rosetas y palabras que el de las aprendices y una banda de moaré azul trenzada en plata con estas palabras bordadas en lentejuelas de plata: Fuerza, Poder, Paciencia.

---

[377] Hay un cambio significativo con la logia de compañero en el rito masculino de *Masonería Egipcia*. Es muy interesante que aparezca la plata, un metal con un claro valor femenino y lunar, como elemento fundamental de este grado.

[171] TABLEAU DE LA LOGE

Ce tableau représentera une femme sous l'habit talare des apprentives, un serpent vis-à-vis d'elle et un temple dans l'éloignement. Le serpent regardera avec colère la femme et soufflera son venin sur son cœur.

La femme aura les mains jointes, les cheveux épars, la physionomie la plus touchante et la plus innocente : ses yeux, pleins de douceur et de confiance, seront fixés sur le temple.

OUVERTURE DE LA LOGE

La grande Maîtresse, après s'être assurée que la récipiendaire a été agréée par un précédent scrutin des compagnonnes, **[171]** annoncera que cette sœur demande le prix de ses travaux d'apprentive et reprendra les voix, pour la forme seulement, et sans scrutin. Elle ordonnera ensuite aux sœurs secrétaire et maîtresse des cérémonies d'aller préparer la récipiendaire. Ces deux sœurs se transporteront dans la chambre des réflexions. La maîtresse des cérémonies demandera à la récipiendaire sa patente d'apprentive, ses noms et surnoms, son âge, sa qualité, son lieu de naissance, et si elle a fait de sérieuses réflexions sur ce qu'elle sollicite.

D'après sa réponse, la maîtresse des cérémonies, en silence, lui défera les cheveux, les étendra sur son cou, sur son visage et retournera **[172]** avec la sœur secrétaire rendre compte de sa mission à

CUADRO DE LA LOGIA

Este cuadro representará a una mujer con el hábito talar de las aprendices, una serpiente frente a ella y un templo a lo lejos. La serpiente contemplará furiosa a la mujer e insuflará su veneno sobre su corazón.

La mujer tendrá las manos entrelazadas, el cabello extendido, el rostro más conmovedor e inocente: sus ojos, llenos de dulzura y confianza, estarán fijos en el templo. [378]

APERTURA DE LA LOGIA

La Gran Maestra, después de haberse cerciorado de que la recipiendaria ha sido aprobada por una votación previa de las compañeras, anunciará que esta hermana solicita el premio para su trabajo de aprendiz y volverá a tomar los votos, por mera cuestión de forma, y sin escrutinio. A continuación, ordenará a las hermanas secretaria y maestra de ceremonias que vayan a preparar a la recipiendaria. Estas dos hermanas irán a la cámara de reflexión. La Maestra de Ceremonias preguntará a la recipiendaria por su patente de aprendiz, su nombre y apellidos, su edad, su estatus, su lugar de nacimiento y si ha reflexionado seriamente sobre lo que solicita.

Según sea su respuesta, la Maestra de Ceremonias, en silencio, desenredará los cabellos, se lo extenderá sobre el cuello y la cara, y volverá con la hermana secretaria para dar cuenta de su misión a la Gran

---

[378] Esta imagen tan poderosa representa el estado medial, es decir, de tránsito del compañerazgo. Lo dramático de la situación se contrapone con la actitud de la mujer representada, pues frente al veneno de la serpiente, que propicia la caída en la mundanidad y lo físico, ella contempla el Templo como un lugar de protección y reintegración. Así, se muestra que el conocimiento rompe con el destino tras probar el fruto del árbol del bien y del mal.

la grande Maîtresse ; la Maîtresse des cérémonies portera la parole. La grande Maîtresse donnera de nouveaux ordres d'après lesquels les mêmes sœurs iront chercher la récipiendaire, la feront marcher entre elles, la secrétaire à droite, la maîtresse des cérémonies à gauche, chacune la tenant par une main. Elles se présenteront dans cet ordre à la porte de l'atelier.

Les deux sœurs étant arrivées à la porte avec la récipiendaire, la maîtresse des cérémonies frappera cinq coups ; la sœur terrible répondra par le même nombre et, sur l'ordre ou le signe de la grande Maîtresse, ouvrira les deux battants. On introduira la récipiendaire ; la sœur terrible fermera aussitôt la porte, s'armera de son glaive et se mettra à la suite de la récipiendaire, qui sera conduite au pied du trône par les deux sœurs. Elle se mettra à genoux, trois sœurs retourneront à leur place ; tout l'atelier se lèvera : la maîtresse, seule, assise, adressera à la récipiendaire le discours suivant :

« Mon enfant, après vos précédents travaux et les instructions que nous avons reçues, je ne comprends pas comment vous osez vous présenter devant notre tribunal dans le désordre où vous êtes avec cet air inquiet et ces cheveux épars, qui semble déceler en vous la terreur ou le projet du [173] crime... ».

La maîtresse des cérémonies répondra pour la récipiendaire :

« Vénérable Maîtresse, c'est l'effet de son ignorance et de n'avoir pas compris le vrai sens des paroles qui sont dans la chambre de réflexion ». « Eh bien, mon enfant, reprendra la grande Maîtresse, rassurez-vous. Je n'entends pas vous

Maestra. La Maestra de Ceremonias llevará la palabra. La Gran Maestra dará nuevas órdenes, según las cuales las mismas hermanas irán a buscar a la recipiendaria, y la harán caminar entre ellas, la secretaria a la derecha, la Maestra de Ceremonias a la izquierda, cogiéndola cada una de una mano. Se presentarán en este orden en la puerta del taller.

Llegadas las dos hermanas a la puerta con la recipiendaria, la Maestra de Ceremonias llamará cinco veces; la hermana terrible responderá con el mismo número y, a la orden o señal de la Gran Maestra, abrirá las dos puertas. Se presentará a la recipiendaria; la hermana terrible cerrará inmediatamente la puerta, se armará con su espada y seguirá a la recipiendaria, que será conducida al pie del trono por las dos hermanas. Ella se arrodillará, las tres hermanas volverán a sus puestos; todo el taller se pondrá en pie: la maestra, sola, sentada, se dirigirá a la recipiendaria de la siguiente manera:

«Hija mía, tras vuestro trabajo anterior y de las instrucciones que hemos recibido, no comprendo cómo te atreves a presentarte ante nuestro tribunal en el caos en que vos os encontráis, con esa mirada preocupada y este pelo desparramado, que parece mostrar en vos el terror o un crimen futuro...».

La maestra de ceremonias responderá a la recipiendaria:

«Venerable Maestra, este es el efecto de su ignorancia y de no haber comprendido el verdadero significado de las palabras que están en la cámara de reflexión». «Bien, hija mía» —dirá la gran Maestra— «estad tranquila. Nada pre-

faire des reproches ni vous intimider. Je dois, au contraire, vous enhardir : car nos mœurs, comme nos pensées, étant bien différentes de celles des profanes, nous aurons besoin de rappeler tout votre courage. Je vais vous étonner, mais rassemblez toutes les forces de votre esprit et préparez votre âme à des sentiments nouveaux. Répondez-moi : vous sentez-vous la hardiesse d'affronter le plus grand péril et de combattre le monstre le plus hideux ?... Vous frémissez ! Je l'avais prévu ; votre surprise est naturelle, mais je vous en ai prévenue : nos pensées, nos mœurs et nos actions ne ressemblent point à celles des profanes. Oui, il faut jurée à vos supérieurs... Je suis la vôtre... je ne doute pas de votre soumission. Il ne me reste plus qu'à vous nommer votre victime ; cette victime... c'est le vice et surtout l'orgueil qui est le premier et le plus dangereux de tous : il faut que vous l'étouffiez en vous-même pour pouvoir parvenir à recouvrer votre gloire et votre innocence primitives. Répondez-moi à présent : aurez-vous ce courage ?». **[174]** La récipiendaire répondra : « Oui ».

Aussitôt, la maîtresse, lui armant la main droite du poignard, lui fera prêter serment de ne jamais révéler ni écrire ce qui se passera dans l'atelier ; elle lui ordonnera de faire les voyages nécessaires pour arriver à l'arbre de vie et tâcher de couper du premier coup et sans terreur la tête du serpent.

La maîtresse des cérémonies mènera par la main la récipiendaire jusqu'à l'arbre

tendo reprocharos ni intimidaos. Debo, por el contrario, infundiros coraje, pues siendo nuestra moral, como nuestros pensamientos, muy diferentes de los de los profanos, necesitaremos recordar todo tu valor. Voy a sorprendeos, mas reunid todas las fuerzas de vuestra mente y preparad vuestra alma para nuevos sentimientos. Respóndeme: ¿Acaso os sentís con valor suficiente para arrostrar el mayor peligro y luchar contra el monstruo más horrendo? ¡Tembláis! Lo había previsto; vuestra sorpresa es natural, mas os lo advertí: nuestros pensamientos, nuestra moral y nuestros actos no son como los de los profanos. Sí, debéis jurar ante vuestros superiores... Yo soy el vuestro... No dudo de vuestra entrega. Solo me queda nombrar a vuestra víctima; esta víctima... es el vicio y sobre todo el orgullo, que es el primero y el más peligroso de todos: debéis sofocarlo en vuestro interior para que vos misma podáis recobrar vuestra gloria e inocencia primitivas. Respondedme de inmediato: ¿tendréis el valor?» La recipiendaria responderá: «Sí».[379]

Inmediatamente, la maestra, armada en su mano derecha con la daga, le hará jurar que nunca revelará ni escribirá lo que sucederá en el taller; le ordenará que haga los viajes necesarios para alcanzar el árbol de la vida y que intente cortar la cabeza de la serpiente al primer golpe y sin terror.

La Maestra de Ceremonias conducirá a la recipiendaria de la mano hasta el Ár-

---

[379] Como hemos explicado, este estado medial del compañerazgo implica la preparación para vencer al ego y contemplar su transmutación hasta la Gran Obra que se realizará en el grado de maestra de adopción. La compañera lucha contra ella, contra su dogmatismo y creencias, en pos de una universalidad. El asesinato de la serpiente —la purificación de la piedra en lenguaje alquímico— es previo a la obtención de la piedra filosofal.

de vie après lui avoir fait faire cinq fois le tour de la loge. La récipiendaire abattra du premier coup la tête du serpent préparée à cet effet, s'en emparera et la portera au pied du trône. La grande maîtresse rejettera les cheveux de la récipiendaire sur ses épaules, elle l'embrassera, prendra la tête du serpent et le poignard et lui dira :

« Mon enfant, remarquez les mots gravés sur ce poignard : ils signifient que sans le secours de l'Éternel et sans le pouvoir d'un maître ou d'une maîtresse, vous ne parviendrez jamais à écraser le vice ni à recouvrer vos facultés primitives en connaissant toute la puissance de la philosophie spirituelle. Vous voyez sur une Plaque, autour du chiffre de notre fondateur, **[175]** le mot : *Silence*. Cette parole suffit pour vous apprendre votre premier devoir : je vous donnerai les leçons de la patience dont vous avez besoin pour travailler avec force et sagesse dans l'atelier où vous êtes et parvenir enfin à la consommation de l'ouvrage que vous avez entrepris Adressez-vous À moi dans toutes vos inquiétudes ; je les dissiperai ; mais, surtout, servez l'Éternel avec u esprit sage et un cœur droit. Préparez-vous à recevoir les attributs que nous allons vous accorder ; vous connaissez les travaux du premier atelier ; vous en connaîtrez bientôt de nouveaux. Nos travaux exigeant que nous ayons toujours les mains blanches et pures, voici une paire de gants de votre grade actuel ».

(Elle lui donnera les gants de femme)

« J'y joins une paire de gants d'homme que vous donnerez à l'objet de votre estime ; inspirez-lui la sagesse ; excitez-le au bien et exhortez-le, par votre exemple, d'assassiner continuellement le vice pour parvenir à la vraie lumière ».

bol de la Vida después de haberle dado cinco vueltas alrededor de la logia. La recipiendaria cortará la cabeza preparada de la serpiente con el primer golpe, la cogerá y la llevará a los pies del trono. La Gran Maestra echará el pelo de la recipiente sobre sus hombros, la abrazará, cogerá la cabeza de la serpiente y la daga y le dirá:

«Hija mía, fijaos en las palabras grabadas en este puñal: significan que sin la ayuda del Eterno y sin el poder de un maestro o maestro, jamás conseguiréis aplastar el vicio ni recobrar vuestras facultades primitivas con el conocimiento de todo el poder de la filosofía espiritual. Observad sobre la placa, alrededor de la figura de nuestro fundador, la palabra: *Silencio*. Esta palabra debería bastaros para enseñaros vuestro primer deber: Yo os daré las lecciones de paciencia que necesitáis para trabajar con fuerza y sabiduría en el taller donde os encontráis y alcanzar, finalmente, la conclusión de la obra que habéis emprendido. Volveos hacia mí en todas vuestras angustias que yo las disiparé; pero, sobre todo, servid al Eterno con mente sabia y corazón recto. Preparaos para recibir los atributos que vamos a concederos; vos conocéis los trabajos del primer taller; mas que pronto conoceréis otras nuevas. Puesto que nuestro trabajo requiere que nuestras manos estén siempre blancas y puras, aquí tenéis un par de guantes de vuestro grado actual.

(Dándole los guantes de mujer)

«Os otorgo un par de guantes de hombre que vos entregaréis a aquel que sea objeto de vuestra estima; inspiradle sabiduría; motivadle a la bondad y exhortadle, con vuestro ejemplo, a asesinar continuamente el vicio para alcanzar la verdadera luz».

(Elle lui donnera les gants d'homme)

« Devant être fatiguée d'être restée si long-temps avec les cheveux épars, je vais vous les faire attacher avec ce ruban. »

[176] (Elle lui montera le ruban avec lequel elle fera signe à la maîtresse des cérémonies de lier les cheveux de la récipiendaire)

« Qu'il serve à vous rappeler l'union intime qui doit régner entre vous et vos sœurs. Je dois également changer votre tablier : sa devise vous raffermira dans les mêmes sentiments : la couleur de sa doublure vous rappellera la partie céleste à laquelle il faut sans cesse vous élever. »

(Elle lui fera attacher le tablier par la maîtresse des cérémonies)

« Enfin, je vous donne cette ceinture pour que vous la portiez constamment, soit physiquement, soit moralement, ayant toujours présent les mots qu'elle contient : *Force, Pouvoir, Patience.* Force, pour combattre et écraser l'orgueil. Pouvoir pour parvenir à connaître et à posséder la matière première Patience, pour attendre l'heureux moment de couronner l'ouvrage ».

La Maitresse fera mettre la récipiendaire à genoux, enfermera la tête du serpent dans le vase, posera le poignard sur l'autel et, s'armant de son glaive, reprendra la parole :

« Mon enfant, par le pouvoir que le fondateur de l'Ordre m'a conféré, je consacre, au nom de l'Éternel, les attributs que je viens de te donner. Je t'accorde les **[177]** privilèges et prérogatives de com-

(Dándole le dará los guantes del hombre)

«Estáis cansada de haber permanecido tanto tiempo con el pelo suelto, yo haré que os lo aten con esta cinta».

(Traerá la cinta con la que se indicará a la maestra de ceremonias que le ate los cabellos a la recipiendaria)

«Que os sirva de recordatorio de la íntima unión que debe reinar entre vos y vuestras hermanas. También debo cambiar vuestro mandil, que su divisa os reafirme en los mismos sentimientos. El color de su doblez os recordará la parte celestial a la que debéis elevaros constantemente».

(Hará que la maestra de ceremonias le ciña el mandil)

«Por último, os ciño esta banda para que lo llevéis constantemente, ya sea física o moralmente, teniendo siempre presentes las palabras que contiene: *Fuerza, Poder, Paciencia. Fuerza*, para luchar y aplastar el orgullo. *Poder*, para llegar a conocer y poseer la materia prima. *Paciencia*, para esperar el momento feliz de coronar la obra».

La Maestra hará que la recipiendaria se arrodille, encierre la cabeza de la serpiente en el jarrón, coloque la daga en el altar y, armándose con su espada, tomará la palabra:

«Hija mía, por el poder que me ha conferido el fundador de la Orden, consagro, en nombre del Eterno, los atributos que acabo de darte.[380] Te concedo los privilegios y prerrogativas de una com-

---

[380] Debe tratarse de un error del copista, pues vuelve a usar el tuteo (*toi*) en vez del voseo reverencial (*vous*).

pagnonne de l'adoption égyptienne et, par le coup de glaive dont je vais de frapper, j'entends affermir ton esprit dans les voies de la perfection. »

(La maitresse donnera un coup de glaive sur la tête).

« Prie l'Éternel avec ferveur et sincérité pour qu'il te donne l'intelligence de mes paroles pour sa gloire et le bien de tes semblables ».

Ce discours achevé, sur l'ordre de la maîtresse, trois sœurs chanteront en français le Psaume CXVI *Laudate Dominum omnes gentes, laudate eum omnes populi*. Après le psaume, la maîtresse relèvera la récipiendaire l'embrassera au front, la reconnaîtra et la fera reconnaitre par tout l'atelier comme compagnonne, lui donnera le signe et le mot de passe qui sont de mettre chacune la main sur le bras et de dire : « *Force* et *pouvoir* ». La réponse : *Patience*, et la fera conduire à la place qui lui aura été destinée. Toutes les sœurs étant assises, la maîtresse adressant la parole à la récipiendaire, dira :

« Vous voici dans un atelier qui vous est inconnu : je vais vous expliquer les vérités dont nous nous occupons. **[178]** Salomon, après avoir reconnu l'esprit de la reine de Saba, lui rendit évidente l'existence de Dieu et l'immortalité de l'âme, lui fit détruire le temple des faux-dieux, écraser l'orgueil, couper la tête au serpent et la conduisit ainsi à la connaissance de la première matière. Sachez,

pañera de adopción egipcia, y mediante el golpe de acero con el que estoy a punto de golpearte, afirmo en vuestro espíritu en las vías de perfección».

(La Maestra golpeará la cabeza con la espada).

«Rogad al Eterno con fervor y sinceridad para que os dé la comprensión de mis palabras para Su gloria y el bien de vuestros semejantes».

Terminado este discurso, a la orden de la maestra, tres hermanas cantarán en francés el Salmo CXVI *Laudate Dominum omnes gentes, laudate eum omnes populi*.[381] Tras el salmo, la maestra alzará a la recipiendaria, la besará en la frente[382], la reconocerá y hará que todo el taller la reconozca como compañera, y le dará la señal y la contraseña, que son poner cada una la mano en su brazo y decir: *Fuerza* y *poder*. La respuesta: *Paciencia*, y será conducida al lugar que se le haya designado. Cuando todas las hermanas estén sentadas, la maestra se dirigirá a la recipiendaria y le dirá:

«Aquí estáis en un taller que os es desconocido: voy a explicaros las verdades que nos ocupan. Salomón, habiendo reconocido el espíritu de la reina de Saba, le aclaró la existencia de Dios y la inmortalidad del alma, le hizo destruir el templo de los falsos dioses, aplastó el orgullo, cortó la cabeza de la serpiente y la condujo así al conocimiento de la materia prima. Has de saber, hija mía, que

---

[381] Cagliostro, aunque remite a *La Vulgata* con la numeración de la Septuaginta, ya en ediciones de su época donde encontraríamos este Salmo como 117. El texto se traduce así: «Alabad a Jehová, naciones todas; Pueblos todos, alabadle. Porque ha engrandecido sobre nosotros su misericordia, y la fidelidad de Jehová es para siempre. Aleluya». *Salmos*, 117.
[382] Véase [9] y nota relativa.

mon enfant, qu'on ne parvient pas à cette possession par des livres ni par des recherches puériles, mais seulement par la volonté de Dieu et le pouvoir d'un de ses élus. Salomon apprit aussi à cette grande reine que, malgré ces deux puissants secours, il fallait encore de la patience pour perfectionner cette précieuse matière tant au physique qu'au moral. Vous trouverez dans le catéchisme l'explication de mes paroles et je fais des vœux que vous recueilliez comme moi le fruit de cette patience.

Vous n'êtes reçue aujourd'hui que par mes mains, mais le temps opéré de vos travaux de compagnonnes, vous serez consacrée par la volonté de l'Éternel et par le pouvoir d'une maîtresse agissante qui vous fera connaitre les intermédiaires entre nous et l'Être suprême. Je vous exhorte donc pour votre bonheur et pour votre gloire de redoubler de zèle de travailler régulièrement pendant le temps de votre compagnonnage, d'attendre avec résignation le moment fortuné où son terme expirera et, dès ce soir, de commencer à dire tous les soirs, [179] avant de vous coucher le psaume XXVIII. *Afferte domino filii David, afferte Dommo filios arietum*, en français. Au moyen de cette prière, vous obtiendrez le dernier objet de vos désirs ».

La maîtresse fera lire ensuite le catéchisme par la sœur secrétaire ou l'oratrice, demandera si quelque sœur n'a

esta posesión no se alcanza con libros ni con investigaciones pueriles, sino a través de la voluntad de Dios y el poder de uno de sus elegidos.[383] Salomón también enseñó a esta gran reina que, a pesar de estas dos poderosas ayudas, todavía se necesitaba paciencia para perfeccionar este precioso material tanto física como moralmente. Encontraréis en el catecismo una explicación de mis palabras, y espero que vosotros, como yo, recojáis los frutos de esta paciencia.

Hoy solo sois recibida por mis manos, pero cuando haya llegado el momento de vuestro trabajo como compañeras, seréis consagradas por la voluntad del Eterno y por el poder de una amante activa que os hará conocer a los intermediarios entre nosotros y el Ser Supremo. Os exhorto, pues, para vuestra felicidad y gloria, a redoblar vuestro celo para trabajar regularmente durante el tiempo de vuestro compañerismo, a esperar con resignación el momento afortunado en que expire su plazo y, desde esta noche, a comenzar a recitar el salmo XXVIII todas las noches antes de acostaros: *Afferte domino filii David, afferte Dommo filios arietum* en francés.[384] Por medio de esta oración obtendréis el último objeto de vuestros deseos».

A continuación, la Maestra mandará leer el catecismo a la hermana secretaria o la oradora, preguntará si alguna hermana

---

[383] Se presenta un interesante planteamiento en el que ya el conocimiento racional pierde fuerza para preferirse un conocimiento suprarracional como ocurría en el grado de compañero de *Masonería Egipcia*. Hay un aspecto muy interesante y es el «reconocimiento» por parte de Salomón del grado de su compañera como depositaria del conocimiento divino.

[384] Como suele ser habitual en el manuscrito de *Masonería Egipcia*, la cita bíblica está, de nuevo, mal escrita. Se corresponde con el salmo número 28 de *La Vulgata* que dice: «Adferte Domino filii Dei adferte Domino filios arietum» (A ti clamaré oh, Jehová. Roca mía, no te desentiendas de mí). En otras Biblias, fundamentalmente protestantes, aparece como salmo 29.

rien à proposer pour l'avantage de la loge, ordonnera de se mettre à genoux, s'y mettra elle-même, fera l'adoration ainsi que tous les assistants, le visage prosterné contre terre et fermera la loge.

[180] CATECHISME DE COMPAGNONNE DE LA LOGE EGYPTIENNE D'ADOPTION

D : Êtes-vous compagnonne d'adoption ?

R : Je viens d'en exécuter les travaux.

D : Quels sont ces travaux ?

R : J'ai reconnu le fond de mon orgueil ; j'ai assassiné le vice et connu la première matière.

D : Quelle est cette première matière ?

R : Le pépin que l'esprit orgueilleux avait ôté de notre pouvoir.

D : De quel moyen vous êtes-vous servie pour obtenir ce trésor ?

R : Favorisée de la gloire de l'Éternel, revêtue du pouvoir de mon maître, et armé de son propre poignard, je l'ai plongé dans le sein du père et de la mère des sept métaux.

D : Quels sont le père et la mère des sept métaux ?

R : Je vous en ai instruite étant apprentie.

D : Êtes-vous parvenue à connaître le régime et les différents passages ?

R : Oui.

tiene algo que proponer por el bien general de la logia. Ordenará a las hermanas que se arrodillen como ella misma, al igual que todas las asistentes, y con el rostro prosternado en el suelo y cerrará la logia.

CATECISMO DE COMPAÑERA DE LA LOGIA EGIPCIA DE ADOPCIÓN

P: ¿Sois vos compañera de adopción?

R: Vengo de ejecutar los trabajos.

P: ¿Cuáles son esos trabajos?

R: He reconocido el fondo de mi orgullo; he asesinado el vicio y conocido la materia prima.

P: ¿Cual es esta materia prima?

R: La semilla que el espíritu orgulloso había quitado de nuestro poder.

P: ¿Qué medio usasteis para obtener este tesoro?

R: Favorecida con la gloria del Eterno, revestida con el poder de mi Maestro, y armada con su propia daga, la hundí en el vientre del padre y de la madre de los siete metales.[385]

P: ¿Quiénes son el padre y la madre de los siete metales?

R: A vos os instruí en esto como aprendiz.

P: ¿Acaso legasteis a conocer el régimen y los diferentes pasajes?

A: Sí.

---

[385] Véase [2] y nota relativa.

D : Quels sont les auteurs où vous avez puisé ces connaissances ?

P: ¿De cuáles autores es donde vos obtuvisteis este conocimiento?

[181] R : Aucun, car les plus recommandables, les plus estimés et les plus recherchés sont faux et apocryphes. Tous les ouvrages qui parlent ou traitent de cette matière première ne contiennent que des mensonges, sans en excepter même ceux des véritables philosophes, tels que Moyse, Jean, etc.., parce que les écrits qui leur sont attribués, ou ne sont pas d'eux, ou ont été altérés, ou sont mal interprétés.

R: De ninguno, pues los más encomiables, los más estimados y los más buscados son falsos y apócrifos. Todas las obras que hablan o tratan de esta materia prima no contienen sino mentiras, ni siquiera las de los verdaderos filósofos, como Moisés, Juan, etc., porque los escritos tan solos les son atribuidos, o ni siquiera son suyos, o han sido alterados, o tan solo son mal interpretados.[386]

D : A qui faut-il donc s'adresser pour être éclairé ?

P: ¿A quién debemos dirigirnos para clarificarlo?

R : Le sage Salomon nous fait connaître qu'il faut avoir recours aux êtres supérieurs qui environnent le trône de Dieu ; il nous apprend qu'il est resté sept ans pour achever le temple qu'il a élevé à l'Éternel, qu'il y avait sept marches pour monter à son trône, qu'il y a sept planètes reconnues par les mortels et qu'il y a eu sept premières sibylles formées par la reine de Saba : ce même nombre est celui des passages.

R: El sabio Salomón nos hizo conocer que debemos recurrir a los seres superiores que rodean el trono de Dios; él nos enseña que permaneció siete años para completar el templo que levantó al Eterno, que había siete escalones para ascender a su trono, que hay siete planetas reconocidos por los mortales, y que había siete primeras sibilas entrenadas por la Reina de Saba: este mismo número es el de los pasajes.[387]

D : En quoi consistent ces sept passages ; quelles en sont les couleurs et les propriétés ?

P: ¿En qué consisten estos siete pasajes; cuáles son sus colores y sus propiedades?

R : Je ne puis répondre à ces questions parce que vous ne connaîtrez jamais de pareils secrets que lorsque vous serez assez heureuse pour posséder cette première matière.

R: No puedo responder a estas preguntas porque vos nunca sabréis tales secretos hasta que tengáis la dicha suficiente para poseer este materia prima.

[182] D : Puis-je espérer de l'obtenir quelque jour ?

P: ¿Podré esperar obtenerlo algún día?

---

[386] Esto es paralelo a [11] y [12] y remite a la primacía de la gnosis sobre la tradición intelectual.

[387] El texto se refiere a las dotes teúrgicas que las tradiciones abrahámicas asignan a la figura de Salomón y remite a la simbología masónica, en especial al número siete.

R : Sans doute.

D : Que dois-je faire pour y parvenir ?

R : Purifiez votre cœur ; élevez sans cesse votre esprit à 1'Eternel ; acquérez enfin la Sagesse qui est la perfection de la philosophie surnaturelle. Vous serez alors admise dans l'intérieur du temple ; vous y serez couronnée en présence de Dieu dans les formes sacrées et indispensables. Le pouvoir de notre fondateur vous rendra chef et supérieure tant des mortels que des immortels. L'Éternel vous aidera et vous obtiendrez ce pépin incomparable.

D : Notre première maîtresse, la reine de Saba, a-t-elle eu ce pépin en son pouvoir ?
R : Oui, Salomon lui en donna un ainsi qu'il en avait donné un autre à son favori Adoniram.

D : Ayant eu le bonheur de me rendre digne de mériter une aussi grande faveur, comment emploierai-je cette première matière et quel travail me restera-t-il à faire ?

R : Voici tout ce qu'il m'est permis de vous en dire : tâchez de me comprendre car la vérité s'y trouve : La reine de Saba ayant été parfaitement instruite par Salomon, il [183] lui donna, à son départ, ainsi que je viens de vous le dire, un de ces merveilleux pépins. Il lui enseigna à renfermer la partie volatile dans la prison dont se servent les sages, seuls gardiens de la clef qui ferme hermétiquement : a la jeter dans les femmes et concentrer dans le centre parfait ; à la confier dans les mains d'un sage pour l'enfouir dans le sépulcre qui produit la

R: Sin duda.

P: ¿Qué debo hacer para conseguirlo?

R: Purificad vuestro corazón; elevad incesantemente vuestra mente hacia lo Eterno; finalmente adquirid la Sabiduría, que es la perfección de la filosofía sobrenatural. Entonces seréis admitida en el interior del templo y seréis coronada en presencia de Dios en las formas sagradas e indispensables.[388] El poder de nuestro fundador te hará soberana y superior tanto de los mortales como de los inmortales. El Eterno os ayudara y obtendréis esta semilla incomparable.

P: ¿Tenía nuestra primera maestra, la Reina de Saba, esta semilla en su poder?
R: Sí, Salomón le dio una como le había dado otra a su favorito Adoniram.[389]

P: Habiendo tenido la suerte de hacerme merecedora de tan gran favor, ¿cómo emplearé este primer material, y qué trabajo me quedará por hacer?

R: He aquí todo lo que puedo deciros al respecto: tratad de comprenderme, pues la verdad está en ello: La reina de Saba, habiendo sido perfectamente instruida por Salomón, le dio, a su partida, como acabo de deciros, una de estas maravillosas semillas. Le enseñó a encerrar la parte volátil en la prisión que usan los sabios, únicos guardianes de la llave que cierra herméticamente; a arrojarla a las mujeres y concentrarla en el centro perfecto; a confiarla en manos de un sabio para que la entierre en el sepulcro que produce la putrefacción, para dar naci-

---

[388] Se refiere a la ceremonia de exaltación a Maestra de logia egipcia de adopción.
[389] Véase la historia de Adoniram en [19] a [21].

putréfaction, à faire naître les couleurs primitives. Le succès de ces travaux fait recouvrer à l'ouvrier sa première innocence et il obtient la grâce de former le mariage secret et parfait qui, seul, peut rendre heureux et combler les désirs de tous les enfants de la science hermétique.

Il m'en coûte beaucoup, ma sœur, de ne pouvoir vous parler plus clairement, mais comme ce sont nos frères qui sont destinés à travailler et accomplir cet ouvrage, ce seront eux qui, par leur attachement et leur bonne volonté pour nous, nous feront jouir de cette précieuse matière et de tous les dons qu'obtint jadis de Salomon notre première maîtresse la reine de Saba.
Ressouvenez-vous au reste, comme je ne saurais trop vous le répéter, qu'avant tout vous devez perfectionner votre moral, car, sans cette perfection, vous **[184]** n'obtiendrez jamais le maître spirituel vivant dont vous avez besoin.

D : Qu'entendez-vous par ce maître spirituel vivant ?

R : C'est qu'outre le précieux pépin que Salomon donna à la reine de Saba, il lui accorda encore la grâce de pénétrer à l'intérieur de son temple et d'y connaître les intermédiaires célestes qui, environnant le trône de l'Éternel, servent à nous instruire de sa volonté. Vous avez pris jusqu'à ce jour des vérités pour des fables et des fables pour la vérité ; mais il n'en est pas de même dans notre école : je vais vous le prouver en vous faisant le détail de la chute et du châtiment de Kalaipso dont on vous a déjà entretenu dans votre réception d'apprentive :

miento a los colores primitivos. El éxito de estos trabajos hace que quien lo ejecuta recupere su primera inocencia y obtenga la gracia de formar el matrimonio secreto y perfecto que es el único que puede hacer felices y colmar los deseos de todos los hijos de la ciencia hermética.[390]

Tanto me cuesta, hermana mía, no poder hablaros más claro, pero como son nuestros hermanos los destinados a operar y realizar esta obra, serán ellos los que, por su apego y buena voluntad para con nosotros, nos harán gozar de este precioso material y de todos los dones que nuestra primera maestra, la Reina de Saba, obtuvo en otro tiempo de Salomón.
Recordad, además, como no puedo repetiros demasiado a menudo que, sobre todo, pues vos debéis perfeccionar vuestra moral, porque sin esta perfección nunca obtendréis el maestro espiritual viviente que necesitáis.

P: ¿Qué queréis decir vos con este maestro espiritual viviente?

R: Esto se debe a que, además de la preciosa semilla que Salomón dio a la reina de Saba, también le concedió la gracia de entrar en su Templo y conocer a los intermediarios celestiales que, rodeando el trono del Eterno, quienes sirven para instruirnos en Su voluntad. Hasta ahora habéis confundido verdades con fábulas y fábulas con verdades; pero no es así en nuestra escuela. Os lo probaré dándoos los detalles de la caída y castigo de Kalaipso, de los que se os habló en vuestra recepción de aprendiz.

---

[390] Este fragmento sintetiza muy bien la idea de hermetismo y alquimia para llegar a la Gran Obra (*Opus Magnum*).

La reine de Saba comblée des bienfaits de Salomon et remplie du désir sincère d'étendre la gloire de l'être suprême et de propager la vérité s'empressa de former parmi les personnes de son sexe une loge d'adoption parfaite selon l'ordre, les constatations, les lois et les catéchismes de Salomon. Son projet s'exécuta ; mais, parmi les femmes qu'elle choisit et qui furent nommées sibylles, Kalaïpso, qui était du nombre, avait une si grande présomption que, bravant sa maitresse et méprisant son autorité, elle prétendit s'élever au-dessus d'elle et la surpasser. Sa **[185]** désobéissance et sa vanité furent punies : bien loin de parvenir à dominer les êtres sublimes elle tomba dans la familiarité des esprits infimes et forma différents schismes dont notre sexe ressent encore aujourd'hui les funestes et mal heureux effets. Cette sibylle a été reléguée dans une île inhabitée et invisible de la mer Rouge. Possédant la première matière, elle vit encore, mais son immortalité même ne la rend que plus méprisable. Elle souffre et gémit sans cesse ; elle éprouve le plus horrible tourment dont on puisse être accablé, celui de ne pas pouvoir parvenir à s'approcher du trône de l'Éternel. Nous sommes informées de ce trait historique par des traditions certaines et authentiques.

D : Comment peut-on parvenir à communiquer avec les êtres spirituels ?

La reina de Saba, tan colmada de las bendiciones de Salomón y llena del sincero deseo de extender la gloria del Ser Supremo y propagar la verdad, se apresuró a formar entre las personas de su sexo una logia de perfecta adopción según el orden, las conclusiones, las leyes y los catecismos de Salomón. Su plan se llevó a cabo; mas, de las mujeres que eligió y que fueron nombradas sibilas, Kalaïpso, que estaba entre ellas, fue tan presuntuosa que, desafiando a su maestra y despreciando su autoridad, pretendió elevarse por encima de ella y superarla.[391] Su desobediencia y su vanidad fueron castigadas: lejos de conseguir dominar a los seres sublimes, cayó en la familiaridad de los espíritus inferiores y formó diversos cismas, cuyos efectos desastrosos y desgraciados siente aún hoy nuestro sexo. Esta Sibila fue relegada a una isla deshabitada e invisible del Mar Rojo.[392] Poseedora de la materia prima, aún vive, pero su misma inmortalidad tan solo la hace más despreciable. Sufre y gime sin cesar; experimenta el tormento más horrible que se puede sufrir, el de no poder acercarse al trono del Eterno.[393] De este rasgo histórico nos informan ciertas históricas y auténticas tradiciones.

P: ¿Cómo puede alguien comunicarse con los seres espirituales?

---

[391] Este es el acto de prevaricación que se repite una y otra vez en los seres humanos.

[392] Aquí Cagliostro mezcla dos historias y dos arquetipos. Por una parte, el origen de la brujería —con clara referencia a Circe—, en la cual la mujer orgullosa con apertura espiritual usa su conocimiento para trabar amistad con espíritus inferiores y demoníacos. Por otra parte, la de la Calipso homérica que fue castigada como hija de Atlas y exiliada a una isla donde encontró a Odiseo.

[393] El castigo de Circe por haber abusado del elixir/materia primera es la inmortalidad vacía, pues vive en un infierno al no poder participar de esa inmortalidad con Dios. Es lo que Fulcanelli advierte como peligro de creerse dueño de las fuerzas de la piedra filosofal que petrifican el espíritu en lugar de ser una piedra viva. Cf. Fulcanelli, *Finis Floriae Mundi*, pp. 39-40.

R : En sachant la méthode de consacrer non seulement sa personne mais encore le temple dédié à l'Éternel.

D : En quoi consistent ces deux opérations ?

R : A se couvrir d'un vêtement talare toutes les fois qu'on adore et qu'on prie le souverain être ou qu'on propose de communiquer avec des intermédiaires, à accomplir exactement et scrupuleusement ce qui est ordonné pour la retraite des [186] quarante jours selon les lois et les préceptes divins, surtout à apprendre la forme qu'il faut donner aux habits, la manière dont il faut diviser les 24 heures et celle de préparer tous les objets nécessaires à nos supérieurs et frères.

Cette retraite est très importante pour nous, puisque nous en retirerons un très grand avantage ; c'est à nous, comme femmes, à coudre la toile et les autres étoffes des vêtements nécessaires. Le fil, la laine et la soie doivent être préparés par la pupille innocente, et conservés dans le drap sérique.

Le drap sérique est un voile de taffetas de soie jaune, couleur d'or, ayant neuf coudées juste de longueur, et de la largeur du taffetas. On se conformera exactement à cette mesure. Ce drap sérique sera orné aux deux bouts d'une frange de soie blanche et dans toute sa longueur, on y brodera, également en soie blanche, les sept chiffres des sept anges primitifs.

Il faudra commencer ce travail par les ourlets du voile, qui doivent être commencés et achevés dans les trois premières heures du jour du soleil ; les franges seront cousues le jour du soleil

R: Conociendo el método de consagrar no solo su propia persona sino también el Templo dedicado al Señor.[394]

P: ¿En qué consisten estas dos operaciones?

R: En cubrirse con un hábito talar siempre que se adore y que se ore al ser soberano o se proponga comunicarse con los intermediarios, y en cumplir exacta y escrupulosamente lo que se ordena para el retiro de cuarenta días según las leyes y preceptos divinos, aprendiendo especialmente la forma que debe darse a las vestiduras, la manera en que deben dividirse las veinticuatro horas, y la de preparar todos los objetos necesarios para nuestros superiores y hermanos.

Este retiro es muy importante para nosotras, ya que obtendremos de él un gran beneficio; a nosotras, como mujeres, nos corresponde coser la tela y los demás materiales de las prendas necesarias. El hilo, la lana y la seda deben ser preparados por una muchacha inocente, y conservados en el paño sérico.

El paño sérico es un velo de tafetán de seda amarilla, del color del oro, de solo nueve codos de largo, y del ancho del tafetán. Esta medida se seguirá con exactitud. Este paño sérico estará ornamentado en ambos extremos con un fleco de seda blanca, y en toda su longitud estarán bordadas, también en seda blanca, las siete figuras de los siete ángeles primitivos.

Este trabajo debe comenzar con los dobladillos del velo, que deben empezarse y terminarse dentro de las tres primeras horas del día solar; los flecos se coserán el día solar a las horas del sol y de la

---

[394] Véase el cuerpo como tabernáculo en la introducción y en Martinès, *Traité*, §258 y §267.

aux heures du soleil et de la lune. **[188]** Les souliers ou babouches seront de satin blanc à rosettes et les chiffres des sept anges y seront brodés en or. Tous les autres vêtements intérieurs tels que : la chemise, col, habit, veste, culotte, caleçon, bas, jarretières, auront chacun le nom des sept anges brodés en soie jaune, couleur or, et en or. Ces chiffres pour toutes ces choses, seront toujours brodés aux jours et aux heures fixés par le drap sérique. Chaque personne occupée à ce travail gardera le célibat pendant le temps qu'il durera et vivra dans la décence convenable et prescrite par notre loi. En se conformant exactement et à la lettre à ces instructions, l'ouvrière sera récompensée avant et par préférence à toutes les autres sœurs.

D : Il ne me reste plus qu'à vous prier de m'apprendre ce que produit cette grande opération des 40 jours.

R : Il ne m'est pas permis de vous en donner l'explication avant que le temps de votre compagnonnage ne soit expiré ; recommandez-vous donc de tout votre cœur à l'Être Suprême. Aimez votre prochain comme vous-même ; soyez bienfaisante et compatissante pour les malheureux ; donnez continuellement des preuves de votre discrétion et de votre sagesse; remplissez avec zèle tous vos devoirs; contentez votre maîtresse; méritez son suffrage, et cherchez à **[189]** vous éclairer de plus en plus, en lisant attentivement l'Écriture Sainte de l'ancien Testament, aucun livre ne pourra vous donner de plus grandes lumières sur tous les principes de l'École hermétique égyptienne. En devenant Maîtresse, tous nos

luna. Los zapatos o zapatillas serán de raso blanco con rosetas, y en ellos se bordarán en oro los números de los siete ángeles. Todas las demás prendas interiores, tales como: camisa, cuello, hábito, casaca, calzones, medias, ligas, llevarán cada una bordados los nombres de los siete ángeles en seda amarilla, color oro y en oro. Estas figuras para todas estas cosas se bordarán siempre en los días y horas fijados en el paño sérico. Cada persona que se dedique a este trabajo guardará celibato durante el tiempo que dure y vivirá con la decencia propia y prescrita por nuestra ley. Ajustándose exactamente y al pie de la letra a estas instrucciones, la obrera será recompensada antes y con preferencia a todas las otras hermanas.[395]

P: Solo me queda pediros que me digáis vos lo que produce esta gran operación de los 40 días.

R: Aun no me es permitido explicároslo hasta que el tiempo de vuestro compañerazgo haya expirado; por tanto, encomendaos con todo vuestro corazón al Ser Supremo. Amad a vuestro prójimo como a vos misma; sed benevolente y compasiva con los desafortunados; dad continuamente pruebas de vuestra discreción y sabiduría; cumplid celosamente con todos vuestro deberes; complaced a vuestra Maestra; mereced su aprobación, y procurad ilustraos más y más, leyendo cuidadosamente las Sagradas Escrituras del Antiguo Testamento, ningún libro puede daros mayor ilustración sobre todos los principios de la Escuela Hermética Egipcia. Al convertíos en Maestra, todos nuestros misterios y

---

[395] Estas instrucciones no varían en exceso con relación al rito masculino de *Masonería Egipcia*, aunque se clarifican algunos instrumentos como el paño sérico o la preparación de la ropa ritual para las operaciones teúrgicas. Es por ello que el rito de adopción complementa al rito masculino y aporta datos muy importantes para comprender la *Masonería Egipcia* de Cagliostro.

mystères et tous nos secrets vous seront dévoilés, car ce grade sera le dernier degré de votre perfection. *Ut deus.*

[190] RECEPTION DE MAITRESSE DE LA LOGE EGYPTIENNE D'ADOPTION

[191] PRÉPARATION DE LA LOGE

La loge sera tapissée en bleu céleste étoilé d'argent. Le dais et le trône blancs ornés de lys d'argent. Le trône élevé sur sept marches. A droite, au-dessus du trône, le soleil. A gauche sur la même ligne, la lune : entre le soleil et la lune, une étoile à sept angles environnée d'une gloire extrêmement brillante l'une et l'autre en paillettes d'argent ; au milieu de l'étoile sera brodé en lettres d'argent le nom de Jéhovah.

Dans le milieu de la loge, trois réchauds ou cassolettes avec du feu. Devant la maîtresse, un autel bleu céleste et argent : sur cet autel, deux vases de cristal à couvercle ; l'un rempli de feuilles d'or, l'autre contenant du vin rouge. Un glaive ayant une lame d'argent doré sur laquelle seront gravées les sept planètes. Un cordon de moire bleu céleste liseré d'argent et ayant dans le milieu une étoile À sept pointes.

Une plaque d'argent portant le chiffre du fondateur avec ces mots : *Ego sum homo.* Le chiffre et l'inscription seront brodés en paillettes ou soie bleues. Une ceinture de moire bleu céleste frangée d'argent aux deux extrémités portant ces mots en broderie d'argent : *La vertu couronnée.*

secretos os serán desvelados, pues este grado será el último grado de vuestra perfección. *Ut deus.*

RECEPCIÓN DE MAESTRA DE LA LOGIA EGIPCIA DE ADOPCIÓN

PREPARACIÓN DE LA LOGIA

La logia estará tapizada de azul celeste con estrellas plateadas. El dosel blanco y el trono decorados con lirios de plata.[396] El trono elevado sobre siete escalones. A la derecha, sobre el trono, el sol. A la izquierda, en la misma línea, la luna: entre el sol y la luna, una estrella de siete puntas rodeada de una gloria extremadamente brillante, ambas en lentejuelas de plata; en medio de la estrella estará bordado en letras de plata el nombre de Jehová.

En medio de la logia, tres quemadores o cazuelitas con fuego. Delante de la Maestra, un altar celeste azul y plateado: sobre este altar, dos vasos de cristal con tapa; uno lleno de hojas de oro, el otro conteniendo vino tinto. Una espada con hoja de plata dorada en la que estarán grabados los siete planetas. Una banda de moaré azul celeste ribeteado en plata y que contiene una estrella de siete puntas en el centro.

Habrá una placa de plata con la figura del fundador y las palabras: *Ego sum homo.* El número y la inscripción estarán bordados en lentejuelas azules o seda. Una banda de moaré azul celeste bordeado de plata en ambos extremos con estas palabras bordadas en plata: *La Virtud Coronada.*

---

[396] Estos símbolos denotan lo propio del grado de maestra de adopción de *Masonería Egipcia.* Tanto el color blanco como el lirio representan la pureza de cuerpo y alma y, en concreto, el segundo se asocia con el poder, la soberanía y el honor. La plata es el metal que se asocia a la luna y por tanto al género femenino.

Un tablier de peau blanche doublé et bordé de matin bleu céleste ayant dans le milieu un globe d'argent relevé en bosse traversé par le zodiaque sur lequel seront brodées en soie bleue les sept planètes. Ce globe sera dans le milieu de l'Etoile flamboyante à sept pointes qui sera en argent. Le tour du tablier frangé d'argent et les rubans [192] pour l'attacher de soie bleue assortie au satin.

Deux paires de gants, l'une de femme, l'autre d'homme, garnis en raban bleu. Une couronne de roses artificielles. La loge très bien illuminée. Tout frère Maitre qui assistera aux travaux de la chambre intérieure de l'adoption ne s'y présentera qu'en uniforme, avec l'épée, les grades, le tablier, le cordon de maitre et la tête découverte. La maitresse des cérémonies fera placer les frères visiteurs près et des deux côtés du trône de cette manière : un frère et une sœur, et ainsi de suite. [193] Il est ordonné à la Grande Maîtresse de veiller et de recommander très expressément à toutes les sœurs la décence et le silence.

Chaque chambre intérieure des loges d'adoption sera composée d'une Grande Maîtresse agissante et de sa substitue ou d'une Maîtresse agissante seule sans survivancière et de 24 maitresses. Chaque Maitresse agissante prendra le nom de la reine de Saba, première, deuxième, troisième, etc., selon la date et l'ancienneté de sa consécration. Chacune des 12 premières sœurs reçues portera le nom de l'une des sybilles suivantes :

Habrá un mandil de piel blanca forrado y ribeteado de moaré azul celeste que tendrá en el centro un globo terráqueo de plata levantado con el zodíaco atravesándolo, sobre el que estarán bordados los siete planetas en seda azul. Este globo estará en el centro de la estrella flamígera de siete puntas que será de plata. La circunferencia del mandil tendrá flecos de plata y las cintas para sujetarlo de seda azul a juego con el satén.

Dos pares de guantes, uno para mujer y otro para hombre, ribeteados en rafia azul. Una corona de rosas artificiales. La logia estará muy bien iluminada. Todo hermano Maestro que vaya a asistir a los trabajos de la cámara interior de adopción vestirá de uniforme, con espada, grados, mandil, banda de maestro y la cabeza descubierta. La Maestra de Ceremonias hará que los hermanos visitantes se coloquen a ambos lados del trono de esta manera: un hermano y una hermana, y así sucesivamente. Se ordena a la Gran Maestra que vele y recomiende muy expresamente a todas las hermanas la decencia y el silencio.

Cada cámara interna de las logias de adopción se compondrá de una Gran Maestra que operará y su sustituta, o de una Maestra que operará sola y de 24 maestras. Cada Maestra en funciones tomará el nombre de la Reina de Saba, primera, segunda, tercera, etc., según la fecha y antigüedad de su consagración. Cada una de las 12 primeras Hermanas recibidas llevará el nombre de una de las sibilas[397] siguientes:

---

[397] Las sibilas son figuras mitológicas de la antigüedad mediterránea. Eran profetisas inspiradas por Apolo y se expresaban desde un conocimiento suprarracional, proveniente de trance, y en hexámetros griegos. Fueron incorporadas en el Renacimiento, como otros tantos elementos esotéricos grecolatinos, buscando la *aurea catena* (cadena aurea) entre la antigüedad y la revelación cristiana. Algunas de ellas son recuperadas por Santiago de la Vorágine para anunciar la venida

Sybille persique, première.
Hellespontique, première.
Erythrée première.
Samnienne première.
Lybique, première.
Tiburture, première.
Agrippine, première.
Phrygienne, première.
Américaine, première.
Européenne, première.
Delphienne première.
Cumée, première,

Chacune des douze dernières sœurs maîtresses reçues portera également le nom de l'une de ces Sybilles mais au lieu de première, elle ajoutera seconde. [194] A chaque réception d'une Maîtresse, la Grande Maîtresse lui donnera le nom vacant de ces sybilles, en lui imposant l'obligation de le conserver toute sa vie et de ne jamais en prendre ou signer d'autre, lorsqu'elle écrira ou travaillera dans une loge de notre rit. A son nom par exemple de Sybille Persique, première ou seconde, elle ajoutera de la loge de la reine de Saba première, si elle est de la loge mère d'adoption de Paris, etc.

TABLEAU DE LA LOGE

Ce tableau représentera une femme en habit de Maîtresse, un temple éloigné et porté sur des nuages ; un autre à terre écroulé et en ruines, un serpent.

La femme sera peinte en talare, avec le cordon et la ceinture bleue, attachée sous le sein, elle tiendra son glaive de la main droite, et la gauche sera posée sur son cœur, ses cheveux flottants, son atti-

Sibila persa, primera.
Helespontica, primera.
Eritrea, primera.
Samniana, primera.
Líbica, primera.
Tiburtura, primera.
Agripina, primera.
Frigia, primera.
Americana, primera.
Europea, primera.
Délfica, primera.
Cumana, primera,

Cada una de las últimas doce hermanas Maestras recibidas llevará también el nombre de una de estas Sibilas, pero en lugar de «primera», añadirá «segunda». En cada recepción de una Maestra, la Gran Maestra le dará el nombre vacante de estas Sibilas, imponiéndole la obligación de conservarlo toda su vida y nunca tomar o firmar otro, cuando escriba o trabaje en una logia de nuestro rito. A su nombre, por ejemplo, de Sibila Persa, primera o segunda, añadirá de la logia de la Reina de Saba primera, si es de la logia madre de adopción de París, etc.

CUADRO DE LOGIA

Este cuadro representará a una mujer vestida de Maestra, un templo lejano y dispuesto sobre nubes; en el suelo otro derrumbado y en ruinas, una serpiente.

La mujer será pintada en hábito talar, con la banda y el cordón azul, atados bajo el pecho, sostendrá su acero con la mano derecha y la izquierda estará colocada sobre su corazón, sus cabellos flo-

---

del Mesías (Sibila Cumana), el Juicio Final (Sibila Eritrea) o la caída de Roma (Sibila Tiburtina). Es normal que para legitimar el estatus de la maestra de adopción se escoja como referente no solo a reina de Saba sino a la sibilas de la antigüedad, de la misma manera que los maestros masones egipcios portan los nombres de los profetas.

tude noble et fière, ses regards fixés sur le Temple porté sur les nuées. Elle tournera le dos aux ruines du second temple, et aura sous ses pieds le serpent dont la tête sera séparée du corps.

tando, su actitud noble y orgullosa, sus ojos fijos en el Templo llevado sobre las nubes. Ella dará la espalda a las ruinas del segundo templo, y tendrá bajo sus pies la serpiente cuya cabeza será separada del cuerpo.[398]

TABERNACLE

TABERNÁCULO

Il y aura au-dessus de la tête de la maîtresse un tabernacle construit d'après le dessin qu'en fournira la loge-mère d'hommes afin que-la colombe **[195]** y soit renfermée de manière qu'elle puisse être entendue de tous les assistants mais qu'elle ne puisse être aperçue ni vue par personne. Ce tabernacle aura une petite fenêtre d'un côté et de l'autre une porte fermant à clé. La maîtresse des cérémonies portera cette clé qui sera attachée à un ruban couleur de feu suspendu à son col.

Bajo la cabecera de la Maestra se construirá un tabernáculo, según el diseño proporcionado por la Logia Madre masculina, de modo que la *colombe* pueda ser encerrada en él de tal manera que pueda ser oída por todos los presentes, mas no pueda ser vista por nadie. Este tabernáculo tendrá una pequeña ventana en un lado y una puerta con cerradura en el otro. La Maestra de Ceremonias llevará esta llave, que estará sujeta a una cinta de color fuego que colgará de su cuello.

OPÉRATION PRÉLIMINAIRE

OPERACIÓN PRELIMINAR

Avant que de faire entrer la récipiendaire, la Grande Maîtresse fera faire l'adoration à tous les sujets présents.

Antes de dar paso a la recipiendaria, la Gran Maestra hará que todos los presentes realicen la adoración.

Elle appellera ensuite la colombe qui aura sa place au pied de la dernière marche du Trône sur un tabouret bleu et argent ; elle la fera agenouiller devant elle et lui dira :

A continuación, llamará a la *colombe* que se colocará al pie del último peldaño del Trono sobre un taburete azul y plateado; la hará arrodillarse ante ella y le dirá:

« Enfant de Dieu, je t'ordonne de répéter mot à mot avec moi ; Grand Dieu Éternel ! par le pouvoir que vous avez donné au Grand Fondateur de l'ordre, et par celui que me procure mon innocence, je vous supplie de me continuer

«Hija de Dios, yo te ordeno que repitas conmigo palabra por palabra: ¡Gran Dios Eterno! Por el poder que vos disteis al Gran Fundador de la orden, y por el que me otorga mi inocencia, os suplico que continuéis vuestras bendiciones

---

[398] En el cuadro de logia se presenta la consecución de lo que vimos durante la ceremonia de compañera de adopción. La serpiente ha sido aniquilada y el Templo verdadero se presenta en el cielo, la gran obra se ha logrado y la prevaricación ha sido dispuesta, si bien la reintegración aún no se ha producido.

vos bienfaits, et de consacrer mon individu pour me rendre Médiateur ou Médiatrice (selon le sexe) entre les Anges et ma maîtresse ».

La Maîtresse, gardant le silence deux ou trois minutes, recommandera intérieurement la colombe à l'Éternel ; elle élèvera son esprit à Dieu, ainsi [196] que tous les assistants, et fera signe à la maîtresse des cérémonies de relever la colombe et de la conduire dans le tabernacle.

La colombe sera vêtue d'un talare blanc avec une ceinture bleue, la maîtresse des cérémonies la renfermera dans le Tabernacle, en ôtera la clé et la laissera pendre sur sa poitrine. Immédiatement après, la grande maîtresse ordonnera aux sœurs secrétaire et maîtresse des cérémonies d'aller préparer la récipiendaire.

CHAMBRE DES RÉFLEXIONS

Pendant la précédente opération la récipiendaire qui a été agréée au scrutin à la pluralité des voix dans une autre assemblée, sera laissée dans la chambre des réflexions. Cette chambre sera peinte en blanc, il y aura dans le milieu, l'arbre de vie en relief.

Sur l'ordre de la grande maîtresse, les sœurs secrétaire et maîtresse des cérémonies, iront trouver la récipiendaire. La maîtresse des cérémonies lui demandera ses patentes de compagnonne, et le certificat de la maîtresse de son atelier qui doit répondre d'elle, ses noms, ses surnoms, âge, qualités, lieu de naissance. [197] La récipiendaire ayant satisfait à toutes ces réponses, les deux sœurs en iront rendre compte à la maîtresse ; celle [...] des cérémonies portera la parole.

Sur le nouvel ordre de la maîtresse qui pour la forme et sans scrutin demandera

---

para conmigo y que consagréis mi ser para hacerme mediador o mediadora (según el sexo) entre los Ángeles y mi maestra».

La Maestra, guardando silencio durante dos o tres minutos, encomendará interiormente la *colombe* al Eterno; elevará su espíritu a Dios, así como el de todos los presentes, e indicará a la Maestra de Ceremonias que levante a la *colombe* y la conduzca al tabernáculo.

La *colombe* estará vestida con un hábito talar blanco y un fajín azul, y la Maestra de Ceremonias la encerrará en el Tabernáculo, quitará la llave y colgará de su pecho. Inmediatamente después la Gran Maestra ordenará a las Hermanas secretaria y maestra de ceremonias que vayan a preparar a la recipiendaria.

SALA DE REFLEXIONES

Durante la operación precedente, la recipiendaria que haya sido aprobada por pluralidad de votos en otra asamblea, esperará en la Cámara de Reflexiones. Esta cámara estará pintada de blanco, con el árbol de la vida en relieve en el centro.

A la orden de la Gran Maestra, las hermanas secretaria y maestra de ceremonias se dirigirán a la recipiendaria. La Maestra de Ceremonias le pedirá las patentes de compañera y el certificado dado por la Maestra de su taller que debe responder por ella, así como su nombre, apellidos, edad, cualidades, lugar de nacimiento. Habiendo satisfecho todas estas respuestas, las dos hermanas irán a dar cuenta a la Maestra. Esta la [maestra] de las ceremonias hablará.

A nueva orden de la maestra, que por razones de forma y sin votación pedirá la

l'avis des maîtresses de la chambre, et non des frères ni des sœurs visiteurs, elles retourneront auprès de la récipiendaire ; elles lui jetteront un grand-voile noir sur la tête, et la feront marcher entre elles deux. La sœur secrétaire, la tenant par la main droite ; et la maîtresse des cérémonies par la gauche.

ENTRÉE DE LA RÉCIPIENDAIRE

Arrivées à la porte, la maîtresse des cérémonies frappera sept coups, la sœur terrible répondra par le même nombre et sur l'ordre de la grande maîtresse ouvrira les deux battants, tous les assistants seront debout, la grande maîtresse restera seule assise.

La récipiendaire, vêtue de son habit de compagnonne et voilée, sera introduite par les deux sœurs députées. Dès qu'elles seront entrées, la sœur terrible fermera la porte, et son glaive à la main, elle se mettra à la suite de la récipiendaire qui sera conduite au pied du trône. Elle y sera laissée debout, en face de la grande maîtresse, et les trois autres sœurs retourneront à leur place.

La grande maîtresse, adressant la parole à la récipiendaire lui dira :

[198] « Ma sœur ! puisque vous avez le courage de vous présenter devant notre tribunal, je dois être assurée de trouver en vous un esprit sage, éclairé et discret, un cœur sincère et pur, Dans cette confiance à la gloire de l'Éternel, et par le pouvoir que nous avons, nous allons purifier votre physique et votre moral, en vous accordant le haut grade de maîtresse, et vous donnant le pouvoir de contribuer à étendre et propager la vérité. Réunissez-vous à moi, mes frères et sœurs, tant visibles qu'invisibles pour adorer

opinión de las maestras de la sala, y no de los hermanos o de las hermanas visitantes, volverán a la recipiendaria; la cubrirán con un gran velo negro sobre la cabeza, y la harán caminar entre ellas. La hermana Secretaria, sujetándola por la mano derecha; y la Maestra de Ceremonias por la izquierda.

ENTRADA DE LA RECIPIENDARIA

Cuando lleguen a la puerta, la Maestra de Ceremonias dará siete golpes, la Hermana Terrible responderá con el mismo número, y a la orden de la Gran Maestra abrirá las dos puertas, todas las presentes se pondrán de pie, solo la Gran Maestra permanecerá sentada.

La recipiendaria, vestida con el hábito de compañera y velada, será presentada por las dos hermanas designadas. En cuanto hayan entrado, la hermana terrible cerrará la puerta y, con la espada en la mano, seguirá a la recipiendaria, que será conducida a los pies del trono. Allí la dejarán de pie, frente a la Gran Maestra, y las otras tres hermanas volverán a sus lugares.

La Gran Maestra, dirigiéndose a la recipiendaria, le dirá:

«¡Hermana mía! Ya que tenéis el valor de presentaos vos ante nuestro tribunal, debo estar segura de encontrar en vos una mente sabia, iluminada y discreta, un corazón sincero y puro. En esta confianza para gloria del Señor, y por el poder que Nos tenemos, Nos purificaremos vuestro físico y vuestra moral, concediéndoos el alto rango de maestra, y facultándoos para ayudar a difundir y propagar la verdad. Reuníos conmigo, hermanos míos y hermanas mías, tanto visibles como invisibles, para adorar al

l'Éternel, et le prier intérieurement de me faire la grâce d'admettre au nom de ses enfants la sœur N... en lui communiquant la sagesse, et lui faisant connaître la vérité ainsi que l'a pratiqué le grand Salomon vis-à-vis la reine de Saba ».

La maîtresse frappera un coup de son glaive sur l'autel, tous les assistants s'agenouilleront ainsi que la récipiendaire pour laquelle il aura été préparé un coussin bleu céleste, frangé d'argent, placé sur la première marche du trône.

La maitresse, seule debout, élèvera les yeux et les mains au ciel ; et se recommandera à Dieu et le suppliera de lui accorder en faveur de la récipiendaire la grâce de purifier son âme et son corps. Elle instruira, en peu de mots, la récipiendaire du sujet de cette adoration. Après un silence de quelques minutes, la maitresse frappera un autre coup sur l'autel qui servira de signal à tous les assistants pour se lever **[199]** à la réserve de la récipiendaire que la maîtresse des cérémonies avertira de se prosterner le visage contre terre, et qui ensuite lira ou prononcera à haute voix en français le psaume *Miserere mei, Deus seccundum*

Eterno, y suplicadle interiormente que me conceda la gracia de admitir en nombre de sus hijos a la hermana N... comunicándole sabiduría y haciéndole conocer la verdad como el gran Salomón lo hizo cara a cara con la reina de Saba».

La maestra dará un golpe con su espada en el altar, todos los presentes se arrodillarán, así como la recipiendaria para la que se habrá preparado un cojín azul celeste, bordado en plata, que se colocará en el primer escalón del trono.

La maestra, de pie y sola, levantará los ojos y las manos al cielo, se encomendará a Dios y le suplicará que le conceda la gracia de purificar su alma y su cuerpo. Instruirá a la recipiendaria con algunas palabras sobre el asunto de esta adoración. Después de unos minutos de silencio, la Maestra de Ceremonias dará otro golpe en el altar, que servirá de señal a todos los presentes para que se levanten salvo la la recipiendaria, a la que la Maestra de Ceremonias advertirá que se postre con el rostro en tierra, y que entonces leerá o pronunciará en voz alta en francés el salmo *Miserere mei, Deus seccundum magnam...*[399], mas teniendo

---

[399] Este popular texto en la Iglesia Católica corresponde al Salmo 50 según *La Vulgata* (51 en otras versiones contemporáneas). El texto dice: «Miserere mei, Deus: secundum magnam misericordiam tuam. Et secundum multitudinem miserationum tuarum, dele iniquitatem meam. Amplius lava me ab iniquitate mea: et a peccato meo munda me. Quoniam iniquitatem meam ego cognosco: et peccatum meum contra me est semper. Tibi soli peccavi, et malum coram te feci: ut justificeris in sermonibus tuis, et vincas cum judicaris. Ecce enim in iniquitatibus conceptus sum: et in peccatis concepit me mater mea. Ecce enim veritatem dilexisti: incerta et occulta sapientiae tuae manifestasti mihi. Asperges me hysopo, et mundabor: lavabis me, et super nivem dealbabor. Auditui meo dabis gaudium et laetitiam: et exsultabunt ossa humiliata. Averte faciem tuam a peccatis meis: et omnes iniquitates meas dele. Cor mundum crea in me, Deus: et spiritum rectum innova in visceribus meis. Ne proiicias me a facie tua: et spiritum sanctum tuum ne auferas a me. Redde mihi laetitiam salutaris tui: et spiritu principali confirma me. Docebo iniquos vias tuas: et impii ad te convertentur. Libera me de sanguinibus, Deus, Deus salutis meae: et exsultabit lingua mea justitiam tuam. Domine, labia mea aperies: et os meum annuntiabit laudem tuam. Quoniam si voluisses sacrificium, dedissem utique: holocaustis non delectaberis. Sacrificium Deo spiritus contribulatus: cor contritum, et humiliatum, Deus, non despicies. Benigne fac, Domine, in bona

magnam.., mais en ayant soin de substituer le nom de la récipiendaire à celui de la seconde personne. Le psaume achevé la grande maîtresse dira à la colombe en termes clairs et précis :

« Enfant de Dieu, N... je t'ordonne par le pouvoir dont je suis revêtue et par celui que je t'accorde, de faire comparaître en ta présence l'ange...».

Dans cette circonstance, la maîtresse agissante aura la liberté d'appeler celui des sept anges qu'elle préférera, ou qui lui viendra le premier à la pensée ; elle le fera non-mes trois fois par la colombe, et à chaque fois elle lui fera frapper un coup de pied droit à terre.

L'ange... ayant paru la maîtresse lui fera demander par la colombe s'il est permis que la sœur N... après ses courses et ses

cuidado de sustituir el nombre de la recipiendaria por el de la segunda persona. Terminado el salmo, la Gran Maestra dirá a la *colombe* en términos claros y precisos:

«Hija de Dios, N... yo te ordeno por el poder del que estoy investida y por el que te concedo, que comparezca en tu presencia al ángel[400]...».

En esta circunstancia, la maestra de ceremonias tendrá la libertad de llamar a aquel de los siete ángeles que prefiera, o que primero le venga a la mente; lo hará no más tres veces por la *colombe*, y cada vez que lo haga dará un golpe con el pie derecho en el suelo.

Habiendo aparecido el ángel... la maestra hará que la *colombe* le pregunte si está permitido que la hermana N..., tras

---

voluntate tua Sion: ut aedificentur muri Ierusalem. Tunc acceptabis sacrificium justitiae, oblationes, et holocausta: tunc imponent super altare tuum vitulos». La traducción es: «Ten piedad de mí, oh, Dios, conforme a tu misericordia; Conforme a la multitud de tus piedades borra mis rebeliones. Lávame más y más de mi maldad, y límpiame de mi pecado. Porque yo reconozco mis rebeliones, y mi pecado está siempre delante de mí. Contra ti, contra ti solo he pecado, y he hecho lo malo delante de tus ojos; Para que seas reconocido justo en tu palabra, y tenido por puro en tu juicio. He aquí, en maldad he sido formado y en pecado me concibió mi madre. He aquí, tú amas la verdad en lo íntimo, y en lo secreto me has hecho comprender sabiduría. Purifícame con hisopo, y seré limpio; Lávame, y seré más blanco que la nieve. Hazme oír gozo y alegría, y se recrearán los huesos que has abatido. Esconde tu rostro de mis pecados y borra todas mis maldades. Crea en mí, oh, Dios, un corazón limpio, y renueva un espíritu recto dentro de mí. No me eches de delante de ti, y no quites de mí tu santo Espíritu. Vuélveme el gozo de tu salvación. Y espíritu noble me sustente. Entonces enseñaré a los transgresores tus caminos, y los pecadores se convertirán a ti. Líbrame de homicidios, oh, Dios, Dios de mi salvación; Cantará mi lengua tu justicia. Señor, abre mis labios, y publicará mi boca tu alabanza. Porque no quieres sacrificio, que yo lo daría; No quieres holocausto. Los sacrificios de Dios son el espíritu quebrantado; Al corazón contrito y humillado no despreciarás tú, oh, Dios. Haz bien con tu benevolencia a Sion; Edifica los muros de Jerusalén. Entonces te agradarán los sacrificios de justicia, el holocausto u ofrenda del todo quemada; Entonces ofrecerán becerros sobre tu altar». Lo más interesante de este texto es precisamente la integración con el momento de la purificación que experimenta la recipiendaria en este momento de la ceremonia, pues pide la purificación, la vuelta a un estado primigenio y la preparación para el holocausto.

[400] Nótese que no se omiten en esta parte del manuscrito, seguramente copiado del MS. FM4 78 de la Biblioteca Nacional de Francia, los nombres de los ángeles y otros elementos propios de la teúrgia como en el ritual masculino de *Masonería Egipcia*.

travaux dans les précédents ateliers soit purifiée, et dépouillée de son voile noir. La réponse étant affirmative, la maîtresse des cérémonies et la sœur secrétaire ôteront le voile à la récipiendaire, et trois autres sœurs chanteront sur un air doux et religieux, en langue française, l'hymne *Veni Creator*.

[200] L'hymne achevé, la maitresse étant debout, elle ordonnera à la récipiendaire de se lever, lui adressera quelques paroles analogues au psaume et à l'hymne et la faisant placer par la maîtresse des cérémonies au milieu des trois réchauds, elle la fera purifier en jetant dans un des ré chauds de l'encens dans le second de la myrrhe, et dans le troisième du laurier.

La maîtresse des cérémonies la conduira ensuite près et vis-à-vis de l'autel pour écouter le second discours de la grande maîtresse, qui sera celui-ci : « Ma sœur, la reine, de Saba s'étant rendue aux ordres de Salomon, ce roi pour la convaincre de l'attachement, et des sentiments favorables qu'elle lui avait inspirés, lui donna à son départ non seulement les richesses, mais encore après lui avoir fait trancher la tête du serpent, il lui communiqua les moyens de se rendre immortelle. Ce sont les mêmes présents que je vais vous faire ; prêtez la plus sérieuse attention à toutes les opérations qui vont suivre : « Les richesses sont le premier présent que je vous fais. »

La récipiendaire se mettra à genoux. La grande maîtresse continuera : « Ce don

sus asuntos y su trabajo en los talleres anteriores, sea purificada y despojada de su velo negro. Si la respuesta es afirmativa, la maestra de ceremonias y la hermana secretaria desvelarán a la recipiente, y otras tres hermanas cantarán en francés con una melodía dulce y religiosa el himno *Veni Creator*.[401]

Acabado el himno, la maestra, poniéndose en pie, ordenará a la recipiendaria que se levante, le dirigirá unas palabras similares a las del salmo y el himno, y habiéndola colocado la maestra de ceremonias en medio de las tres quemadores, la hará purificar echando incienso en una de las estufas, mirra en la segunda y laurel en la tercera.

La maestra de ceremonias la conducirá entonces cerca y frente al altar para escuchar el segundo discurso de la gran maestra, que será este: «Hermana mía, la reina de Saba, habiéndose rendido a las órdenes de Salomón, este rey para convencerla del apego, y de los sentimientos favorables que le había inspirado, le dio a su partida no solo riquezas, sino que también después de haberle hecho cortar la cabeza de la serpiente, le comunicó los medios de hacerse inmortal. Estos son los mismos dones que voy a darte; presta la más seria atención a todas las operaciones que siguen: «Sean las riquezas el primer don que os hago».

El recipiendario se arrodillará. La gran Maestra continuará: «Este regalo es el

---

[401] El *Veni Creator* (Ven Espíritu Creador) es un himno cristiano medieval, atribuido a Rabano Mauro, que se asociaba a las vísperas solemnes de Pentecostés. También se usaba en otros momentos litúrgicos donde se invoca al Espíritu Santo (ordenaciones sacerdotales, episcopales, etc.) para que descienda. Como vemos, Cagliostro lo inserta de forma adecuada en este contexto para amplificar la solemnidad del momento.

est le premier que Salomon fit à la reine de Saba. »

A ces mots, prenant dans l'un des vases quelques feuilles d'or, elle les dissipera par son souffle. La maîtresse des cérémonies ajoutera : « Ainsi passe la gloire de ce monde ».

La grande maîtresse dira :

« Méprisez ces biens périssables, ces richesses passagères, ne vous en servez que pour le soulagement de vos semblables et principalement pour celui de vos frères et sœurs caf vous n'en êtes que la dépositaire, et devez la partager avec les indigents. Les richesses furent le moindre présent que Salomon fit à la reine de Saba. Ce grand monarque ayant perfectionné la matière première, **[201]** il la sépara en liquide et solide. C'est la partie solide qui procure les richesses et c'est la liquide qui donne l'immortalité. Salomon fit boire de cette liqueur précieuse à la reine, et je vais vous faire la même grâce, recevez-la comme l'emblème de celle que but cette grande reine, et avec la même intention ».

La grande maîtresse pendra en ce moment et avec une cuillère de cristal, une cuillerée de vin rouge, et la fera avaler à la récipiendaire. La récipiendaire se lèvera et ira se mettre à genoux au milieu de la loge en face du tabernacle. La grande maîtresse Étant debout ainsi que tous les assistants elle procédera, **[202]** le glaive à la main, à la consécration des ornements. Elle adressera aussi la parole à la colombe.

« Enfant de Dieu ! Je t'ordonne de faire com-

primero que Salomón hizo a la reina de Saba».

Al pronunciar estas palabras, tomará unas hojas de pan de oro de uno de los vasos y las disipará con un soplido. La maestra de ceremonias añadirá: «Así pasa la gloria de este mundo».[402]

La gran maestra dirá:

«Despreciad estos bienes perecederos, estas riquezas pasajeras, usadlas solo para el socorro de vuestras semejantes, y principalmente para el de vuestros hermanos y hermanas; mas vos no sois más que una depositaria de ellas, y debéis compartirlas con los necesitados. La riqueza fue el menor de los regalos que Salomón hizo a la reina de Saba. Este gran monarca, habiendo perfeccionado la materia prima, la separó en líquida y sólida. Es la parte sólida la que da la riqueza y es la parte líquida la que da la inmortalidad. Salomón hizo beber a la reina de este precioso licor, y yo voy a haceros la misma gracia, recibirlo como emblema del que bebió esta gran reina, y con la misma intención».

La Gran Maestra colgará en este momento una cucharada de vino tinto con una cuchara de cristal y se la hará tragar al recipiente. El recipiente se levantará y se arrodillará en el centro de la logia frente al Tabernáculo. La Gran Maestra de pie con todos los presentes procederá, espada en mano, a consagrar las vestiduras. También se dirigirá a la *colombe.*

«¡Hija de Dios! Yo te ordeno que hagas

---

[402] Esta es una operación similar a la que se realizaba en la ceremonia de recepción de maestro de logia egipcia. Se hace énfasis, a través del desvanecimiento del pan de oro, en que la gran transmutación no posee como objetivo alcanzar las glorias del mundo sino la inmortalidad al obtener la piedra filosofal en el interior de la propia recipiendaria.

paraître devant toi les six autres anges ».

La maîtresse les nommera l'un après l'autre, et les fera appeler de la même manière par la colombe. Étant comparus, la maîtresse dira à la colombe de répéter avec elle les paroles suivantes :

« Par le pouvoir que le grand Fondateur a conféré à ma maîtresse et en vertu de celui que je tiens d'elle, ainsi que de mon innocence, je vous ordonne, anges primitifs de consacrer ces ornements, en les faisant passer par vos mains en les bénissant ».

La colombe ayant informé la maîtresse que les anges ont exécuté sa volonté, la maîtresse lui ordonnera de faire comparaître Moïse afin qu'il donne sa bénédiction à chaque ornement, et qu'il tienne dans sa main droite la couronne de roses jusqu'à la fin de l'opération.

Cette cérémonie terminée, la maîtresse chargera la colombe de descendre par la petite fenêtre de son tabernacle, tous les ornements, en les attachant à **[203]** un ruban. La maîtresse des cérémonies se placera au-dessous avec un plat d'argent pour les recevoir.

La grande maîtresse descendra de son trône et ayant la maîtresse des cérémonies à sa droite elle décrira un grand cercle autour de la récipiendaire avec son glaive, et la fera mettre debout.

Elle prendra le tablier, et le lui donnera en disant : « Ce tablier doit cacher vos fautes passées, sa blancheur a pour but de vous rappeler la pureté des mœurs que vous devez avoir à l'avenir. La couleur de sa doublure est celle du séjour céleste. N'entrez jamais en loge, ne travaillez ni n'invoquez jamais le secours et la protection de l'Éternel sans être décorée de ce

comparecer ante ti a los otros seis ángeles».

La maestra los nombrará uno tras otro, y hará que la *colombe* los llame de la misma manera. Habiendo aparecido, la Maestra le dirá a la *colombe* que repita con ella las siguientes palabras:

«Por el poder que el gran Fundador ha conferido a mi Maestra, y en virtud de lo que poseo de ella, así como de mi inocencia, os ordeno, ángeles primitivos, que consagréis estos ornamentos, pasándolos por vuestras manos con una bendición».

Informada la *colombe* de que los ángeles han ejecutado su voluntad, la Maestra le ordenará que traiga a Moisés para que dé su bendición a cada ornamento, y que sostenga en su mano derecha la corona de rosas hasta que se complete la operación.

Una vez concluida esta ceremonia, la maestra ordenará a la *colombe* que baje todos los ornamentos por la pequeña ventana de su tabernáculo, atándolos a una cinta. La Maestra de Ceremonias se situará debajo con un plato de plata para recibirlos.

La Gran Maestra descenderá de su trono, y teniendo a la Maestra de Ceremonias a su derecha, trazará un gran círculo alrededor de la recipiendaria con su espada, y la hará ponerse de pie.

Tomará el mandil y se lo entregará diciendo: «Este mandil es para ocultar vuestras faltas pasadas, su blancura es para recordaos la pureza de costumbres que debéis tener en el futuro. El color de su forro es el de la morada celeste. Nunca entréis en la logia, trabajéis o invoquéis la ayuda y protección del Eterno sin estar decorada con este mandil y

tablier et de vos autres attributs ».

La grande Maîtresse fera signe à la sœur secrétaire de s'approcher et d'attacher ce tablier à la récipiendaire. Elle lui donnera la ceinture et dira :

« Cette ceinture est le signe de la récompense que vous avez méritée par votre patience et vos travaux dans les deux ateliers précédents ».

La sœur secrétaire la lui attachera. Elle lui donnera les gants et dira :

« Vous savez déjà que la paire pour homme est destinée au mortel que vous **[204]** préférez et estimez le plus. L'usage des vôtres est également connu ».

Elle lai attachera le crachat sur lo cour et dira :

« Le caractère qui est au milieu est le chiffre de notre fondateur. Les trois mots qui l'entourent signifient : *Je suis homme*. Apprenez qu'en effet, la partie spirituelle qui vit en nous et qui est nous est mile, et non femelle, ou pour parler plus juste, n'a point de sexe. Un jour arrivera oh vous ne serez point distinguée par votre sexe, mais par votre esprit qui doit travailler à s'élever et à adopter les sentiments convenables à votre nouvel état ».

Elle lui donnera le cordon et dira : « Je vous rends les mêmes honneurs que Salomon accorda à la Reine de Saba, en la revêtissent de l'habit de son ordre qui était bleu céleste. Nous en avons charge ce cordon ; qu'il serve à vous faire ressouvenir que vous devez vous occuper sans cesse des choses célestes, et vous détacher

vuestros demás atributos».

La Gran Maestra indicará a la hermana secretaria que se acerque y ciña este mandil a la recipiendaria. Ella le dará el cordón y dirá:

«Este cordón es el signo de la recompensa que habéis has ganado por vuestra paciencia y vuestro trabajo en los dos talleres anteriores».

La hermana secretaria se lo ceñira. Le dará los guantes y le dirá:

«Ya sabéis que el par masculino es para el mortal que os plazca y estiméis más. El uso del vuestro también os es igualmente conocido».

Ella le colocará la medalla sobre el corazón y dirá:

«El carácter del centro es la figura de nuestro fundador.[403] Las tres palabras que lo rodean significan: *Yo soy hombre.* Aprended que, en efecto, la parte espiritual que vive en nosotros y es nosotros es masculina, no femenina, o para hablar con más propiedad, no tiene sexo. Llegará el día en que no os distinguiréis por vuestro sexo, sino por vuestro espíritu, que debe trabajar para elevarse y adoptar los sentimientos apropiados a vuestro nuevo estado.[404]

Ella le dará la banda y dirá: «Os concedo los mismos honores que Salomón concedió a la reina de Saba, vistiéndola con el hábito de su orden, que era azul celeste. Hemos dispuesto esta banda con él; que os sirva para recordaros que debéis ocuparos constantemente de las cosas celestiales y desprenderos de lo terrenal.

---

[403] Véase la imagen de la medalla de la logia.
[404] Véase [207].

des terrestres. Conserves avec soin tous ces ornements, et ne les portez qu'avec respect ; car toutes les personnes inities dans nos mystères seront reconnues à ces signes sacres pour enfants légitimes de notre Fondateur. »

La maîtresse invoquera à haute voix la protection de l'Éternel et **[205]** ordonnera à la colombe de lui dire si Moyse tient toujours la couronne de roses. Sur sa réponse affirmative, elle lui commandera de se la faire remettre, et de la descendre par la petite fenêtre. La maîtresse des cérémonies, après l'avoir reçue sur le plat d'argent la présentera, les yeux à terre, à la Grande Maîtresse ; celle-ci la prendra de sa main droite, fera mettre à genoux la récipiendaire et lui dira :

« Mon enfant, je te mets cette couronne sur la tête pour l'apprendre que tous les êtres visibles et invisibles qui sont en notre présence ont obtenu ou obtiendront une couronne semblable au nom et à la gloire de l'Éternel. Elle est d'autant plus précieuse que les fleurs qui la composent sont l'emblème de la première matière ressemblance d'autant plus parfaite que, si les roses ont des épines, la première matière ne saurait s'obtenir sans peine et sans travail. Il ne dépend que de toi de conserver cette couronne et de la maintenir dans ton royaume ; évite les défauts de Calypso, sinon la gloire de l'autre monde passera pour toi, ainsi que passe la gloire de celui-ci. L'Éternel fera le reste ».

La Grande Maîtresse retournera sur son trône, et trois sœurs chanteront en français le *Te Deum*. **[206]** Après le *Te*

Guardad vos todos estos ornamentos con cuidado, y llevadlos solo con respeto; pues todas las personas iniciadas en nuestros misterios serán reconocidas por estos signos sagrados como hijos legítimos de nuestro Fundador».

La Maestra invocará en voz alta la protección del Señor y ordenará a la *colombe* que le diga si Moisés conserva aún la corona de rosas. Si la respuesta es afirmativa, ordenará que se la traigan y la harán bajar por un ventanuco. La Maestra de Ceremonias, después de recibirla en la bandeja de plata, la presentará con los ojos en el suelo a la Gran Maestra, que la tomará con su mano derecha, hará que la recipiendaria se arrodille y le dirá:

«Hija mía, pongo esta corona sobre vuestra cabeza para enseñaros que todos los seres visibles e invisibles que están en nuestra presencia han obtenido u obtendrán una corona semejante al nombre y a la gloria del Eterno. Es tanto más preciosa cuanto que las flores que la componen son el emblema de la materia prima, semejanza tanto más perfecta cuanto que, si las rosas tienen espinas, la materia prima no puede obtenerse sin dolor y trabajo. Solo de vos depende conservar esta corona y mantenerla en tu reino; evitad los defectos de Calipso, de lo contrario la gloria del otro mundo pasará para vos, como pasa la gloria de este. El Eterno hará el resto.[405]

La Gran Maestra volverá a su trono, y tres hermanas cantarán el *Te Deum* en francés. Después del *Te Deum*, las Her-

---

[405] Cagliostro hace todo un juego simbólico con la corona de rosas, la flor y las espinas en la cabeza de la recipiendaria, advirtiendo de los peligros y las virtudes que tiene el conocimiento esotérico y alquímico de la materia prima.

Deum, les sœurs secrétaire et maîtresse des cérémonies prendront la récipiendaire sous les aisselles pour l'aider à se relever et la conduiront pour la dernière fois auprès de la Grande Maîtresse qui la reconnaîtra pour sa sœur, en l'embrassant au front. Les mêmes deux sœurs l'accompagneront vis-à-vis de chaque assistante pour la faire reconnaître également par elle, et en recevoir un sur chaque joue. Elles la conduiront ensuite à la place qui lui aura été destinée.

La Grande Maîtresse fera un discours analogue à toute cette réception et ordonnera à la colombe de demander à Moise et aux sept anges si l'opération est complète et parfaite. Il sera permis, en outre, à la Grande Maitresse d'invoquer la venue du Grand Fondateur pour confirmer et bénir cette réception.

La Grande Maîtresse ordonnera à la colombe de sortir du Tabernacle, et après avoir fait adorer et remercier l'Éternel, elle fermera la loge.

[207] CATECHISME DE MAITRESSE DE LA LOGE EGYPTIENNE D'ADOPTION

D : Connaissez-vous ce que vous êtes ?

R : Oui, je suis un homme, mon sexe m'avait malheureusement fait perdre mon innocence primitive, mais ayant reçu la lumière, ayant écrasé le vice, je suis parvenue À connaître la vérité et à recouvrer mon pouvoir.

D : En quoi consiste ce pouvoir ?

R : Ayant été créée à l'image et ressem-

manas secretaria y maestra de ceremonias tomarán a la recipiendaria por debajo de las axilas para ayudarla a levantarse y la conducirán por última vez ante la Gran Maestra que la reconocerá como su hermana, besándola en la frente. Las mismas dos hermanas la acompañarán a cada asistente para que también sea reconocida por ellas y reciba uno en cada mejilla. A continuación, la conducirán al lugar que se le haya designado.

La Gran Maestra pronunciará un discurso análogo al conjunto de esta recepción y ordenará a la *colombe* que pregunte a Moisés y a los siete ángeles si la operación es completa y perfecta. Además, se permitirá a la Gran Maestra invocar la venida del Gran Fundador para confirmar y bendecir esta recepción.

La Gran Maestra ordenará a la *colombe* que abandone el Tabernáculo, y después de haber hecho adorar y agradecer al Eterno, cerrando ella la logia.

CATECISMO DE MAESTRA DE LA LOGIA EGIPCIA DE ADOPCIÓN

P: ¿Sabéis lo que sois vos?

R: Sí, soy un hombre, mi sexo me había hecho perder desgraciadamente mi inocencia primitiva, pero habiendo recibido la luz, habiendo aplastado el vicio, logré conocer la verdad y recobrar mi poder.[406]

P: ¿En qué consiste este poder?

R: Habiendo sido creada a imagen y se-

---

[406] Se está refiriendo a la androginia del hombre primordial, *Adam Kadmon,* o el *rebis* alquímico. La nueva maestra deja de ser una mujer en el plano espiritual para convertirse en un ser reintegrado. Véase [153] la nota siguiente y también [204].

blance de Dieu, j'en ai reçu le pouvoir de me rendre immortelle, de commander aux êtres spirituels de régner sur la terre.

mejanza de Dios, recibí el poder de hacerme inmortal, de ordenar a los seres espirituales que gobiernan la Tierra.

D : Qu'entendez-vous régner sur la terre ?

P: ¿Qué entendéis vos con reinar sobre la tierra?

R : Que l'Éternel n'a créé et formé la terre que pour l'homme et pour être gouvernée par lui : mais il ne saurait y parvenir sans connaître la perfection du moral et du physique, sans avoir pénétré dans le véritable sanctuaire de la nature et sans posséder notre doctrine sacrée.

R: Que el Señor creó y formó la tierra solo para el hombre, y para ser gobernada por él: pero no puede hacer esto sin conocer la perfección de lo moral y lo físico, sin haber penetrado en el verdadero santuario de la naturaleza, y sin poseer nuestra doctrina sagrada.[407]

D : Qu'enseigne cette doctrine ?

P: ¿Qué enseña esta doctrina?

R : Deux façons d'opérer, l'une pour se rendre immortel physiquement, **[208]** l'autre pour le devenir moralement.

R: Dos maneras de operar, una para hacerse inmortal físicamente, la otra para hacerse inmortal moralmente.

D : Quel est le fruit de l'immortalité spirituelle ?

P: ¿Cuál es el fruto de la inmortalidad espiritual?

R : La Sagesse, l'intelligence, la faculté d'entendre et de parler toutes les langues, et le bonheur appréciable de devenir l'intermédiaire entre Dieu et nos semblables.

R: La sabiduría, la inteligencia, la facultad de oír y hablar todas las lenguas, y la felicidad apreciable de llegar a ser el intermediario entre Dios y nuestros semejantes.

D : Comment peut-on obtenir une aussi grande faveur ?

P: ¿Cómo puede obtenerse tan grande favor?

R : Par la retraite mystérieuse des 40 jours dont je vais vous donner l'explication : Notre fondateur et maître, après avoir choisi un local solitaire et y avoir fait construire le bâtiment convenable s'y renferme secrètement avec douze de nos frères pour y former le pentagone sacré.

R: Por el misterioso retiro de 40 días, cuya explicación os daré: Nuestro fundador y maestro, tras de haber elegido un lugar solitario y de haber hecho construir el edificio apropiado, allí se encierra secretamente con doce de nuestros hermanos para formar el pentáculo sagrado.[408]

---

[407] Estos dos puntos son muy próximos a las doctrinas de Dom Martinès de Pasqually y, posteriormente, a las desarrolladas por Saint-Martin.

[408] Para una explicación sobre el simbolismo de este punto en la masonería de la época véase [76].

D : Comment se fait ce pentagone ?

R : Avec les instruments de l'art.

D : Quels sont-ils ?

R : Le glaive, la truelle, le couteau, le poignard, le clou, le canif, les trois aiguilles, le compas, la règle, l'encrier de métal et le plomb. Chacun de ces instruments doit avoir un manche déterminé selon l'art. Tous ceux qui contiennent la partie martiale doivent être faits au jour et à l'heure de Mars ; il faut que la consécration de tous soit faite au jour et à l'heure [209] du soleil et qu'ils soient trempés dans la couleur convenable. Il est également très nécessaire de connaître les couleurs et la différence des plumes dont on doit se servir pour écrire.

Ce pentagone merveilleux achevé, chacun des douze assistants devient chef suprême de notre école sacrée ; il recouvre son innocence primitive, il obtient une parfaite connaissance de tout ce qu'il avait ignoré dans le temps passé, présent et futur. Il acquiert le moyen de confondre sur-le-champ l'impie ou le profane en lui prouvant évidemment l'existence de l'Éternel, celle des êtres spirituels et l'immortalité de l'âme ; il peut tout, enfin, dans le ciel comme sur la terre et sa puissance n'a plus d'autre borne que celle des objets divins appartenant ou tenant au souverain Grand Créateur et qu'il s'est seul réservé.

Outre le pentagone régulier que chacun des douze Sages obtient pour lui et qui lui

P: ¿Cómo se forma este pentáculo?

A. Con los instrumentos del *ars*.

P: ¿Cuáles son?

R: La espada, el palustre, el cuchillo, la daga, el clavo, la navaja, las tres agujas, el compás, la regla, el tintero de metal y la plomada. Cada uno de estos instrumentos debe tener un mango determinado según el *ars*. Todos ellos contienen la parte marcial deben hacerse en el día y la hora de Marte; la consagración de todos los instrumentos debe hacerse en el día y la hora del sol y deben sumergirse en el color adecuado. También es igualmente muy necesario conocer los colores y las diferentes plumas que se han de utilizar para escribir.[409]

Cuando se completa este maravilloso pentáculo, cada uno de los doce asistentes se convierte en el responsable supremo de nuestra escuela sagrada; recuperan su inocencia primitiva, obtiene un conocimiento perfecto de todo lo que había ignorado en el tiempo pasado, presente y futuro.[410] Adquiere los medios de confundir inmediatamente al impío o al profano probándole evidentemente la existencia del Eterno, la de los seres espirituales y la inmortalidad del alma; puede hacerlo todo, en fin, tanto en el cielo como en la tierra, y su poder no tiene otro límite que el de los objetos divinos que pertenecen o están en posesión del Soberano Gran Creador y que solo él se ha reservado.

Además del pentáculo regular que cada uno de los doce Sabios obtiene para sí y

---

[409] Véase [25] a [27].

[410] Es el retorno al estado adámico previo a la prevaricación, que es descrito como *homme-Dieu* (*hombre Dios*), por Martinès de Pasqually en *Traité*, §10.

donne le pouvoir de connaître commander et communiquer visiblement avec les sept anses primitifs au moyen des sept sceaux et des sept chiffres des sept anges, qui y sont gravés, il en reçoit sept autres revêtus chacun du sceau de l'un des sept anges, dont il peut favoriser sept personnes, soit homme ou femme; chacun de ces sept mortels possesseur de ce second pentagone aura le pouvoir de connaître et **[210]** communiquer visiblement avec l'être spirituel dont il possèdera le chiffre et le sceau et il lui commandera comme son supérieur, ainsi qu'à toute sa légion ou hiérarchie. La troisième classe est composée des Maitres et Maitresses agissants. La retraite consommée et parfaite et les pentagones distribués, chacun des douze reçoit la première matière avec la faculté d'en faire part à ceux qu'il préférera et qu'il protège.

D : Je vous supplie, pour compléter mon instruction, de me faire le détail du régime et de l'emploi des 40 jours pour la régénération et l'immortalité physique.

R : Il faut être accompagné d'un véritable ami et s'enfermer dans une maison de campagne ayant une chambre dont les fenêtres soient au midi : qu'il y ait deux lits dans cette chambre et qu'ils soient dans une alcôve afin que l'air extérieur n'y pénètre point. La personne qui devra être régénérée ne devant pas

que le da el poder de conocer el mando y comunicarse visiblemente con las siete calas primitivas por medio de los siete sellos y los siete números de los siete ángeles, que están grabados en él, recibe otros siete, cada uno revestido con el sello de uno de los siete ángeles, de los que puede favorecer a siete personas, ya sean hombres o mujeres. Cada uno de estos siete mortales poseedores de este segundo pentáculo tendrán el poder de conocer y comunicarse visiblemente con el ser espiritual cuya cifra y sello posee, y lo mandará como a su superior, así como a toda su legión o jerarquía. La tercera clase está formada por los Maestros y Maestras operativos. Cuando el retiro sea completo y perfecto se distribuirán los pentáculos, cada uno de los doce recibirá la materia prima con la prerrogativa para quienes prefiera y proteja.[411]

P: Os ruego, para completar mi instrucción, que me deis los detalles del régimen y del uso de los 40 días para la regeneración y la inmortalidad física.[412]

R: Es necesario estar acompañado de un verdadero amigo y encerrarse en una casa de campo con una habitación cuyas ventanas den al sur: que haya dos camas en esta habitación y que estén en una alcoba para que no penetre el aire exterior. La persona que va a ser regenerada no debe salir de la habitación, y su compa-

---

[411] Confróntese esto con lo que explica Agrippa en el segundo libro, *Magia Celeste*, procedente de *De Occulta Philosophia*; ocurre de la misma manera en los textos iniciáticos de Martinés de Pasqually y sus seguidores. De la misma forma, Arturo Reghini confirma esta apreciación de la influencia de Agrippa en Cagliostro. Reghini, 1987, pp. 50-51.

[412] Es muy interesante que el texto explicativo del retiro de cuarenta días no se haya conservado, salvo por alusiones, en ninguna copia del ritual masculino de *Masonería Egipcia*, pero que se conserve para ambos sexos en el ritual de adopción. Esto refuerza más la tesis que el copista del Ms. 6666 lo tomó del ritual FM4 1282 de la Biblioteca Nacional de Francia. Reghini remarca, igualmente, que este es un tiempo sagrado en la tradiciones del mediterráneo (judeocristiana y pagana-hermética). Cf. Reghini, 1987, pp. 68-69.

sortir de la chambre, son amie aura eu soin de faire à l'avance toutes les provisions nécessaires, soit en comestibles, hardes et vêtements, soit pour la préparation de la première matière.

L'opération doit se commencer dans la pleine lune de mai ; la nourriture ne consistera pendant les seize premiers jours que dans des soupes légères et [211] des herbages tendres, rafraîchissants et laxatifs. On commencera chaque repas par un liquide ; on le finira par un solide : ce dernier devra être un biscuit ou une croûte de pain ; le liquide est de l'eau distillée ou encore mieux de l'eau de la pluie de mai ; cette eau sera conservée dans des dames-jeannes ou grands pots de terre vernissée et il sera bon qu'elle ait séjourné 24 ou 48 heures dans une glacière pour t'imprégner de la partie nitreuse. On s'en servira pour soupes, boissons, etc. On ne s'efforcera jamais de manger et on sortira toujours de table avec un peu d'appétit. On proscrira de ce régime tout ce qui est aigre, sale, échauffant ou trop succulent, tel que vins, acides, les viandes fraiches ou salées, les herbes aromatiques, etc.

Le 17ᵐᵉ jour, au lever de l'aurore on se fera tirer une palette de sang et on commencera à prendre des gouttes blanches dans une ou deux cuillerées d'eau, V le matin et VI le soir ; le lendemain VII et VIII le soir, et ainsi de suite, en augmentant toujours d'une goutte matin et soir jusqu'au 32ᵐᵉ jour que l'on se fera de nouveau tirer deux palettes de sang au crépuscule du soleil.

Le 33ᵐᵉ jour, continuant le même régime, le malade se mettra au lit et n'en sortira plus ; il prendra dans l'eau de sa boisson un grain de la [212] matière première et soi couvrira exactement : son

ñero debe haber tenido cuidado de hacer todas las provisiones necesarias por adelantado, ya sea en comida, ropa y vestidos, o para la preparación del primer material.

La operación debe comenzar en la luna llena de mayo; durante los dieciséis primeros días la alimentación consistirá únicamente en sopas ligeras y hierbas tiernas, refrescantes y laxantes. Se comenzará cada comida por un líquido y se acabará por un sólido. Este último deberá ser una galleta o un trozo de pan. El líquido será agua destilada o, mejor aún, agua de la lluvia de mayo; esta agua se guarda en jarras de barro vidriado y es bueno que haya estado 24 o 48 horas en un glaciar para impregnarse de la parte nitrosa. Se debe utilizar para sopas, bebidas, etc. Que nunca intente comer y que siempre se levante de la mesa con un poco de apetito. Todo lo que sea agrio, sucio, caliente o demasiado suculento, como vinos, ácidos, carnes frescas o saladas, hierbas aromáticas, etc., debe estar prohibido en esta dieta.

El día 17, al amanecer, se sacará una vacía de sangre y se comenzará a tomar gotas blancas en una o dos cucharadas de agua, seis por la mañana y seis por la noche; al día siguiente siete y ocho por la noche, y así sucesivamente, aumentando siempre una gota por la mañana y por la noche hasta el día 32, en que se volverán a sacar dos vacías de sangre al atardecer.

El día 33, continuando el mismo régimen, el paciente se acostará y no se levantará más; tomará en el agua de su bebida un grano de la materia prima y se cubrirá por completo. Se advertirá a su

ami sera prévenu qu'il perdra connaissance et la parole pendant près de trois heures qu'il éprouvera une convulsion de nerfs violente, que sa revenu de son évanouissement et n'ayant plus de faiblesse, son ami l'essuyera et l'aidera à changer de lit, en prenant les plus grandes précautions pour qu'il ne prenne point d'air, ce qui est fort dangereux et très sévèrement défendu, soit dans le moment qu'on nettoie le malade, soit dans le temps de la transpiration. Le second lit de l'alcôve sera garni de draps et couvertures nécessaires, il sera tout prêt et servira à y placer le malade lorsqu'il faudra le changer. Son ami l'y ayant couché il lui donnera un consommé qui aura été fait avec une livre de bœuf, sans graisse ni os, et des herbes rafraîchissantes et laxatives auxquelles on pourra joindre pour donner un peu de tonique du céleri, une pincée de baume et quelques feuilles de romarin.

Le malade se trouvant en bon état, on lui redonnera le lendemain, 34ᵐᵉ jour, un second grain de la même matière dans une tasse de consommé : le malade perdra de nouveau connaissance et les convulsions seront beaucoup plus fortes que les précédentes, mais lorsqu'elles cesseront il jouira pendant six heures d'un sommeil doux et tranquille qui lui procurera une transpiration [213] fort abondante. Son ami le veillera dans cet instant avec plus d'attention et de zèle que jamais ; car le moindre air lui serait très nuisible ; il lui essuyera de temps en temps le visage avec un linge fin ; les cheveux devant et toute la peau se détacheront ; il faudra lui ôter son bonnet, mais le plus doucement possible. Si son ami lui voit remuer la bouche, il lui mettra un de ses doigts pour faciliter l'expulsion de ses dents qui tomberont toutes. Parmi les soins que lui donnera

amigo que perderá el conocimiento y el habla durante casi tres horas, que experimentará una violenta convulsión de nervios, que cuando vuelva de su desmayo y ya no esté débil, su amigo le limpiará y le ayudará a cambiarse de cama, tomando las mayores precauciones para que no tome aire, lo cual es muy peligroso y está estrictamente prohibido, tanto cuando el enfermo se esté aseando como cuando esté sudando. La segunda cama de la alcoba estará provista de las sábanas y mantas necesarias; estará preparada y servirá para colocar allí al enfermo cuando haya que cambiarlo. Cuando su amigo lo haya acostado, le dará un consomé hecho con una libra de carne de vaca, sin grasa ni huesos, y hierbas refrescantes y laxantes, al que se puede añadir apio, una pizca de bálsamo y unas hojas de romero para dar un poco de tónico.

Estando el paciente en buenas condiciones, al día siguiente, el 34, se le dará un segundo grano del mismo material en una taza de consomé: el paciente volverá a perder el conocimiento y las convulsiones serán mucho más fuertes que las anteriores, pero cuando cesen disfrutará de un sueño dulce y tranquilo durante seis horas, que le hará transpirar mucho. Su amigo le vigilará en este momento con más atención y celo que nunca; pues el menor aire le sería muy perjudicial; le limpiará la cara de vez en cuando con un paño fino; se le desprenderá el pelo de delante y toda la piel; hay que quitarle el gorro, pero con la mayor suavidad posible. Si su amigo le ve mover la boca, pondrá uno de sus dedos sobre ella para facilitar la expulsión de los dientes, que caerán todos. Entre los cuidados que le dispensará su amigo, deberá dejarle dormir sin despertarle mientras la natura-

son ami, il faut qu'il ait celui de le laisser dormir sans le réveiller tout le temps que la nature l'exigera. A son réveil, le malade sera fort agité et aura une fièvre très violente, même avec délire. S'il a soif, on lui donnera de l'eau ; s'il se sent faible, on lui fera avaler un consommé. Cet accès de fièvre durera environ six heures ; ayant cessé, on pourra le changer de lit et de linge. S'il ressent des fortes douleurs dans gencives on les lui frottera avec le baume liquide.

Le 35me jour, si le malade se trouve assez de forces pour soutenir un bain, on lui en fera prendre un le matin avec des herbes aromatiques et toniques ; il y restera une heure pendant laquelle on lui jettera sans cesse de l'eau du même bain sur la tête. Ce bain sera de la chaleur du lait, ni chaud, ni froid. En sortant il se mettra au lit et y restera toute la journée. Le 36me jour il ne fera point de remèdes, mais il gardera le lit. [214] Le 37me jour, on lui donnera, dans un verre de consommé, ou, si la nature le demande, dans un demi-verre d'excellent vin vieux, très stomachique, la troisième et dernière prise ou grain de la première matière. Le sommeil qu'elle lui procurera sera très paisible et sans agitation. Il lui croîtra un nouveau poil, ses dents commenceront à repousser ; on sera très attentif à ne pas troubler son repos et à le laisser se réveiller de lui-même. Lorsqu'il le sera, on lui fera prendre un second bain aromatique d'une heure à la sortie duquel on le fera mettre au lit pour aider à la nature, supposé qu'elle ait encore besoin de pousser par la transpiration ; dans le cas où le malade, après ce bain, se sentirait de l'appétit, on pourra lui donner une petite soupe. Le 38me jour on lui fera prendre pendant une heure un bain d'eau ordinaire dans laquelle on aura fait dissoudre une livre de nitre ;

leza lo requiera. Cuando se despierte, el paciente estará muy agitado y tendrá una fiebre muy violenta, incluso con delirio. Si tiene sed, se le dará agua; si se siente débil, se le hará tragar un consomé. Esta fiebre durará unas seis horas; cuando haya remitido, se le podrá cambiar de cama y de ropa. Si siente un fuerte dolor en las encías, deberá frotárselas con el bálsamo líquido.

El día 35, si el paciente tiene fuerzas para tomar un baño, se le dará uno por la mañana con hierbas aromáticas y tónicas. Descansará durante una hora y se le echará agua por la cabeza del mismo baño. Este baño será en la tibieza de la leche, ni frío ni caliente. Al salir se acostará y permanecerá allí todo el día. El día 36 no tomará ninguna medicina, sino que permanecerá en la cama. El día 37 se le dará, en un vaso de consomé, o, si la naturaleza lo requiere, en medio vaso de excelente vino gran reserva, muy digestivo, la tercera y última toma o grano de la materia prima. El sueño que le proporcionará será muy tranquilo y sin agitación. Le crecerá un nuevo cabello, sus dientes comenzarán a crecer de nuevo; se tendrá mucho cuidado de no perturbar su descanso y de dejar que se despierte por sí mismo. Cuando lo haga, se le dará un segundo baño aromático que durará una hora, después del cual se le acostará para ayudar a la naturaleza, suponiendo que aún necesite crecer por la transpiración; si el paciente siente apetito después de este baño, se le puede dar una pequeña sopa. El día 38, se dará al paciente un baño durante una hora en agua ordinaria en la que se habrá disuelto una libra de jabón; después de este baño, el paciente podrá vestirse, si lo desea, y hacer un poco de ejercicio,

après ce bain, le malade pourra s'habiller, s'il le désire, et faire un peu d'exercice, mais dans sa chambre et sans prendre l'air. Le 39me jour on pourra lui donner dix gouttes de baume liquide dans deux cuillerées de bon vin rouge et lui laisser la liberté de se promener dans le jardin, mais doucement, et sans se fatiguer ni faire un exercice trop violent, jusqu'à ce qu'il ait repris de plus grandes forces et qu'il se [215] soit habitué à l'air libre. Il remerciera Dieu de sa nouvelle création et son ami et lui se feront mutuellement la promesse de garder le plus profond secret sur le mystère de cette régénération. Le 40me jour, il abandonnera la maison et prendra le parti qu'il jugera le plus convenable pour propager la vérité, pour anéantir le vice, pour détruire l'idolâtrie et pour étendre la gloire de l'Éternel.

Il pourra, tous les cinquante ans renouveler la même opération jusqu'à ce qu'il plaise À Dieu de le retirer de ce monde et de l'appeler à Lui *per omnia saecula saeculorum*.

Telles sont, ma sœur, les grandes et importantes instructions que notre Grand Fondateur a eu la bonté de me donner ; je les finirai comme lui et en vous répétant ses propres paroles : Aimez Dieu et votre prochain de tout votre cœur respectez et chérissez ma loi ; remplissez scrupuleusement les devoirs qu'elle vous impose ; [216] qu'ils vous soient sans cesse présents.

pero en su habitación y sin tomar el aire. En el día 39 se le pueden dar diez gotas de bálsamo líquido en dos cucharadas de buen vino tinto y se le permite pasear por el jardín, pero suavemente, y sin cansarse ni hacer demasiado ejercicio, hasta que haya recuperado más fuerzas y se haya acostumbrado al aire libre. Dará gracias a Dios por Su nueva creación, y él y su amigo se prometerán guardar en profundo secreto el misterio de esta regeneración. El día 40 abandonará la casa y tomará el camino que mejor le parezca para propagar la verdad, acabar el vicio, destruir la idolatría y extender la gloria del Eterno.

Podrá repetir la misma operación cada cincuenta años hasta que a Dios le plazca llevárselo de este mundo y llamarlo ante Sí *per omnia saecula saeculorum*.[413]

Sean estas, hermana mía, las grandes e importantes instrucciones que nuestro Gran Fundador tuvo a bien darme; las terminaré como él y repitiéndote sus propias palabras: Ama a Dios y a tu prójimo de todo corazón, respeta y aprecia mi ley; cumple escrupulosamente los deberes que ella te impone; tenlos siempre presentes.

---

[413] La regeneración es el punto final y la promesa simbólica del rito egipcio. Es quizás la parte más fantasiosa de todo el proceso, pero representa lo que supone la reintegración física y la inmortalidad. En mi opinión, más que a la charlatanería de la que se acusa a Cagliostro, debería entenderse como una alegoría. Los procesos y la regeneración coinciden con los procesos descritos en los libros de alquimia y suponen un excelente punto y final al ritual. La muerte, finalmente, está supeditada a Dios, siendo esta inmortalidad un anticipo de la que habrá de llegar.

FIAT UT DEUS

[217] FORMULE DES PATENTES DE LA GRANDE MAITRESSE DE LA LOGE-MERE D'ADOPTION EGYPTIENNE DE PARIS

Nous, Grand Cophte, Fondateur et Grand Maître de la Haute Maçonnerie Égyptienne dans toutes les parties orientales et occidentales du globe, disons et déclarons que, sur l'opinion avantageuse que nous avons prise des sentiments de la conduite et de la capacité de sœur… El. D. de F. et pour récompenser son amour et son profond respect pour l'Être Suprême, nous lui avons d'abord conféré le grade de Maîtresse et l'avons ensuite élevée à la dignité de Grande Maîtresse de la Loge Mère d'adoption égyptienne de Paris. En conséquence, ordonnons à notre Loge Mère, fondée à l'Orient de Lyon, sous le titre distinctif de la *Sagesse Triomphante* de la reconnaître et faire reconnaître pour telle par celles qui vivent et vivront désormais sous notre régime et de lui faire rendre en cette qualité tous les égards et toutes les distinctions qui lui sont dues.

A ces effets, nous lui avons accordé les présentes qu'elle a souscrites devant nous et pour qu'elles soient plus glorieuses et **[218]** plus authentiques, nous les avons signées de notre propre main et y avons apposé notre sceau.

FIAT UT DEUS[414]

FÓRMULA DE LAS PATENTES DE LA GRAN MAESTRA DE LA LOGIA MADRE DE ADOPCIÓN EGIPCIA DE PARÍS

Nos, Gran Copto, Fundador y Gran Maestre de la Alta Masonería Egipcia en todas las partes orientales y occidentales del globo, decimos y declaramos que, sobre la ventajosa opinión que hemos tomado de los sentimientos de la conducta y habilidad de la Hermana… El. P: de F. y para recompensar su amor y profundo respeto por el Ser Supremo, le hemos conferido en primer lugar el rango de Maestra y la hemos elevado posteriormente a la dignidad de Gran Maestra de la Logia Madre Egipcia Adoptiva de París. En consecuencia, ordenamos a nuestra Logia Madre, fundada al Oriente de Lyon, bajo el título distintivo de la *Sabiduría Triunfante* que la reconozca y la haga reconocer como tal por aquellos que viven y vivirán en adelante bajo nuestro régimen y que le rinda en esta calidad todos los respetos y todas las distinciones que le son debidos.

Con este efecto, Nos le concedemos el presente documento, que ella ha firmado ante Nos, y para hacerlo más glorioso y auténtico, Nos lo hemos firmado de nuestra propia mano y lo hemos revestido con nuestro sello.

---

[414] *Fiat ut Deus* significa en español que «Sea si Dios quiere».

Michael Maier - *Secretioris Naturae, Scrutinium_chymicum.*

BIBLIOGRAFÍA

a) Manuscritos de *Masonería Egipcia* del Conde de Cagliostro

Cagliostro, A. *Rituel de la Maçonnerie Egyptienne.* Ms. 6666. Bibliothèque municipale de Lyon, Lyon, 1785.

Cagliostro, A. *Rituel de la Haute Maçonnerie Égyptienne.* Ms. 6871. Bibliothèque municipale de Lyon, Lyon, 1785.

Cagliostro, A. *Rituel de la Maçonnerie Egyptienne.* Ms. Morison. The Grand Lodge of Scotland Museum and Library, 1789.

Cagliostro, A. *Statuts, Réglements et Grades de la Loge Mère d'adoption de la Haute-Maçonnerie. Égyptienne fondé pour le Grand Cophte (Cagliostro) al'Orient de Paris.* Ms. FM4 78. Bibliothèque Nationale de France, Paris, ca. 1800. Disponible en formato digital en: https://gallica.bnf.fr/ark:/12148/btv1b10868160b

Cagliostro, A. *Rite of Cagliostro.* Copiado y traducido al inglés por Francis George Irwin. A 807 CAG. Library of United Grand Lodge of England, 1879.

b) Otros manuscritos referidos a Cagliostro

Raccolta di scritture legali riguardanti il processo di Giuseppe Balsamo detto Alessandro Conte di Cagliostro e di P. Francesco Giuseppe da S. Maurizio Cappuccino innanzi al Tribunale del S. Uffizio in Roma. Ms.Vitt.Em.245 Biblioteca Nazionale Centrale di Roma, Roma, 1790. Disponible en formato digital en: http://digitale.bnc.roma.sbn.it/tecadigitale/manoscrittoantico/BNCR_V_E_245

c) Otros manuscritos

Les Clavicules de Salomon; traduit de l'hébreux en langue latine par le rabin Abognazar et mis en langue vulgaire par M. Barault, archevêque d'Arles. Ms. 25315. Bibliothèque National de France, s/d, 1634. Disponible en formato digital en: https://gallica.bnf.fr/ark:/12148/btv1b90633658

Le secret des secrets, autrement la clavicule de Salomon, ou le véritable grimoire. Ms. 2350. Bibliothèque National de France, Paris, ca. XVIII.

Statutes generaux de la Franche Maçonnerie des Élus Coëns. Ms. 5754. Fonds Willermoz. Bibliothèque municipale de Lyon, Lyon, 1767.

Manuscript d'Alger. s/d. Bibliothèque National de France. Rituel FM4 1282. Disponible en formato digital en: https://gallica.bnf.fr/ark:/12148/btv1b10091653g

Prunelle de Lière, L. J. *Notes, documents, dessins relatifs à l'étude de l'hébreu et de la cabale, recueillis ou écrits par Prunelle de Lière*. Bibliothèque municipale de Grenoble. Ms. T.4188. Disponible en formato digital en: https://gallica.bnf.fr/ark:/12148/btv1b106705475

d) Rituales editados

Ambelain, R. *Franc-maçonnerie d'autrefois. Ceremonies et rituels des rites de Misraïm et de Memphis*. Robert Lafont, Paris, 1988.

Cagliostro, A. *Rituel de la Maçonnerie Egyptienne*. Ed. Marc Haven. Editions des Cahiers Astrologiques, Niza, 1947.

Cagliostro, A. *The Collectanea vol. 5-2. Cagliostro's Egyptian Rite*. Ed. Herbert Keppicus. E Grand College of Rites of The United States of America, Cedar Lake, 1954.

Caillet, S. *Arcanes & Rituels de la maçonnerie égyptienne*. Guy Tredaniel Editeur, Paris, 1994.

Duez, J. *Rituel Secrets de Hauts-Grades de la Franc-Maçonnerie Égyptienne. Rite de Memphis-Misraim. Arcana Arcanorum*. Éditions Thot-Hermès, París, 2009.

Emulation Ritual of United Grand Lodge of England. Londres, Lewis Masonic, 2014.

Lapis Reprobatus Secretum Custoditum. Ritual y Catecismo para los Tres Grados Simbólicos del R.E.A.A. Pardes, Barcelona, 2011 (en texto *Lapis Reprobatus*).

Le Rituel des anciens ou edition 6004 du guide des Maçons Écossais. Ed. Laurent Jaunaux. Dervy, Paris, 2004.

Rituales del Rito Escocés Antiguo y Aceptado (Grado 1º a 30º). Grande Oriente Español, Madrid, 1908-1947 (en texto *Ritual REAA-GOE*).

Ritual del Rito Escocés Antiguo y Aceptado (Aprendiz, compañero y maestro). Gran Logia de España, Madrid, 2017 (en texto *Ritual REAA-GLE*).

Rituales de Altos Grados del Rito Escocés Antiguo y Aceptado (Grado 4º a 33º). Ed. Josep-Lluís Domènech Gómez. MASONICA, 2018 (en texto *Rituales Altos Grados REAA*).

Ritual del Régimen Escocés Rectificado (Aprendiz, compañero y maestro). 3. Vols. Gran Logia de España, Madrid, 2022 (en texto *Ritual RER-GLE*).

Rituales Franceses (1740-1825). Ed. bilingüe francés-español. Pardes, Barcelona, 2016 (en texto *Rituales Franceses*).

Schaaf, O. (ed). «Zwei Hochgrad-Rituale des 18. Jahrhunderts». *Das Freimaurer Museum*, vol. 4, Bernhard Sporn Verlag, Leipzig, 1928, pp. 215-254.

Schröder, F. L. *Ritualsammlung*, vol. 2. Rudolstadt, 1805. (Citado en texto como *Ritual E.O.T*). Ed. y trad. al inglés de Alain Bernheim y Arturo de Hoyos en *Collectanea*, 21-1, 2010, pp. 1-106.

The Hermetic Rite. Ed. William L. Cummings y Herbert Keppicus. Grand College of Rites of The United States of America, Cedar Lake, 1957.

e) Fuentes y literatura secundarias

Agrippa von Nettesheim, H. C. *De Occulta Philosophia libri tres*. Ed. y comentario de Donald Tyson. Woodbury, Llewellyn Publications, 1993. (en texto *De Occulta Philosophia*).

Agrippa von Nettesheim, H. C. *De Occulta Philosophia libri tres*. 4 vols. Ed. Paul Summers Young. Black Letter Press, Obernkirchen, 2020.

Antón Pacheco, J. A. *El hermetismo cristiano y las transformaciones del logos*. Almuzara, Córdoba, 2017.

Amadou, R. *Les leçons de Lyon aux élus Coëns*. Dervy, Paris, 2011.

Andreae, J.V. *Tetralogía Rosacruz. Fama Fraternitatis. Confessio Fraternitatis. Las bodas alquímicas de Christian Rosenkreutz. Speculum Sophicum Rhodostauroticum*. Tritemio, Madrid, 2018.

Benz, E. *Mística y Romanticismo. Las fuentes místicas del romanticismo alemán*. Siruela, Madrid, 2016.

Boella, A. y Galli, A. *L'ascessa all' Olimpo. Cagliostro e la tradizione ermetica nella Massoneria*. La Lepre Edizione, Roma, 2015.

Chomarat, D (ed.). *Lyon, carrefour européen de la franc-maçonnerie*. Memoire Active, 2003.

Clelland, S. (ed). *The Green Book of the Élus Coën*. Lewis Masonic, Cambridgeshire, 2020.

Clelland, S. (ed.). *The Masters Voice the Rituals ⚒ Letters of Martinés de Pasqually*. Lewis Masonic, Cambridgeshire, 2022.

Corpus Hermeticum. Ed. Arthur D. Nock. Trad. A. J. Festugiere. 3 vols. Les Belles Letres, Paris, 1960. (En texto *Corpus Hermeticum*).

Corpus Hermeticum y Asclepio. Ed. Brian Copenhaver. Siruela, Madrid, 2000.

Corpus Hermeticum. The way of Hermes. Ed. y trad. Clement Salaman, Dorine van Ovin, Whilliam D. Wharton y Jean-Pierre Mahé. Inner Traditions, Rochester, 2000.

De Diego González, A. «"Que no haya tiempo ni espacio alguno". Un ensayo sobre el simbolismo de la *Kaaba* desde la hermenéutica masónica». *Cultura Masónica*, 53, 2023, pp. 79-93.

De Maistre, J. *Las veladas San Petersburgo*. Desván de Hanta, Barcelona, 2022.

de Garay, J. «Magia y neoplatonismo en Ficino» en Padial, J.J. y Rodriguez Valls, F. P. *Hombre y Cultura: Estudios en homenaje a Jacinto Choza*. Thémata Editorial, Sevilla, 2016. pp. 217-232.

Evans, H. R. *Cagliostro and his Egyptian Rite of Freemasonry*. Southern Jurisdiction of the United States, Washington DC, 1919. Incluye traducción de los fragmentos H. P. McIntosh del ritual publicados en *L'Initiation*.

Faulks, P. y Cooper, R. *The Masonic Magician: The Life and Death of Count Cagliostro and His Egyptian Rite*. [Edición Kindle] Watkins Media Limited, Londres, 2017 [consultado el 23/11/2022].

Fulcanelli. *El Misterio de las Catedrales*. Plaza y Janes, Madrid, 1968.

Fulcanelli. *Las Moradas Filosofales: El simbolismo hermético en sus relaciones con el arte sagrado y el esoterismo de la Gran Obra*. Plaza y Janes, Madrid, 1969.

Fulcanelli. *Finis Gloriae Mundi*. Obelisco, Barcelona, 2002.

Giudicelli de Cressac Bachelerie, J. P. *Por la Rosa Roja y la Cruz de Oro. Alquimia-hermetismo y órdenes iniciáticas*. MASONICA, 2021.

Guénon, R. *Obras completas*. Edición Javier Alvarado. 24 vols. Ignitus - Sanz y Torres, Madrid, 2023.

Haven, M. *Le Maitre Inconnu Cagliostro. Etude historique et critique sur la Haute Magie*. Dorbon-Ainé, Paris, 1912.

Jámblico, *Sobre los Misterios Egipcios*. Ed. y trad. Enrique Ángel Ramos Jurado. Gredos, Madrid, 1997.

Jung, C.G. *Obra completa*. 18 vols. Trotta, Madrid, 2016.

Kingsley, P. *Filosofía antigua, misterios y magia*. Atalanta, Vilaür, 2017.

Knobb, A. *El Museo Hermético. Alquimia y Mística*. Taschen, Colonia, 2021.

Labouret, M. «Un souvenir de Cagliostro : le sceau de La Sagesse Triomphante». *Chroniques d'histoire maçonnique*, 77, 2016, pp. 89-92. DOI: https://doi.org/10.3917/chm.077.0089

Le Forestier, R. *La Franc-maçonnerie occultiste au XVIIIe siècle ☿ L'Ordre des Élus Coens*. Dorbon-Ainé, Paris, 1928.

Martinès de Pasqually, J. *Traité sur la réintegration des êtres*. Ed. Robert Amadou. Le Temblay, Difussion Martiniste, 2000.

McCalman, I. *The Last Alchemist. Count Cagliostro, Master of Magic in the Age of Reason*. Harper Collins, Londres, 2003.

Mackenzie, K. *Royal Masonic Cyclopedia*. John Hogg, Londres, 1877.

Pandiello, M. *Visiones de Fuego. Historia Ilustrada de la Alquimia*. La Felguera, Madrid, 2022.

Proclo, *Sobre el arte sacerdotal*. Ed. y trad. de B. Copenhaver con el texto original griego y la traducción de M. Ficinio al latín de *De Sacrificio*. Cf. Copenhaver, B. Brian Copenhaver, "Hermes Trismegistus, Proclus, and the Question of a Philosophy of Magic in the Renaissance." en n Merkel, I. y Debus, A. G. (eds)., *Hermeticism and the Renaissance: Intellectual History and the Occult in Early Modern Europe*. Associated University Presses, Londres, 1988, pp. 102-110.

Raff, J. *Jung y la imaginación alquímica*. Atalanta, Vilaür, 2022.

Ramsay, A. M. *Discursos del Caballero Ramsay (1736-1737)*. MASONICA, 2018.

Reghini, A. *Cagliostro. Documents et études. Notes bèves sur le Cosmopolite*. Arché, Milán, 1987.

Sánchez Casado, G. *Los Altos Grados de la masonería*. Foca-Akal, Madrid, 2009.

Saint-Martin, L. C. *Le nouvel homme*. Chez les directeurs de l'imprimerie du Cercle social, Paris, 1796.

Saint-Martin, L. C. *La correspondance inédite de L.C. de Saint-Martin et Kirchberger, baron de Liebistorf du 22 mai 1792 jusqu'au 7 novembre 1797*. Ed. L. Schauer y A. Chuquet. Dentu Editeur, Paris, 1862.

Saint-Martin, L.C. *Mon portrait historique et philosophique, 1789-1803*. Ed. Robert Amadou. R. Juillard, Paris, 1961.

Tibón, G. *La tríade prenatal: Cordón, placenta, amnios. Supervivencia de la magia paleolítica*. Fondo de Cultura Económica, Ciudad de México, 2015.

Tschoudy, L. *La Estrella Flameante*. Editorial Tritemio, Madrid, 2017.

Uždavinys, A. *La filosofía como rito de Renacimiento*, Atalanta, Vilaür, 2023.

Van Rijnberk, G. *Un Thaumaturge au XVIII Siècle. Martinez de Pasqually*. Lucien Raclet, Lyon, 1935

Vivenza, J.M. *Les élus coëns et le Régime Ecossais Rectifié*. Mercure Dauphinois, Paris, 2010.

Vivenza, J.M. *L'église et le sacerdoce selon Louis Claude de Saint-Martin*. La Pierre Philosophale, Hyeres, 2014.

Vivenza, J.M. *Martinès de Pasqually et Jean-Baptiste Willermoz: Vie, doctrine et pratiques théurgiques de l'Ordre des chevaliers maçons élus coëns de l'univers*. Le Mercure Dauphinois, Paris, 2020.

Vergnolle, D. *Martinès de Pasqually et les Elus Coëns. Exégètes et ministres du judéo christianisme*. Aubagne, La Tarente, 2019.

Antonio de Diego González (1986) es profesor de Historia de la Filosofía en la Universidad de Málaga. Sus investigaciones han estado encaminadas a la historia intelectual islámica, la mística comparada y la filosofía de la religión. Está interesado también por la historia del esoterismo occidental y de la masonería. En este campo desarrolla sus investigaciones como miembro de ESSWE (European Society for the Study of Western Esotericism). Es autor de más de medio centenar de publicaciones científicas entre las que destacan *Ley y Gnosis. Historia intelectual de la tariqa Tijaniyya* (Editorial Universidad de Granada, Granada, 2020) y *Populismo Islámico* (Almuzara, Córdoba, 2020). Ha realizado, igualmente, una nueva traducción del Corán al español (Almuzara, Córdoba, 2024).

Este texto terminó de componerse para su impresión en esta edición de
Masonería Egipcia del Conde de Cagliostro el día 24 de junio
del *Anno Domini* de 2024, del año masónico de 6024
y del año de la hégira 1445, cuando el Sol
estaba en su solsticio de verano
y la Luna ya decrecía.

Protéjase su legado del fanatismo,
de la ignorancia y del olvido.
FIAT UT DEUS